Über den Verfasser

Dieter Lenzen, geb. 1947 in Münster (Westf.), studierte Erziehungswissenschaft, Philosophie, Deutsche, Englische und Niederländische Philologie an der Westfälischen Wilhelms-Universität Münster, M.A. 1970, Dr. phil. 1973, 1973 bis 1975 Bildungsforschung für das Kultusministerium des Landes Nordrhein-Westfalen, 1975 bis 1977 wiss. Rat und Professor an der Westfälischen Wilhelms-Universität Münster, seit 1977 ordentlicher Professor für Erziehungswissenschaft (Philosophie der Erziehung) an der Freien Universität Berlin.

Wichtigste Veröffentlichungen:
Didaktik und Kommunikation, Frankfurt/M. 1973; Die Struktur der Erziehung und des Unterrichts, Frankfurt/M. 1975; Thema: Sprache, 6 Bde., Frankfurt/M. 1977 ff. (gemeinsam mit D. Wunderlich); Curriculumentwicklung für die Kollegschule, Frankfurt/M. 1977; Abitur-Normen gefährden die Schule, München 1977 (gemeinsam mit A. Flitner); Pädagogik und Alltag, Stuttgart 1980; Mitherausgeber der «Jahrbücher für Erziehungswissenschaft», Stuttgart 1976 ff; Herausgeber der «Enzyklopädie Erziehungswissenschaft», 12 Bde., Stuttgart 1982 ff.
Ca. 70 Beiträge für Fachzeitschriften und Rundfunkanstalten.

Dieter Lenzen

Mythologie der Kindheit

Die Verewigung des Kindlichen
in der Erwachsenenkultur

Versteckte Bilder
und vergessene Geschichten

rowohlts enzyklopädie

rowohlts enzyklopädie

Herausgegeben von Burghard König

Originalausgabe
Umschlagentwurf Werner Rebhuhn (Gouache «L'esprit de la
géométrie» von René Magritte / London, Tate Gallery –
© 1985 by ADAGP, Paris + COSMOPRESS, Genf)
Veröffentlicht im Rowohlt Taschenbuch Verlag GmbH,
Reinbek bei Hamburg, Oktober 1985
Copyright © 1985 by Rowohlt Taschenbuch Verlag GmbH,
Reinbek bei Hamburg
Satz Sabon (Linotron 202)
Gesamtherstellung Clausen & Bosse, Leck
Printed in Germany
1880-ISBN 3 499 55421 6

Inhalt

Vorwort 11

0 Kindheit – Mythos – Lebenszyklus 15

0.1 Kindheit – zur Aporie neuerer Ansätze 15
0.2 Mythos 23
0.3 Lebenszyklus – ein Konzept zur Rekonstruktion
    der Kindheitsmythen 36

1 Sexualität und Pornographie 63
Der ‹kleine› und der große Tod

1.1 Die Suspendierung der Fruchtbarkeit
    in der Ästhetik des weiblichen Körpers 63
1.2 Vom ‹kleinen Tod› zum ‹großen Orgasmus›:
    zur Geschichte der diskursiven Verknüpfung
    von Liebe, Zeugung, Lust und Tod 82

2 Kinderlose Ehen 94
Zur Expansion der Empfängnisverhütung
aus dem Verlust der Bedeutung des Brautvaters

2.1 Geburtenrückgang und die Suche nach den Gründen 94
2.2 Der Diskurs von der Fruchtbarkeit in der Ehe
und die Aufklärung über Empfängnisvermeidung 101
2.3 Die Antinomie des Gynäkologen 109

3 Rationalisierte Kinderzeugung 117

3.1 Kinderwunsch als unternehmerische Entscheidung 117
3.2 Sterilisation als rationales Entscheidungsprodukt 121
3.3 Von der Genesis zu den hormonellen Antikonzeptiva:
die Umkehrung des Entscheidungsdilemmas 128
3.4 Der christliche Lösungsansatz:
Ehe als Ort der geschlechtsneutralen Keuschheit 133
3.5 Aussichten: Liebe und Retorte 138

4 Vom Patriarchat zum Muttermythos 141
Selbstinitiation der schwangeren Frau
und Unterdetermination des werdenden Vaters

4.1 Sorgerecht für Väter? 141
4.2 Der Primat des Mütterlichen 147
4.3 Von der Frau zur Schwangeren,
vom Mann zum (werdenden) Vater 150
4.4 Vaterschaft und Väterlichkeit im Diskurs
über Kindheit 159

5 Orte und Helfer der Geburt 168
Entdifferenzierung der Generationen und der
Geschlechter durch entritualisierte Entbindung

5.1 Hausgeburt und Klinikgeburt 168
5.2 Funktionen des Geburtsexils 175
5.3 Das Motiv von Jona und dem Fisch 179
5.4 Durch das Männerkindbett zur Vaterschaft 185
5.5 Der Dammschnitt als Ritus der Zerstückelung 189

6 Vergöttlichung der Kinder 193
   Alltägliche Attribuierung der Heiligkeit
   an irdische Kinder

6.1 Reines Kind und unreine Wöchnerin –
    heiliges Kind und geheiligte Mutter 193
6.2 Die paradiesischen Kinder
    und die ‹verdammten› Erwachsenen 200
6.3 Kindliches Lachen und Gotteskindschaft 205

7 Isolation und Verlängerung der Kindheit 213
   Die Konstitution des Typus Kind im Taufritus

7.1 Funktionen der Taufe 213
7.2 Der rituelle Gehalt der Taufe 220
7.3 Zur Geschichte der Taufe 223
7.4 Die Äquilibration des Heiligen im Tauftabu 228

8 Der ‹Ernst des Lebens›
   und seine Simulation in der Kinderkultur 232
   Zur Funktion der Einschulung als Ersatz für die
   heilige Erstkommunion und die Kinderarbeit

8.1 Reproduktionsfähigkeit als Kriterium
    des Übergangs in das Erwachsenenalter 232
8.2 Aus der Geschichte der Erstkommunion:
    Wirklichkeitsadäquanz als Kriterium 238
8.3 Schule und Spielwelt als Simulation
    der Wirklichkeit 242
8.4 Spielen ohne Ende 249

9 Von der Knabenliebe
   zur Feminisierung des Erzieherischen 252
   Familie, Schule und Jugendorganisation
   als defiziente Exile sexueller Transition

9.1 Komponenten sexueller Transitionsriten
in der Pubertät   252
9.2 Das päderastische Grundmodell der Knabeninitiation   258
9.3 ‹Emile› oder über die Päderastie   265
9.4 Die Verstaatlichung der Pubertätstransition:
vom Wandervogel zur Hitlerjugend   269
9.5 Der Zusammenbruch der Pubertätstransition
nach 1945   273

10 Identitätsbalance als Dauerpubertät   278
Über den Verlust von Pubertätsexilen
und das Streben nach Metaidentität

10.1 Bettina K.   278
10.2 Zwischen Schizophrenie und Identität   282
10.3 Archaische und antike Gesellschaft:
Identität mit Natur und Polis   284
10.4 Der christliche Identitätsmythos   288
10.5 Statuspassage – Narziß – Jugendbiographie:
ein neuer Sozialisationstyp?   292
10.6 Ein alter Sozialisationstyp:
Jugend im Versteck   296

11 Bewährung in der Adoleszenz   300
Über den Verlust der Tötungserfahrung
und die Erhaltung kindlicher Unschuld

11.1 Der Adoleszente als antiker Held:
Leben lernen durch Töten   300
11.2 Der Adoleszente als verlorener Sohn:
Sparen lernen durch Verschwendung   307
11.3 Der Adoleszente ohne Bewährung:
vom Meier Helmbrecht zu Kafka   310
11.4 Adoleszenz als Simulation: John Wayne,
Humphrey Bogart und die reine Indifferenz   313

12 Abtreibung und Kindesmord 319
Die Sicherung der Kindlichkeit Erwachsener
durch Infantizid

12.1 Halbheit des Daseins durch Abwesenheit des Todes 319
12.2 Nähe und Ferne zu den kindlichen Opfern 327
12.3 Vergöttlichung der Kindheit durch Kindestötung 332

13 Verewigte Kindheit – Entdifferenzierung der Lebensformen 340

13.1 Entritualisierte Transitionen – Lebensläufe ohne Übergang 340
13.2 Moderne und hypermoderne Kindheit 346
13.3 Postmoderne als Epoche des Pararealen 352

Anhang 359

Literaturhinweise 359
Sachregister 377

Vorwort

Kindheit hat Konjunktur. Der sich akkumulierenden Beschäftigung mit der Kindheit ein weiteres Buch zuzuführen läßt sich daher nur rechtfertigen, wenn es neue Befunde enthält, einer anderen als den üblichen Methoden der Untersuchung folgt und eine alternative Position hinsichtlich unseres Verhältnisses zur Kindheit in dieser Kultur, eine andere Einschätzung ihrer Gegenwart und Zukunft bietet. Der vorliegende Versuch einer Mythologie der Kindheit beansprucht in jeder dieser Hinsichten einen Schritt weiter-(nicht unbedingt: voran-)zugehen, möglicherweise sogar mehrere.

Dabei mögen zwei beinahe banale, aber selten bedachte Feststellungen die Sicherheit erklären und zugleich entschuldigen, mit der dieser Anspruch formuliert wird:

Über Kindheit läßt sich nur reden, wenn man über *Erwachsene* spricht.

Über Kindheit zu reden heißt, daß *Erwachsene* reden.

Insofern reden Erwachsene, wenn sie über Kindheit reden, über sich selbst. Daß sie überhaupt über Kindheit reden und schreiben, in diesen Jahren zumal, ist mehr Ausdruck dessen, daß nicht die Kindheit ihnen, sondern sie selbst sich zum Problem geworden sind. (Über Fensterscheiben sprechen wir, wenn sie verschmutzt oder zerbrochen sind.)

Darüber müßte sich jeder Autor klar sein, der sich dem Gegenstand Kindheit zuwendet: daß er sich selbst als Erwachsener thematisiert. Darüber muß auch jeder Leser sich klar sein, der von einem Buch über Kindheit, einem historischen gar, erwartet, in ‹die› Geschichte der Kindheit eingeleitet zu werden. Die Vergegenwärtigung dessen, daß der Autor dem Zusammenhang seines Gegenstandes selber zugehört, hat für die vorliegende Untersuchung Konsequenzen gehabt:

Erstens: Wenn Nachdenken über Kindheit Nachdenken über Erwachsensein heißt, Nachdenken von Erwachsenen über sich, dann müssen der Untersuchung zum einen Quellen zugeführt werden, die nicht nur die Kindheit thematisieren, sondern ihr ‹Gegenteil›, ohne welches der Gegenstand nicht existierte, also Quellen, die den gesamten Lebenslauf betreffen. Wenn Kindheit eine Konstruktion Erwachsener ist, dann müssen in der Kulturgeschichte die Repräsentationen aufgesucht werden, in denen sich das Verständnis Erwachsener über Kindheit äußert, und es ist danach zu suchen, wie sich in den Phasen des Erwachsenenlebens der Begriff von Kindheit herausbildet. Die *Befunde* einer solchen Rekonstruktion haben deshalb einen grundlegend anderen Charakter als z. B. in einer erziehungsgeschichtlichen Untersuchung. Verfolgt man das Kindheitskonstrukt in den Köpfen der Erwachsenen historisch, dann ist das Ergebnis der Rekonstruktion ein System von Mythen der Kindheit, im besten Fall eine Mythologie der Kindheit. Dieses setzt zum anderen voraus, daß die Auswahl der Quellen sich nicht auf die großen kulturgeschichtlichen Zeugnisse ganzer Epochen reduziert, sondern auf die Sedimente des Bewußtseins Erwachsener in ihrem Alltag bzw. in Dokumentationen dieses Alltags (vgl. Kap. 0.2).

Zweitens: Wenn Nachdenken über Kindheit Nachdenken des Autors über sich als Erwachsenen impliziert, ist die Erwartung einer objektiven, kulturell und historisch repräsentativen Darstellung von Mythen der Kindheit absurd. Auch die Aufdeckung kausaler Entwicklungsketten der Kindheit in einer Epochengeschichte wäre ein Unternehmen, welches dem Bewußtsein der Erwachsenen der Gattung Mensch eine Mechanik unterschöbe, die sich wesentlich dem Denken des Autors verdankt. Dieses rekonstruktive Denken ist auf die Möglichkeit strukturaler Wahrnehmung angewiesen, auf die Möglichkeit, daß man in einem denkbar alltäglichen Akt, beispielsweise der Schwangerenberatung eines Gynäkologen, Elemente eines Ritus wiederentdeckt, der hier einmal ‹Verkündigung› geheißen hat. So wie der Betrachter einer gotischen Kathedrale nur sieht, was er weiß (die Bedeutung der Symbole), sieht der Rekonstrukteur des Kindheitsmythos nur, was er von den großen Mythen kennt und wiederentdeckt. Und: Die Strukturen scheinen nicht für jedermann sichtbar aus unserem Alltag vor, sondern wir tragen in der Rekonstruktion das Wissen in sie hinein, unser Wissen, das Wissen des Autors. Die Überzeugungskraft der Rekonstruktion ist also eine Funktion der Mythenkenntnis und der

Bereitschaft zur «Bricolage», zur Bastelei, wie Lévi-Strauss es genannt hat. Dieses gehört zu den methodischen Implikationen des gewählten Ansatzes (vgl. Kap. 0.2 und 0.3).

Drittens: Wenn die Thematisierung der Kindheit die Thematisierung des Autors als Erwachsenen und, insofern er der Klasse weiterer Erwachsener angehört, die Thematisierung von Erwachsensein heute umschließt, dann kann eine Bestätigung sattsam bekannter Generalthesen über die Geschichte der Kindheit (vgl. Kap. 0.1) nicht erwartet werden.

Ich riskiere vielmehr, an dieser Stelle noch grob formuliert, die doppelte These, daß erstens ‹die Kindheit› keineswegs, wie uns soeben nahegelegt wird (vgl. Postman 1983), im Begriff sei zu verschwinden, sondern daß im Gegenteil das Kindliche, um nicht zu sagen das Infantile, eine Erosion erfahren hat, unter der ehemals grundlegende Momente des Erwachsenseins wie die Identität vernichtet werden. Die Erwachsenen haben mit der Erfindung (nicht: Entdeckung) der Kindheit der Vergöttlichung, der Deifizierung eines Menschenbildes Vorschub geleistet, die sie unfähig macht, sich in ihrem Leben als Erwachsene einzurichten. Die ehemals entscheidenden Überführungsvorgänge von einer Lebensphase in die darauffolgende, wie sie in Mythen kodifiziert und in Riten wiedererlebt werden, finden nicht mehr statt, so daß der Kindheitsstatus im Lebenslauf perpetuiert wird.

Ferner sind unter dieser Entwicklung die beiden elementaren Strukturen der Verwandtschaft, das Väterliche und das Mütterliche, auf je unterschiedliche Weise zerstört worden: Das Väterliche droht kulturell weder symbolisch noch habituell eine dauernde Chance zu haben, und das Mütterliche scheint auf demselben Wege mit dem Kindlichen eins geworden zu sein. – Mir ist kein Kunstwerk bekannt, in dem diese Entwicklung anschaulicher zum Ausdruck gekommen wäre als in «L'esprit de la géométrie» (1936/37) von René Magritte (siehe die Titelvignette dieses Buches).

Die Arbeit an diesem Buch hat mehrere Jahre in Anspruch genommen. Grundlegende Überlegungen dazu ließen sich erstmals im Sommersemester 1984 einer interdisziplinären Zuhörerschaft in der Form einer ‹Universitätsvorlesung› vortragen, zu deren Durchführung mich der Präsident der Freien Universität Berlin eingeladen hatte. Der Aufmerksamkeit dieses Publikums, der Diskussionsbereitschaft meiner Mitarbeiter, unter ihnen besonders Klaus Brauner, und der Hilfe Nadine Angerers und Detlef Philipps bei der Materialsuche verdanke ich viele Hinweise. Ihnen fühle ich mich ebenso verpflichtet wie Jutta Lehmann und Heidi Scholz-Ziegelbauer, die die Mühe der Manuskripttechnik auf sich genommen haben, sowie Bärbel Lieske, die einen Teil der Graphiken angefertigt hat. Thomas Bichler und Friedrich Rost haben bei den Korrekturen geholfen, und Burghard König als Lektor bin ich für etliche Hinweise bei der Umsetzung des Rohmanuskripts in die vorliegende Form verbunden.

Die Idee zu meiner Ausgangsthese stammt von meinem damals vierjährigen Sohn Fabian, der, weinend, weil er gestürzt war, zu mir kam und auf die Frage nach dem Grund seiner Trauer antwortete: «Ich bin doch noch ein Kind!» – Der Gedanke, daß kein Kind, sondern ein Erwachsener diesen Rechtfertigungsmodus in ihm hervorgebracht hatte, weckte das Interesse an dem Diskurs über Kindheit. Fabian ist deshalb dieses Buch gewidmet und meiner Frau Agi Schründer-Lenzen, die uns manches Mal aufgerichtet hat, ihn und mich, wenn wir gestürzt waren, so oder so.

Berlin-Lichtenrade, im Mai 1985 *Dieter Lenzen*

0 Kindheit – Mythos – Lebenszyklus

0.1 Kindheit – zur Aporie neuerer Ansätze

Das Risiko, welches den hier gewählten Weg begleitet, verdeutlicht sich erst, wenn man einen Blick auf das wirft, was als ‹Stand› der Forschung über Kindheit zu bezeichnen vielleicht bereits zu weit geht. Immerhin läßt sich rein quantitativ eine hektische Publikationspraxis konstatieren. Allein für den Zeitraum zwischen 1971 und 1976 spricht Postman in den USA von 900 Publikationen zur Geschichte der Kindheit und Familie im Gegensatz zu nur etwa 70 Veröffentlichungen auf diesem Gebiet in den dreißiger Jahren (vgl. Postman 1983, S. 173). Und die 1978 abgeschlossene, aber durchaus nicht vollständige «Bibliographie zur Geschichte der Kindheit, Jugend und Familie» bietet nahezu 2500 Titel aus dem deutschsprachigen Raum an (vgl. Herrmann u. a. 1980).

Darin ist allerdings eine große Zahl der jüngsten Arbeiten nicht enthalten, die, sei es wegen einer spektakulären These oder aus konjunkturellen Gründen, ein aufnahmebereites Publikum fanden. Eine Klassifikation dieser Arbeiten ließe sich anhand ihrer Grundeinschätzungen über Vergangenheit, Gegenwart und Zukunft der Kindheit leisten. Auf diesen groben Nenner gebracht, sind derzeit vielleicht sechs Gruppen unterscheidbar.

Kindheitsgeschichte als Verfallsgeschichte
Im deutschsprachigen Raum ist es das Verdienst Hartmut von Hentigs, auf der Wiederveröffentlichung eines Buches bestanden zu haben, das die Welle der Beschäftigung mit der Kindheit Mitte der siebziger Jahre auslöste, obgleich das Buch 1975 bereits 15 Jahre alt war: die etwas vollmundig als «Geschichte der Kindheit» titulierte Arbeit von Philippe Ariès (1975), im Original bescheidener «L'enfant et la vie familiale sous l'ancien régime». Nicht wegen ihrer ungewöhnlichen Quellenauswahl, ihrer oftmals riskanten Interpretationen kultureller Zeugnisse oder wegen ihres eher *ideengeschichtlichen* Zugriffs wird diese Arbeit selbst Geschichte geworden sein, sondern deshalb, weil Ariès (als wissenschaftlicher Laie!) mit zwei Selbstverständlichkeiten aufräumte: derjenigen, daß es Kindheit immer schon gegeben habe und sie nicht etwa ein Produkt der Geschichte sei, sowie derjenigen, daß die Kindheit, wie sie heute gelebt wird, ihren Trägern, den Kindern, zum Segen gereiche.

Das Verdienst der Entdeckung oder Deklaration der Historizität von Kindheit teilt sich Ariès mit van den Berg (1960). Die – vermeintlich aus der Sicht der Kinder – pessimistische Einschätzung der Kindheitsgeschichte ist inzwischen zum Tenor zahlreicher Arbeiten geworden, wenn nicht der meisten, wie der Blick auf andere Gruppen zeigt. Wenn Ariès indessen, wie es nach ihm zum guten Ton geworden zu sein scheint, etwa den Verlust der kindlichen Freiheit durch die Konstitution des Kindlichen beklagt, dann enthält diese Perspektive nur die halbe Wahrheit, wenn sie sich gegen die anderen, die sogenannten Erwachsenen richten sollte. Die Gettoisierung des Kindlichen ist logisch gar nicht ohne ihr Pendant, die Gettoisierung der Erwachsenen, denkbar. Wir erinnern uns daran, was wir bei Fichte gelernt haben, daß Freiheit als nur relative diesen Namen niemals verdient.

Kindheitsgeschichte als Fortschrittsgeschichte
Wohl weniger wegen der zu Ariès konträren These von einer Fortschrittsgeschichte der Kindheit als wegen des ungewöhnlichen psychohistorischen Zugriffs fanden die Arbeiten aus dem Umfeld von Lloyd de Mause (1977) eine bemerkenswerte Aufnahme. Allerdings hängt beides miteinander zusammen. Geht man wie de Mause und seine Mitautoren von einer psychoanalytischen Interpretation der Beziehungsqualität zwischen Kindern und Erwachsenen in der Geschichte aus und wertet die ‹Unterstützung› in guter christlich-jüdischer Tradition als

gegenwärtig vorfindbare Charakteristik der Erwachsenen-Kind-Beziehung, als höchste Möglichkeit, dann liegen historisch frühere Stufen wie ‹Ambivalenz› oder gar ‹Kindesmord› weit hinter den inzwischen erreichten zurück. Sieht man aber von der moralischen Implikation der Beziehungsqualitäten ab, die selber historisch ist und durchaus nicht selbstverständlich, weil sie etwa das Recht der Erwachsenen völlig abspiegelt, dann verliert de Mause zwei wichtige Aspekte aus dem Blick: Er bewertet eine Beziehung zwischen jungen und älteren Menschen in der Antike mit demselben Schlüssel des 19./20. Jahrhunderts, an einer Stelle also, wo es, strenggenommen, nichts zu bewerten gibt. Wenn eine spezifische Erwachsenen-Kind-Beziehung, die sich von Erwachsenen-Erwachsenen-Beziehungen unterscheidet, zu einem bestimmten Zeitpunkt gar nicht identifiziert werden kann, ist es absurd, diese trotzdem als ‹ambivalent› zu kennzeichnen. Wie sehr der *psychohistorische* Zugriff darüber hinaus kulturgeschichtliche Strukturen und Elemente vereinseitigt, zeigt bereits ein Blick auf die Interpretation antiker Kindheit. Wenn de Mause beispielsweise schreibt, «in Athen konnte man sich sogar per Vertrag einen Jungen mieten» (a.a.O., S. 71), um damit die Päderastie zu verurteilen, dann zeugt diese Kennzeichnung von einer nicht unterbietbaren Unkenntnis der kulturellen und mythologischen Bedeutung der Knabenliebe für die Erziehung des Knaben, die deshalb als ahistorisch bezeichnet werden muß, weil sie den Traditionszusammenhang der Päderastie ignoriert, der bis ins 20. Jahrhundert reicht (man denke nur an die Jugendbewegung der Jahrhundertwende; vgl. Kap. 9). So gesehen ist auch die Kennzeichnung ‹Kindesmord› für die Antike mehr als problematisch. Antikes Spielzeug sowie Grab- und Sarkophaginschriften, in denen tote Kinder gefeiert werden, eignen sich ebenso zur Annahme des Gegenteils (vgl. Schneider 1954, S. 652 ff).

Kindheitsgeschichte als Klassengeschichte
Es sind nicht diese historischen Unverträglichkeiten des psychohistorischen Ansatzes, die die vielen anderen Arbeiten eher dem Spektrum pessimistischer Geschichtsbetrachtung zuweisen. Vielmehr setzen sich z. B. Hardach-Pinke/Hardach (1978) in der Einleitung zu ihrem Sammelband autobiographischer Zeugnisse von der psychohistorischen Methode ab, der sie eine *sozialgeschichtliche* gegenüberstellen. Die präsentierten autobiographischen Texte aus der Zeit von 1700 bis 1900 zeigen dann auch sehr unterschiedliche Selbsteinschätzungen der Kind-

heit durch die Autoren, die nach sozialen Ständen klassifiziert werden. Unterlegt man diesen Quellen, wie die Herausgeber es tun, eine sozialkritische Stratifikation, so bleibt der Erfolg nicht aus: Die bekannten Klassenunterschiede verlängern sich in die Kindheit der jeweiligen Klassenangehörigen hinein, eine Beobachtung bzw. eine Interpretation, die sich auch in die Gegenwart hinein verlängern läßt, wie Klaus-Dieter Lenzens Analysen (1978) unserer «Kinderkultur» zeigen. Auch wenn man Arbeiten berücksichtigt, die sich mit einzelnen Aspekten der Kindheitsgeschichte befassen wie der Kinderarbeit (vgl. Kuczynski 1968), so steht eine Sozialgeschichte der Kindheit, gleich von welchem gesellschaftstheoretischen Standpunkt, noch aus.

Kindheitsgeschichte als Dokumentation der Erziehungsgeschichte
Was die Geschichte der Erziehung und vor allem der Bildung betrifft, so hat die Pädagogik seit ihrer Etablierung im 19. Jahrhundert eine Fülle von Schriften hervorgebracht, die der Expansion professionellen Erziehens und Bildens zugleich entsprangen und diese Entwicklung stützten und rechtfertigten. Ob man Friedrich Paulsens «Geschichte des gelehrten Unterrichts ...» (1919), Werner Jaegers «Paideia» (1934–47), die «Geschichte der Pädagogik» von Albert Reble (1955), Josef Dolchs «Lehrplan des Abendlandes» (vgl. 1965) oder die «Geschichte der Bildung und Erziehung» von Ballauff und Schaller (1969–73) heranzieht, es handelt sich ausnahmslos um materialreiche Arbeiten *geistesgeschichtlicher* Provenienz mit einem Schwerpunkt auf institutionalisierten pädagogischen Prozessen. Eine Geschichte der Kindheit, eine Geschichte der Mythen über Kindheit in den Köpfen Erwachsener gibt es auch in dieser Gruppe nicht. Daran hat sich selbst mit der neuesten «Geschichte der Pädagogik» von Herwig Blankertz (1982) nichts geändert, die den Zeitraum von der Aufklärung bis zur Gegenwart bearbeitet und die gezielte kritische Interpretation des Bildungsdenkens aus dem Buch «Bildung im Zeitalter der großen Industrie» (1969) weitertreibt.

Diesen großangelegten Arbeiten steht kein umfassender Versuch gegenüber, das Erziehungsgeschehen in seiner Geschichte für die Rekonstruktion der Kindheit auszuwerten. Der Grund dafür verdeutlicht sich, wenn man die Dokumentationen liest, die zu diesem Zweck allererst einer Interpretation zugeführt werden müßten. Den Anfang machte Katharina Rutschkys Quellen-Sammlung «Schwarze Pädagogik» (1977), der sie ihre «Deutsche Kinderchronik» (1983) hat folgen lassen. Diesem Genre mag das zweibändige «Lesebuch zur Geschichte der Kindheit» mit dem Titel «Kinderschaukel» zugeordnet werden (Könnecker 1976), das allerdings anders als Rutschkys Dokumentationen keine Zeugnisse der pädagogischen Theorie bzw. des erzieherischen Alltags sammelt, sondern Texte für Kinder als Spiegel des erzieherischen Umgangs mit ihnen anbietet.

Untersuchungen, die den historisch einmaligen Vorgang der «Eroberung des Kindes durch die Wissenschaft» pointieren, die mit der Selbstverständlichkeit brechen, mit der die Verwissenschaftlichung auch des Lebensbereichs ‹Erziehung› vorangeschritten ist, sind die Arbeiten von Gstettner (1981) und Dreßen (1982). Daß an dieser Stelle bislang nicht fortgefahren wurde, hängt nicht nur mit dem Zustand der Erziehungswissenschaft zusammen, die sich selbst in Frage stellen müßte, wollte sie die Geschichte der Kindheit als Kolonialisierungsunternehmen beschreiben. Dementsprechend sind die zitierten Dokumentationen ebensowenig Produkte etablierter Erziehungswissenschaftler wie die volkskundliche Dokumentation der Alltagswelt des Kindes und der Familie von Ingeborg Weber-Kellermann (1976 und 1979).

Wie in der Gruppe sozialgeschichtlicher Arbeiten herrscht auch in dieser Gruppe der Pessimismus bei der Einschätzung von Vergangenheit, Gegenwart und Zukunft der Kindheit vor, ja, man muß konstatieren, daß dieser Skeptizismus gelegentlich, insbesondere bei Katharina Rutschky, geradezu zum Auswahlkriterium der Dokumente geworden ist. Dagegen ist angesichts der Deutlichkeit, mit der diese Einseitigkeit explizit gemacht wird, kein Einwand zu erheben. Sollte das Phänomen ‹Kindheit› eines Tages verstanden worden sein, so wird dieses nicht ohne die Berücksichtigung zweier wichtiger Ausschnitte kindlicher Wirklichkeit möglich gewesen sein, die in den Publikationen dieser Gruppe eher unterschlagen werden. Dann muß die Geschichte der Glorifizierung der Kindheit und die der Selbstverleugnung der Erwachsenen dazugehören, die, wie zu zeigen sein wird, inzwischen pathologische Züge angenommen hat.

Kindheitsgeschichte als geschichtslose Selbstanklage
Wem diese Feststellung eine unberechtigte Invektive zu sein scheint, der sei auf die quantitativ umfangreichste Gruppe von Publikationen zur Kindheit aus den letzten zehn Jahren verwiesen, die sich selbst als ‹Antipädagogik› kennzeichnende Literatur. Sie nahm ihren Ausgang bei den schulkritischen Schriften Illichs (1972), Reimers (1972), Good-

mans (1975) und anderen sowie bei der Ausdehnung dieser Kritik auf die Erziehung generell (vgl. Holt 1978), wie sie in den USA am Ende der sechziger Jahre aufkam. Im deutschsprachigen Raum sind dieser Gruppe die zum Teil wüsten Polemiken von v. Braunmühl (1975, 1976, 1978), die krypto-psychoanalytische Textserie von Alice Miller (1979, 1981a, 1981b), die Proklamation einer «Freundschaft mit Kindern» von Hubertus von Schoenebeck (1980, 1982) sowie die differenzierteren Essays Heinrich Kupffers (1980) zuzurechnen. Die rasch erfolgten Entgegnungen auf diese Angriffe aus erziehungswissenschaftlicher Sicht (Flitner 1982a; Oelkers/Lehmann 1983; Winkler 1982) erübrigen eine nähere Auseinandersetzung mit dieser Bewegung, und sie tun ein Weiteres: Sie verdeutlichen die grundlegende Irritation, die Erwachsene unserer Kultur hinsichtlich des ‹Erziehungsgeschäfts› erfaßt zu haben scheint, ganz gleich, ob man mit von Braunmühl die Pädagogik für eine «groß angelegte Betrügerei zur Machterhaltung der Seeleningenieure» (v. Braunmühl 1978, S. 65) hält oder für die vernünftige Konsequenz aus einer anthropologischen Erziehungstatsache. Und sie markieren einen anhaltenden ‹Trend›: die Tendenz zu einer Dekonstruktion der tradierten definitorischen Grenze zwischen Kindern und Erwachsenen.

Kindheitsgeschichte als Demarkationsgeschichte
Mit der Erscheinung der Destabilisierung des Verhältnisses von Kindern und Erwachsenen befassen sich die jüngsten Arbeiten zu unserem Gegenstand, neben Winns «Kinder ohne Kindheit» (1984) insbesondere «Kindheit als Fiktion» von Hengst u. a. (1982) sowie Postmans «The disappearance of childhood» (1982, deutsch 1983). Beide Texte betreten gewissermaßen eine zweite Ebene des Diskurses über Kindheit, auf der die Frage diskutiert wird, ob ‹Kindheit› als eine von anderen unterschiedene Lebensphase gegenwärtig nicht einer Modifikation unterliegt, ob nicht von einer Liquidierung von Kindheit gesprochen werden muß.

Neil Postman bietet nun eine Unzahl von Belegen für seine These, daß Kindheit im Verschwinden begriffen sei. Einige wichtige seien genannt: Er vermißt ein ehedem selbstverständliches Schamgefühl, er sieht ein Schwinden der Erziehungsbereitschaft bei den Erwachsenen. Daneben greife das Erwachsenenleben auf die Kultur der Kinder über, indem die Fernsehreklame nicht mehr zwischen Kindern und Erwachsenen unterscheide, indem die Menschenrechte nun auch für Kinder eingeklagt würden (z. B. das Recht auf Arbeit), indem Kinder als Werbeträger benutzt würden oder Kinder sich wie Erwachsene kleiden. Postman erwähnt ferner eine Steigerung der schweren Kriminalität bei Kindern von 1950 bis 1979 in den USA um 11 000 Prozent und eine Verfrühung der Geschlechtsreife in jedem Jahrzehnt um vier Monate mit den Folgen früherer sexueller Betätigung und früherer Elternschaft. Auch der Alkoholmißbrauch bei Kindern gehört zu der Liste der von ihm genannten Phänomene.

Die tragende Ursache für diese Entwicklung erblickt Postman in dem Umstand, daß die modernen elektronischen Medien wie das Fernsehen sich zerstörend auf jedes Geheimnis des Erwachsenenlebens auswirken. Ohne Geheimnisse aber könne es so etwas wie Kindheit nicht geben; denn für die Entstehung der Kindheit sei historisch gerade ein Vorgang dingfest zu machen, der das Erwachsenenleben von dem der Kinder getrennt habe: die Entstehung der Literalität. Mit der Erfindung der Buchdruckerkunst sei die Schriftkundigkeit zu einem Charakteristikum der Erwachsenenwelt geworden. Um in diese Welt einzudringen, habe es für die jungen Menschen eines längeren Ausbildungsvorgangs bedurft, der Schulzeit, die sich gewissermaßen zwischen Kindheit und Erwachsenenstatus geschoben habe. Insgesamt verleugnet Postman nicht einen *kulturkritischen* Impetus, indem er sein Bedauern über und seinen Widerstand gegen diese Entwicklung zum Ausdruck bringt.

Die Argumentation bei Hengst u. a. ist ähnlich, allerdings nicht ausschließlich auf die Rolle der Medien konzentriert. Hier werden als weitere Ursachen für die Liquidierung der Kindheit noch die strukturelle Angleichung der Schule an den Typus ‹Arbeitsplatz› genannt, das Eindringen der Außenwelt in die Familie durch Warenangebot und Dienstleistungen sowie die Spielwelt, die ihren Charakter der spielerischen Vorbereitung auf das Erwachsenenleben verloren habe.

Das Buch von Postman findet hier deshalb so ausführlich Erwähnung, weil es wegen seiner extremen Simplifikation in der These vom «Verschwinden der Kindheit», die Hengst (1984) richtig als das Verschwinden einer *bestimmten Vorstellung* von Kindheit gekennzeichnet hat, eine übereifrige Rezeption erfuhr, welche die notwendige Analysearbeit durch Vereinfachung im Ansatz zu ersticken droht.

Andererseits markiert der Text, bei dessen Erscheinen das vorliegende Buch im wesentlichen fertiggestellt war, eine neue Ebene der Diskussion, auf der heute weiter gearbeitet werden muß. Es stellt sich nicht mehr die Frage, ob der Typus Kind eine historische Erfindung war, sondern ob diese Entdeckung einer historischen Laune entsprang, die sich nun wandelt, so daß das Konzept Kind möglicherweise bedroht ist. Mit der Anspielung auf eine Bedrohung ist aber ein Weiteres angesprochen, was auch diese letzte Gruppe neuerer Arbeiten zur Kindheit kennzeichnet, daß nämlich auch hier aus der Sicht der Kinder zu argumentieren versucht wird.

Diese Akzentuierung hat soeben mit dem Erscheinen des Buches «Zum Kind reifen» von Ashley Montagu (1984) einen vorläufigen Höhepunkt gefunden, in dem dieser Autor auf die Zukunft der Kindheit gewendet verlangt, den Typus des Erwachsenen dadurch zum Verschwinden zu bringen, daß die Merkmale des Kindlichen zum Charakteristikum der dann nicht mehr präsenten Erwachsenheit werden.

Bei allen Differenzen, die die skizzierten Gruppen der Literatur zur Geschichte der Kindheit ausmachen, sind sie doch, wenngleich mit unterschiedlicher Prononciation, durchgängig durch eine deutliche Parteinahme für die Kinder gekennzeichnet, selbst wenn man so diametrale Einschätzungen heranzieht wie diejenigen von Ariès und de Mause. Das ist natürlich reine aufklärerische Tradition, die selbst schon bei frühen Arbeiten zu diesem Gegenstand durchscheint wie bei den völkerkundlichen Studien von Heinrich Ploss (1911 und 1912).

Gleichzeitig mündet jedoch die letztlich aufklärerisch begründete Entscheidung für die Position des Kindes in einer Aporie, bestenfalls in einer Dialektik. Als die pädagogische Bewegung ‹vom Kinde aus› (vgl. Dietrich 1982) ein ‹Jahrhundert des Kindes› eröffnete, konnte kaum sichtbar werden, was die skizzierten historischen Ansätze jetzt erkennen lassen: In dem Maße, in dem das Kindliche glorifiziert und letztlich sogar zum Orientierungspunkt einer künftigen Entwicklung des Erwachsenseins wird, zerstört sich der aufklärerische Impetus, dem diese Entscheidung entsprang, selbst. Denn wenn das wichtigste Unterscheidungsmerkmal von Kindern und Erwachsenen, das allererst zur ‹Entdeckung› der Kindheit gereicht hat, die (noch) fehlende Ausbildung des Ich beim jungen Menschen, aufgehoben wird, ist das tragende Moment aufklärerischer und nachaufklärerischer Bildungsphilosophie vernichtet, der Gedanke der Mensch*werdung* im Bildungsprozeß.

Es mag sein, daß das darin aufgehobene Identitätsdenken sich inzwischen überlebt hat und der Glaube an die Möglichkeit einer Etablierung des Humanum sich verflüchtigt. Dieses läßt sich anhand der Geschichte der Kindheit und vor allem ihrer Gegenwart aber nur dann feststellen, wenn nicht allein durch die Wahl des Standpunktes bereits das Ergebnis produziert wird. Eine unvoreingenommene Analyse der Lage der Kindheit heute dürfte deshalb nur möglich sein, wenn auf eine Parteinahme für Kinder oder Erwachsene verzichtet wird, wenn nicht das Kindliche oder Erwachsene unser Interesse einfängt, sondern das Menschliche, ohne jede Emphase.

In dieser Hinsicht ist diese Mythologie der Kindheit mit den vorfindbaren historischen Arbeiten zur Kindheit unvergleichbar. Der Verzicht auf eine Parteinahme für das Kind verlangt dem Autor den Versuch einer Distanzierung ab, der immer nur partiell gelingen kann. Diese notwendige Distanz hat Konsequenzen für die Methode, die Fokussierung auf die Mythen der Kindheit und die Resultate des Nachdenkens, so daß dieses Buch sich nicht nur aufgrund seines Standpunktes der Klassifikation historischer Arbeiten zur Kindheit entzieht. Es gehört nicht zu ihnen.

0.2 Mythos

Natürlich ist der Zeitpunkt, zu dem sich das Interesse dieses Buches nicht auf die Geschichte, sondern die Mythen der Kindheit bezieht, nicht zufällig. Dieses jedoch nicht in dem Sinne einer einfachen Erfüllung ohnedies vorhandener Konjunktur des Mythos, auch wenn die doppelte Aktualität von Kindheit und Mythos diese suggeriert. Der Beginn der Arbeit an diesem Zusammenhang geht wesentlich weiter zurück als dorthin, wo die öffentliche Akzeptabilität dieses Gegenstandes klar erkennbar wurde. Trotzdem stellt sich die Frage, woher die anhaltende Attraktivität der Beschäftigung mit dem Mythos resultiert. Vielleicht läßt sich über diesen Weg das hier Eingang findende Verständnis von Mythos erläutern.

Die Renaissance der Befassung mit dem Mythos, die nicht schon ohne weiteres identisch ist mit einer Wiederbelebung mythischen Denkens, also auch nicht mit den unterschiedlichen Varianten der Mythenkritik, fand zunächst in eher elitären Diskussionskontexten statt, die sich keineswegs als Spitze einer neuen Bewegung verstanden. Dazu gehörte noch auf dem Höhepunkt der Studentenbewegung 1968 das später unter dem Titel «Terror und Spiel» (Fuhrmann 1971) dokumentierte Colloquium zu Problemen der Mythenrezeption vielleicht ebenso wie zehn Jahre später eine ähnliche Unternehmung, die das Verhältnis von «Philosophie und Mythos» diskutierte (Poser 1979). Die Autoren dieser Beiträge unternehmen erste vorsichtige Schritte in eine Dimension, die sich in der Zeit des Faschismus so in Mißkredit gebracht hatte, daß das Thema Mythos über 20 Jahre tabuisiert blieb bzw. einer nachträglichen Tabuisierung unterzogen wurde, woran insbesondere die von dem evangelischen Theologen Rudolf Bultmann initiierte «Entmythologisierungs»-Debatte mit Karl Jaspers in den 50er Jahren (Jaspers/ Bultmann 1981) einen erheblichen Anteil hatte.

Es mag unter anderem diese historische Konstellation sein, die die Rezeption einer neuerlichen Thematisierung des Mythos in Deutschland erschwerte, die Rezeption des französischen Strukturalismus. Dabei ist besonders an Claude Lévi-Strauss und Roland Barthes zu denken, die bereits in den 50er Jahren eine strukturale Anthropologie (1958, deutsch 1967 u. öfter) bzw. eine Semiologie der «Mythen des Alltags» (1957, deutsch 1964) vorlegten. Jedenfalls taten heftige Attacken aus marxistischer Sicht (Jaeggi 1968; Schmidt 1971) das Ihre zur Stigmatisierung.

Erst die Irritation, die das Vertrauen in das wissenschaftliche Rationalitätsprinzip Mitte der 70er Jahre nicht ohne Zusammenhang mit einer an einer Rehabilitation der Natur orientierten Jugendbewegung erfaßte, schuf eine neue Lage. Sie eröffnete die Bereitschaft zur Rezeption mythischen Denkens als der Reflexionsgestalt, die einmal vorherrschte, als aufgeklärtes, rationalistisches Denken seine von vielen als katastrophal empfundene Dialektik (vgl. Horkheimer/Adorno 1947) noch nicht entfaltet hatte. Es ist kein Zufall, daß vor diesem Hintergrund die Hoffnung vieler sich auf den Mythos, das mythische Denken und Erfahren richtet und weniger auf die zahlreichen «dritten Wege», die von verschiedenen Seiten angeboten werden, sei es das Votum für eine Logomythie (vgl. v. Hentig 1982), eine Polymythie (vgl. Marquard 1979) oder die Metanoia (Buße) aus theologischer Sicht (vgl. Hollenweger 1982).

Die Konjunktur des Mythos ist vielmehr «Indiz eines Prozesses ... in dem Sinnstrukturen der sozialen Erfahrungswelt gegenüber wissenschaftlicher Kenntnismöglichkeit in ein hoffnungsloses Begründungsdefizit geraten sind» (Plumpe 1976, S. 240). Wenn sich, wie Eliade (1973) zeigt, in den Repräsentationen der Mythen, den Symbolen und Ritualen, die «Sehnsucht nach einer periodischen Rückkehr zur mythischen Zeit der Uranfänge» (Eliade 1966, S. 7) spiegelt, dann vermittelt die Orientierung am mythischen Denken die Hoffnung auf eine Wiederherstellung der Unschuld, auf einen Ausgleich mit der Natur oder wenigstens auf die Rückkehr zu jener «Ruhe und Selbstverständlichkeit», mit der Jaspers einmal die mythische Zeit charakterisiert hat (Jaspers 1955, S. 15).

Zweifellos wärmt sich an der Sonne daraus entsteigender «Mytho-Philie» mancher antiszientistische irrationale Affekt, der vor aller historischen Analyse der Mythologiegeschichte «Die Rückkehr des Imaginären» (vgl. 1981) fordert (vgl. auch Kramer 1981), an eine Funktion der Dichtung als «Neuer Mythologie» (vgl. Frank 1982 und 1983) erinnert oder den Wissenschafter zur Irrationalität (ver-)führen will (vgl. Duerr 1981).

Begreift man unter Mode die periodische Innovation als Wiederkehr gleicher Elemente in wenn auch neuer Kombination, so ist vieles an dem als modische Erscheinung zu verbuchen, was sich als neue Mythenbegeisterung darstellt. Und doch ist auch sie nur ein Symptom eines Prozesses, von dem gegenwärtig nicht sagbar ist, ob es sich an seinem Ende nur um eine Krise des Reflexionsstils oder um eine anhaltende Zerstörung des Rationalitätsprinzips zugunsten der Etablierung konträrer Orientierungen gehandelt haben wird. Längst enthält dieser Prozeß mehr als eines seiner Teile; das neu erwachte Interesse am Mythos verrät, die Erinnerung an die «Mächtigkeit einer Natur, deren technische Beherrschung keineswegs einen Grad erreicht hat, der ihre Schrecknisse zunichte macht», sowie eine «Verteidigung der Offenheit und Vielfalt möglicher Sinnfragen» (Plumpe 1976, S. 249).

Unter dem Einfluß ‹poststrukturalistischer› Autoren wie Jean-François Lyotard (1979, 1982a und b), Jean Baudrillard (1978a und b, 1982) oder Gilles Deleuze und Félix Guattari (1977) beginnt sich ein ‹postmodernes› Denken und Fordern zu errichten, welches radikalisiert:
– Es verlangt eine «Subversion» des tradierten Wissens, eine «Apathie in der Theorie» (Lyotard 1979).
– Der Wirklichkeit gegenüber wird eine Position bezogen, die ihre Existenz damit in Frage stellt, daß die Wirklichkeit als Funktion der Medien gesehen wird (vgl. Baudrillard 1978).
– Der rationalistischen Objektivitätsmaxime wird das Recht der Subjektivität, wenn nicht des Narzißmus gegenübergestellt.
– Die Abkehr vom Rationalitätsprinzip verspricht eine Legitimation der Imagination.

— Die Negation der einen Vernunft eröffnet eine Vielfalt der Stile, der kulturellen Ausdrucksformen bis hin zur «Wiederkehr des Körpers» (Kamper/Wulf 1982), mindestens jedoch eine Aufhebung der engen Grenzen spezialisierter Disziplinen.
— Die Rehabilitation des Irrationalen erlaubt nicht nur eine neue Aufmerksamkeit gegenüber dem Religiösen und den Künsten, sondern auch die Problematisierung der Trennung beider als eines historischen Produktes (vgl. Castoriadis 1981, S. 174).
— Die Aufmerksamkeit gegenüber der Kultur als ganzer schließt die Kultur des Alltags ein.

Quer zu diesen Bestimmungsstücken postmodernen Denkens läßt sich die Grenze ziehen, die sich für eine Mythologie der Kindheit gebietet, die keine ‹Mythomythie› sein will, nicht selbst mythisches Denken, ohne aber, wie zu zeigen sein wird, dieses letztlich durchhalten zu können, und zwar aus grundsätzlichen Erwägungen nicht. Von einer präfixierten normativen Entscheidung für eine «Subversion des Wissens» kann keine Rede sein. Die im Verlauf der Untersuchung durchscheinende Skepsis gegenüber der Selbstverständlichkeit des Wirklichen ist Produkt, nicht Voraussetzung der Analyse. Die Methode der Untersuchung ist geleitet von dem Gedanken an eine Verallgemeinerungsfähigkeit der Resultate bei gleichzeitiger Rücknahme dieses Prinzips im Angesicht notwendiger individueller Phantasie als Voraussetzung mythologischer Rekonstruktion. Als Repräsentationen des Kindheitsverständnisses werden nicht die Objektivationen der Geistesgeschichte, sondern *exemplarisch* Sedimente auch des Alltags gewählt, in möglichst vielfältiger Form des Ausdrucks (von der Gebrauchsanweisung für den Schwangerschaftstest bis zur romantischen Lyrik), und sie werden dem Verstehen mit den Werkzeugen zugänglich gemacht, die den unterschiedlichen Disziplinen entstammen.

Dieses Bekenntnis wirft die Wahrheitsfrage auf. Sind die Ergebnisse einer Mythologie der Kindheit gültig? – Diese Frage stellt sich im Verfolg der Lektüre der folgenden Kapitel um so dringlicher, als manches Resultat, manche Parallele zwischen einer uns alltäglich wähnenden Erscheinung und den Strukturen Tausende Jahre alter Mythen spekulativ erscheint. Hier muß aber deutlich geschieden werden zwischen der Wahrheit des Mythos und der Wahrheit seiner Rekonstruktion.

Der Mythos ist im wissenschaftlichen Sinne nicht wahrheitsfähig. «Im wissenschaftlichen Sinn ist dasjenige wahr, was Aussichten auf Verwendung in wirksamen technologischen Verfahren besitzt» (Kolakowski 1973, S. 13), während metaphysische Fragen, die der Mythos bearbeitet, «technologisch unfruchtbar» sind. Während dem wissenschaftlichen Denken als «leitende Idee» das Gesetz oder die Regel zugrunde liegt (vgl. Hübner 1979, S. 84), ist die leitende Idee des Mythos die Arche, ein singuläres Ereignis der Vor-Zeit, das sich zum Beispiel in einem Ritus oder in Symbolen des alltäglichen Lebens wiederholt.

Wenn wir etwa im Kapitel 10 anhand eines persönlichen Briefes von einem ‹pubertierenden› Mädchen anhand seines Verhaltens in der Zeit seiner Pubertät sowohl Merkmale entdecken, die vom Standpunkt psychologischer Betrachtung charakteristisch für jene Reifezeit sind, aber gleichzeitig sehen, wie das Mädchen versucht, einen Ritus, den des Mädchenexils, selbst an sich zu vollziehen, der ihm von der Umwelt verwehrt wird, dann ist das Ergebnis ‹wissenschaftlicher› Betrachtung nicht wahrer als dasjenige der Analyse des mythischen Kerns im Verhalten des Mädchens. Eine solche Werthierarchisierung hätte die Existenz einer Metawahrheit zur Voraussetzung, die es nicht geben kann. Sich für die Analysen des mythischen Gehalts alltäglicher Symbole und Akte im Zusammenhang mit Kindern zu entscheiden ist deshalb zumindest ebenso willkürlich wie die Entscheidung für eine ‹wissenschaftliche› Analyse der psychischen Vorgänge in heutigen Kindern (oder Erwachsenen) in bestimmten Lebensphasen. Die Willkür ist indessen eine scheinbare. Wie das kurz angedeutete Beispiel zeigt und zeigen wird, verstehen wir die Irritationen des besagten Mädchens nämlich besser, wenn wir uns fragen, ob die Unterdrückung eines mythischen Bedürfnisses und weniger die Gesetzmäßigkeit pubertärer Prozesse es veranlaßt, das Elternhaus vorzeitig zu verlassen und sich in eine Exilwelt zu flüchten. Angesichts dieser Möglichkeit ist es ganz unsinnig, danach zu fragen, was wohl der ‹wahre› Grund für ihre Verhaltensauffälligkeit sein mag. Diese Frage entspringt dem technischen Interesse daran, periodisch auftauchende Pubertätsprobleme unter Kontrolle zu bekommen, während *verstehen* wollen zugleich weniger und mehr ist: Eine Mythologie der Kindheit kann keinem technischen Zweck fungibel gemacht werden. Allenfalls kann das bessere Verstehen von Kindheit heute dazu führen, die vorschnelle Vernichtung wichtiger Riten und Symbole zu überdenken. Aber das ist keine Angelegenheit politisch-wissenschaftlicher Planung wie die Einrichtung von Jugendzentren zur Bewältigung pubertärer oder postpubertärer Perturbationen.

Während die Wahrheit des Mythos also unentscheidbar bleibt, ist die Situation hinsichtlich der Wahrheit seiner Rekonstruktion zunächst eine andere. Ob sich, um ein anderes Beispiel aus diesem Buch zu wählen (vgl. Kap. 5), der Mythos von Jona und dem Fisch in dem Bericht einer jungen Mutter über ihre Hausentbindung tatsächlich wiederfindet oder ein anderer oder keiner, rührt erneut an das Verhältnis von Wissenschaft und mythischem Denken. Die Haltung des Untersuchenden gegenüber seinem Gegenstand, einem Phänomen der mit Kindheit im Zusammenhang stehenden Alltagswelt, ist allererst die des Wissenschaftlers. Er sucht nach dem «Sinn hinter dem Sinn» (Lévi-Strauss 1973, S. 122), nach der Identität von Strukturmerkmalen ‹seines› Gegenstandes mit denen ihm bekannter Mythen.

An dieser Stelle teilt sich die Wahrheitsfrage erneut. Der Rekonstruktion einer Mythologie der Kindheit könnte vorgeworfen werden,
— von den falschen, weil irrelevanten, womöglich nur singulären Phänomenen heutiger Kindheit auszugehen;
— die Phänomene auf die falschen Mythen zurückzuführen;
— eine falsche Entwicklungsgeschichte des Mythos zugrunde zu legen und
— die Bedeutung des Ursprungsmythos falsch zu interpretieren.

Ob die Rekonstruktion in diesem Sinne ‹wahr› sein wird oder nicht, hängt in erheblichem Maße von dem gewählten Verständnis des Mythos ab sowie von der verwendeten Methode der Auslegung bzw. Rekonstruktion. Es ist deshalb erforderlich, eine wenigstens kurze Vergewisserung der gewählten Begrifflichkeit und Methode zu leisten.

Da die schillernde Vielschichtigkeit des Mythos-Begriffs zweifelsohne einen Teil seiner Faszination begründet, läge eine umfassende Darlegung zur Geschichte der Mythologie nahe, um den Begriff gewissermaßen zu kondensieren, der das Mythenverständnis im Zusammenhang mit Kindheit bestimmen wird. Eine solche Untersuchung ist indessen weder möglich noch nötig, weil heute erstens eine beinahe enzyklopädische «Forschungsgeschichte der Mythologie» vorliegt (vgl. de Vries 1961a), die, ergänzt durch die begriffsgeschichtliche Aufarbeitung von Axel Horstmann (1979), keinen Informationswunsch offenläßt. Abgesehen davon wäre zweitens ein solcher Zugang aber auch sachinadäquat, weil er dem Entstehungsprozeß der Überlegungen zu einer Mythologie der Kindheit gar nicht entspricht.

Die Motivation dafür entsprang keinem intellektuellen Vorhaben, sondern einer Erfahrung, der Erfahrung nämlich, daß praktisch alle Versuche einer nachhaltigen Veränderung des Erziehungs- und Bildungswesens in den zurückliegenden 20 Jahren, die zu einer qualitativen Modifikation des Umgangs von Erwachsenen mit Kindern hätten führen können, insofern gescheitert sind, als daß Reformintentionen entweder nicht durchgesetzt wurden oder zu nicht beabsichtigten abweichenden Effekten führten. Diese Einschätzung wird gewiß nicht von allen geteilt, die in solche Prozesse involviert waren. Bei genauer Betrachtung einzelner Projekte (vgl. Haller/Lenzen 1976) stellte sich jedoch immer wieder der Verdacht ein, daß die Einwirkungsversuche auf Erziehungs- und Bildungsprozesse an eine Grenze stoßen, die durch etwas bestimmt ist, was man als einen erzieherischen *Habitus* bezeichnen könnte, der kulturell vermittelt ist und länger wirkt als die Dauer politisch markierter Zeitabschnitte wie beispielsweise diejenigen dieses Jahrhunderts: Monarchie – Republik – Diktatur – Republik. Dieser Habitus in dem Verstande, in dem Bourdieu (1974, S. 125 ff) ihn von Panofski rezipiert hat, schien mir lange Zeit als geeignete Chiffre für relativ konstante Handlungsorientierungen oder auch Stile des erzieherischen Umgangs von Erwachsenen mit Kindern.

Bei den Versuchen jedoch, diesen Habitus im Rahmen der Erforschung des pädagogischen Alltags (vgl. Lenzen 1980) näher zu bestimmen, tauchten zwei Schwierigkeiten auf. Erstens läßt sich mit dem Begriff des Habitus nur eine kulturell-historisch definierte Orientierung des erzieherischen Handelns Erwachsener gegenüber Kindern kennzeichnen, die aber das gesamte Gefüge aus erzieherischen Akten, Verhaltensweisen und vor allen Dingen Einstellungen Erwachsener gegenüber dem Kindlichen nicht beschreibbar macht. Hinzu kommt zweitens, daß das Fehlen einer historischen Erforschung des Habitus im erzieherischen Feld es unmöglich macht, einen aktuellen kulturellen Habitus überhaupt klar zu erfassen; denn die alternativen historischen Möglichkeiten und Varianten sind uns weitgehend unbekannt. So wäre etwa die Beschreibung eines Aspektes dieses Habitus für unsere Zeit völlig falsch, den man vielleicht als ‹neue Väterlichkeit› bezeichnen mag. Die Auffassung, daß Väter ihren Kindern gegenüber heute eine neue kraftvolle, bejahende Rolle einnehmen, indem sie sich vermehrt auch schon an der Aufzucht der Kleinkinder im Haushalt aktiv beteiligen, bliebe eine schiere Oberflächenabbildung, welche verdeckt, daß tatsächlich von einer Vernichtung des Väterlichen ausgegangen werden muß.

Diese Einschätzung kann man erst gewinnen, wenn man analysiert, welche ehemals bedeutsamen rituellen Handlungen beispielsweise dadurch unterdrückt werden, daß Väter der Geburt ihrer Kinder beiwohnen. Daß auf diese Weise die rituelle Annahme des Kindes durch den Vater als Stellvertreter der Gemeinschaft entfällt, verdeutlicht sich erst, wenn man etwa einen Geburtsbericht unserer Tage, der die Person des Kindesvaters einschließt, daraufhin untersucht, inwieweit der Vorgang sich von historischen Formen unterscheidet. Indem wir einen solchen Bericht auf seine rituellen Bestandteile hin untersuchen, stellen wir plötzlich fest, daß der Geburtsvorgang durch seine neue Ritualisierung den anwesenden Vater zu einer Karikatur werden läßt mit nachhaltigen Folgen für das Selbstbewußtsein der Mutter als singulärer Erziehungsperson und für eine vaterlose Kindheit des Neugeborenen.

Wir sehen daran, daß, betrachtet man einen alltäglichen Vorgang im Umgang mit Kindern als Ritus, anthropologische Fundamente freigelegt werden können, von denen sich ein redlicher Erziehungsreformer kaum wird träumen lassen, und wir eröffnen damit den Blick auf den Mythos als eine elementare Orientierung des Menschen (nicht nur) im Umgang mit Kindern, die nicht folgenlos mißachtet werden kann.

Auf diese Leistung hat Friedrich Schlegel (1800, S. 101) aufmerksam gemacht:

«Einen großen Vorzug hat die Mythologie. Was sonst das Bewußtsein ewig flieht, ist hier dennoch sinnlich geistig zu schauen, und festzuhalten, wie die Seele in dem umgebenden Leibe, durch den sie in unser Auge schimmert, zu unserm Ohre spricht.»

Friedrich Wilhelm v. Schelling hat später präzisiert, daß unter dem Bewußtsein etwas zu verstehen sei, was wir im Gefolge der Tiefenpsychologie eher als Unbewußtes, als kollektives Unbewußtes bezeichnen würden, insofern es dem Denken vorangeht (vgl. Schelling 1856, S. 192). Er spricht auch von den «Vorstellungen» (1958, S. 378):

«Denn wenn sonst dem Handeln das Denken vorausgeht, so waren diese Vorstellungen keine Sache des Denkens, die Vorstellungen kamen dem Denken zuvor, und trieben darum unmittelbar, vor einem Denken zum Handeln.»

Es ist an dieser Stelle nicht erforderlich, den Universalismusstreit erneut aufzunehmen und für sich zu entscheiden, ob jene mythischen Orientierungen «als Naturwerk dem Geiste eingebildet» sind (Görres 1926, S. 413) oder dem «dichterischen Machen» (Hegel 1928, S. 25) entspringen. Sicher dürfte sein, daß sie zu den stabilsten Sedimenten des Gattungsbewußtseins gehören und, was die Mythen der Kindheit betrifft, das Verständnis von Kindern in den Köpfen Erwachsener durch ihre Erfüllung oder ihre Unterdrückung nachhaltig beeinflussen.

Berücksichtigen wir, was W. F. Otto (1954, S. 79) über den Zusammenhang von Mythos und Kultus geschrieben hat, daß es nämlich keinen Mythos ohne ihn repräsentierenden Kultus (also: Ritus, Symbolik) und umgekehrt keinen Kultus ohne zugrunde liegenden Mythos gibt, dann wird die Bedeutung einer Suche nach rituellen Bestandteilen des alltäglichen Umgangs von Erwachsenen mit Kindern klar. So wie sich in den individuellen Akten Erwachsener gegenüber Kindern mythische Elemente finden lassen, gilt dieses in größerem Umfang aber für solche Phänomene und Manifestationen, die mehr als nur individuellen Ursprungs zu sein scheinen: Traum, Volkserzählung, Legende, Sagen, Dichtung, Musik, bildende Kunst, Philosopheme und Weisheiten, Glaubensäußerungen und ethische Sätze.

An dieser Stelle ist eine Warnung angezeigt. Nicht jede soziale Äußerung, nicht jedes Symbol, nicht jedes Element des Alltags trägt einen Mythos in sich, auch wenn eine schnell expandierende Ethnographie des Alltags noch der Currywurstbude einen Sphärenklang ablauschen möchte, der ihr nicht inhärent ist (vgl. Schmid 1984, S. 592). Aber in jedem dieser Phänomene, insbesondere soweit es sich um Äußerungen, Symbole oder Riten handelt, kann eine mythische Orientierung bewahrt sein. Ob also, um auf den ersten der denkbaren Einwände einzugehen, die *richtigen* Phänomene der Analyse zugrunde gelegt werden, läßt sich erst sagen, wenn der Mythologe ‹fündig› geworden ist. Roland Barthes (1964, S. 8) hat exemplifiziert, wie weit solche Entdeckungen gehen können, aber nie verschwiegen, daß die entdeckten Bedeutungen (auch) seine Bedeutungen sind.

In anderer Weise hat Aby Warburg gezeigt, «daß man artikulierte menschliche Stimmen auch aus Dokumenten von geringer Bedeutung zu Gehör bringen kann» (vgl. Bing 1966, S. 107), und ein Aphorismus Lichtenbergs (1931, S. 82) mag zeigen, daß die Entdeckung des Alltäglichen eine *Re*habilitation ist:

> «Das große Genie richtet, im Gegensatz zum Originalgenie seine Aufmerksamkeit auf das Niedrige, die alltäglichsten Dinge, und sieht alle Begebenheiten als ‹individua›.»

Was die hier gewählten Phänomene angeht, so ist ihre Selektion keineswegs zufällig; sie verdankt sich dem Kriterium, das das Modell eines Lebenszyklus liefert, innerhalb dessen bestimmte soziale Akte zur Überführung des Menschen von der einen in die nächste Lebensphase vollzogen werden oder heute unterbleiben (vgl. Kap. 0.3). Was an diesen

‹Nahtstellen› sichtbar wird, ist Material der Untersuchung geworden. In dem Maße also, in dem hier mythische Orientierungen aufgedeckt werden, rechtfertigt sich die Auswahl des Materials.

Für die Wahrheit – oder besser: Dignität der aus dem Material zutage geförderten Mythen gilt diese Selbstsicherheit einstweilen nicht, ebensowenig wie für die Genealogie des Mythos. Beides hängt miteinander zusammen, so daß die möglichen Einwände in eins gesehen werden müssen.

Wenn anhand alltäglichen, präsenten Materials Teile einer mythischen Orientierung aufgedeckt werden können, dann ist dieses nur dadurch möglich gewesen, daß dem Mythologen ein Vorverständnis älterer Mythen verfügbar war, vor dessen Hintergrund er die – möglicherweise modifizierte – Orientierung allererst entdeckte. Man hält in diesem Augenblick also gewissermaßen das Ende eines Fadens in der Hand, das durch den gegenwärtigen Zeitpunkt bestimmt ist, und ein Stück irgendwo aus der Mitte zwischen den Enden. Daraufhin ist es möglich, die Geschichte des Mythos zwischen den beiden ergriffenen Teilen, von denen eines das (vorläufige) Ende ist, zu rekonstruieren durch eine gezielte Suche. Nach diesem Muster verfährt Michel Foucault, wenn er eine Analyse des «Diskurses» (1973) über ein bestimmtes «Dispositiv», also zum Beispiel eine Analyse des Redens über und Umgehens mit Sexualität (vgl. 1977a), vornimmt und dabei möglicherweise wichtige «Diskontinuitäten» (vgl. 1977b) in der Linearität des Diskurses aufdeckt, die ihn verändert haben.

In vergleichbarer Weise verfahren wir, wenn wir den Diskurs (Erwachsener) über Kindheit rekonstruieren oder über einen Bestandteil von ihr, zum Beispiel über die Taufe. Dabei ist der Faden zwischen seiner ‹Mitte› und dem gegenwärtigen Ende so ‹vollständig› und ‹richtig› rekonstruiert, wie es die Kenntnis und Berücksichtigung der relevanten Symbole, Riten und Äußerungen in jenem Zeitraum erlauben. Er ist also grundsätzlich nur fragmentarisch rekonstruierbar, weil unabhängig von der Unzulänglichkeit des Analysators, die ihn an den relevanten Quellen möglicherweise ungesehen vorbeiführt, der Verlust wichtiger Phänomene in Rechnung gestellt werden muß. Noch lückenhafter wird die Rekonstruktion des ‹Fadens› jenseits der ‹Mitte› in die Richtung des anderen Fadenendes, weil erstens die Informationsdichte abnimmt und zweitens es das Charakteristikum des Mythos ist, daß er vor aller schriftlichen oder konservativen symbolischen Tradierung einer mündlichen Überlieferung entstand, über die nur spekuliert werden kann. Der Anfang des Fadens ist also unauffindbar, wie übrigens bei genauer Betrachtung auch sein endgültiges Ende, weil das, was wir heute in den Händen halten, ja nur eine Etappe des Weges ist, über dessen weiteren Verlauf nur vorsichtige Prognosen gewagt werden können, wobei, wie gesagt (Kap. 0.1), die Grobschlächtigkeit gegenwärtig Konjunktur hat, die es erlaubt, vom ‹Verschwinden› elementarer Strukturen der Verwandtschaft zu reden, wie sie mit der ‹Kindheit› gegeben sind.

Gleichwohl macht der Versuch der Prognose den eigentlichen Reiz und die Legitimation der Mythologie aus, einer Prognose, die sich, wie Carlo Ginzburg (1983, S. 84) gezeigt hat, einer scheinbaren Paradoxie bedienen muß: der «retrospektiven Wahrsagung» einer Projektion der Vergangenheitsanalyse in die Zukunft.

Neben dem Bekenntnis zur Unvollständigkeit und Unzulänglichkeit der genealogischen Rekonstruktion haben wir aber implizit etwas über das Verständnis des Mythos selbst ausgesagt, genauer über seine Stabilität. Wir gehen davon aus, daß er – jenseits aller Universalienannahmen – *dynamisch* ist und daß seine Entstehung letztlich im dunkeln bleibt, weil wir die Urszene nicht rekonstruieren können, die ihn generierte. Max Müller (1869, S. 45 f) hat die Entstehung eines fiktiven Mythos so anschaulich geschildert, daß dessen Wiedergabe eigene Worte erübrigt:

«Nehmen wir an, die genaue Bedeutung des Wortes ‹Zwielicht› wäre in Vergessenheit gerathen und ein sprüchwörtlicher Ausdruck, wie ‹Das Zwielicht singt die Sonne in den Schlaf› hätte sich erhalten, würde dann nicht das Zwielicht gar bald einer Erklärung bedürfen? und würden die Ammen lange anstehen, ihren Kindern zu erzählen, das Zwielicht sei ein altes Weib, das alle Abende käme, um die Sonne zu Bette zu bringen, und das sehr zornig sein würde, wenn es kleine Kinder noch wach fände? Bald würden die Kinder unter sich von der Amme Zwielicht plaudern, und wenn sie älter geworden, würden sie ihren Kindern wiederum von derselben wunderbaren alten Amme erzählen. Auf diese und ähnliche Weise erwuchsen in der Kindheit der Welt viel Mährchen, die, von einem volksthümlichen Dichter einmal wiederholt und sanctioniert, ein Bestandtheil dessen wurden, was wir die Mythologie der alten Völker zu nennen gewohnt sind.»

Das Beispiel zeigt, daß eine Untersuchung, die auf die Freilegung der ursprünglichen Bedeutung des Mythos zielt, nicht sehr aussichtsreich ist. Hans Blumenberg (1971, S. 50) geht sogar noch einen Schritt weiter: «Das Vergessen der ‹Urbedeutungen› ist die Technik der Mythenkonstitution selbst und zugleich der Grund dafür, daß Mythologie immer nur als ‹in Rezeption übergegangen› angetroffen wird.» Vor diesem Hintergrund kann es, um auf den vorletzten der denkbaren Einwände gegen bestimmte Befunde mythologischer Rekonstruktion einzugehen, eine ‹falsche› Interpretation des Ursprungsmythos überhaupt nicht geben.

Damit soll nicht der Beliebigkeit der Deutung das Wort geredet werden; denn daran ist festzuhalten, daß das «hermeneutische Verhalten immer von der Überzeugung aus(geht), daß die *Zurückgewinnung des verlorenen Sinns* der ernstlichen Bemühung wert ist» (Kerényi 1976, S. IX). Nichts anderes bedeutet die zitierte Formel von der Suche nach dem «Sinn hinter dem Sinn», die Lévi-Strauss geprägt hat.

Der Liebhaber exakter Methodologie, ‹objektiver Hermeneutik› gar, wird die Angabe einer Denkoperation vermissen, die es ihm erlaubt, im Nachvollzug der Mythenanalyse zu den gleichen Ergebnissen zu kommen wie der Mythologe einer Mythologie der Kindheit. Er muß enttäuscht werden. Zwar hat die Forschungsgeschichte der Mythologie etwa 20 bis 30 deutlich differenzierbare Analyseansätze hervorgebracht vom Euhemerismus des Euhemeros von Messana, den schon früher Herodot zugrunde legte (vgl. de Vries (1961a, S. 28), bis zu psychologisch-soziologischen Modellen, die sich gelegentlich kritisch, gelegentlich affirmativ für die psychische und gesellschaftliche Mechanik interessieren, welche das Mythische im Bewußtsein hält und weiterträgt (vgl. z. B. Spencer 1876 oder C. G. Jung 1957). Bei genauerem Hinsehen stellen wir jedoch fest, daß es sich dabei zumeist um Erklärungs- und nicht um Deutungsmethoden handelt, also um Versuche, sich die Entstehung, Wirkung und Tradierung von Mythen zu erklären vom Standpunkt eines aufgeklärten Wissenschaftsbegriffs. Diese Position, auch wenn sie sich kritisch versteht, kann nach dem Erscheinen der «Dialektik der Aufklärung» nicht mehr eingenommen werden. Aufklärung schlägt selbst in Mythologie zurück, nicht zuletzt indem das aufklärerisch-positivistische Diktum von der Gleichförmigkeit der Materie selbst einem Mythos entspricht, nämlich dem von der «ewigen Wiederkehr» (vgl. Eliade 1953).

Jegliche *Deutungs*verfahren sind demgegenüber rarer. Die Wahrheitsträchtigkeit hermeneutischer Arbeit war selbstverständlich. Nur selten meldete sich Skepsis an. K. O. Müller (1825) schlug ein «atomistisches Verfahren» der Zerlegung und Reinterpretation in einem neuen Zusammenhang vor, und Creuzer (1836) legte so etwas wie eine

Theorie der Umdeutung vor. Die sich darin abzeichnende *Rekonstruktion*, die mehr ist als die bloße Deutung und Suche nach dem verlorenen Sinn, nämlich (Wieder-)*Herstellung* einer Bedeutung, weist systematisch auf die Methodologie der Strukturalisten. Diese – und hier ist ein weiteres Mal an Foucault, Lévi-Strauss und Barthes zu denken – hatten aus der strukturalen Linguistik de Saussures (1962) gelernt, daß den Individua, den einzelnen Äußerungen (Parole), ein System konstanter Sprachstrukturen zugrunde liegt (Langue), denen man auf die Spur kommen kann, wenn die Vielgestaltigkeit der Oberflächenstrukturen auf ein System von Tiefenstrukturen reduziert wird, aus denen der Sprecher bei der Generierung seiner Rede *transformiert* (vgl. Chomsky 1969). Für die Rekonstruktion der Mythen läßt sich nun analog zur strukturalen Sprachanalyse verfahren, weil auch die Mythen sich symbolisch manifestieren. Dieses ist die bereits beschriebene Suche nach dem Sinn hinter dem Sinn, die Rückverfolgung der Transformationen, die das kollektive Bewußtsein vorgenommen hat, als es aus den latent vorhandenen mythischen Tiefenstrukturen des Unbewußten (Jung nannte sie «Archetypen») Äußerungen, Symbole und Riten generierte, die uns z.B. als Äußerungen über Kindheit interessieren.

Diese Denkweise ist nicht auf den Raum der Linguistik und der Ethnologie beschränkt geblieben. Ihr korrespondiert das Interpretationsschema Panofskis (1975), in welchem bei der Auslegung eines Kunstwerkes von der «vorikonographischen» über die «ikonographische» zur «Schicht des Wesenssinns» vorgegangen wird; auch die erwähnte Warburg-Methode ist nah verwandt. Parallelen in anderen Disziplinen zeigen Broekman (1971), Naumann (1973), Schiwy (1969) und Lenzen (1973). Auch gibt es Versuche einer mathematischen Formalisierung der rekonstruierten Strukturen etwa mit Hilfe der Gruppentheorie (vgl. Diederich 1981; Denz 1982; Piaget 1973; Lenzen 1973); jedoch darf die damit erzielbare Präzision der Modelle, die über Mythen erstellt werden können, nicht mit einer Steigerung des Wahrheitsgehalts der Rekonstruktion verwechselt werden. Sie erleichtern lediglich dem mathematisch geschulten Leser den Nachvollzug und stellen eine noch größere Sprachbarriere dar, als es die französische Sprache lange Zeit für die Rezeption des Strukturalismus getan hat.

Die gewählte Analyseebene dieses Buches liegt also zwischen mathematischer Formalisierung und der Willkür kontingenter Einfälle. «Bri colage» hat Lévi-Strauss das genannt, ‹Bastelei› im besten Sinne des Zerlegens, Suchens, Ver-suchens und Zusammenfügens einer Deutung, eben Re-konstruktion. Diese Methode ist nicht lernbar wie eine Programmiersprache. Sie erfordert, wie Ginzburg in seiner Freud, Morelli und Sherlock Holmes methodologisch vergleichenden Studie (1983, S. 91) geschrieben hat, «Spürsinn, Augenmaß und Intuition».

Es mag Menschen geben, die eine solche Auskunft unbefriedigt läßt. Sie gehören zu der Gruppe derjenigen, die am Mythos der Aufklärung festhalten wollen, ohne sich über ihren mythischen Gehalt im klaren zu sein, ohne zu akzeptieren, daß es sich dabei um «eines der Märchen (handelt), die wir uns erzählen, um vorübergehend die Sinnlosigkeit ertragen zu können, die uns umgibt» (Feyerabend 1981, S. 56). Oder ohne antirationalistischen Affekt läßt sich sagen, daß der antimythologische Impetus des Rationalitätsprinzips dem mythischen Zusammenhang selbst zugehört, den er überwinden will:

«Den Mythos zu Ende zu bringen, das will einmal die Arbeit des Logos gewesen sein. Diesem Selbstbewußtsein der Philosophie widerspricht, daß sich die Arbeit an der Endigung des Mythos immer wieder selbst als Metapher des Mythos vollzieht» (Blumenberg 1979, S. 681).

Insofern und nur insofern ist jede Deutung dieser Mythologie der Kindheit nur ein Gleichnis, das sich mehr oder minder nachhaltig dem Strom der mythischen Überlieferung über Kindheit selbst beigesellt.

0.3 Lebenszyklus – ein Konzept zur Rekonstruktion der Kindheitsmythen

Ein oftmals unbemerktes und deshalb ungelöstes Problem kulturanalytischer Arbeiten über Kindheit (aber nicht nur über sie) stellt die fatale Neigung zur Formulierung von Kausalaussagen dar. Das gilt für Postmans These vom Verschwinden der Kindheit, die er u. a. als Folge des Verlustes von Geheimnissen sieht, ebenso wie für das Resümee der Überlegungen von Hengst u. a. (1982, S. 65):

«Kindheit wird liquidiert, weil die Gesellschaft gegenwärtig auch die Bereiche durchdringt, in denen Kinder früher auf qualitativ unterschiedene Anforderungen des Erwachsenseins vorbereitet wurden. Die Kluft zwischen den Generationen wird eingeebnet, weil wichtige Wirklichkeitsausschnitte entweder übereinstimmen oder unterschiedliche Erfahrungsfelder (wie Schule und Arbeitsplatz) ähnlich strukturiert sind und vergleichbare Aneignungsprozesse und ‹Überlebensstrategien› provozieren.»

Die Schwierigkeit, eine solche Aussage nachzuvollziehen, ist eine zweifache. Erstens unterstellt der Text, daß es methodisch möglich sein könnte, die Wirklichkeit der Kinder und der Erwachsenen zu erfassen, und zwar ungebrochen. Schaut man sich indessen drei sehr unterschiedliche Fotos von Kindern dieser Tage an, dann muß man zurückhaltender argumentieren (vgl. Abb. 1–3). Für alle drei Fotos trifft die Behauptung des oben wiedergegebenen Zitats zu: Wichtige Wirklichkeitsausschnitte der Kindheit und der Erwachsenenwelt stimmen überein. – Das Mädchen aus einem thailändischen Flüchtlingslager (vgl. Abb. 1) teilt mit seinen Eltern die Wirklichkeit des Hungerns, das Chris-Nikolson-Mädchen (vgl. Abb. 2) hat mit einer vielleicht zwanzigjährigen jungen Frau die Wirklichkeit des Schönen gemeinsam, und die Vierjährige aus Lateinamerika (vgl. Abb. 3) raucht dieselben Zigaretten wie jene Erwachsene, deren Beine neben ihr aufragen.

Aber wird deshalb auf diesen Fotos die «Kluft zwischen den Generationen eingeebnet»? – Diese gelte allenfalls für die erotisierende Darstellung von Chris Nikolson. Die Fotos, die außerhalb des europäischen Kulturraums gemacht wurden, vermöchten uns höchstens zu sagen, daß es Kindheit dort gar nicht gibt. Aber das ist nicht die Argumentationslücke, auf die zu zeigen ist. Es darf nicht vergessen werden, daß hier nicht Wirklichkeiten der Kinder gezeigt werden, sondern Fotografien. Diese Fotografien sind (Kunst-)Produkte von erwachsenen Europäern. Sie spiegeln mitnichten irgendeine Wirklichkeit, sondern das Konzept Kindheit in den Köpfen dieser Erwachsenen. Die Tatsache, daß diese Kinder als Kinder den Fotografen wert sind, dokumentiert zu werden, ist Ausdruck einer Vorstellung, die mit einigem Recht davon ausgehen kann, daß die Rezipienten dieser Fotografien ein hungerndes, erotisierendes oder rauchendes Kind überhaupt noch für außergewöhnlich halten, daß also ganz im Gegenteil zu der These vom Verschwinden der Kindheit mit diesen Bildern noch sozial, kritisch oder moralisch *erregt* werden kann, weil es sich um Kinder handelt, die *dargestellt* werden.

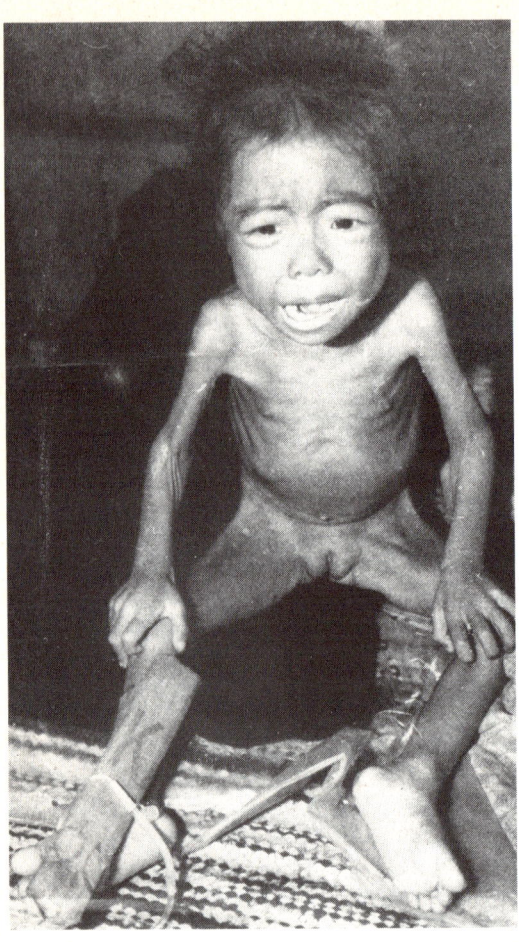

Abb. 1: Mädchen in einem thailändischen Flüchtlingslager

Dieses ist also, noch einmal, die erste Schwierigkeit im Umgang mit Aussagen über Kindheit, die sich als Aussagen über die Wirklichkeit der Kinder gerieren, daß es diese Wirklichkeit nicht gibt, sondern daß sie eine Repräsentation in den Köpfen Erwachsener ist. Sie ist Gegenstand dieses Buches.

Zweitens sind im Angesicht der Möglichkeit, ‹Wirklichkeit› nur

Abb. 2:
Mädchenfoto von Chris Nikolson

Abb. 3:
Werbeanzeige für die Zeitschrift «Geo» (Foto Marc Riboud)

noch metaphorisch zu begreifen, Kausalaussagen der Art: «Die Kluft zwischen den Generationen wird eingeebnet, weil ...» methodologische Anachronismen. Eine Kausalaussage dieser Art operiert auf der Basis des Falsifikationskonzepts, das aber in der Geschichte nicht eingesetzt werden kann. Zum Nachweis der historischen (!) Richtigkeit oder Falschheit dieser Feststellung bedürfte es einer experimentellen Anordnung, in der nach vollzogener «Einebnung der Kluft zwischen den Generationen» probehalber die Wirklichkeitsausschnitte noch einmal zwischen Kindern und Erwachsenen differenziert werden müßten, um festzustellen, ob auch unter diesen Bedingungen die besagte intergenerationelle Einebnung sich vollzieht.

Da eine solche Operation nicht möglich ist, erzeugt die mit der Sicherheit naturwissenschaftlicher Argumentation auftretende Kulturanalyse entweder Zustimmung wegen ihrer Plausibilität oder fruchtlosen, weil nicht entscheidbaren Streit.

Man wird sich bescheiden müssen. Sagbar ist dieses: Wir beobachten eine Struktur des Sichäußerns über Kindheit in einer Gesellschaft. Zu den Elementen dieser Struktur mag gehören, daß Kinder als Hungernde, als Sexualobjekte, als Rauchende und vielleicht als Kriminelle oder als kleine Erwachsene dargestellt werden. Das deutet darauf hin, daß der Typus Kind in den Köpfen der *Darsteller,* der Erwachsenen, sich verändert, vielleicht verschwindet, nicht aber, daß ‹die Kindheit› sich modifiziert.

Mit dieser Feststellung stehen wir vor einer schwierigen Frage: Wie läßt sich der Begriff von Kindheit in den Köpfen von Erwachsenen identifizieren? – Er läßt sich nur rekonstruieren aufgrund einer Analyse von Äußerungen. Zu Äußerungen gehören nun nicht nur Wörter und Sätze, sondern auch Handlungen, mit denen Erwachsene ihr Verständnis von Kindheit ausdrücken, z. B. in der Art, wie sie ihre Kinder kleiden oder wie sie sich selbst im Gegensatz zu ihren Kindern anziehen, in der Art, wie sie ihre Kinder zeugen und sie zur Welt bringen, in der Art, wie sie mit dem Tod eines Kindes umgehen oder mit dem eines Erwachsenen im Vergleich dazu. Insoweit kann alles Soziale als Äußerung gewertet werden, und im Prinzip kann alles dieses für die Rekonstruktion des herrschenden Verständnisses von Kindheit relevant sein.

Andererseits wird nicht jede Aktivität der Erwachsenen im gleichen Maße geeignet sein, Aufschlüsse über ihren Begriff von Kindheit zu geben. Welche Äußerungen nun, welche Akte, welche Bilder wollen wir also wählen, wenn wir wählen müssen? Denken wir einen Augenblick nicht an die Vielfalt sozialer Äußerungen über Kindheit, sondern an die ihnen auf einer tieferen Schicht zugrunde liegenden Strukturen des Kindheitsbegriffs. Wie sind sie in den Köpfen zeitgenössischer Erwachsener entstanden, wie sind sie hineingelangt? Anders gefragt: Wie bildet sich das Konzept Kind im Bewußtsein der Erwachsenen heraus, wann bildet es sich heraus, aus welchen Anlässen?

Und weiter: Ist dieses Konzept konstant, unabhängig vom Lebensalter des Erwachsenen? Ist es nicht so, daß das Konzept des Kindes sich im Verlauf des Lebens konstituiert und daß dabei Ereignisse, die ‹mit Kindern zu tun haben›, eine besondere Rolle spielen?

Besäßen wir also den idealtypischen Lebenslauf eines Angehörigen unserer Kultur, so könnten wir vielleicht an jenen Markierungspunkten mit der Rekonstruktion ansetzen, die nicht nur eine besondere Bedeutung für das Kindsein zu haben scheinen, sondern die zudem in einer möglichst großen Zahl zeitgenössischer Lebensläufe enthalten sind, z. B. Geburt oder Einschulung gegenüber weniger oft repräsentierten Markierungspunkten wie Hochzeit oder Konfirmation.

Das Statistische Jahrbuch der Bundesrepublik Deutschland enthält lediglich Zahlen über die drei großen Riten der evangelischen und katholischen Kirche, Taufe, Trauung und Bestattung. Bringt man diese Zahlen mit denjenigen über Lebendgeburten, standesamtliche Heiraten und Todesfälle in Verbindung, so ergibt sich folgendes Bild (vgl. Abb. 4; Statistisches Bundesamt 1984, S. 70 und 92 f).

Immerhin zeigt sich schon anhand dieser drei großen Kulte die besondere Bedeutung, die vor allem die Lebenseintritts- und -austrittsriten heute noch haben. Eine aktuelle Statistik anderer relevanter Lebensereignisse existiert nicht, geschweige denn eine Theorie des Lebenslaufs, die eine Sequenzierung unter dem Gesichtspunkt der Bedeutung von Lebensphasen und -ereignissen für die Konstitution des Konzepts Kindheit ohne weiteres erlaubt.

Dieser Umstand ist nicht selbstverständlich, wenn man bedenkt, daß Vorstellungen über die Struktur des Lebenslaufs, die Abfolge der «Lebensalter» als «gröszere abschnitte im leben eines menschen» (Jakob und Wilhelm Grimm 1984, Bd. 12, Sp. 433) eine lange Geschichte haben. Die Menschen haben sich sehr früh Gedanken darüber gemacht, ob dem Lebenslauf eine gesetzmäßige Periodisierung abgelesen werden könne, eine Erscheinung, die sich sogar noch in wissenschaftlichen

Träger der Registrierung / Ereignisse	Standesämter	ev. Kirche	röm.-kathol. Kirche	Kirchen insgesamt	kirchliche Riten auf standesamtliche Registrierung in Prozent
Lebendgeburten/ Taufen	621 173	229 974	264 763	494 737	79,65
Eheschließungen/ Trauungen	361 966	91 692	120 100	211 792	58,51
Todesfälle/ Bestattungen	715 857	346 560	286 822	633 382	88,48

Abb. 4: Lebendgeburten, Eheschließungen und Todesfälle im Vergleich zu kirchlichen Taufen, Trauungen und Bestattungen in der Bundesrepublik Deutschland 1982

Arbeiten des 20. Jahrhunderts findet (vgl. Künkel 1932). So ist die erste bekannte Periodisierung von Solon um 600 v. Chr. überliefert (vgl. Schenda o. J., S. 11), die von zehnmal sieben Jahren ausgeht, eine Zahl, die auch der 90. Psalm, Vers 10 anbietet. Sieben Lebensalter enthält auch die pseudophypokratische Schrift Peri Hebdomadon, offenbar in Anlehnung an die Planetenzahl bzw. die Zahl der Wochentage (vgl. Schenda o. J.; Schrübbers 1982/83, S. 117). Erscheinungen der Natur, aber auch soziale Daten wie die Verleihung der Toga mit fünfzehn Jahren und der Senatorenwürde mit sechzig in Rom führten zu unterschiedlichen Phasenlängen. Der Zahl sieben kam dabei immer eine besondere Bedeutung zu, und zwar besonders als Divisor, also als Zahl der Lebensphasen. Der Umstand, daß es sich dabei um eine ungerade Zahl handelt, erlaubte später neben der Periodisierung eine *Strukturierung* des Lebenslaufs, z. B. in der Form einer Lebensbrücke oder -treppe, die zugleich eine alltägliche, von der Zahlenmystik bestimmte Theorie des Lebenslaufs vermittelte. Die älteste Strukturvorstellung des Lebenslaufs ist indessen nicht die der Treppe, sondern die des *Lebensrades* (vgl. Abb. 5).

Es appelliert ikonographisch an die mittelalterliche Vorstellung von

Abb. 5: Das Rad der Lebensalter. Aus: Psalter des Robert de Lisle (Frankreich vor 1339)

dem Rad der Fortuna, das den Menschen nach oben und wieder hinab zieht. Gelegentlich findet sich bei diesen Darstellungen auch eine weibliche Figur, Fortuna, gelegentlich auch der Tod als Skelett, beide das Rad in Bewegung haltend.

Das durch das Schicksal, den Tod, manchmal auch durch den Engel der Auferstehung (vgl. Joerißen o. J., S. 46) bestimmte Auf und Ab des Lebenslaufs verdankt sich in seinem didaktischen Gehalt, der an das stetig gegenwärtige Ende gemahnt, christlichem Denken. Er hat eine ältere Bedeutungsschicht fast verdeckt, die in der Antike mit einer zyklischen Lebenslaufvorstellung verbunden wurde.

So leitet Aristoteles (1967, S. 123 f) in der Physikvorlesung die Kreisbewegung aus der Ortsbewegung ab, deren Veränderung er an der verstreichenden Zeit abliest:

«Auch die Zeit erfährt durch diese Bewegung ihre Meßbestimmung. Und diese Sachlage ist auch der Grund für die häufige Redewendung, das menschliche Leben sei ein Kreislauf und ein Kreislauf sei auch das Entstehen und Vergehen aller übrigen Naturgebilde. Und dies eben deswegen, weil alles in seiner Struktur nach dem Maß der Zeit gegliedert wird und Ende und Anfang erfährt in einem periodischen, nach Art von Umläufen vorgestellten Prozeß. Auch die Zeit selbst wird ja als Kreislauf vorgestellt, was seinerseits seinen Grund darin hat, daß die Zeit das Maß für die Messung solcher Kreisläufe, solche Kreisläufe aber wiederum das Maß für die Messung der Zeit darstellen. Die Rede von der Kreisstruktur der Gebilde besagt also nichts anderes als eine Kreisstruktur der Zeit. Diese aber besitzt die Zeit deswegen, weil sie mittels der Kreisbewegung gemessen wird.»

Die mit dieser naturalistischen, weil an der Himmelsdrehung orientierten Weltsicht verbundene Vorstellung von der ewigen Wiederkehr des Gleichen war für die Christen, insbesondere Augustinus (vgl. 1955, S. 12 ff und 83 ff) nicht akzeptabel, weil mit der Lehre von einer Wiederholung der Geschichte die Einmaligkeit des Opfertodes Christi in Frage gestellt worden wäre. Dieses Ereignis deutet ebenso wie Schöpfung, Sündenfall und Jüngstes Gericht auf die Notwendigkeit einer linearen Zeitvorstellung. Da Augustinus andererseits nicht verkennt, daß der Lauf des individuellen Lebens erhebliche Momente der Wiederholung aufweist, differenziert er zwischen einer linearen Zeitvorstellung für die Progression der Gattung und einer zyklischen für den individuellen Lebenslauf. In der Ikonographie des Lebensrades gelangt beides zur Einheit. Es ist der Mensch, der zyklisch dargestellt wird, oftmals umgeben von den Ewigen: Gott, Tod und Schicksal.

Gleichwohl ist diese Darstellungsform nicht die einzige geblieben. 1464 entsteht die erste bekannte *lineare Darstellung des Lebenslaufs*, ein Kupferstich des niederländischen «Meisters mit den Bandrollen» (vgl. Abb. 6).

In der Folgezeit erscheinen bis ins 19. Jahrhundert, zum Teil noch im 20. Jahrhundert, zahlreiche derartiger linearer Darstellungen, auch als Reliefs in Kirchenbauten. Ob diese Wahl eine bewußte Abkehr von

Abb. 6: Die zehn Lebensalter des Mannes, Niederlande nach 1464, der «Meister mit den Bandrollen», Kupferstich

antiken zyklischen Vorstellungen im Sinne des Augustinus impliziert, läßt sich gegenwärtig nicht mit Sicherheit sagen. Verglichen mit der dritten bereits erwähnten ikonographischen Formgebung des Lebenslaufs, der Lebenstreppe, sind lineare Darstellungen ohnedies wesentlich seltener.

Cornelis Anthonisz wird die älteste, um 1540 in Amsterdam entstandene Fassung einer Alterstreppe zugeschrieben (vgl. Schenda o. J., S. 17). Die Darstellungsform ist im 18. und 19. Jahrhundert mit Hilfe der Massendrucktechnik popularisiert worden. Abbildung 7 zeigt eine Fassung aus dem 17. Jahrhundert, die das Problem der Symmetrie der Treppe dadurch löst, daß das einhundertste Jahr unterhalb der Treppe dem Jahre Null gegenübergestellt wird, eine Lösung, die für dekadische Darstellungen auch in jüngerer Zeit noch gewählt wurde (vgl. Abb. 8).

Der Treppentypus nimmt deutlich eine ältere Strukturvorstellung vom Lebenslauf wieder auf, die im Lebensrad-Typus bereits enthalten

Abb. 7: Abraham Bach: Das Zehen Jährige Alter, Augsburg um 1660
Abb. 8: Graduation of Man, Breslau um 1890, Chromolithographie

war, ohne indessen den Gedanken der Zyklizität aufrechtzuerhalten. Das Leben wird als Auf- und Abstieg aufgefaßt, wobei zumindest in den Darstellungen, die den Mann in das Zentrum stellen, der berufliche, geschäftliche Erfolg im bürgerlichen Leben in den Mittelpunkt gerückt wird. Der Gipfel des Lebens ist erstiegen, wenn der Mann erfolgreich ist.

Bemerkenswert ist an diesem Fundus ikonographischer Darstellungen verschiedenes: Erstens ist die älteste zyklische Darstellung unter dem Einfluß des Christentums zunächst mit der Bedeutung des Auf- und Abstiegs versehen worden, bevor sie später durch den linearen und dann durch den Treppen-Typus abgelöst wird, der die antike Vorstellung vollständig überdeckt. Der zyklische Typus wurde selbst in neuhumanistischer Zeit nicht wiederentdeckt.

Zweitens markieren die einzelnen Kreissegmente, Schritte oder Stufen jeweils Plateaus, Zustände, die je nach der zugrunde gelegten Arithmetik von verschiedener Dauer sind, wobei Septennien und Dezennien überwiegen. Das heißt also, daß diese Darstellungen nicht, was ja immerhin denkbar wäre, markante Einschnitte im Leben der Menschen wie Taufe, Hochzeit usw. beschreiben.

Drittens sind mit den vorfindbaren ikonographischen Lösungen keineswegs alle denkbaren Möglichkeiten erschöpft. So gibt es eigenartigerweise keine einzige Darstellung, die den Lebenslauf als bloßen Aufstieg mit dem Endpunkt einer wie auch immer gearteten Erfüllung deutete (vgl. Schenda o. J., S. 16). Auch die umgekehrte, pessimistische Variante existiert erst in jüngster Zeit (vgl. Abb. 9).

Über die Gründe für diese Selektivität des Alltagsbewußtseins lassen sich einige vorsichtige Überlegungen anstellen. – Die alltäglichen Vorstellungen vom Lebenslauf scheinen sehr lange, teilweise bis heute (auch das 20. Jahrhundert kennt die Lebenstreppe) von dem christlichen Gedanken der Bewährung gekennzeichnet zu sein, der den Lebenslauf unter eine Aufgabe stellt, von der her er eine unverwechselbare Struktur erfährt. Er ist gekennzeichnet durch die Anforderung der Leistung in der ersten Lebenshälfte, die einen kurzen Höhepunkt verspricht, und durch die Folge aus dieser Leistungsbereitschaft, den sukzessiven Verfall des Organismus in der zweiten Lebenshälfte.

Die Sinngebung, die diese Struktur vermittelt, ist verführerisch, aber paradox. Das Ziel der Anstrengung ist zugleich der Ausgangspunkt der Selbstvernichtung. So haben die Darsteller den Zusammenhang natürlich nicht gesehen. Durch die penetrante Aufnahme einer waltenden

Abb. 9: Timm Ulrichs: Past—Present—Future (Die drei Lebensaltersstufen) 1970 — Fotoleinwände. © BILD-KUNST, Bonn 1985

Kraft in den – besonders älteren – Bildern wird der Sinn außerhalb des individuellen Lebens festgemacht.

Mit dem Bild der Lebenstreppe aber und mit dem des auf- und abstrebenden Rades wird der natürliche Vorgang des organischen Verfalls nicht nur gedeutet, sondern umgedeutet, um nicht zu sagen: fehlgedeutet. Nur wenn der mit der ersten Lebensminute einsetzende Prozeß des Absterbens ignoriert wird, läßt sich für die erste Lebenshälfte der Optimismus erzeugen, welcher die Menschen vorwärts treibt, überschattet von der Gewißheit des späteren Niedergangs, ein probates Mittel wider die Hoffart. – So sind diese Bilder immer auch Bilder der permanenten Erregung, die die Hoffnung auf den Erfolg und die Angst vor dem Tode für den Menschen bedeuten. Für die Gelassenheit und Selbstverständlichkeit, die die antike, zyklische Vorstellung vom Lebenslauf bot, der folgend das Rad nicht aufrecht, sondern liegend, ohne oben und unten hätte dargestellt werden müssen, bietet diese Mentalität keinen Raum.

Es ist dieser Grund und derjenige, daß das alltägliche Denken die Bedeutung der Überführung von einer Lebensstufe auf die andere so augenfällig ausgespart hat, welche mich veranlaßt haben, den Lebenszyklus ohne oben und unten unter Einschluß der Übergänge von Phase zu Phase zum Ausgangspunkt dieser Mythologie der Kindheit zu machen. Die Notwendigkeit, sich insbesondere den unbewußten Strukturen der Übergänge von Lebensphase zu Lebensphase zuzuwenden, erhellt sich, wenn man den Blick von den alltäglichen Vorstellungen über den Lebenslauf zu den wissenschaftlichen Konzepten lenkt.

Es ist sicherlich kein Zufall und es unterstreicht den metaphorischen, mythologischen Charakter wissenschaftlicher Ergreifung der sogenannten Wirklichkeit, daß wissenschaftliche Theorien über den Lebenslauf die alltäglichen exakt imitieren.

Nach dem Muster der Lebenstreppe sind oftmals biologische Betrachtungen organisiert: Der Mensch entwickelt sich bis zu einem Scheitelpunkt, an dem ein Alterns- und Verfallsprozeß beginnt, der mit dem Tod endet. Das organisierende Kriterium dieser Konzepte ist die Nähe bzw. Ferne des Todes. Das Konzept der Lebenskurve hat sowohl in der Philosophie, z. B. in der Lebensphilosophie Diltheys (vgl. 1961), aber auch in der (Entwicklungs-)Psychologie, etwa in den frühen Arbeiten Charlotte Bühlers (vgl. 1959, zuerst 1932), und in der Pädagogik (z. B. Spranger 1930) immer neue Bearbeitungen erfahren. Der Aufbau solcher Konzepte gleicht nicht nur der Lebenstreppe, sondern auch der Struktur des klassischen Dramas (vgl. Thomae 1978, S. 293) aus Vorbereitung, Höhepunkt und tragischem Ende, bei Bühler festgemacht an der Zeugungsfähigkeit.

0 bis 15	fortschreitendes Wachstum ohne Zeugungsfähigkeit
15 bis 25	fortschreitendes Wachstum, in dem Zeugungsfähigkeit einsetzt
25 bis 45 (50)	stationäres Wachstum mit Zeugungsfähigkeit
45 (50) bis 65 (70)	beginnender Abbau und Verlust der Zeugungsfähigkeit beim weiblichen Geschlecht
über 65 (70)	ebenso, jedoch Verlust der Zeugungsfähigkeit bei einem bzw. beiden Geschlechtern

Charlotte Bühler hat diesen Ansatz in den sechziger Jahren zu einem aufstiegsorientierten Lebenslaufschema umgearbeitet, in dem das «Lebensziel» zur organisierenden Kategorie geworden ist (vgl. Bühler 1969). Sie sieht nun neben den biologischen Charakteristika des Lebenslaufs solche, in denen ‹die Dynamik des Lebenslaufs› (S. 13 ff), also z. B. Aktivität und Bedürfnisdruck, und solche, «in denen die Zielorientiertheit des Lebens zum Ausdruck kommt» (S. 16 f). Trotz der völlig anders gearteten psychologischen Grundorientierung steht sie damit dem Konzept Erik Eriksons (1970) sehr nahe, dessen psychoanalytisch akzentuiertes Lebenslaufschema am Aufbau des Ich, an der kontinuierlichen Identitätsentwicklung interessiert ist.

Gerade das Beispiel Charlotte Bühlers zeigt deutlich, wie sehr Lebenslaufkonzepte keine deduktiven, der sogenannten Lebenswirklichkeit abgeschauten Beschreibungen mit am Ende gar universeller Gültigkeit sind. Zwischen den ersten Arbeiten Bühlers, die mit ihrem Biologismus dem kontinentalen Denken der zwanziger Jahre verpflichtet sind, und den späteren Reformulierungen, welche im optimistischen Aufbauklima des Nachkriegs-Amerika angesiedelt sein mögen, liegen nicht nur 50 Jahre, sondern buchstäblich Welten und geistesgeschichtlich die Renaissance des aufklärerischen Denkens nach der Katastrophe des Faschismus. So verwundert es kaum, wenn ihre Beschreibungen des zielorientierten aktiven Menschen, der sein Leben dem eigenen Aufstieg und damit der «Höherbildung der Gattung» widmet, sich gut bildungsidealistisch lesen, aber für die kontinentalen Verhältnisse 1984 wiederum wie Berichte aus einer fremden Welt klingen. Unter den Bedingungen der Polarität von sozialer Sicherung und existentieller Angst, sei sie verursacht durch Sorge vor Krieg, Sorge um die Natur oder

Sorge um einen Arbeitsplatz, wirkt die Befolgung eines Lebensplans merkwürdig atavistisch.

Das gilt sogar noch für den sogenannten Levinson-Report (1978) über «Das Leben des Mannes», der im Anschluß an Freud, Erikson und besonders Jung ein Vier-Phasen-Konzept aus «Kindheit und Jugend» (0 bis 22 Jahre), «frühem Erwachsenenalter» (17 bis 45 Jahre), «mittlerem Erwachsenenalter» (40 bis 65 Jahre) und «spätem Erwachsenenalter» (60 bis ? Jahre) vertritt und dabei allerdings versucht, eine Treppe ohne Abstieg zu zeichnen, indem er die besonderen Leistungsmöglichkeiten jeder Stufe in das Zentrum der Betrachtung rückt. «Zyklisch» ist entgegen seiner Bezeichnung dieses Modell indessen nicht (vgl. Abb. 10).

Levinson wendet sich mit diesem Ansatz auch der Bedeutung der Übergänge zu, wobei die sogenannte Midlife-crisis eine besondere Rolle spielt. Die Übergänge als Krisen zu markieren macht nun nicht nur Sinn aus psychologischer Sicht. Hier wird an eine Erfahrung angeknüpft, die uns aus Kulturen verbürgt ist, in denen das Christentum die

Abb. 10: Epochen im Lebenszyklus des Mannes

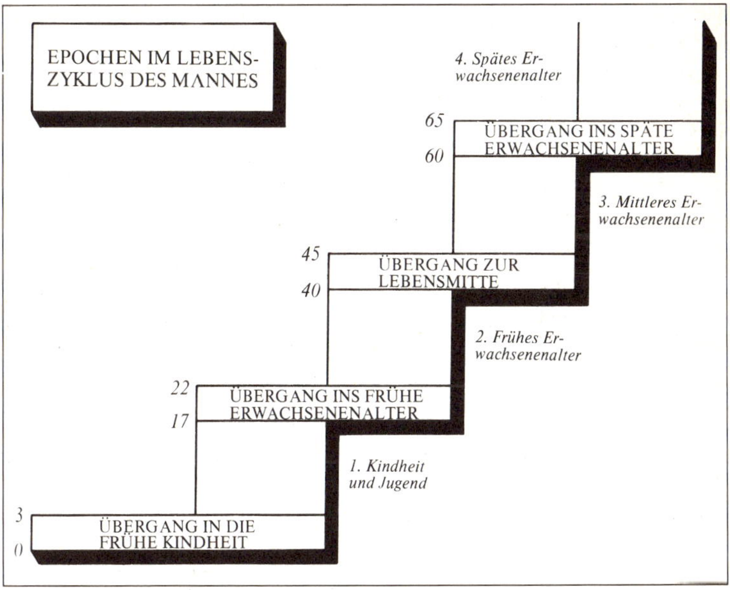

mythischen Orientierungen mit ihrem Ausdruck in Überführungsriten des Lebenslaufs noch nicht auf einige wenige wie Taufe, Trauung und Bestattung zurückgedrängt hat. Kulturen, die über eine ausgeprägte Praxis von Initiationsriten für den Übergang in jeweils neue Lebensphasen verfügen, schaffen sich damit ein doppeltes Instrument der Krisenbewältigung. Zum einen wirkt der Ritus psychologisch auf das Individuum, indem er ihm bedeutet, aus der krisenhaften Unsicherheit einer Zwischensituation (z. B. Pubertät) in die Sicherheit einer neuen Lebensphase (in diesem Falle: Erwachsenenalter) überführt worden zu sein (vgl. Erikson 1979, S. 61 f; Bettelheim 1975, S. 23). Zum anderen bringt eine Übergangsphase, in der sich ein Teil einer Gesellschaft oder Gemeinschaft befindet, auch für diese eine potentielle Krise mit sich. Ihr Bestand könnte dadurch bedroht sein, daß eine neue Generation beispielsweise nicht adäquat mit dem vorhandenen Normkonzept der Gesellschaft umgeht, daß diese Generation nicht integriert würde. Der Initiationsritus sorgt für diese Integration (vgl. Malinowski 1962, S. 241; van Gennep 1965, S. 3).

Pickering (1974) hat, den Stand der anthropologischen Forschung resümierend, folgende Befunde zur Bedeutung und Funktion der Überführungsriten (rites of passage) zusammengestellt:

«1. Rites of passage (primitive as well as Christian) are essentially rites of change in which actors assume new roles in society.

2. The rites display in varying degrees a basic structure of separation, transition and incorporation.

3. The rites are usually, though not entirely, associated with social changes which are themselves accompanied by emotional changes. These in turn may give rise to personal tensions – feelings of inadequacy, of guilt, or fear of the unknown. Thus what might be called personal crises are often at the heart of the rites of passage, especially at times of birth, adulthood, marriage, death, and at ordination and coronation.

4. The ritual techniques perform many functions. They often emphasize the importance of what is happening to the actor and to other participants. They define social reality. They may encourage the actor to feel that he has in fact changed in some way ... They may give the actor courage to deal with fear or personal crisis. In another direction they declare his future responsibilities and invest him with authority to play the intended role.

5. It has been argued by Gluckman ... that one of the functions of ritual is to mark off roles in society. When a few actors have to perform many roles in a small group, the roles of necessity are ritually declared. In modern society when actors play fewer roles in more diffused situations, less ritualization is demanded.

6. In preliterate societies there is a higher level of ritualization than in industrial societies, and the use of visual and physical symbols which epitomize social reality is also more pronounced. In particular, contemporary society lacks rituals which involve young people, for example at the time of puberty. There are no rituals for age-groups, for example people entering old age.»

Es gibt übrigens einen Autor aus dem römisch-katholischen Bereich, der die Bedeutung der Krisen sehr wohl gesehen hat, Romano Guardini (1959). Er ging von einem vierzehnstufigen Phasen-Krisen-Wechsel aus, der folgende Struktur hat:

1. das Leben im Mutterschoß
2. Krise der Geburt
3. Ablösung vom Mutterschoß
4. die Krise der Reifung
5. der junge Mensch
6. Krise durch die Erfahrung, daß idealistische Ziele sich nicht durchsetzen
7. der mündige Mensch
8. Krise durch die Erfahrung der Grenze
9. der ernüchterte Mensch
10. die Krise der Loslösung
11. der weise Mensch
12. der Eintritt ins Greisenalter
13. der senile Mensch
14. Tod

Dieser geisteswissenschaftlichen Sicht auf den Lebenslauf entsprechen durchaus empirische Daten. So sehen Menschen in unserer Kultur heute auch ihr eigenes Leben oft als von persönlichen und äußeren Krisen geprägt. Eine Auswertung von 1311 Biographien (741 Frauen und 570 Männer) der Geburtsjahrgänge 1895 bis 1939 ergab folgende Verteilung von durchschnittlich 17,5 genannten Einschnitten im Lebenslauf:

1. 7,5 Prozent biologisch-körperlich bedingte
2. 36,4 Prozent allgemein erwartete Stufen des Lebenszyklus
3. 21 Prozent familiäre, privat bedingte (z. B. Geburt eines Kindes)
4. 15,4 Prozent beruflich bedingte
5. 17,8 Prozent durch zeitgeschichtliche Ereignisse bedingte
6. 38,5 Prozent durch persönliche Erkenntnisse und Erfahrungen bedingte

(vgl. Lehr 1978, S. 324)

Bedeutsam ist bei dieser Untersuchung gewiß der hohe Anteil individueller (Krisen-)Ereignisse, die als Markierungspunkte für den Übergang in eine neue Lebensphase bezeichnet wurden (ca. 50 Prozent, wenn man an die Position 6 sowie an Teile der Positionen 1, 3, 4 denkt), dieses insbesondere deshalb, weil die Bedeutung solcher Ereignisse umstritten ist. So behauptet Pearlin (1982, S. 59 f) herausgefunden zu haben, daß sie geringe oder gar keine Folgen haben, daß Eheschließung, Entbindung, Einschulung, Ablösung vom Elternhaus usw. keine Veränderungen im Gefühlshaushalt hervorrufen, die länger andauern.

Zwar sind diese individuellen Ereignisse für die Rekonstruktion des kulturellen, also allgemeinen Diskurses über Kindheit ohnedies irrelevant. Der Blick auf die Bedeutung der krisenhaften Übergänge zeigt aber, daß wir den rituellen Akten im Lebenszyklus besondere Aufmerksamkeit schenken müssen.

Nun wissen wir, daß Zeit als solche psychologisch gar nicht erlebt werden kann (vgl. Riegel 1978, S. 276), außer in der Form der Transformation von Ereignis zu Ereignis, von Lebensphase zu Lebensphase. Zwischen den Lebensphasen gibt es also Übergänge, sogenannte transitional phases (vgl. Lehr 1978, S. 320), Übergangsphasen, *Transitionen*, wie ich sie nennen will, die durch einen hohen Grad von Ritualisierung gekennzeichnet sind. Die damit verbundene Vergleichbarkeit der Transitionen für die Angehörigen einer Kultur gewährleistet, wie gesagt, erstens eine Zuordnung des Transitionsobjekts, also des Menschen, zu einer bestimmten Gemeinschaft. Zweitens kann das Objekt des Ritus, also z. B. die werdende Mutter, die durch einen bestimmten Entbindungskult eine Transition von der Frau zur Mutter erfährt, die mit dem Bruchpunkt (also z. B. Entbindung, Geschlechtsreife usw.) verbundene Irritation des Lebenslaufs als sinnhaft interpretieren. Die neue Lebensphase wird erst durch den Transitionsritus zu einem unentbehrlichen Stück im Lebenslauf, ja noch weiter: Der Gang des eigenen Lebens kann erst durch seine Einordnung in ein kulturell verbürgtes Ablaufschema als sinnhaft, als Lebenszyklus verstanden werden, in dem die notwendigen Diskontinuitäten keine Katastrophen, sondern zwar dramatische, aber doch Statussicherheit vermittelnde Ereignisse darstellen.

Es liegt auf der Hand, daß auch die Zuordnung eines Menschen zur Lebensphase ‹Kindheit› oder ‹Erwachsensein›, soll sie gelingen, auf Transitionen angewiesen ist. Dabei wird man davon ausgehen können, daß der Übergang zwischen zwei so grundlegenden Lebensphasen, die ja selbst noch weiter differenzierbar sind, durch eine größere Zahl von Transitionen vor sich geht, die beide, Kinder und Erwachsene, je in ihrem Status stabilisieren können. Es wird eine der generellen Fragestellungen dieses Buches sein müssen, wie und ob in unserer Kultur heute jene Transitionen zwischen den einzelnen Lebensphasen im Hinblick auf die Herausbildung und Sicherheit des Typus ‹Kind› im Bewußtsein der Erwachsenen funktionieren. Aus diesem Grunde liegt der Gliederung dieses Buches jener Wechsel von Transitionen und Lebensphasen (vgl. Abb. 11) zugrunde. Dabei kann man sich heute nicht mehr auf kultische Handlungen der Volkskirche konzentrieren, weil diese keine eindeutigen Markierungen im Lebenszyklus mehr darstellen (vgl. Matthes 1978, S. 213).

Neben der Vermittlung von Sicherheit im Altersstatus dürften funktionierende Transitionen noch eine weitergehende Implikation haben. Wenn das Transitionsobjekt kulturell gelernt hat, daß bestimmte Transitionen eine unumkehrbare Reihenfolge haben (die Taufe folgt der Geburt, nicht umgekehrt; Schwangerschaft folgt der Zeugung usw.) und daß die Akte nicht reversibel sind, also nicht zurückgenommen werden können, dann konstituiert sich im Lebenszyklus auch die Richtung der Zeit. Auch die Lebenszeitrichtung impliziert eine Orientierungsfunktion. Folgt man nun dem Gedanken, daß Zeit eine Funktion der Bewegung ist, dann könnte es sein, daß Lebenszeit erst durch die Bewegung des Transitionsobjekts wahrnehmbar wird; und in der Tat läßt sich feststellen, daß zahlreiche Transitionsriten mit einer Dislokation des Initianden verbunden sind, mit einer Entfernung aus der gewohnten Umgebung, z. B. beim Pubertätsexil.

Der Initiand wird dann oftmals unter dramatischen Umständen aus seiner vertrauten Umgebung entfernt, längere Zeit versteckt gehalten, um als ein anderer zurückzukommen. Der Aufenthalt im Versteck wird dazu benutzt, um dem Initianden bestimmte Erfahrungen zu vermitteln, die für die folgende Lebensphase bedeutsam sind. Mir scheint, daß diese von Mircea Eliade (1973, S. 143 f) für die Pubertät beschriebene Praxis auch in anderen Lebensphasen zu suchen ist.

Es wird also in den einzelnen Kapiteln immer zu fragen sein, ob solche Dislokationen heute (noch) stattfinden, die letztlich zu einer Ablösung der Kinder von den Erwachsenen (Eltern) führen müssen – nur dieser Ablösungsprozeß kann gewährleisten, daß Kindheit und Erwachsensein als Lebensphasen voneinander unterscheidbar bleiben –, ob also die alten Mythen noch wirksam sind.

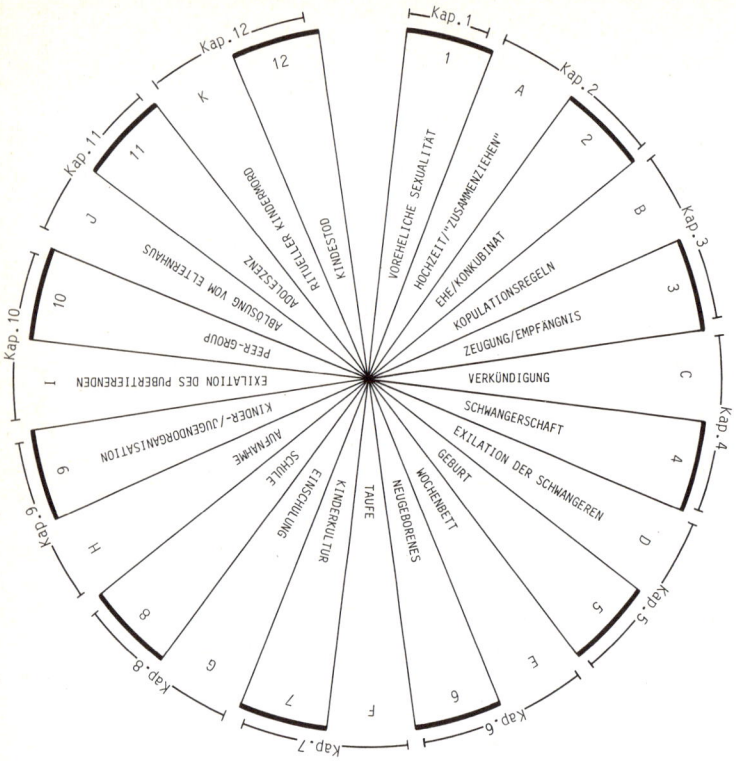

Abb. 11: Transitionen und Phasen im Lebenszyklus

Diese Überlegungen haben zu einer idealtypischen Rekonstruktion eines Lebenszyklus geführt, der gleichzeitig den Aufbau des Buches gliedert (vgl. Abb. 11).

In diesem Schema kennzeichnen die Ziffern jeweils Lebensphasen und die Buchstaben Übergänge von Lebensphase zu Lebensphase. Ich wende mich, mit Ausnahme des ersten Kapitels, jeweils einem Paar, bestehend aus Übergang und folgender Lebensphase, zu.

Die Analyse beginnt (Kap. 1) mit einer Lebensphase, von der anzunehmen ist, daß sie für das Konzept ‹Kind› von besonderer Bedeutung ist. Das ist nicht die Geburt und nicht die Zeugung, sondern die Phase zwischen der erfolgten Geschlechtsreife und dem Beginn eines ehelichen oder eheähnlichen Engagements, hier insbesondere die in dieser Phase stattfindende sexuelle Betätigung der Menschen. An der Art und Weise, wie der Gedanke an das Kind in dieser Phase, also im öffentlichen Diskurs über Sexualität, nicht im Kopf des Individuums repräsentiert ist, müssen wir interessiert sein. Diese Unterscheidung ist wichtig: Es geht nicht um eine psychologische Theorie. Ob der einzelne Mensch in jedem Fall tatsächlich, wie es die These des ersten Kapitels sein wird, beim Vollzug sexueller Akte den Gedanken an das Kind in einer bestimmten Weise präsent hat, ist nicht die Fragestellung einer kulturanalytischen Untersuchung von Kindheit. Wichtig ist die Frage, wie sich der öffentliche Symbolaustausch über Sexualität in der Geschichte verändert hat, so daß wir heute z. B. eine Verdrängung des Fruchtbarkeitsgedankens in der Kommunikation über Sexualität konstatieren müssen, der noch im Mittelalter selbstverständlich mit der Verständigung über Sexualität verknüpft war. Daran wird deutlich, daß der idealtypische Lebenslauf nicht als Gerüst für eine psychologische Aussage über Sexualität dient, sondern als organisierende Kategorie für Verständigungsprozesse über Kindheit.

Dieser Phase folgt als Übergangspunkt die Eheschließung bzw. das ‹Zusammenziehen› der Partner als Eröffnung der Ehephase bzw. des Konkubinats, des Ortes also, in dem in aller Regel der Wunsch, Kinder zu haben, entsteht bzw. gehegt wird (Kap. 2). Wir müssen sehen, inwieweit jene Partnerschaft noch dazu geeignet ist, Ort des Aufwachsens der Kinder zu sein, ob also der Kinderwunsch durch moderne Formen des Zusammenlebens modifiziert wird.

Während noch im Mittelalter der Übergang aus der Ehe in die Familie durch den dazu notwendigen Zeugungsvorgang an bestimmte kirchlich kontrollierte Regeln (z. B. Benedictionen) gebunden war, ist heute die Familienplanung an diese Stelle getreten. Welche Folgen solcherart ‹Kopulationsregeln› für das Verhältnis zum Kinde haben, ist Gegenstand des 3. Kapitels, insbesondere die Frage, ob es eine geschlechtsspezifische Kindheitskonzeption an dieser Stelle gibt.

Fragt man sich, wie der Übergang zur Schwangerschaft geregelt ist, so gelangt ein in der Religionsgeschichte tief verwurzelter Transformationsprozeß in Erinnerung. Die schwangere Frau weiß von ihrem Zustand erst durch einen Akt der ‹Verkündigung›. Im 4. Kapitel, das sich diesem Gegenstand widmet, soll der Frage nachgegangen werden, wie heute die Phase der Schwangerschaft der Frau und des Mannes (!) eingeleitet wird und welche Folgen diese moderne Schwangerschaft für den Besitzanspruch von Müttern und Vätern am Kinde hat. Da dieser Anspruch insbesondere im Falle von Sorgerechtsstreitigkeiten virulent wird, soll das elterliche Sorgerecht im Mittelpunkt der Betrachtung stehen.

Der Schwangerschaft folgt in aller Regel die Geburt bzw. Entbindung, aber auch diese nicht bruchlos. Die Frau wird an einen anderen Ort verbracht, z. B. in eine Klinik, und kommt als Mutter mit ihrem Kind zurück. Der rituelle Gehalt ist die Tötung (als Frau) und Wiedergeburt als eine andere, als Mutter. Dieser Vorgang ist in vielen Kulturen verbürgt, auch historisch. Er steht mir generell für die Bedeutung, die die Koppelung ‹krisenhaftes Ereignis – neue Lebensphase› hat: Der alte Mensch muß erst getötet werden, damit ein neuer in einer weiteren Lebensphase entstehen kann. Dieser Wechsel von Tod und Wiedergeburt kennzeichnet auch das antike Verständnis von einem Zyklus des Lebens, einem Begriff, der deshalb der Bezeichnung Lebenslauf vorzuziehen ist. Im 5. Kapitel wird geklärt werden, ob das rituelle Grundmuster dieser Vorgänge um die Geburt noch erhalten ist, auch bei der Hausgeburt, und welche Implikationen das Ergebnis der Betrachtung für das Konzept ‹Kindheit› hat.

Bei der Entbindung hat sich der Weg der Mutter von dem des Kindes traditionell getrennt. Das rituell gereinigte Kind ließ eine ‹unreine› Wöchnerin hinter sich. Hier ist der Entstehungsort für die Vorstellung vom ‹reinen›, ‹klaren›, ja ‹göttlichen› Kind, dem wir oft die Eigenschaft attribuieren, ein lachendes Kind zu sein.

An dieser Stelle orientiert sich die weitere Verfolgung des Lebenszyklus nicht mehr an dem Lebenslauf des Erwachsenen, sondern an dem seines Kindes. Die Hypothese geht dahin, daß sich das Konzept Kind eher im Verhältnis des Erwachsenen zu den Lebensphasen des Kindes herausbildet und festigt und dementsprechend weiter verfolgen läßt als in den weiteren Stationen der Elternkarriere, die vom Alter des Kindes relativ unabhängig sind, etwa Midlife-Crisis, Klimakterium oder Alter und Senilität.

Wir betrachten zwar weiterhin Vorstellungen vom Kinde im Erwachsenen, aber nicht mehr nur in den Eltern, sondern im öffentlichen Diskurs, der sich an dem Sosein der nun existierenden Kinder konstituiert. Es ist das Motiv des Lachens der Kinder, welches im 6. Kapitel hinsichtlich seiner Bedeutung für das heutige Kindheitskonzept und vergleichend hinsichtlich seiner Geschichte verfolgt werden soll. Ich werde der These nachgehen, daß sich darin ein Kernstück für die allfällige Vergöttlichung der Kinder finden läßt.

Das neugeborene Kind gehört erst zu der Gemeinschaft der es umgebenden Menschen, wenn es einem rituellen Übergang wie der Taufzeremonie unterzogen worden ist. Nun sind in der Geschichte des Christentums nicht immer bereits die Säuglinge getauft worden. Das Institut der Taufe unterliegt in der Geschichte des Christentums einer andauernden Auseinandersetzung und darunter einer häufigen Veränderung. Je nachdem, ob Kinder für sündenfrei oder wenigstens für bußfähig gehalten wurden, erklärte man sie für taufbar oder nicht. Insofern eignet sich der Transformationsritus der Taufe gewissermaßen als Seismograph für die Grenzziehung zwischen Kindern und Erwachsenen. Im 7. Kapitel wird untersucht, ob die Taufe oder inzwischen an ihre Stelle getretene andere Riten einen Beitrag zur Aufrechterhaltung jener Vorstellung vom unschuldigen Kind leisten. Es wird u. a. der Frage nachzugehen sein, in welcher Form solche Riten auch eine Tabuisierungsfunktion für die Kindheit haben.

Ein Initiationsritus von ähnlicher Qualität dürfte heute die Einschulung der Kinder sein, die an die Stelle des noch vor 150 Jahren üblichen Arbeitsbeginns zwischen dem 5./6. bzw. 7./8. Lebensjahr getreten ist. Die Frage, die im Mittelpunkt des 8. Kapitels steht, konzentriert sich auf die Leistungsfähigkeit dieses Übergangsritus für den sogenannten ‹Ernst des Lebens›. Besondere Aufmerksamkeit wird hier dem Markt jener Produkte gewidmet sein, die die heutige Kinderkultur kennzeichnen. Sind sie für die Kinder ein Beitrag zur Eröffnung einer Perspektive auf das Erwachsenenleben?

Die folgende Phasierung ist auf den ersten Blick etwas ungewöhnlich. Hier war die Frage leitend – wie übrigens auch bei der Auswahl der anderen Sequenzen –, ob in anderen Kulturen oder insbesondere zu bestimmten historischen Zeitpunkten in der dem 10. Lebensjahr folgenden Periode wichtige Umbrüche stattfinden bzw. stattgefunden haben. Nun ist die Überführung in das Arbeitsleben traditionell oftmals begleitet gewesen von Formen sexueller Einführung, z. B. in der Geschichte der Mythologie die Entführung des Kindes durch einen Erwachsenen. Es ist außerordentlich schwierig, in unserer Kultur hierfür noch ein funktionales Äquivalent zu finden. Im 9. Kapitel wird deshalb nach der Funktion außerschulischer Organisationsformen für derlei Initiationen zu fragen sein, insbesondere nach der Rolle der Erwachsenen in Einrichtungen des Freizeitbereichs wie Pfadfinder, Sportvereine etc.

Davon wird kategorial ein zweiter, sehr ähnlicher Komplex getrennt (Kap. 10): die Initiationsleistungen einer Gleichaltrigengruppe *ohne* Erwachsene. Das hier angesprochene Lebensalter, die Pubertät, gehört hinsichtlich der in ihm stattfindenden Prozesse zu den ethnologisch und übrigens auch literaturgeschichtlich am besten dokumentierten. Es soll diskutiert werden, ob es für das Institut des Pubertätsexils, also für die dramatische Herausnahme des Pubertierenden aus der Gemeinschaft, noch ein Äquivalent gibt oder ob die jüngst diskutierte These haltbar ist, derzufolge bestimmte Defizite in der Pubertät zu einem narzißtischen Sozialisationstyp geführt haben.

Es ist noch einmal darauf hinzuweisen, daß nicht die Frage relevant ist, ob die nachwachsende Generation durch den Narziß angemessen beschrieben werden kann, sondern darum, was aus dem Umstand zu schließen ist, daß eine Generation als narzißtische wahrgenommen wird. An diese Akzentsetzung auf den Diskurs über bestimmte Phänomene der Kindheit und nicht auf die ‹Wirklichkeit› der Kindheit wird immer wieder zu erinnern sein.

So interessiert die Taufe als Sicht der Erwachsenen auf das Kind ebenso wie der von Erwachsenen determinierte Markt der Kinderkultur oder die von Erwachsenen veranstaltete Schule, das Freizeitangebot. Aus diesem Grunde darf auch hinsichtlich der Gleichaltrigengruppe nicht die Perspektive der Erwachsenen aus dem Auge verloren werden. Die Art und Weise, wie Erwachsene diese werten, leistet den Beitrag zum Diskurs über Kindheit. Gleichzeitig greift hier zum erstenmal natürlich das Selbstverständnis der jungen Heranwachsenden bezüglich ihres eigenen Status als Nicht-mehr-Kinder, aber Noch-nicht-Erwachsene. Diese Verdoppelung der Perspektive tritt natürlich auch in der nächsten Phase zutage, die im 11. Kapitel thematisiert wird. In dem Maße, in dem eine Lebensphase durch die Kinder bzw. Jugendlichen mitdeterminiert wird, hat das Kindheitsverständnis der Kinder selbst Anteil am öffentlichen Diskurs über Kindheit.

Gestattet, so wird zu fragen sein, das Erwachsenenverständnis von Kindheit den Nachwachsenden überhaupt noch, sich wie ehedem der jugendliche Held zu bewähren, und sei es beruflich? Man könnte den Gedanken verfolgen, daß, wenn nicht mehr der Beruf, so die modernen Jugendbewegungen ein Refugium der Bewährung sein könnten, dort, wo die Jugendlichen nicht auf die Identifikation mit den ewigen Adoleszenten vom Schlage eines Humphrey Bogart, James Bond oder Batman verwiesen bleiben.

Aber warum bereitet die Erwachsenenwelt den Nachwachsenden so große Schwierigkeiten bei der Aufnahme? Warum entzieht sie sich dem Empfang des ‹verlorenen Sohnes›, um auf ein biblisches Gleichnis anzuspielen?

Die Rede vom Lebenszyklus suggeriert einen geschlossenen Kreis und dadurch eine Vollkommenheit. Die Graphik unterliegt gleichfalls dieser Suggestion. Nun ist allen Modellen des Lebenslaufs gemeinsam, daß sie mit dem Tod enden, wenn sie mit der Geburt begannen. Wenn man es genau nimmt, ist der hier zugrunde liegende Lebenszyklus aus zwei Teilzyklen verschiedener Träger zusammengestellt: ein Fragment des Zyklus der Generation m von der Geschlechtsreife bis zur Elternschaft und ein weiteres Fragment aus dem der Generation m + 1 von der Geburt bis zum Beginn des sogenannten Erwachsenenlebens. Bei den Zyklen fehlen entscheidende Phasen im Normalverlauf des Lebens, um vollständig zu sein. Das Leben der Erwachsenen nach dem Beginn der Elternschaft geht ebenso weiter wie das Leben der Adoleszenten, und gerade das kennzeichnet wohl auch die lineare Lebenssicht vieler Zeitgenossen: Als ob das immer so weiterginge!

Der Tod als letzte große Transformation scheint unendlich weit gerückt zu sein, und gerade deshalb büßt er einen entscheidenden Teil seiner lebensorganisierenden Kraft ein. Am sinnfälligsten wird diese Erscheinung in der unterschiedlichen Haltung Erwachsener gegenüber dem Tod eines Kindes im Verhältnis zum Tod eines alten Menschen. Der Verlust eines Kindes ist unvorstellbar geworden. Er rückt die Zyklizität des Lebens schlagartig ins Bewußtsein und muß deshalb vermieden werden. Aber wirft der Umgang mit dem Tod, insbesondere eines Kindes, dann nicht ein erhellendes Licht auf das zeitgenössische Verständnis des Lebenslaufs? Im 12. Kapitel wird darüber gesprochen und von einer Analyse des Lebenslaufverständnisses zurückgefragt nach seinem Zusammenhang mit dem platzgreifenden Verständnis von Kindheit.

Im 13. Kapitel wird der Gesamtbefund des Durchgangs durch die Etappen jenes für die Zwecke der Analyse verfremdeten Lebenszyklus resümiert. Es soll ein vorsichtiger Brückenschlag zwischen Kindheit in dieser Zeit und Leben in dieser Zeit versucht werden, genauer: natürlich zwischen dem Diskurs über Kindheit und über Leben. Wir stehen vermutlich an einem Schnittpunkt, an dem kontinuierliche und diskontinuierliche Lebenslaufvorstellungen diffundieren und dadurch Kindheit (und wahrscheinlich nicht nur sie) zum Problem wird.

1 Sexualität und Pornographie
Der ‹kleine› und der große Tod

1.1 Die Suspendierung der Fruchtbarkeit in der Ästhetik des weiblichen Körpers

Die naheliegende Technik, Darstellungen des Lebenszyklus bei der Geburt eines Menschen beginnen zu lassen, eignet sich nicht für die Rekonstruktion eines mentalen Konzepts vom Kinde, eines kollektiven gar. Wenn wir uns fragen, an welcher Stelle des Lebenszyklus eines erwachsenen Menschen ‹sein› Kindheitsbegriff sich herausbildet, dann darf vor der Phase des Engagements in einer festen Partnerschaft nicht jener Zeitraum aus dem Auge verloren werden, in dem der Erwachsene wegen seiner Geschlechtsreife zwar in der Lage wäre, selbst Kinder zu zeugen, er darauf aber wegen einer noch nicht erfolgten Verbindung in aller Regel verzichtet.

Eine besondere Bedeutung hat in der Phase vor dem Engagement die Suche nach dem geeigneten Partner sowie der mehr oder minder experimentelle Umgang mit der eigenen Sexualität, da beides mit der Möglichkeit der eigenen genetischen Reproduktion aufs engste verknüpft ist und so mit dem Gedanken an das Kind.

Die Suche nach den alltäglichen Objektivationen dieser Lebensphase läßt schnell an die großen Detektive der Sexualität, des sexuellen Verhaltens denken wie Alfred C. Kinsey (1963) oder William H. Masters und Virginia E. Johnson (1967). Dort ist indessen nichts zu erfahren über den sexuellen Diskurs der untersuchten Zeitgenossen, sondern etwas über ihre sexuelle Praxis im restringiertesten, technischen Sinne, wie ein charakteristischer Passus aus Masters/Johnson (1967, S. 127f) illustriert:

> «Der physiologische Beginn des Orgasmus wird durch die Kontraktionen der Genitalorgane, von der orgastischen Manschette im äußeren Drittel der Vagina ausgehend, angezeigt. Diese durch lokale Vasokongestion und Myotonie bedingte Manschette kontrahiert sich bei der Lösung der zunehmenden Spannung in einem registrierbaren Rhythmus. Die Intervalle zwischen den einzelnen Kontraktionen betragen 0,8 Sekunden bei den ersten drei bis sechs Kontraktionen.»

Diese ‹Reports› sind allenfalls selbst als Bestandteile des Diskurses über Sexualität und die Position des Kindes in ihm zu werten. Sie spiegelten und erzeugten oder zumindest legitimierten doch die Diremption, die strikte Trennung von Sexualität und Fortpflanzung: In ihren Berichten sucht man vergeblich nach Begriffen wie Fruchtbarkeit und Empfängnis, oder man findet sie lediglich als Hinweise darauf, wie der mit ihnen bezeichnete Sachverhalt verhindert werde.

Die damit angesprochene Frage der Empfängnisverhütung deutet bereits auf eine relativ junge Entwicklung. So wird die Ausbreitung einer der ältesten Praktiken, des bereits im Alten Testament erwähnten «Coitus interruptus», von Béjin (1984, S. 205) im Westen erst am Ende des Ancien régime angesetzt. Sieht man einmal vom außerehelichen Geschlechtsverkehr ab, so ist die Entstehung vorehelicher Partnerschaften sowie vorehelicher Kohabitationsformen («cohabitation juvénile»; vgl. Roussel 1978), von denen es allein in der Bundesrepublik Deutschland 1980 etwa 500000 gab (vgl. Schwarz 1981), eine wichtige Randbedingung für eine auf Unfruchtbarkeit angelegte Sexualbetätigung. Diese Lebensphase impliziert für viele Partner eine Art «Moratorium» (Béjin 1984, S. 205), das nicht ohne Folgen für die Konzeptionierung ihrer Vorstellungen über Kindheit sein dürfte. Bereits vor dem Eintritt in das Erwachsenenalter ist der Sexualverkehr der Jugendlichen durch Verfahren der Kontrazeption bestimmt. Zwei Drittel der geschlechtsreifen (ab 13,5 Jahre) koitierenden Mädchen und 50 Prozent der geschlechtsreifen (ab 14 Jahre) koitierenden Jungen verwenden nach einer Untersuchung des Bundesministeriums für Jugend, Familie und Gesundheit zureichende Mittel der Kontrazeption (vgl. Schmid-Tannwald/Urdze 1983, S. 247). Das bedeutet also, daß die Sexualität in der Lebensphase der Partnerwahl heute durch eine nachhaltige Unterdrückung der Empfängnismöglichkeit gekennzeichnet ist, eine Erscheinung, die von einer massiven Veränderung des Symbolgebrauchs im sexuellen Diskurs begleitet wird, wie es anhand der geltenden Ästhetik des weiblichen Körpers und der zugelassenen Symbole und Darstellungen sexueller Aktivitäten beobachtet werden kann.

Blickt man nur 60, 70 Jahre auf die Lebensphase des Menschen vor seiner Verehelichung zurück, so findet man, noch abseits vorehelicher Sexualität, zahllose Symbole und rituelle Akte, die insbesondere den Mädchen als Prognose oder als Manipulation künftigen Eheglücks dienten und dabei den Gedanken an das Kind als Frucht der Verbindung nicht aussparten.

Dazu gehört, was die prognostischen Orakel betrifft, z.B. der symbolische Gehalt einer beim Waschen eingenäßten Schürze oder der Sitzplatz an der spitzen Ecke des Tisches (vgl. Wuttke 1925, S. 363).

Bei den Manipulationsversuchen spielten magische Handlungen eine große Rolle, bei denen eine indirekte Berührung mit dem erwünschten Adressaten erfolgte. Das Mädchen ließ die geliebte Person etwas sich einverleiben, was mit ihm selbst verbunden war: Haare, Nägel, Achselschweiß, eine verschluckte und wieder ausgeschiedene Muskatnuß, einen auf seinem unbekleideten Gesäß gekneteten Brotteig, sein Menstrualblut (oder als Aktivität des Mannes gegenüber dem begehrten Mädchen dessen Samen) – alles dieses unkenntlich gemacht und versteckt in einer unverdächtigen Speise wie einem Kuchen (vgl. Wuttke 1925, S. 365 f). Mindestens das Menstrualblut oder das Sperma spielen symbolisch deutlich auf den Zweck der ersehnten Verbindung an: die Zeugung von Kindern. Diesen Symbolwert hat auch der Zauber, der dem Mann empfohlen wurde, wenn er etwas gegen die erkaltete Liebe seiner Gattin unternehmen wollte: Er mußte um Mitternacht drei Schollen Erde vom frischen Grabe eines ungetauft gestorbenen Kindes seiner Frau über den Kopf werfen (vgl. ebd., S. 367). Daß dieser Zauber heute unbekannt ist, deutet auf das Verschwinden magischer Bewußtseinsspuren, die noch eine enge Verbindung zwischen Sexualität und Fruchtbarkeit bewahren, wie sie sich in dem Glauben dokumentiert, daß die Leiche des Neugeborenen noch etwas von der Kraft der Fruchtbarkeit enthalte.

Nun konnten sich Mädchen statt eines magischen Zaubers auch ihres eigenen Körpers zur Beeinflussung der Gattenwahl bedienen. Seine Gestalt und seine Bekleidung sind zweifellos Botschaften, die daraufhin zu betrachten sind, welche Reminiszenzen sie an die Zeugung von Kindern enthalten.

Wendet sich der Blick auf die Ästhetik des weiblichen Körpers nur einhundert Jahre zurück, so findet er sehr rasch, wie eng die (normativen) Vorstellungen vom ‹richtigen› und damit für den Mann sexuell stimulierenden Bau des weiblichen Körpers mit dessen Reproduktionsfunktion verknüpft waren. Dieses läßt sich an zwei Beispielen verdeutlichen, an dem zweibändigen anthropologischen Standardwerk von Heinrich Ploss «Das Weib in der Natur- und Völkerkunde», zum erstenmal 1884 und danach in zahlreichen Neubearbeitungen erschienen (1905), und eher beiläufig anhand eines trivialeren Textes, der sich als «Lehrbuch über die physischen, seelischen und sittlichen Pflichten, Rechte und Gesundheitsregeln der deutschen Frau im Eheleben zur Begründung der leiblichen und sittlichen Wohlfahrt ihrer selbst und ihrer Familie» bezeichnet: «Das Weib als Gattin» (Klencke 1875). Beide Texte interessieren nun nicht wegen der darin enthaltenen richtigen oder falschen empirischen Daten über die Frau, sondern als Beispiel für den (männlichen) Diskurs über die Frau, die Sexualität und die Kinderzeugung vor etwa hundert Jahren.

Wie sich am Ploss'schen Werk studieren läßt, gehört es entgegen anderen Auffassungen (vgl. Klöckner 1984, S. 69) nicht vorrangig zur Semiotik pornographischer Darstellungen, den gezeigten weiblichen Körper gleichsam zu zerlegen in seine sexuell bedeutsamen Teile. Die unbändige Sektionsfreude, mit der der medizinische Anthropologe Ploss den weiblichen Körper traktiert, verrät möglicherweise mehr über die Herkunft dieser Neigung aus der ingenieurwissenschaftlichen Lust an der Funktionsprüfung, als manche Kritik maskuliner Divisionssexualität erahnen läßt. Jedenfalls läßt sich dieses Moment an den zahllosen Blickwinkeln ablesen, aus denen Ploss einzelne Körperpartien der Frau und einzelne Elemente ihres Verhaltens untersucht.

Zu den ‹Teilen› des weiblichen Körpers, die seine Reproduktionsfunktion betreffen, gehören in erster Linie das Gesäß bzw. die Rückenpartie, die primären und die sekundären Genitalien. Wenn wir also beispielsweise lesen, daß die bei Frauen mancher Kulturen auftretende Steatopygie, eine starke Ausbildung des *Gesäßes*, von Ploss auf die Praxis zurückgeführt wird, daß Frauen in diesen Kulturen ihre Kinder auf dem Rücken tragen, so daß sie gewissermaßen auf dem Gesäße Platz nehmen (vgl. Abb. 12 und Abb. 13), dann ist dieses ein Dokument für eine bestimmte Konjunktion im Kopfe eines Mannes des 19. Jahrhunderts: Für ihn verband sich ein starkes Gesäß mit dem Gedanken an Nachkommenschaft. Ein sexuell möglicherweise stimulierender Kör-

Abb. 12: Dahome-Negerin, ihr einige Monate altes Töchterchen auf dem Rücken tragend

Abb. 13: Hottentotten-Frauen mit Steatopygie

perteil dieser Art war also mit dem Gedanken an Zeugung verknüpft. Dabei spielt es überhaupt keine Rolle, ob die anatomisch evolutiven Ursachen für die Steatopygie richtig gedeutet wurden, ob es sich ‹wirklich› um eine Mutation aufgrund kultureller Praktiken des Kindertransports handelte oder nicht.

Zu den ältesten Vorstellungen über reproduktionsfreundliche weibliche Körperformen gehört auch die Legende vom gebärfreudigen *Becken*. Es gab offenbar ein erhebliches Interesse an einer Diagnose der Funktionstüchtigkeit des Beckens. Dabei bot es sich an, die Form des weiblichen Beckens jeweils mit der des nicht gebärfähigen männlichen Beckens zu vergleichen. Der Gynäkologe Michaelis verfiel dabei auf den Gedanken, die sogenannten Lachgrübchen (vgl. Abb. 14) der unteren Rückenpartie als Merkmal auszuwählen:

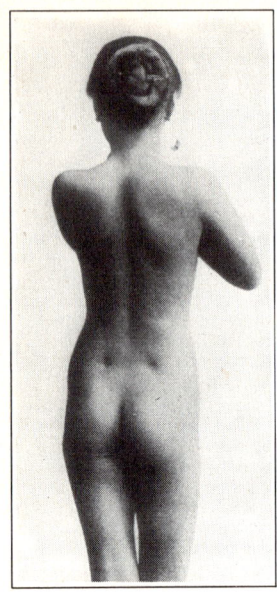

Abb. 14: Javanin mit Lendengrübchen

«Betrachtet man den entblößten Rücken einer schön gebauten Frau, so bemerkt man im Kreuze zwei weiche Grübchen, die etwa fünf Zentimeter jederseits von der Mittellinie entfernt sind. Sie bilden die äußersten Ecken eines Vierecks, dessen unterer Winkel in den Verbindungspunkt der beiden Hinterbacken fällt und das nach oben begrenzt wird durch das Grübchen unterhalb des letzten Lendenwirbelfortsatzes. Dieses Viereck ist die Raute von *Michaelis*» (Ploss 1905, Bd. 1, S. 197).

Diese Michaelissche Raute, bei anderen Autoren auch «Kreuzbeindreieck» oder «Sakraldreieck» genannt (Ploss 1905, S. 200), existiert bei Männern entweder überhaupt nicht, oder die Querachse ist zwei bis vier Zentimeter kürzer als die etwa zehn bis elf Zentimeter breite der Frau. Man glaubte also damit ein Maß für die Weiblichkeit des Beckens zu haben, das unmittelbar mit der Reproduktionsfunktion verknüpft wäre. Im Idealfall, so meinte Stratz, werde diese Raute zum Quadrat, und zwar dann, wenn eine große conjugata diagonalis vorliege, aus der ein «gesundes, normales und geräumiges Becken» resultiere (Ploss

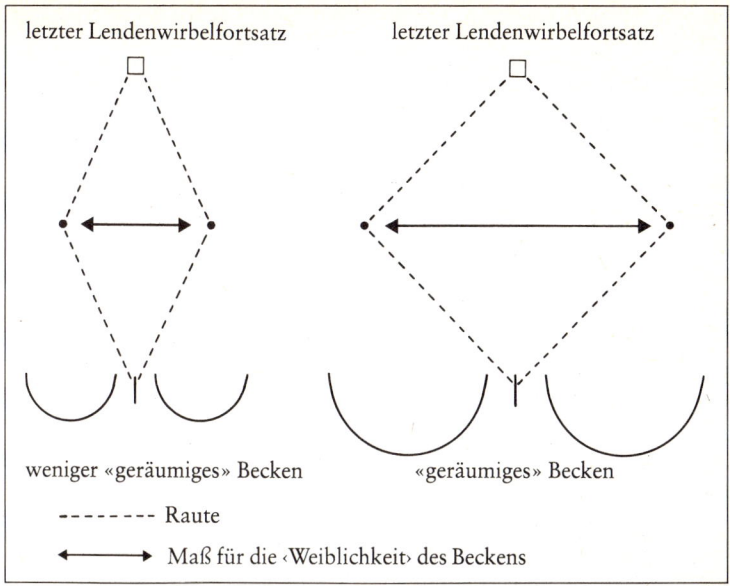

Abb. 15: Michaelissche Raute

1905, Bd. 1, S. 200). In diesen Fällen stehen also die sogenannten Lachgrübchen weiter auseinander als in der rautenförmigen Variante (vgl. Abb. 15).

Man kann sicher nicht unterstellen, daß derartige Merkmale tatsächlich in die Psychostruktur des Mannes universell eingegraben sind, so daß der Anblick der einen Rückenpartie ihn sexuell in höherem Maße stimulierte als der der anderen. Das wäre absurd. Sicher aber ist dieses: Ein Mann des 19. Jahrhunderts wie Ploss und viele von ihm zitierte Autoren waren besetzt von dem Gedanken, daß es einen solchen Zusammenhang gab, und für sie war die Stimulanz eines breiten Gesäßes möglicherweise größer als die eines schmalen, weil das Dispositiv der Zeugung ein integraler Bestandteil von Sexualität war.

Entsprechend formuliert der Autor des bereits erwähnten Lehrbuches «Das Weib als Gattin» unmißverständlich:

«Die Gattin hat aber auch bei ihrem ehelichen Bunde die *Pflicht* übernommen, sich der physischen Umarmung des mit ihr verbundenen Mannes hinzugeben; sie soll und will von ihm befruchtet, will Mutter werden; dies ist der natürliche und sittliche Haupt*zweck* der Ehe und die Sinnenlust und Befriedigung des organischen Triebes das *Mittel* dazu» (Klencke 1875, S. 193).

Neben Gesäß und Rücken stehen die *primären Genitalien* der Frau im Mittelpunkt des Ploss'schen Interesses, ungelöst von ihrer Funktion im Zusammenhang der genetischen Reproduktion: Ploss erwähnt u. a. die sogenannte Hottentottenschürze, eine außergewöhnliche Vergrößerung der Nymphen oder der kleinen Schamlippen, die der Vulva ein Aussehen geben, das an ihren Zustand unmittelbar nach einer Entbindung erinnert. Für das männliche Auge des 19. Jahrhunderts muß dieses gleichzeitig als Geste der Einladung gewirkt haben; denn Ploss charakterisierte eine nach hinten geknickte Vulva, die folglich von vorn gesehen eine solche Gestik nicht enthalten kann, unter Berufung auf norddeutsches Volksgut als «hinterfötzig», weil sie die immissio penis für den Mann schmerzhaft gestalte (vgl. Ploss 1905, Bd. 1, S. 235). Eine Vulva, die demgegenüber mit dem Zeichen ihrer Reproduktionsfunktion versehen ist, würde aus männlicher Sicht für normal erachtet worden sein.

Besonders wichtig scheint Ploss (1905, Bd. 1, S. 244) auch die Darstellung der Defloration, und zwar der künstlichen Defloration, zu sein. Er verurteilte nachhaltig die zahlreich belegten Praktiken der künstlichen Entfernung des Hymens in verschiedenen Kulturen. Wir dürfen nicht übersehen, daß das Jungfernhäutchen, wie gern angenommen, keineswegs ein Garant für die sexuelle Unberührtheit eines Mädchens ist. Sowohl medizinisch als auch moraltheologisch war im 19. Jahrhundert unstrittig, daß eine Jungfrau schwanger werden konnte. Die unbefleckte Empfängnis Marias wurde von Pius IX. 1854 zum Dogma erhoben. Die einzige Information, die das unverletzte Hymen wirklich vermitteln kann, ist diejenige, daß die betreffende Frau noch nicht niedergekommen ist. Darin dürfte auch das eigentliche Interesse vieler Kulturen an der Jungfernschaft zu sehen sein, wenn man berücksichtigt, welche Bedeutung das erstgeborene Kind, insbesondere der Knabe, oftmals hat.

Wichtiger noch, das von der (gewesenen) Jungfrau hervorgebrachte Kind bekommt einen besonderen Charakter: Im Gegensatz etwa zum Isis-Kult koitiert Maria nicht mit Gott. Wenn ihre Jungfräulichkeit aber nur aussagen kann, daß sie noch nicht geboren hat, ist dieses Ausdruck des Umstandes, daß Jesus der erstgeborene Sohn ist. Die Kultur, die im 19. Jahrhundert auf Jungfräulichkeit besteht, erklärt damit ihre erstgeborenen Kinder zu gottähnlichen. Das Gebot der Jungfräulichkeit diente also dann gar nicht so sehr dazu, eine unberührte Frau heiraten zu können, sondern dazu, dem mit ihr gezeugten Kind eine besondere Qualität, eine Einzigartigkeit beizumessen. Dieses ist eine Bewußtseinsmechanik, der wir noch an verschiedenen anderen Stellen begegnen werden.

Das bedeutet also, daß das Gebot der Jungfernschaft den Gedanken an das Kind in eigentümlich aporetischer Weise zugleich unterdrückte und repräsentierte: Die Jungfernschaft als Garant des weiblichen Status der Noch-nicht-Mutter drängt das Kind zurück, indem es an die Befruchtbarkeit der Frau erinnert. Vielleicht liegt gerade in der Widersprüchlichkeit dieses Dogmas und seiner alltäglichen Wirklichkeit im 19., aber auch noch im 20. Jahrhundert der historische Bruchpunkt auf dem Weg in die moderne Sexualauffassung; denn dieser Weg war später durch die Lockerung jenes Gebotes wohl gezeichnet und damit durch einen Fortfall des in gewisser Weise verhaltenen Kindheitsgedankens bei gleichzeitiger Expansion sexueller Freiheit.

Aber nicht nur die künstliche Entjungferung verfiel dem Verdikt des Anthropologen Ploss. Auch die schon bei Aristophanes den Hetären und Lustdirnen zugeschriebene Praxis der Schamrasur (1905, Bd. 1, S. 277) erregte seinen Unwillen, denn die Schamhaare stünden im Volksglauben (1905, Bd. 1, S. 274) für die Fruchtbarkeit der Frau.

Ein weiterer Phänomenbereich der Ästhetik des weiblichen Körpers sind die *sekundären Genitalien*. Insbesondere die Praxis der künstlichen Verkleinerung der *Brüste* wurde von Ploss kritisiert. Er sah darin die Ursache für eine Steigerung der Säuglingssterblichkeit um 40 bis 50 Prozent (1905, Bd. 1, S. 342). Mittelgroße Brüste, so formulierte er, seien für das «Säugegeschäft» (1905, Bd. 1, S. 337) am besten zu gebrauchen. Die Kritik an der «Verstümmelung» der weiblichen Brust steht in engem Zusammenhang mit der Erhaltung der Reproduktionsfunktion; denn die Verstümmelung weiblicher Brüste steht mythologisch für die in sexueller Enthaltsamkeit lebenden Amazonen, die «Brustlosen». Diese Frauen gründeten im Nordosten Kleinasiens der Sage zufolge einen Frauenstaat. Dessen Mitglieder lebten zum Zweck der Fortpflanzung jährlich nur kurze Zeit mit einem Nachbarvolk zusammen, töteten die aus diesen Verbindungen entstehenden Knaben und zogen lediglich die Mädchen auf, denen die rechte Brust zur Erleichterung des Bogenspannens abgebrannt wurde, eine Deutung, die ebenso wie die historische Existenz der Amazonen überhaupt umstritten ist.

Jedenfalls hat sich eine Deutung von α – μαζος hartnäckig gehalten, die «α» als Privativum im Sinne von ‹weg› interpretiert, obgleich antike Darstellungen die Amazonen grundsätzlich mit zwei Brüsten abbilden (vgl. Der Kleine Pauly 1979, Bd. 1, Sp. 292). Diese verbreitete Fehldeutung, die sich selbst in neueren Nachschlagewerken noch findet (vgl. z. B. dtv-Lexikon 1966, Bd. 1, S. 123, Sp. 1), zeugt von der engen Konnotation unversehrter, womöglich großer Brüste mit ‹normaler›, d. h. zumindest nicht männerhassender, fortpflanzungsbereiter Weiblichkeit.

Betrachtet man die getroffene Auswahl aus dem Ploss'schen Werk insgesamt, um sie mit den Standards der gegenwärtigen Ästhetik des weiblichen Körpers zu vergleichen, so läßt sich sagen, daß von Ploss eher ausgeprägte weibliche Geschlechtsmerkmale wie Gesäß, Vulva, Brüste bevorzugt wurden, die noch unmittelbar ihre reproduktive Funktionalität erkennen ließen. Auch wenn das Ploss'sche Werk nur ein Beispiel ist, dürfte dessen Repräsentativität für das 19. Jahrhundert allerdings recht hoch sein, so daß es sich als Folie des Vergleichs eignet.

Das Schönheitsideal für den weiblichen Körper hat sich im Laufe des 20. Jahrhunderts in das absolute Gegenteil verwandelt. Sexuell attraktiv ist, wie nicht nur die Werbung für Schlankheitspräparate (vgl. Abb. 16) verrät, die Frau mit unausgeprägten Geschlechtsmerkmalen.

Wenn man sich die Mühe macht, mehrere verfügbare Jahrgänge der letzten 10 bis 15 Jahre aus solchen illustrierten Zeitschriften auszuwerten, die regelmäßig unbekleidete Frauenkörper abbilden, kommt man zu diesem oder einem ähnlichen Ergebnis: Publikationen dieser ‹weichen› Pornographie, die sich vorwiegend an Männer richten oder richteten, zeigen auf einer Grundgesamtheit von etwa 1000 Fotos nur 17 Rückenpartien, alle ohne jede Nähe zur Ploss'schen Steatopygie, darunter drei Beispiele für die Michaelissche Raute. Da die photographische Darstellung der geöffneten primären weiblichen Genitalien gesetzlichen Restriktionen unterliegt, könnten diesbezügliche Feststellungen nur in der sogenannten harten Pornographie gemacht werden. Was sodann die auf den übrigen Frontalaufnahmen vorgenommene Abbildung der Brüste betrifft, so sind die von Ploss als «mittelgroß» (vgl. Abb. 17) charakterisierten Brüste nur in 20 Fällen zu finden; die übrigen Photographien bewegen sich auf einem Kontinuum, das zwischen den Proportionen der Abbildungen 18 und 19 rangiert.

Abb. 16: Werbeanzeige für ein Schlankheitsmittel

Abb. 17: Mittelgroße weibliche Brust

Im übrigen zeigen bis auf eine Ausnahme sämtliche Darstellungen ‹schlanke› Körper ohne jeden Fettansatz im Bereich des Unterbauchs, ein Semantem, das traditionell an den durch eine Schwangerschaft ausgedehnten Bauchraum appelliert.

Eine Semiotik derartiger weiblicher Körper müßte die absolute Abwesenheit aller Signale herausstellen, die an das zu zeugende, auszutragende und zu gebärende Kind erinnern. So besteht selbst für feministische Autorinnen kein Zweifel daran, daß die Rücknahme einer ausgeprägten Bauchregion, wie sie sich erstmalig durch die Praxis des Korsettierens verbreitete, für eine Suspendierung der Weiblichkeit steht:

<blockquote>«Es ist hoch interessant, daß die beiden ersten korsettierten Frauen der Geschichte eine Medici (Katharina v. Medici, D. L) und eine jungfräuliche Königin (Elisabeth I. von England; D. L.) waren – zwei kühne, ehrgeizige Frauen, deren Machthunger man als ‹unnatürlich› bezeichnete» (Brownmiller 1984, S. 29).</blockquote>

Ähnliches gilt für die Auffassung der «Asexualität», «Unsinnlichkeit» (Brownmiller, 1984, S. 36) bzw. «Impotenz» (Klöckner 1984, S. 73) einer flachbrüstigen Frau. Diese Impotenz ist die Unfähigkeit der so dargestellten Frau, sich fortzupflanzen, zu empfangen und zu gebären, die Sterilität, die Unfähigkeit und Unwilligkeit, Leben zu geben. Das so verkörperte Ideal der schlanken und deshalb «sexy Figur» (vgl. Abb. 16) steht für den Versuch der endgültigen Ablösung der Sexualität vom Leben, ein Zusammenhang, wie er durch die offene Reproduktionsfunktion der Geschlechtlichkeit einst noch gewährleistet schien.

Die abgebildeten Modelle sind wie die schlanken Mannequins der

Abb. 18: Mädchendarstellung aus der Zeitschrift «konkret» (Nr. 17, 12.8.1972)

Abb. 19: Mädchendarstellung aus der Zeitschrift «spontan» (H. 9, Sept. 1972)

Werbung, von denen Jean-Luc Evard (1984, S. 219) zeigt, daß sie Lebendes nur mehr simulieren. Das Genre, das sie abbildet, die Pornographie, leistet aber damit nicht nur einen Beitrag zur Beseitigung des Lebens, sondern paradoxerweise ihres zentralen Gegenstandes, des Sexes, den sie nur noch mimt, ohne er selber zu sein.

Evard variiert eine Ansicht Baudrillards über den «Schlankheitswahn» der «Linie», die ihn zu derselben Diagnose einer letztlich nekrophilen Neigung unserer Zivilisation führt:

«Diese Verbindung von Schönheit und Repression im Kult der Linie – womit der Körper in seiner Materialität und Sexualität im Grunde nichts mehr zu tun hat, wo er aber als Träger von zwei Denkweisen, die sich völlig von der Befriedigung unterscheiden, benützt wird: des *Imperativs der Mode* als Prinzip der gesellschaftlichen Organisation und des *Imperativs des Todes* als Prinzip der psychischen Organisation – ist eines der größten Paradoxe unserer ‹Zivilisation›.

Die Mystik der Linie und die Faszination der Schlankheit wirken nur deshalb so stark, weil sie Formen von *Gewalt* sind, weil der Körper hier wirklich *geopfert* wird, gleichzeitig in seiner Perfektion erstarrt und als Opfer gewaltsam belebt ist. Alle Widersprüche der Gesellschaft werden hier auf der Ebene des Körpers zusammengefaßt» (Baudrillard 1981, S. 116).

Der Lehrbuchautor Klencke, Zeitgenosse von Ploss, war ähnlicher Auffassung, auch wenn er seine Ästhetik fälschlich für eine medizinische Lehre des gesunden Körpers hielt:

«Blicken wir auf die physische Seite der Physiognomie zurück, so haben wir noch zu erwähnen, daß Mädchen mit enger Brust, eckig hervorstehenden Schultern und Hüften leicht in der Ehe erliegen und schwere Geburten fürchten können, wenn sie nicht normal leben, daß ein flacher eingedrückter Unterleib geringe Zeugungsempfänglichkeit und Geschlechtskraft, daß eine sehr große, namentlich knochige Gestalt leicht von schweren Geburten heimgesucht wird» (Klencke 1875, S. 172).

Es ist bemerkenswert, wie nahe diese Beschreibung zwei Frauentypen steht, die gleichfalls in dem Ruf stehen, der Fruchtbarkeit, dem Leben und der Sexualität feindlich gegenüberzustehen, der ‹alten Jungfer› und der Hysterikerin bzw. der Hexe.

Ploss liefert im 2. Band seines Werkes über das Weib (1905, S. 605) so etwas wie eine Phänomenologie der alten Jungfer. Danach ist die alternde Jungfrau unter anderem mit kleinen Brüsten versehen, eher mager und eckig und im Gesicht von Wehmut gezeichnet. Dem läßt sich die Physiognomie der Hysterikerinnen parallelisieren. Diesen werden gelegentlich «infantile» Körperformen (Hellpach 1948, S. 238), gelegentlich «körperliche Schwächlichkeit und Genitalmißbildungen» (Kretschmer 1958, S. 54), ein anderes Mal knabenhaft-maskuline Eigenschaften (Kossak 1915, S. 171) zugeschrieben. Stellt man in Rechnung, daß das Wesen der Hysterie unter anderem gleichbedeutend mit geschlechtlicher Frigidität gesehen wurde, die selbst wiederum dem begreiflichen Wunsch vieler (‹hysterischer›) Frauen entspringen mochte, eine Schwangerschaft zu vermeiden (Schaps 1982, S. 78 f), dann werden die Zuschreibungen verständlich. Dieser Zusammenhang erklärt die scheinbare Paradoxie des hysterischen Anfalls, in dem sich nach verbreiteter Auffassung «eine Nachbildung, eine Art theatralischer Vorführung des Begattungsaktes» (Hellpach 1906, S. 78) fand. Die Hysterikerin wär also nicht ‹wirklich› frigide, sondern wehrte sich offenbar gegen die Folgen sexueller Betätigung, gegen die Zeugung von Leben. Denn zu der Phänomenologie der Hysterikerin gehörte im gleichen Maße wie die Frigidität ihr Gegenteil, die Nymphomanie mit einer Neigung zu jener «Perversität», die allein schon darin erblickt wurde, daß die Frau eine Befriedigung des Geschlechtstriebes für sich in Anspruch nahm, die nicht der Fortpflanzung diente (vgl. Schaps 1982, S. 75 und 79). Es ist diese «amoralische Sexualität», wie sie sich etwa im «Arc de Cercle» (vgl. Abb. 20) buchstäblich entäußerte, welche schon für Insistor und Sprenger im sogenannten Hexenhammer (1484) als die von der Frau ausgehende Gefahr sich entbot (vgl. Treder 1984, S. 5) und der als Ausdruck des Bösen und des ewigen Todes schlechthin selbst mit dem Mittel des Todes entgegengewirkt wurde.

An die Stelle der Hysterie ist heute funktional für das männliche Bewußtsein die Ästhetik des sterilen weiblichen Körpers getreten, wie sie sich in der Pornographie darbietet: «Historisch geht die Hysterie in eben dem Augenblick zugrunde, in dem man die Hysterikerinnen zu fotografieren beginnt» (Evard 1984, S. 219).

Die Negation des Lebens in der geltenden Ästhetik des weiblichen Körpers bahnt dem Dispositiv des Todes in der Sexualität den Weg. Wendet sich der Blick von der Statik des weiblichen Körpers zu seiner Dynamik im sexuellen Vollzug, dann wiederholt und bestätigt sich diese Diagnose.

Wir müssen uns auch hier fragen, ob Symbole sexueller Aktivitäten, die ehedem mit dem Gedanken an die Fruchtbarkeit verknüpft waren, heute noch repräsentiert sind. Wenn man dabei an die Phase vor einer Verehelichung denkt, dann muß man bei einem historischen Rückblick

Abb. 20: Arc de Cercle

aber gerade nicht nach Formen des sexuellen Verkehrs zwischen den Verlobten oder engagierten Menschen suchen, sondern nach dem Gegenteil davon, nach Formen sexueller Abstinenz. Dieses insbesondere dann, wenn wir an eine Epoche denken, in der eine voreheliche Schwangerschaft unter allen Umständen vermieden werden mußte, weil sie zumindest für das Mädchen eine ökonomische, moralische und existentielle Katastrophe darstellte. Allerdings hat sexuelle Abstinenz nicht immer bedeutet, daß die Menschen sich in absoluter Keuschheit hielten, sondern es wurden Praktiken gewählt, die zwar durchaus sexuelle Befriedigung versprachen, aber, sei es aus biologischen Gründen, sei es aus Gründen des magischen Glaubens, eine Schwangerschaft ausschlossen.

Dazu gehören z. B. unterschiedliche Empfehlungen bezüglich der für den Coitus günstigen, aber schwangerschaftsungünstigen Position. Talmudische Ärzte empfahlen etwa den Vollzug im Stehen (vgl. Ploss 1905, Bd. 1, S. 557). Auch die Entwicklung künstlicher Objekte zur Einführung in die Vagina gehörte hierhin, die Durchführung lange Zeit sanktionierter Praktiken wie Cunnilingus oder Fellatio (ebd., S. 541) und natürlich die Masturbation. Weil diese Techniken eine Schwangerschaft ausschlossen, waren sie natürlich gleichzeitig Ziel massiver Kritik seitens der Verwalter moralischer Macht. Die Theorie von der unfruchtbar machenden Onanie hat hier ihre Förderer gefunden. So promovierte noch am 13. Dezember 1941 ein Alois Gügler an der Hohen Philosophischen Fakultät der Universität Freiburg (Schweiz) mit einer Dissertation «Die erziehliche Behandlung junger männlicher Onanisten». Neben den zahlreichen psychischen Folgen der Onanie wie Gedächtnisschwund, «seelische Verödung», «verringerte intellektuelle Leistung» und «Lügenhaftigkeit» nannte er die sexuelle Neurasthenie mit der Konsequenz nervöser Impotenz und der ejaculatio praecox. Die letztendliche Folge der jugendlichen Onanie sei «Eheflucht» und «naturwidrige Beschränkung der Kinderzahl» (ebd., S. 91). Gügler befand sich damit auf dem festen Boden der katholischen Sexualethik, wie sie in der Schrift «quaestiones de castitate et luxuria» von Merkelbach (1929, S. 56) formuliert wurde: «Malitia in eo est quod separatim et unice propter bonum individuale quis fruitur operatione quae solum propter speciem amari et quaere potest.»

Es gab allerdings eine Form der paracoitalen vorehelichen Betätigung, die geduldet, wenn nicht gefördert wurde, und zwar besonders in Frankreich: die Veillée bzw. in der französischen Schweiz der Kiltgang. Bei dieser stark rituellen Form vorehelicher Sexualität öffnete das unverheiratete Mädchen samstags Fenster und Tür ihres Schlafgemachs. Interessierte junge Männer kamen des Nachts zu ihm und schliefen im Bett des Mädchens, ganz oder teilweise bekleidet. Das Mädchen entschied über die Reihenfolge der Männer, ohne daß für die Beteiligten daraus eine Verpflichtung erwuchs. Dieser Brauch ist nur in Dörfern mit endogamen Heiratsregeln bekannt, und aus dem Umstand, daß die Zahl der vorehelichen Schwangerschaften nicht von derjenigen in Dörfern abweicht, die diesen Kult nicht kennen, schließt der Autor des «Manuel de Folklore Français», daß es sich bei diesem Kult um einen «Onanisme à deux» gehandelt habe (van Gennep 1943, S. 263). Der Dorfgemeinschaft ist auf diese Weise ein Kontrollinstrument der sexuellen Freiheit gegeben, die eine Bewahrung des Kapitals der Jungfernschaft bei gleichzeitiger ‹Abfuhr› libidinöser Wünsche gestattet.

Wenn also bis vor nicht allzu langer Zeit coitale Stellungen, die von der positio obversa abweichen, wenn sexuelle Praktiken wie insbesondere die Masturbation mit Schwangerschaftsvermeidung, mit Unfruchtbarkeit in Verbindung gebracht wurden, dann ist davon auszugehen, daß diese Konnotation nicht einfach dadurch verlorengegangen ist, daß solche Gewohnheiten jetzt zur ‹normalen› Alltagssexualität gehören. So berichten Kinsey u. a bereits 1953 eine Frequenz von 0,3 bis 0,4 Masturbationen bei Frauen pro Woche und 0,4- bis 1,8mal bei Männern (vgl. Kinsey u. a. 1963, S. 160) sowie eine Abweichung von der ‹Normal›-Stellung «facis in facem» bei 45 Prozent (Umkehrung der Stellung) bzw. 35 Prozent (sog. Seitenlage) (ebd., S. 310).

Der einzige Ort, wo solcherart Sexualität im 19. Jahrhundert gepflegt wurde und lizenziert war, blieb das Bordell. Auch für die dort arbeitende Prostituierte findet sich bei Ploss eine Art Phänomenologie. Sie ist nämlich gekennzeichnet durch seltene und unregelmäßige Menstruation, durch Totgeburten, Aborti, häufige Krankheiten und gänzlich ohne Muttergefühl (vgl. Ploss 1905, Bd. 1, S. 604). – Das Bild der Hexe stellt sich wieder ein.

Wir müssen davon ausgehen, daß Ploss aufgrund der heute üblichen sexuellen Praktiken Elemente aus seiner Phänomenologie der Prostituierten an jungen Frauen der 80er Jahre dieses Jahrhunderts wiederentdecken würde, eben weil eine Frau sich dem sexuellen Verhalten der Prostituierten des 19. Jahrhunderts zweifellos weiter angenähert hat. Wenn man berücksichtigt, daß die Attribute der alternden Jungfrau, der Hysterikerin, der Hexe und der Prostituierten des 19. Jahrhunderts dem alltäglichen sexuellen Austausch heute näher stehen als dem Ploss'schen Frauenideal, und wenn man dieses in Bezug zur Repräsentanz des Gedankens an das Kind setzt, dann entdecken wir eine auffallende Koinzidenz der Attribute zwischen diesen Frauentypen. Es sind Menschen, die die *Möglichkeit* des Lebens in sich zurückgenommen haben, die durch (künstliche) Abmagerung sogar ihren eigenen Körper zurücknehmen oder auch durch den künstlich herbeigeführten Abortus das tatsächliche Leben in sich, nicht nur dessen Möglichkeit. Umgekehrt formuliert: Der sexuelle Symbolverkehr ist in unserer Kultur durch seine Nähe zu Jungfrau und Prostituierter, zu Hysterikerin und Hexe vom Zeichen des *Todes* beherrscht. Durch die Beseitigung des Gedankens an die Nachkommenschaft ist es der Verkehr der Tötenden, der sich dem Tode Weihenden.

1.2 Vom ‹kleinen Tod› zum ‹großen Orgasmus›: zur Geschichte der diskursiven Verknüpfung von Liebe, Zeugung, Lust und Tod

Man kann sich fragen, ob die konstatierte Exkommunikation des Gedankens an die nachwachsenden Kinder in der außer- bzw. vorehelichen Sexualität, ob die Verknüpfung des Diskurses über Sexualität mit dem Tode eine singuläre Erscheinung ist oder ob die Singularität eher in der Art der Verknüpfung von Sexualität und Tod zu suchen ist. Die bis hierhin vorgetragenen Befunde sprechen dafür, daß letztes der Fall ist. Anhand einiger historischer Stationen soll deshalb die Form des Diskurses über Sexualität in seiner Verknüpfung mit dem Todesgedanken und vor allem mit dem Gedanken an das Leben in der Gestalt von Fruchtbarkeit und Fortpflanzung rekonstruiert werden, um so zu einem besseren Verständnis der jüngeren Konnotationen zu gelangen. Die Stationen können als Auswahl nicht repräsentativ sein, aber sie sind auch nicht zufällig. Es sind solche, in denen eine jeweils besondere Form des fraglichen Verhältnisses aufzeigbar ist.

Töten, um zu leben – Orgasmus als ‹kleiner Tod›. Beginnen wir in der Höhle von Lascaux. Dort wurde am 12. September 1940 die Darstellung einer Jagdszene aus dem Jungpaläolithikum, also etwa 13500 v. Chr., entdeckt, die für die Überlegungen Batailles zum Zusammenhang von Eros und Tod eine zentrale Rolle gespielt hat. Die Szene zeigt einen verwundeten Stier, vor dem ein Jäger mit erigiertem Glied lang ausgestreckt liegt (vgl. Abb. 21).

Bataille hat diese Szene dahingehend gedeutet, daß dem Schöpfer dieses Bildes eine Vorstellung vom Zusammenhang zwischen Erotik (erigiertes Glied) und Tod (ausgestreckter Mann, verwundeter Stier) verfügbar gewesen sein muß. Gleichzeitig geht er davon aus, daß «für die ersten Menschen, die fähig waren, über ihr Tun nachzudenken ... das Ziel der sexuellen Aktivität nicht das Zeugen von Kindern gewesen sein dürfte, sondern das unmittelbar damit verbundene Lustgefühl» (1981, S. 44). «Noch in jüngerer Zeit», schreibt Bataille, «hat es archaische Völkerschaften gegeben, denen der notwendige Zusammenhang zwischen lustvoller Kopulation und der Geburt von Kindern nicht bekannt war» (ebd., S. 45). Dieses legt es nahe, daß der archaische Mensch, wie in der Szene angedeutet, den orgiastischen Effekt des se-

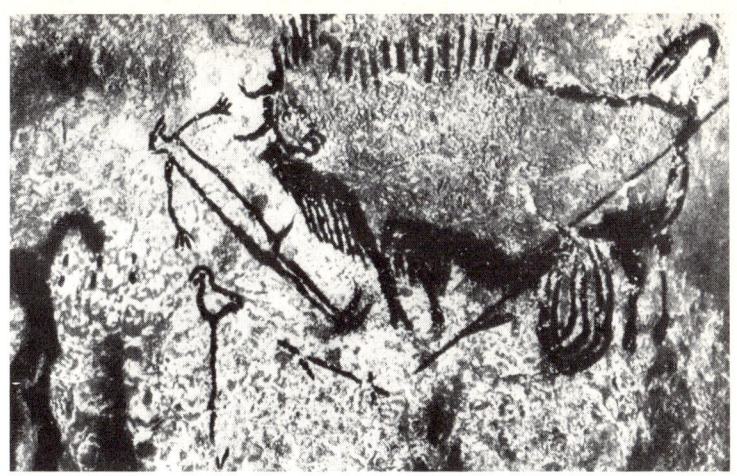

Abb. 21: Ausschnitt aus der Szene des Schachts in der Höhle von Lascaux (um 13 500 v. Chr.)

xuellen Aktes in einem ‹kleinen Tod› sah: «Wird das Resultat der Erotik unabhängig von der möglichen Zeugung eines Kindes allein vom Standpunkt des Verlangens ins Auge gefaßt, so ist dieses Resultat ein Verlust (im Gegensatz zur Bereicherung durch Zeugung. D. L.), dem das Paradoxon des ‹kleinen Todes› entspricht» (ebd., S. 46). In dieser sehr frühen Position gehen also ‹Tod› und ‹Sexualität› Hand in Hand.

Zeugen, weil man sterben muß. Eine jüngere Station des sexuellen Diskurses nimmt die Schöpfungsgeschichte des Alten Testaments ein. Nach dem Sündenfall wird der Frau auferlegt, unter Schmerzen Kinder zu gebären (1. Mose 3, 16), und der Verfasser läßt Gott sprechen: «Siehe, Adam ist geworden wie unsereiner und weiß, was gut und böse ist. Nun aber, daß er nicht ausstrecke seine Hand, und breche auch von dem Baum des Lebens, und esse, und lebe ewig» (1. Mose 3, 22). Es folgt die Vertreibung aus dem Paradiese. Diese Stelle zeigt, daß der hier referierte Mythos den Zusammenhang zwischen der Geburt und der Endlichkeit des Lebens, dem Tode, kennt und erläutert. Dieses ist die Funktion vieler Ursprungsmythen. A. E. Jensen (1948, S. 152 ff) hat aus Ceram kultische Handlungen referiert, die eine dramatische Wiederholung der Urzeit Ereignisse zum Inhalt haben. So werden etwa Leichenteile der von den Kopfjägern getöteten Menschen zur Hälfte verspeist und zur anderen vergraben, um die Fruchtbarkeit des Bodens zu beschwören, und auch die Reifezeremonien dienen dem Zweck, den Zusammenhang von Geburt und Tod zu erklären; «denn erst durch den Tod auf Erden werden die Menschen zeugungsfähig, und da eine Kulthandlung eine dramatische Wiederholung der Urzeit-Vorgänge ist, so muß der Initiand auch das ganze Geschehen wiederholen, das sich damals abspielte, d. h. er muß den ersten Tod wieder erleben, um sich bewußt zu werden, daß durch diesen Tod die Fortpflanzung zum menschlichen Schicksal wurde» (ebd., S. 153 f).

Zeugung und Lust zur Überwindung des Todes. Konnte man also die Formel ‹Töten, um zu leben› gewissermaßen über die Szene aus der Höhle von Lascaux schreiben, so muß sie hier heißen: ‹Zeugen, weil man sterben muß›. Sie impliziert eine Erklärung und Akzeptanz der Todes- und Fortpflanzungstatsache zugleich. Zeugung und Tod sind so gedanklich miteinander verbunden, ohne daß das Dispositiv der Sexualität eine besondere Rolle spielte.

Im Baubo-Mythos ist das wiederum anders. Dieser Mythos, der spätestens seit der griechischen Antike in zahlreichen historischen und kulturellen Varianten existiert, erzählt, wie eine Figur der altorphischen Demeter-Sage, Baubo (die der Iambe des homerischen Hymnus entspricht; vgl. Der Kleine Pauly, 1979, Bd. 1, Sp. 843), der Demeter ihre geöffnete Vulva zeigt, aus der ein Kindskopf, derjenige von Iakchos, herausragt. Mit dieser Gebärde gelingt es ihr, Demeter, die um ihre verschwundene Tochter Persephone trauert, zu erheitern. Georges Devereux (1981), der sich mit diesem Mythos befaßt hat, weist eine Verbindung zwischen dem Motiv der Entbindung und der sexuellen Erregung nach, die er über eine Interpretation des Symbols der Saubohne entdeckte, welches oftmals in bildlichen Darstellungen des Baubo-Mythos mitgezeigt wird. Devereux zitiert in diesem Kontext (S. 83) auch Murray, die 1934 feststellte, daß Figurinen vom Baubo-Typus (vgl. Abb. 22) in der Lage sind, Frauen sexuell zu erregen.

Wenn man von dem ganz anders gelagerten Untersuchungsinteresse Devereux' abstrahiert, dem es um die personifizierte Vulva geht, dann läßt sich für diesen antiken Mythos aus dem 6. bis 5. vorchristlichen Jahrhundert konstatieren, daß er eine Verbindung zwischen Tod (Trauer), Zeugung (Iakchos) und Sexualität/Lust (lachende Demeter) herstellt. Er ließe sich auf die Formel bringen: Zeugung und Sexualität zur Überwindung der Todestatsache – und steht damit der Version aus

Abb. 22: Figurine vom Baubo-Typus

Ceram nahe mit dem Unterschied, daß hier namentlich die lusterregende Entbindung und nicht nur der Gedanke an das nachkommende Leben in der Lage ist, ein Arrangement mit der Todestatsache zu begünstigen.

Jungfräulichkeit und Keuschheit zur Überwindung des Todes. Sieht man die bis hierhin genannten vor- bzw. außerchristlichen Stationen des Diskurses in einem, dann ist in jedem Fall eine Funktionalität der Sexualität bzw. der Kindeszeugung in bezug auf den Umgang mit der Todestatsache zu konstatieren. Das Christentum führt hier zu einer Veränderung, wofür verschiedene Kirchenväter deutliche Belege liefern. Gregor von Nyssa (um 334 bis um 394) vertritt in seiner ältesten

Schrift «Über die Jungfräulichkeit» eine der antiken gewissermaßen diametral entgegengesetzte Position. Er schreibt im 14. Kapitel, «die Jungfräulichkeit ist stärker als die Herrschaft des Todes» (1977, S. 120):

«Die verständigen Menschen müssen ein solches Leben vorziehen, das stärker ist als die Herrschaft des Todes. Denn das körperliche Gebären – und werde keiner unwillig bei diesem Satz – ist für die Menschen nicht so sehr Beginn des Lebens als vielmehr des Todes. Denn von dem Werden nimmt das Vergehen seinen Ausgang; wer aber durch die Jungfräulichkeit mit der Zeugung aufhört, hat in sich die Begrenzung des Todes zum Stehen gebracht und durch sich selbst verhindert, daß der Tod weiter fortschreiten kann; er hat sich wie eine Grenze zwischen Tod und Leben gestellt und so den Tod in seinem weiteren Lauf aufgehalten. Wenn also der Tod an der Jungfräulichkeit nicht vorbeigehen kann, sondern in ihr seine Grenze findet und durch sie aufgelöst wird, ist klar bewiesen, daß die Jungfräulichkeit stärker ist als der Tod.»

Gregor ist also der Auffassung, daß nur vom Tode betroffen werden kann, was lebt, so daß mit Verzicht auf die Zeugung von Leben der Tod überwunden wird. Auf diese Weise ist das Gegenteil des Todes, das Leben, paradoxerweise durch den Verzicht auf die Zeugung des Lebens zu sichern, das Leben des potentiell Zeugenden, in Gregors Augen also der Mönch. Wir sehen, daß die *Struktur* dieser Position derjenigen nahekommt, die sich an der geltenden Ästhetik des weiblichen Körpers und der geltenden Sexualnorm gewinnen ließ. Auch hier gewährleistet der Verzicht auf Kinder den Genuß des eigenen Lebens, allerdings nicht in Askese zum Ziele höheren Lebens, sondern diesseitig-lustvoll und damit letztlich doch dem Tode geweiht, jedenfalls im christlichen Wortverständnis. Verblüffend ist darin die strukturelle Prolongation eines frühchristlichen Motivs unter Austausch der Lebensvorstellung, die sich inzwischen auf das aktuelle (Er-)Leben gewandelt hat. Nun läßt sich also die strukturelle Übernahme mythischer Orientierungen nicht bei einer gleichzeitigen Unterdrückung der ursprünglichen Intentionen leisten. Etwas wirkt von dem ursprünglich Gemeinten immer nach. Sieht man zur Erhellung der Bedeutung, die für die Kirchenväter das Konzept Keuschheit hatte, die Vorstellung des Johannes Cassianus (um 360 bis vor 435) von der höchsten Gnade, derzufolge nämlich die Freiheit von auch nächtlich-unbewußten Pollutionen ein Zeichen der Heiligkeit sei (vgl. Foucault 1984, S. 35), dann schwingt in der aktuellen Sexualmoral, wenn auch nur am Rande und pervertiert, von dieser Hoffnung der

Selbstheilung noch immer ein wenig mit. Wir werden sehen, wie wichtig diese Möglichkeit der Heiligung besonders in bezug auf die Kinder unserer Zeit wird.

Lieben, um den Tod zu überwinden. Der christlich akzentuierte Diskurs über Sexualität fügt dem Motiv-Bündel ein weiteres Moment hinzu, das der Liebe. Einen wichtigen Höhepunkt dürfte die Zeit des Minnesangs dargestellt haben. Um 1200 entstand der Versroman «Tristan und Isolde» von Gottfried von Straßburg. Die ‹Story› verbindet in kunstvoller Weise die vier Diskursstränge Liebe, Zeugung, Erotik und Tod miteinander, bereits in der Stunde der Zeugung der männlichen Hauptfigur, Tristan. Der zu Tode verwundete Riwalin zeugt ihn mit Blancheflur, seiner Frau:

> «ir munt der tet in vröudehaft,
> ir munt der brachte im eine craft,
> daz er daz keiserliche wip
> an sinen halptoten lip
> vil nahe und innecliche twanc.
> dar nach so was vil harte unlanc,
> unz daz ir beider wille ergienc
> und daz vil süeze wip enpfienc
> ein kint von sinem libe.
> ouch was er von dem wibe
> und von der minne vil nach tot...»
> (Gottfried von Straßburg 1969, V. 1317–1327)

Die Schilderung unterscheidet sich deutlich von der Darstellung coitaler Akte säkularer Provenienz. Die Minne wird geradezu zu einem Wort, das die sexuellen und die seelischen Vorgänge in sich verbindet. In unmittelbarer Nähe dieser Schilderung erfährt der Leser, daß Blancheflur ein Kind empfängt und daß Riwalin von der Minne den Tod erleidet. Das große Thema von Leben und Tod im Verlauf des Epos wird variiert, und es selbst steht noch im Verhältnis zum Leben des Lesers, dem die Geschichte als Beispiel dienen soll:

> «Ir leben, ir tot sint unser brot
> sus lebet ihr leben, sus lebet ir tot
> sus lebet si noch und sint doch tot
> und ist ir tot der lebenden brot»
> (V. 237–240)

Darin steckt eine Denkkombination, die den Lebenden Trost in ihrer Todesangst spenden soll. Die Liebe steht für das Leben schlechthin. Der

Tod des Riwalin wird kompensiert durch die soeben erfolgte Zeugung des Helden, an der er sich «minnigliche» beteiligen konnte.

Aber bei aller Steigerung des Lebenswillens durch die höfische Erotik (vgl. Neumann 1966, S. 184) ist das Spiel der Minne zwischen Leben und Tod nicht ohne Ambivalenz. Die Troubadoure zeigen immer wieder beide Seiten der Minne, daß sie eben nicht nur den Kranken gesund, sondern den Gesunden krank machen «bis auf den Tod» (vgl. Kolb 1958, S. 106).

Töten und Quälen als Lustgewinn. Marquis de Sade vereinfacht das Verhältnis von Tod und Lust nachhaltig. Auf dem Höhepunkt der Aufklärung signalisiert sein Diskurs über Sexualität die Aufnahme eines Motivs, das im 20. Jahrhundert eine besondere Rolle spielen sollte. Bei de Sade dient die Gewalt, schlimmstenfalls die Tötung eines Menschen dem Lustgewinn. Hier wird nicht getötet, um zu leben, und auch ist der Orgasmus keine Vorwegnahme des Todes (‹kleiner Tod›), sondern der Tod dient dem Orgasmus. Er läßt es die Justine erleben:

«Nie hätte ich gewähnt, daß der Mensch wie die wilden Tiere nur zum Genusse findet, wenn er seinen Gefährten erzittern läßt. Nun erfuhr ich es – und zwar auf so heftige Art, daß der Schmerz, unter dem meine Jungfräulichkeit zerriß, gering war angesichts der Martern, denen darüber hinaus mein Leib während dieser bedrohlichen Gewalttat unterworfen wurde. Antonien gelangte zum Gipfel seiner Lust unter so wüsten Schreien, mörderischen Ausfällen gegen alle Teile meines Leibes und Bissen, welche den blutrünstigen Liebkosungen der Tiger glichen, daß ich mich wahrhaftig einen Augenblick lang die Beute einer wilden Bestie glaubte, die mich zu verschlingen trachtete. Als diese Greuel geendet, fiel ich auf den Opferaltar zurück, wo man mich soeben hingeschlachtet, und blieb dort, einer Ohnmacht nahe, regungslos liegen» (de Sade 1967, S. 88).

Nun hat de Sade keine Tatsachenberichte geschrieben, aber auch wohl keinen Mythos referiert wie der Künstler aus der Höhle von Lascaux, wie Moses oder der Verfasser der Orphischen Fragmente, und «der Sadismus ist nur der grobe (vulgäre) *Inhalt* des Sadeschen Textes» (Barthes 1974, S. 193). Die menschlichen Körper werden nicht wirklich verletzt (vgl. Khan 1983, S. 315). De Sade hat bekannt, daß seine Ausschweifungen ersonnen sind, daß er vieles von dem Ersonnenen nie vollziehen würde, insbesondere keine Tötung. De Sade ist sich also bei der Beschreibung selbst der libertinsten Szenen darüber im klaren, daß er an einem Diskurs teilhat und nicht Wirklichkeit stiftet oder ein Programm zu ihr: «Das ‹Wirkliche› und das Buch sind voneinander abgeschnitten: es verbindet sie keine Verpflichtung» (Barthes 1974, S. 157). Mit de Sade konnte etwas *gedacht* werden. Eine Entfesselung der Wirklichkeit war kaum seine Intention. Insofern ist die Interpretation Angela Carters (1983), die de Sade aus feministischer Sicht verblüffenderweise eine Befreiungsfunktion für die Frauen zuschreibt, mit Zurückhaltung zu rezipieren. Allerdings macht sie auf eine wichtige Veränderung der männlichen (de Sadeschen) Sicht auf die Sexualität aufmerksam, nämlich darauf, daß de Sade sich weigert, die Sexualität im Zusammenhang mit ihrer Reproduktionsfunktion zu sehen (vgl. ebd., S. 7). Nach ihrer Auffassung ist der Pornograph als Terrorist ein Verbündeter der Frauen, weil er in Szenen wie der eben zitierten deren Ausbeutung zutage fördere. Demgegenüber seien seelenvolle Texte vom Schlage der Liebesromane die übelste Form von Pornographie, weil sie fälschlich den Eindruck hinterließen, als hätten die Frauen im Verkehr der Geschlechter eine gleichberechtigte Position (ebd., S. 33). De Sade habe die Frauen mit seiner Forderung nach sexueller Aktivität gelehrt, «sich den Weg in die Geschichte freizuficken» (ebd., S. 39).

Zeugen, weil man liebt – sterben, weil man nicht lieben darf. Dem Verdikt schlimmster Pornographie aus der Sicht Angela Carters würde ein klassisches Werk der deutschen Romantik anheimfallen, das, allerdings aus ganz anderen Gründen, bei seiner Entstehung gleichermaßen als ‹unzüchtig› verurteilt wurde, Friedrich Schlegels «Lucinde» aus dem Jahre 1799. Lucinde, nomen est omen, ist die romantisch-reine Frau, der es gelingt, die männliche Hauptfigur, Julius, aus den Verstrickungen seiner Frauengeschichten zu lösen. Er ist ein Mann mit Vergangenheit, wogegen die öffentliche Meinung des 19. Jahrhunderts vermutlich weniger einzuwenden hatte als dagegen, daß er sich zum Zwecke seiner Erfahrungen zum Teil unschuldiger, zum Teil möglicherweise verehelichter Frauen bediente, deren eine sich am Ende suizidierte, weil sie ein Kind von ihm erwartete: Töten, um nicht gebären zu müssen, töten, weil man nicht lieben kann. Aber erst Lucinde ist für die Bestimmung des Verhältnisses der Diskursstränge im Zusammenhang der Sexualität relevant. Hier verbinden sich noch einmal, und zwar ‹reiner› als bei Tristan und Isolde, zwei Motive miteinander, das der Liebe und das der Zeugung im Gedanken an ein gemeinsames Kind:

«Ist es denn wahr und wirklich, was ich so oft in der Stille wünschte und nicht zu äußern wagte? – Ich sehe das Licht einer heiligen Freude auf deinem Antlitz lächeln, und bescheiden gibst du mir die schöne Verheißung.

Du wirst Mutter sein! –
Lebe wohl Sehnsucht und du leise Klage, die Welt ist wieder schön, jetzt liebe ich die Erde, und die Morgenröte eines neuen Frühlings hebt ihr rosenstrahlendes Haupt über mein unsterbliches Dasein. Wenn ich Lorbeern hätte, würde ich sie um deine Stirn flechten, um dich einzuweihen zu neuem Ernst und zu neuer Tätigkeit; denn auch für dich beginnt nun ein anderes Leben. Dafür gib du mir den Myrtenkranz. Es steht mir wohl an, mich jugendlich zu schmücken mit dem Sinnbild der Unschuld, da ich im Paradiese der Natur wandle ...
Weißt du noch, wie ich dir schrieb, keine Erinnerung könne dich mir entweihen, du seist ewig rein wie die heilige Jungfrau von unbeflecktem Empfängnis, und nichts fehle dir zur Madonna wie das Kind?» (Schlegel 1964, S. 81 f, S. 86).

Hier wird geliebt, gezeugt, um den Tod zu verdrängen, der an einer anderen verursacht wurde. Gleichzeitig wird an einem Mythos gewirkt, der im Diskurs über die Kindheit mächtig ist wie kaum ein anderer, der Muttermythos – durch Schlegel, einen Mann.

Die Pornographie als dominierendes Dispositiv. Die Tour d'horizon ließe sich vervollständigen durch Beispiele aus dem Verlaufe des 19. Jahrhunderts, aus den ‹roaring twenties›, den zwanziger Jahren dieses Jahrhunderts, die als Ausdruck der Bewältigung des kollektiven Todeserlebnisses im Ersten Weltkrieg vielleicht eher mit der Formel ‹Lust haben, um den Tod zu verdrängen› gekennzeichnet werden müßten. Das Dispositivbündel wäre hier vielleicht eher durch die Musik oder am Beispiel von Filmen zu untersuchen.

Eine Passage aus Hitlers «Mein Kampf» mag für die erneute Rückbindung von Zeugung und Tod stehen. Dabei ist nicht an den Zeugungszweck zu denken, ‹Menschenmaterial› für den Krieg bereitzuhalten, sondern an die merkwürdige Dualität von Zeugung und Nicht-Zeugung, also letztlich Tod:

«Er, (der Staat; D. L.) muß dafür Sorge tragen, daß nur wer gesund ist, Kinder zeugt ... (es muß) als verwerflich gelten: gesunde Kinder der Nation vorzuenthalten ... Wer körperlich und geistig nicht gesund und würdig ist, darf sein Leid nicht im Körper seines Kindes verewigen» (1933, S. 446 ff).

Wenn man geneigt ist, de Sade wegen seiner engen Verknüpfung von Lust und Tod einen Pornographen zu nennen und sogar Schlegels «Lucinde» sich den Vorwurf gefallen lassen mußte, dann wird man diesem Text eine ähnliche Charakterisierung nicht vorenthalten wollen. Möglicherweise ist der gesellschaftliche Symbolaustausch über Sexualität schlechthin spätestens seit dem Faschismus als durch Pornographie determiniert zu sehen. Diese Interpretation verdichtet sich, wenn man an die Renaissance der Liebes-, Frauen-, Arzt-, Sylvia-(usw.)Romane denkt, die Angela Carter für pornographisch hält, was sich auch literaturwissenschaftlich mindestens hinsichtlich eines Merkmals nachvollziehen ließe: Die Aneinanderreihung variabler coitaler Szenen ist im Prinzip ebenso endlos wie die unendliche Geschichte der Kußszenen, in denen sich ‹ihre› Lippen mit denjenigen von ‹Dr. X› oder ‹Graf Y› nicht enden wollend finden. Dort wird geliebt und gelegentlich auch gezeugt, um nicht mehr den Tod, sondern sogar das alltägliche Leben zu verdrängen.

Die sogenannte Sexwelle hat, Hand in Hand mit der Verbreitung hormoneller Antikonzeptiva, die Entwicklung der Pornographie akzeleriert. Der symbolische Austausch über Sexualität wurde von seiner Nähe zu Zeugung und Liebe, ja in den frühen Formen bis zur Mitte der siebziger Jahre dieses Jahrhunderts sogar von seiner Nähe zum Tode suspendiert: bloße Lust, ohne alles. Die mythische Last der mitempfundenen und erlittenen Begleiterscheinungen schien von den Menschen genommen, jedenfalls suggerierten das die Medien, die sich des Themas schnell annahmen – Pornographie als Massenware, ein genialer Durchbruch. Wenn die Pornographie nicht endend ist, löst sie Sucht aus und sichert sich einen endlosen Markt.

Aber die sexuelle Liberalisierung war von den Initiatoren aus der Studentenbewegung nicht hypothekenfrei gedacht. Sie sollte nur Mittel, nicht Zweck sein. Röhl zitiert aus einem Aufruf in der Frankfurter «Streit-Zeit-Schrift» (VII/1 1969):

«Der Coitus ist ein Politikum ersten Ranges. Die Schlafzimmer sind bürgerliche Grabkammern. Wir müssen endlich damit beginnen, den Geschlechtsverkehr direkt zu publizieren. Autoren und Künstler, die Erotik in Bild und Text übersetzen, sind onanierende Voyeure und formalistische Fetischisten. Weg mit den Vorhängen! Für totales Theater! Weg mit den Gardinen! Für transparente Häuser! Für totale Politik! Wir in Frankfurt fordern, erklärt die Untergrund-Station Hauptwache zum love-Tunnel! Kein U-Bahn-Zug ohne Liegewagen!

Verabredet euch, wenigstens 200 Männer und 200 Frauen, alle zu einem präzisen Termin, bestellt und nehmt alle greifbaren Taxis und laßt euch sternfahrtartig zur Hauptwache fahren, haltet die Taxifahrer durch Geld suchen, Trinkgeld geben, Fragen etc. so lange auf, bis der Verkehr zum Erliegen kommt. Fangt dann sofort an zu ficken» (Röhl 1983, S. 281).

Spätestens an dieser Stelle ist der sexuelle Diskurs explizit mit einem ganz anderen Dispositiv in Verbindung gebracht worden, dem der Politik. Ob der Tod damit wieder eingeholt wurde, sei dahingestellt. Jedenfalls blieb diese Variante der 60er/70er Jahre eine Episode, und wir stehen am Beginn der 80er Jahre vor jener unsäglichen Pornographie der Schlächter-Filme, die ihren Vorläufer vermutlich in den Landserheften hatten.

Sind sie eine Wiederholung der Dispositivkonstellation von de Sade? Oftmals enthalten diese Filme Massenschlächtereien. Dort sind keine einzelnen Menschen mehr am Werke, die wie bei de Sade sexuelle Befriedigung aus der Gewalt beziehen, sondern Monster üben Gewalt, an der sich der Zuschauer delektiert, ohne daß dieses für ihn notwendigerweise mit sexuellen Aktivitäten verbunden wäre. Nichtsdestoweniger werden diese Darbietungen als lustvoll empfunden. Das Orgiastische ist nicht mehr die sexuelle Folge einer gewaltsamen Handlung wie bei de Sade, sondern die Gewalt ist selbst der Orgasmus. Dieses ist ein erheblicher Sprung, von de Sade aus gesehen. Es ist anzunehmen, daß die Entwicklung des Diskurses über Sexualität diesbezüglich bereits gegenüber der Analyse fortgeschritten ist, die Foucault in «Sexualität und Wahrheit» (1977a, S. 186) vornahm. Er ging dort noch von einem Tauschprozeß zwischen Sexualität und Tod aus, der sich heute zugunsten des Todes zu enden scheint:

«Der faustische Pakt, dessen Versuchung uns das Sexualitätsdispositiv ins Herz geschrieben hat, lautet: Tausche das ganze Leben gegen den Sex, gegen die Wahrheit und die Souveränität des Sexes. Der Sex ist den Tod wohl wert. In diesem – rein historischen Sinn – ist der Sex heute vom Todestrieb durchkreuzt. Als das Abendland vor langer Zeit die Liebe entdeckte, hat es ihr einen Preis zugesprochen, der hoch genug war, den Tod wettzumachen. Heute beansprucht der Sex diese Gleichwertigkeit, diese höchste von allen. Und während das Sexualitätsdispositiv den Techniken der Macht erlaubt, das Leben zu besetzen, übt der von diesem Dispositiv fingierte Fixpunkt des Textes auf jeden einzelnen eine solche Faszination aus, daß man das Donnerrollen des Todes darin hören mag.»

Gegenüber dem Darsteller in der Höhle von Lascaux haben sich die Verhältnisse auf den Kopf gestellt: Konnte dort die Quelle für eine Sicht gefunden werden, die den Orgasmus als Vorwegnahme des Todes, als ‹kleinen Tod› interpretierte, so ist heute die Darstellung des ‹großen Todes›, des Holocaust, keine Realisierung des Orgasmus mehr – der große Tod ist dem letzten Orgasmus gefolgt, der alles umfaßt. Nirgendwo könnte das sinnfälliger zum Ausdruck kommen als in dem Filmtitel «The day after». In dem Maße, in dem «The day after» darstellbar geworden ist, befindet sich der gesellschaftliche Diskurs nicht mehr über «Sexualität, sondern über Gewalt bereits jenseits des Orgasmus.

«Der Tod hört auf, dem Leben ständig auf den Fersen zu sein», schreibt Foucault in «Sexualität und Wahrheit» (1977, S. 169). Das ist richtig, nicht weil die Menschen ihn mit der Technik zurückgedrängt haben, wie Foucault glaubt, sondern weil er bereits stattgefunden hat. Die Produzenten der Massenschlachtungen in Afghanistan, Kambodscha, Vietnam und im Kino haben die Aporie des Todes, wie Baudrillard sie nennt (vgl. Der Tod der Moderne, 1983, S. 109), längst gelöst, und zwar in doppelter Weise: Da der Mensch sich seinen eigenen Tod nicht vorstellen kann außer als Tod eines anderen, liefern sie ihm den. Und das «Phantasma» der Moderne, wie Baudrillard sagt, den Tod abzuschaffen (ebd., S. 119), ergreifen sie gleich mit: Da wir mit dem Diskurs über Gewalt am «Day after» angekommen sind, sind wir bereits tot, jedenfalls in diesem Diskurs.

Und das Kind? Ist es im Diskurs über Sexualität noch repräsentiert, wie es sich in der Lebensphase zwischen der Geschlechtsreife und dem Engagement konstituiert?

Angesichts einer Entwicklung des sexuellen Diskurses, der alles hinter sich gelassen hat bis auf den Tod: die Liebe, die Fruchtbarkeit, die Lust, scheint diese Frage absurd. Nicht einmal mehr im großen Orgasmus ist der Gedanke an das Kind repräsentiert, allenfalls als Opfer.

Wenn also die Apokalypse diskursiv bereits stattgefunden hat, welche Aussicht gibt es dann für die Repräsentanz der Kindheit im Diskurs über Sexualität? – Zwei Antworten sind denkbar: Nach diskursiv gehabter Apokalypse bleibt, wie wir hören, die Indifferenz gegenüber allem, also auch gegenüber den Kindern. Oder das Dispositiv des großen Todes wird als Programm aufgefaßt und wahrhaftig durchgeführt. Auch diese Perspektive erledigt die Frage nach dem Kind.

2 Kinderlose Ehen
Zur Expansion der Empfängnisverhütung aus dem Verlust der Bedeutung des Brautvaters

2.1 Geburtenrückgang und die Suche nach den Gründen

Es bedarf nicht der drohenden ‹Erledigung› der Frage nach dem Kinde vor dem Horizont gehabter oder bloß imaginierter Apokalypse, nicht der Okkupation der Fruchtbarkeit und der Lust durch das Dispositiv des Todes, um Zweifel an der Persistenz des Konstruktes Kindheit aufkommen zu lassen. Der öffentliche Diskurs über Kindheit enthält seit längerer Zeit ein weithin bekanntes Element, die Diskussion über den Geburtenrückgang nicht nur in der Bundesrepublik Deutschland. Einige Beispiele:

«Kind für ein Auto geboten
Flemington (dpa). In Flemington im US-Bundesstaat New Jersey hat ein Ehepaar versucht, seinen 14 Monate alten Sohn gegen einen gebrauchten Sportwagen einzutauschen. Die Eltern wurden von der Polizei festgenommen. Der 29 Jahre alte Vater und die 21jährige Mutter hatten einem Autohändler statt der 8000 Dollar, die dieser für ein 3 Jahre altes ‹Corvette›-Modell forderte, ihr Kind überlassen wollen.»
(Der Tagesspiegel vom 6.9.1980, S. 18)

«Pille nur auf dem schwarzen Markt
Ceausescus Kampagne gegen den Geburtenrückgang
Bukarest, im April
... in Rumänien fiel 1983 die Zahl der Lebendgeburten auf die Hälfte von

1982. Alarm löste aus, daß die niedrigste Geburtenrate zum Zeitpunkt der niedrigsten Sterblichkeit der Neugeborenen verzeichnet wurde. ‹Die Nation ist in Gefahr, erfüllt eure patriotischen Pflichten›, donnerte Ceausescu...
Geburtenfreudigkeit dagegen wird stimuliert nicht nur mit Mutterkreuzen und dem Titel ‹Heldenmutter› nach dem zehnten Kind, auch mit finanziellen Zuwendungen.»
(Gustav Chalupa, im April 1984)

«**Bundesrepublik hat niedrigste Geburtenrate der Welt.**
Besorgnis über kontinuierlichen Bevölkerungsrückgang
Bonn (ap).
Mit erheblicher Besorgnis hat die Bundesrepublik auf den neuesten Bericht über die Bevölkerungsentwicklung reagiert. Danach hat die Bundesrepublik seit 1974 die niedrigste Geburtenrate der Welt, und die Bevölkerung nimmt kontinuierlich ab. Der parlamentarische Staatssekretär im Bundesministerium Waffenschmidt erklärte gestern, die Folgen einer ‹gravierenden Verschiebung der Altersstruktur› seien in fast allen Bereichen von Staat und Gesellschaft zu erwarten. Die Bundesregierung werde die negative Entwicklung nicht tatenlos hinnehmen; die Bundesrepublik müsse ‹wieder ein kinderfreundliches Land› werden...»

In der Tat hatte sich die Bevölkerungszahl in der Bundesrepublik Deutschland von 1950 bis 1978 so entwickelt, daß nach 1974 eine negative Bilanz begann (vgl. Abb. 23).

Es ist jedoch charakteristisch für die Tendenz der Diskussion über die Geburtenhäufigkeit, daß sehr schnell mit Entwicklungsprognosen für die Bevölkerung argumentiert wird, die sich nicht in jedem Fall bestätigen. So entwickelte Kaufmann eine Prognose (vgl. Abb. 24), die bereits 1983 durch die reale Entwicklung überholt war, weil die Bevölkerungszahl für dieses Jahr $61\,432 \cdot 10^3$ betrug (vgl. Statistisches Bundesamt 1984, S. 52).

Um nicht geborene Kinder geht es nun also, um die, die niemals geboren werden, und darum, welche Konsequenzen das für den Diskurs über Kindheit hat. Es geht um die Kinder, die einer ehelichen oder konkubinatären Verbindung heute nicht mehr entspringen. Es steht die Verbindung zwischen zwei verschiedengeschlechtlichen Menschen vor uns, die Lebensphase, die nach dem Eingehen der Verbindung beginnt. In einem Lebenslaufmodell des 19. Jahrhunderts wäre die Differenzierung zwischen einer Phase der Ehe und einer nachgeordneten der Zeugung gar nicht möglich gewesen, denn die Entscheidung zur Ehe war noch weitgehend identisch mit der Entscheidung zum Kind. Das ist

Zeitraum	Absolut · 10³	Zu-/Abnahme Prozent
13. 9. 1950 – 6. 6. 1961	56 179,8	+ 11,9
6. 6. 1961 – 27. 5. 1970	60 650,6	+ 8,0
27. 5. 1970 – 31. 12. 1970	61 001,2	+ 0,6
1971	61 502,5	+ 0,8
1972	61 809,4	+ 0,5
1973	62 101,4	+ 0,5
1974	61 991,5	− 0,2
1975	61 644,6	− 0,6
1976	61 442,0	− 0,3
1977	61 352,7	− 0,1
1978	61 321,7	− 0,3

(*nach:* Der Bundesminister für Jugend, Familie und Gesundheit 1980, S. 33)

Abb. 23: Bevölkerungsentwicklung im Bundesgebiet 1950 bis 1978

Abb. 24: Entwicklung der deutschen Bevölkerung (ohne Wanderung) im Bundesgebiet bei zwei Annahmen über die Geburtenhäufigkeit

Jahr	· 10³	Jahr	· 10³
1977	57 587	2010	47 922
	57 587		49 953
1980	56 848	2020	43 602
	56 848		47 740
1985	55 664	2030	38 768
	55 664		45 384
1990	54 633	2040	33 601
	54 633		43 194
1995	53 493	2050	28 688
	53 637		41 595
2000	51 935		
	52 506		

(*nach:* Kaufmann 1975, S. 6)

heute anders. So ergab eine Untersuchung, die 1980 bis 1982 an der Technischen Universität Braunschweig durchgeführt wurde, daß nur noch 24 Prozent einer Grundgesamtheit von getrennt lebenden bzw. geschiedenen Frauen den Kinderwunsch als Grund für ihre Verehelichung angaben (vgl. Dane/Collin 1985, S. 27).

Viele Menschen leben, verheiratet oder nicht, erst etliche Jahre zusammen, bevor ein Kind kommt. Es ist also eine neue Lebensphase entstanden, diejenige zwischen der Verehelichung oder dem Zusammenziehen unverheirateter Paare bis zur Zeugung eines Kindes. Daß es trotz anfänglich kinderfreundlicher Einstellung dann für viele Menschen bei einem dauernden Verzicht auf ein Kind bleibt, gehört zu den Einsichten bevölkerungswissenschaftlicher Studien. Wegen des teilweise dauernden Verzichts auf eheliche Kinder wird von dem ehelichen oder konkubinatären Kinderverzicht schlechthin gesprochen werden müssen.

Derartige Perspektiven provozieren die Suche nach den Gründen und die Fahndung nach Konzepten zur Abhilfe, die daraus ableitbar wären.

Gern wird bei medizinischen Erwägungen die Legalisierung des Schwangerschaftsabbruchs ins Auge gefaßt. Zur Zeit der Debatte um die Liberalisierung des § 218 ließ die damalige Bundesregierung Prognosen über die «demographischen und sozialmedizinischen Auswirkungen der Reform des § 218» (Jürgens/Pieper 1975) anstellen, bei denen Erfahrungen anderer Länder mit den Folgen des Schwangerschaftsabbruchs analysiert wurden. Eine besondere Rolle spielten dabei Ungarn und insbesondere Rumänien. In beiden Ländern war 1956 bzw. 1957 der Schwangerschaftsabbruch legalisiert worden mit dem Effekt eines rapiden Absinkens der Geburtenziffer (vgl. Abb. 25).

Besonders bedeutsam wurde dabei der noch rapidere Anstieg der Geburtenzahlen, nachdem man in Rumänien die Abtreibung wieder verbot unter dem Eindruck jenes Bevölkerungsrückgangs. In anderen Ländern wie der DDR waren solche abrupten Folgen der Liberalisierung nicht zu vermerken. Außerdem wies die rumänische Kurve nach dem Ansteigen aufgrund des Abtreibungsverbots bald wieder ein Sinken der Geburtenziffern auf. Dieses mag auf eine Stabilisierung des illegalen Marktes der Abtreibung zurückzuführen sein, womit ein wesentlicher Gesichtspunkt berührt wird, der bei der Freigabe der Fristenlösung eine große Rolle spielte:

«Bis zur Mitte der 60er Jahre wurden Schätzwerte über die Häufigkeit des Schwangerschaftsabbruchs in der Bundesrepublik geäußert, die zwischen

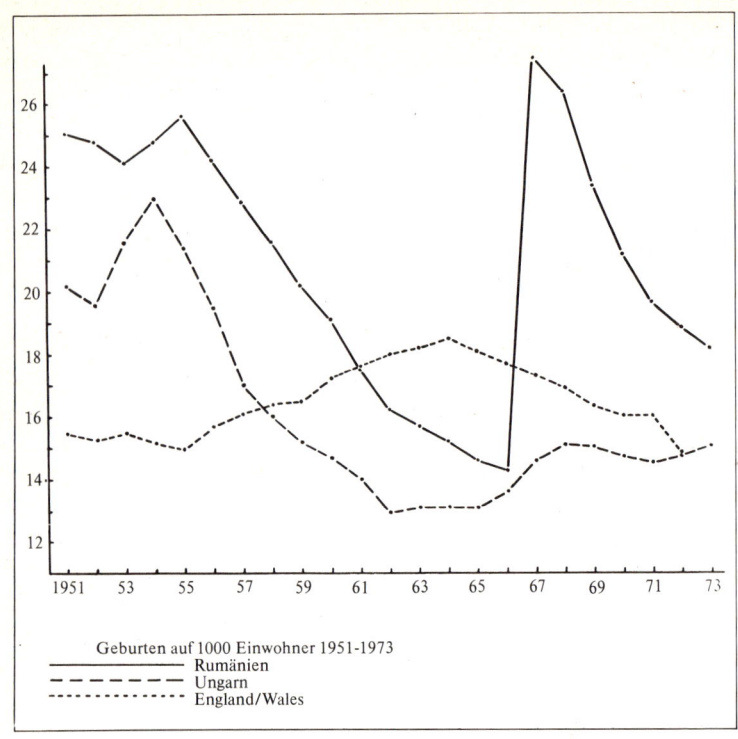

Abb. 25: Entwicklung der Geburtenziffer in Rumänien und Ungarn im Vergleich mit England/Wales

500000 und 1,5 Mill. Abbrüchen lagen, d. h., daß ... ungefähr so viel Schwangerschaften abgebrochen wie Kinder ausgetragen wurden. Die in späteren Jahren nach 1965 angegebenen niedrigeren Werte, es wurden Angaben über 200000 bis 400000 Abtreibungen gemacht, werden mit der größeren Effizienz und der stärkeren Verbreitung wirksamer Antikonzeptiva begründet» (Jürgens/Pieper 1975, S. 37).

Damit war der zweite Hauptschuldige identifiziert, die oralen Antikonzeptiva. Die wechselseitige Abhängigkeit zwischen der Zahl der Schwangerschaftsabbrüche und der Verbreitung von Ovulationshemmern zeigt, daß die Fixierung auf Pille und Abtreibung dem Problem völlig äußerlich bleibt. Es gibt gewissermaßen einen Kern‹bedarf› an nicht gewollten Kindern, sei es nun, daß diese durch Empfängnisverhütung oder durch Schwangerschaftsabbruch verhindert werden. Banaler: Es gibt einen Bedarf an zeugungsneutraler Sexualität. Die Suche nach den Gründen müßte also bei der Frage ansetzen, warum Kinder nicht mehr gewollt werden.

Ein Arbeitskreis hat für den Bundesminister für Jugend, Familie und Gesundheit eine ganze Palette von Erwägungen zusammengestellt (Bolte 1980, S. 64 ff). Dazu gehören:
– der Fortfall der Notwendigkeit, durch Kinder im Alter versorgt zu werden;
– das Sinken der Kindersterblichkeit;
– der Fortfall der Kinderarbeit und damit der Möglichkeit, durch Kinder das Familieneinkommen zu verbessern;
– das Streben danach, den Familienbesitz zu erhalten, ermöglicht durch eine Reduzierung der Zahl der Erben;
– das Ansteigen der Erziehungskosten für Kinder angesichts einer allfälligen Ausdehnung des Ausbildungsprozesses;
– die Sicherung eines Lebensstandards, der durch Kinder gesenkt würde;
– die Übernahme von außerhäuslicher Berufstätigkeit durch die Frauen;
– die Auflösung der Großfamilie und damit der Möglichkeit, sich durch Einbezug der Großeltern von den Kindern zu entlasten;
– die Notwendigkeit größerer (beruflicher) Möglichkeit, die durch schulpflichtige Kinder behindert wird;
– unzureichende Wohnverhältnisse und kinderfeindliche Umwelt;
– das «first child syndrome», der Babyschock, der Eltern nach der Erfahrung mit dem ersten Kind davon abhält, weitere Kinder haben zu wollen;
– Überlastung.

Diesem eher als Auflistung exogener Ursachen zu bezeichnenden Katalog steht eine wesentlich kleinere Reihe gegenüber, die eher endogener Natur ist: So wird ein Säkularisierungsprozeß genannt, der den Einfluß der Kirchen auf das generative Verhalten modifiziert hat, ein Bedürfnis nach individueller, von Kindern unbelasteter Freiheit und ein Zukunftspessimismus im Angesicht von Umweltverschmutzung, Friedensbedrohung und Terrorismus. Auch die Unsicherheit möglicher Eltern hinsichtlich der richtigen Erziehung ihrer ungeborenen Kinder wird als Grund vorgebracht.

Solche Hypothesen sind durch unterschiedliche Untersuchungen immer mehr oder weniger bestätigt worden, so die Präferenz vom Konsum gegenüber den Kindern, die für 70 Prozent der Bevölkerung gilt (vgl. Oppitz 1984, S. 131). Auch die Studie über «Schwangerschaftsabbruch, Gründe, Legitimation, Alternativen» des Bundesministeriums für Jugend, Familie und Gesundheit von 1982 (Oeter/Nohke 1982), die nicht nur mit Fragebogen, sondern auch mit Tiefeninterviews gearbeitet hat, bestätigt diese Vermutungen. Das Bemerkenswerte bei dieser Untersuchung ist, daß die interviewten Frauen, die einen Schwangerschaftsabbruch vornehmen ließen, für ihre Haltung immer eher exogene Faktoren in den Vordergrund stellten und solche Gesichtspunkte, die mit der Beziehung zu ihrem männlichen Partner bzw. zu ihren Kindern zusammenhängen, als irrelevant bezeichneten:
— So erwarteten 60 Prozent der Befragten keinen Einfluß des Austragens der Schwangerschaft auf die Beziehung zum Partner;
— ca. 70 Prozent sahen im Austragen der Schwangerschaft keine Konsequenzen für die Möglichkeit, den Partner zu binden;
— über 80 Prozent erwarteten keine Konsequenzen des Austragens der Schwangerschaft in Beziehung zu der wichtigsten Person außer dem Partner;
— 60 Prozent erwarteten keine Konsequenzen des Austragens der Schwangerschaft für die Möglichkeit, jemand anders ganz für sich zu haben;
— auch die Möglichkeit, mit dem Austragen der Schwangerschaft Zärtlichkeit zu erhalten, erachteten fast 80 Prozent als nicht gegeben.

Diese extreme Verneinung interaktiver Konsequenzen einer Schwangerschaft gibt zu denken. Warum leugnen so viele Frauen, daß eine Schwangerschaft in irgendeinem Zusammenhang zu der Qualität ihrer Partnerschaft steht? Warum stellen so wenige Frauen eine Verbindung zwischen einer Schwangerschaft und der Aussicht auf emotionale Bedürfnisbefriedigung durch und am Kinde her? Wir müssen offenbar konstatieren, daß von diesen Frauen die Ehe bzw. die Kohabitation nicht mehr in einer engen Verbindung zu ihrer Reproduktionsfunktion gesehen wird, so daß sie annehmen dürfen, eine Schwangerschaftsunterbrechung werde ohne Folgen für ihre Partnerbeziehung sein in dem Maße, in dem der Verzicht auf eine solche Unterbindung gleichfalls diesbezüglich folgenlos bleibt. Sie müssen also erwarten, daß der männliche Partner, wie sie, in ihrer Partnerschaft nicht in erster Linie eine genetische Reproduktionsgemeinschaft sieht. Wäre das anders, dann müßten diese Frauen nämlich von massiven, bestandsbedrohenden Folgen einer Schwangerschaftsunterbrechung ausgehen, weil gewissermaßen der Konkubinats- bzw. Ehezweck durch sie unterlaufen würde.

Diese Tendenz der mentalen Abkopplung der Reproduktionsfunktion von der institutionalisierten Partnerschaft (Ehe) wird übrigens durch statistische Ergebnisse über das tatsächliche generative Verhalten gestützt: Während sich z.B. von 1964 bis 1972 die Zahl der ehelichen Geburten um 35 Prozent verringerte, nahm die Zahl der nichtehelichen Geburten nur um 20 Prozent ab (vgl. Rückert 1975, S. 5).

Wenn als eine wesentliche begleitende Erscheinung für die sinkende Geburtenzahl die mentale Disjunktion von Ehe und Fruchtbarkeit zumindest in den zitierten Belegen durchscheint, dann nimmt es nicht weiter wunder, daß viele Maßnahmen zur Erhöhung der Kinderzahlen ins Leere stoßen, seien es die Kürzung der Altersversorgung bzw. Erhöhung der Steuern oder Familiengründungsdarlehen, Erziehungs- und Kindergeld. All dieses bestätigt, daß die mentalen Strukturen, die erwähnte Disjunktivität von Ehe und Fruchtbarkeit, im Kopf der Zeitgenossen gravierender sind als alle exogenen Faktoren.

2.2 Der Diskurs von der Fruchtbarkeit in der Ehe und die Aufklärung über Empfängnisvermeidung

Wir müssen also, ähnlich wie im ersten Kapitel, nach der Geschichte des Diskurses über das Verhältnis von Ehe und Fruchtbarkeit fragen, um zu verstehen, welche Qualität dieser Diskurs heute hat. Dazu bieten sich Dokumente an, die sich mit der Verhinderung von Nachkommenschaft befassen, wenngleich solche Aufklärungstexte auch nur in das 19. Jahrhundert zurückreichen. Die Befunde des Durchgangs durch diese Dokumente werden in Abb. 26 zusammengefaßt.

Für das Jahr 1982 steht eine Broschüre, die der Schering-Konzern an die Ärzte für Frauenheilkunde verteilt und die in deren Praxen zur Mitnahme ausgelegt wird. Die Broschüre heißt «Was ein Mann und eine

	Adressaten	Arzt/Ärztin	Gegenstand	Verfahren	Bezug Ehe – Nachkommenschaft	Gründe für Vermeidung von Schwangerschaft
Schering AG 1982	♀	♂	«Regelung»	«Methode»	nein	Angstvermeidung Ausbildungsförderung Berufsausübung Bindungsvermeidung Unabhängigkeit Erlebnisfähigkeit Problemaufdeckung Wunschkinder
Josma 1949	♀	♂	–	–	ja	–
Praktischer Ratgeber für Verlobte 1933–45	♀ ♂	♂	«Regelung»	–	ja	Erbkrankheiten
Höllein 1927	♀ ♂	♂	«Verhütung»	«Mittel»	ja	Hunger, Krankheit, Zerrüttung, Alkoholismus, Kriminalität
BO-KA-NO um 1925	♀ ♂	♂	«Verhütung»	«Mittel»	ja	Wohnungs-/Existenznot
van de Velde 1926	♀ ♂	♂	«Verhinderung»	«Technik»	ja	Angst
Klencke 1875	♀	♂	–	–	ja	–

Abb. 26: Texte sexueller ‹Aufklärung› im Vergleich

Frau heute über Empfängnisregelung wissen möchte. Alles über die neuesten Erkenntnisse der Wissenschaft und Erfahrungen aus der Praxis». Der Titel ist nicht unwichtig. Hier werden beide, Mann und Frau, angesprochen. Weiter enthält der Titel eine Anspielung auf Modernität und den ‹neuesten Stand›, was auch im Untertitel vermerkt wird: «heute». Der eigentliche Gegenstand wird «Empfängnis*regelung*» genannt. Der Anspruch der Firma Schering ist also durchaus total: Man begnügt sich nicht mehr mit Empfängnis*verhütung*.

Die Einbeziehung der Männer wird in dem kleinen Vorwort zu dieser Schrift wieder zurückgenommen, wenn wir lesen: «Diese Broschüre möchte über alle Möglichkeiten der Empfängnisregelung ausführlich und sachlich informieren, damit Sie sich zusammen mit Ihrem Arzt überzeugt für eine Methode entscheiden können.»

An dem Hinweis auf den Frauenarzt wird ablesbar, daß hier eine Exkommunikation des männlichen Partners aus dem Diskurs über Ehe und Fruchtbarkeit vorgenommen wird. Väter sind nicht eingeplant. Wenn man sich die Bild-Information der 55seitigen Broschüre ansieht, so verstärkt sich der Verdacht: Männer kommen nur zweimal allein darin vor. Auf insgesamt 18 Bildern erscheint demgegenüber eine Frau, darunter einmal im Sprechzimmer des männlichen Arztes. Besonders dieses Bild verdient eine nähere Betrachtung: Der Arzt, graumelierte Schläfen, am Schreibtisch, die Brille in der Hand, beruhigend auf sie einredend, die Frau, verschwommen, von hinten (vgl. Abb. 27).

Bemerkenswert sind sodann die Argumente der «Empfängnisregelung»:

«Sichere Empfängnisverhütung ist für eine Frau die Voraussetzung, ohne Angst vor einer Schwangerschaft ihre Ausbildung abschließen zu können, einen Beruf sinnvoll auszuüben und selbst bestimmen zu können, wann sie ein Kind haben möchte. Wenn sie keinen festen Partner hat, bewahrt sie die sichere Verhütung davor, sich überall binden zu müssen. Auch in einer festen Beziehung kann eine Frau sich unabhängiger entwickeln, sie kann sich freier und entspannter fühlen und sexuell erlebnisfähiger sein, wenn sie sich auf ihre Verhütungsmethode verlassen kann.

Ein sicherer Empfängnisschutz kann aber auch deutlich machen, wann eine Frau Probleme mit sich oder ihrem Partner hat. Fühlt sie sich sexuell gehemmt oder kann sie mit ihrem Partner über ihre Wünsche nicht offen sprechen, wird sie es vielleicht bedauern, sich nicht ein paar Tage im Monat mit dem Argument zurückziehen zu können, sie müsse ja aufpassen. Auch ein Mann kann bei einer sehr sicheren Verhütungsmethode die Befürchtung haben, seine Partnerin könnte sexuell mehr Ansprüche an ihn stellen» (Schering AG 1982, S. 11).

Abb. 27: Der Frauenarzt in der Darstellung einer Werbe-Broschüre für Ovulationshemmer

Vereinfacht: Die Pille scheint ein Instrument für Angstvermeidung, Ausbildungsförderung, Berufsausübung, Wunschkinder, Bindungsvermeidung, Unabhängigkeit, Erlebnisfähigkeit und Problemaufdeckung zu sein. Wenn Empfängnisregelung diese Vorzüge aufweist, dann produziert der Verzicht auf Empfängnisregelung, also die Zeugung von Kindern, offenbar das Gegenteil: Angst, Bildungslosigkeit, Arbeitslosigkeit, Zufallskinder, Zwangsbindungen, Abhängigkeit oder Sklaverei, Empfängnisunfähigkeit oder Stumpfsinn und Verschüttung psychologischer Probleme in der Partnerschaft. Der Text suggeriert, daß dieses die Last sei, die die Kinder ihren Müttern auferlegen.

Wenn man einmal unterstellt, daß die angesprochene Broschüre durch den Pharmakonzern auf das sorgfältigste vorbereitet wurde, weil sie den Absatz oraler Antikonzeptiva steigern soll, dann darf man davon ausgehen, daß die mentale Lage der Adressatinnen mit diesen Suggestionen ziemlich genau getroffen wurde, der jüngste Diskurs über den negativen Kinderwunsch recht treffend dokumentiert sein dürfte. Es handelt sich also um eine verhaltenssteuernde Verfahrenstechnik für die Vermeidung von Nachwuchs, die sich an Frauen in und außerhalb von ehelichen Bindungen wendet, Fruchtbarkeit und Kinderzeugung als Verursacher alles Negativen wie Angst, Dummheit und Sklaverei sieht, gegen die der männliche Arzt als Übervater entschlossen zur Tat schreitet.

Auch die 1949 erschienene Schrift von Dr. med. Josma arbeitet auf den ersten Blick mit einer ähnlichen Suggestion. Sie heißt: «Was jede Frau wissen muß». Die Broschüre zielt nur auf Frauen. Ebenso enthält der Titel keine Auskunft über ihren Gegenstand: Er wird in eine Kurzwiedergabe des Inhalts gehüllt, zu dem ein «gesundes Liebesleben», «Gefühlskälte» und «glückliches Eheleben» als einzige gehören, die Informationen zur Vermeidung von Schwangerschaften enthalten könnten. Doch die Broschüre enthält nichts Derartiges. 30 Prozent des Textes befassen sich mit der werdenden Mutter, 30 Prozent mit dem Beruf und den Aufgaben der Frau, 25 Prozent mit kosmetischen Winken für die Frau und 5 bis 8 Prozent mit der glücklichen Ehe und dem gesunden Liebesleben. Dort wird kein Zweifel an der Ehelichkeit sexueller Beziehungen gelassen, und der Bezug Ehe – Fruchtbarkeit scheint noch intakt:

«Die Ehe ist ein Bund, den Mann und Weib für das ganze Leben schließen, um sich gegenseitig nach Kräften zu unterstützen, Kinder zu zeugen und sie zu erziehen. Soll eine Ehe glücklich sein, so müssen beide Teile sich gegenseitig anpassen und sich auch die eheliche Treue halten» (ebd., S. 17).

Der Text enthält keinen Hinweis auf Möglichkeiten, geschweige denn ‹Methoden› der Empfängnisregelung. Unter dem Abschnitt «Kinder?» wird die Frau dann auch belehrt:

«Wie wir bereits erwähnten, ist es die natürliche Bestimmung der Frau, Mutter zu werden und zu sein. Frauen, die die Entbehrungen scheuen, die sie auf sich nehmen müßten, wenn sie Kinder hätten, sollen eine noch so arme Mutter, die nur unter den schwierigsten Verhältnissen ihre Kinder aufziehen kann, fragen, ob sie ihre Kinder hergeben möchte, um selbst leichter leben zu können. Aus den Antworten werden sie schon entnehmen können, wie schal ihr sogenanntes schönes Leben ist. Schon im Puppenspiel unserer Kleinen sehen wir die spätere Lebensaufgabe der Frau» (ebd., S. 73).

Ähnlich zeugungsfreundlich gibt sich der nationalsozialistische praktische «Ratgeber für Verlobte», der jungen Brautleuten von den ortsansässigen Ausstattungsfirmen zwischen 1933 und 1945 übereignet wurde. Er richtete sich an beide Eheleute, weil es in erster Linie auf die erbgesunde Gattenwahl ankam:

«Voll Stolz kann also jeder deutsche Mensch sich dessen bewußt sein, daß es ein Deutscher ist, der als erster Staatsmann in allen Weltgeschehen folgerichtig die Konsequenzen aus den Lehren der Erbbiologie zog. Du fragst, was denn das für eine Großtat sei. Du denkst vielleicht allein an das Sterilisationsgesetz und bist dir nur dessen bewußt, daß dadurch in einigen Jahren und Jahrzehnten Hunderttausende von erbkranken Existenzen am Entstehen gehindert wurden. Du gibst auch zu, daß dadurch der erbgesunde, arbeits- und leistungsfähige Teil des Volkes entlastet wird von einer hundertfachen Millionenlast unproduktiver Pflege-, Erhaltungs- und Bewachungskosten für solche unglücklichen Erbminderwertigen. Aber du hast vielleicht noch nicht den richtigen Begriff dafür, daß damit der Degeneration des Volkes Einhalt geboten wurde. In den letzten 30 Jahren unter den fehlgeleiteten, übertrieben humanitären und liberalen Anschauungen haben sich die Erbkranken siebenmal stärker vermehrt als die Gesunden! Wie lange hätte es noch gedauert, bis die Mehrheit des deutschen Volkes aus Erbminderwertigen bestanden hätte?» (Praktischer Ratgeber für Verlobte o. J., S. IX f).

Der Gegenstand war demgemäß nicht die Verhinderung von Nachwuchs durch Empfängnisvermeidung, sondern die Verhinderung von sogenanntem minderwertigen Nachwuchs durch Sterilisation bzw. Organisation der richtigen Gattenwahl. Dieses ist Regelung in des Wortes ursprünglicher Bedeutung. Der Text fordert dementsprechend:

«Die grundlegende Forderung ist und bleibt die richtige Auswahl der Gatten nach dem Gesichtspunkt: Summierung hochwertiger Eigenschaften unter möglichster Fernhaltung minderwertiger Erbfaktoren von der Fortpflanzung» (ebd., S. 29).

Das Bad, das der Autor in der Kritik der Verhältnisse vor der nationalsozialistischen Wende nimmt, läßt vermuten, daß die Verhältnisse in der Weimarer Republik anders waren. Emil Höllein, SPD-Reichstagsmitglied, veröffentlichte 1927 eine Schrift «Gegen den Gebärzwang». Der Einband zeigt eine schwangere Frau mit todgeweihtem Gesicht, im Arm den wenige Monate alten Säugling, eine Zeichnung von Käthe Kollwitz. Die Schrift war bereits 1914 fertiggestellt worden und gehört in den Kontext der Gebärstreikdebatte in der SPD von 1913. Wegen des Krieges konnte sie nicht eher erscheinen. Sie richtete sich an die «werktätigen Schichten des Volkes» (Höllein 1928, S. 1), spricht ausführlich über alle bekannten «Mittel» der Empfängnisverhütung und charakterisiert die negative Seite der ehelichen (!) Fruchtbarkeit in erster Linie mit ökonomischen Motiven, die auf das Massenelend des Proletariats abhoben. Höllein kennzeichnete die Verkettung von dem Kampf um das tägliche Brot über Krankheiten zu häufig gebärender Frauen, zu Ehezerrüttung, Alkoholismus und Kriminalität. Da es in dieser Schrift angesichts der Situation des Proletariats nicht um die vergleichsweise harmlose Fragestellung «Kinder – ja oder nein?» wie in der Schrift aus dem Jahre 1949 ging, stand für den Autor die Ehe auch keinesfalls zur Disposition. Von Kinderfeindlichkeit zu reden wäre ganz absurd. Es ging um weniger Kinder, nicht um die Frage der Vermeidung von Nachwuchs schlechthin.

Diese Gebärstreikdebatte war nicht von ungefähr gekommen. Sie war die Reaktion einer anfangs noch für eine planlose Vergrößerung des Proletariats eintretende SPD auf staatliche Maßnahmen zur Erzielung höherer Geburtenziffern. Zu diesen Maßnahmen zählte beispielsweise das Verbot des öffentlichen Verkaufs von Verhütungsmitteln, das 1900 in das Strafgesetzbuch aufgenommen worden war und erst 1970 durch den Bundesgerichtshof aufgehoben wurde (vgl. Heinsohn/Knieper 1976, S. 96).

Eine der zahlreichen Vereinigungen zur Lebensreform, die BO-KA-NO-Gesellschaft, publizierte in den zwanziger Jahren eine Broschüre mit dem Titel «Sexualfragen. Was muß der Mann und die Frau vor und in der Ehe wissen?» Die Verhütung einer Schwangerschaft aus sozialen und wirtschaftlichen Gründen wird darin offen angesprochen und die verschiedenen Schutzmittel von der Stellung der ehelichen Beiwohnung bis zu chemischen Präparaten hinsichtlich ihrer Vor- und Nachteile erwogen. Die ärztliche Hilfe und Beratung kommt wiederum von einem männlichen Arzt, der für Schwangerschaftsunterbrechung und den Einsatz von Pessaren zuständig ist. Der Hinweis auf Ratschläge für die Zeit vor der Ehe ist allerdings irreführend; dort darf Sexualität nicht koitale Konsequenzen haben.

Die klassische Aufklärungsschrift der zwanziger Jahre ist van de Veldes «Die vollkommene Ehe», 1926 bereits in der 71. Auflage erschienen. Sie heißt im Untertitel «Eine Studie über ihre Physiologie und Technik» und ist das Dokument moderner Sexualauffassung schlechthin. Das erste Kapitel beginnt mit den Worten:

«Ich zeige euch den Weg zu der vollkommenen Ehe. –
Hoch-Ehe heiße ich sie. Die Hoch-Zeit kennt ihr. Sie ist kurz und bald versinkt ihr in der Tief-Zeit, die ihr die Ehe nennt.
Aus Hoch-Zeit soll Hoch-Ehe werden. –
Dazu verhelfe euch dieses Buch.»

Ein klares Bekenntnis zur Ehe also. Für van de Velde steht die sexuelle Erfüllung des Ehelebens im Zentrum der Betrachtung. Sie verlangt eine befriedigende Lösung der «Progenitur-Frage» (ebd., S. 20), also Einigkeit der Eheleute darüber, ob sie Kinder haben wollen oder nicht, weil sonst die Angst vor Schwangerschaft das sexuelle Leben empfindlich stört. Das Buch enthält keine einzige Abschnittüberschrift, die sich mit Verfahren der Empfängnisverhütung befaßt. Der Kern des Interesses liegt in der Steigerung sexueller Lust. Daß dieses Buch sich nicht zu den Verfahren der Empfängnisverhütung äußert, hängt damit zusammen, daß es Bestandteil einer Trilogie ist, deren dritter Band die Fruchtbarkeit in der Ehe behandelt. Es ist aber dieser Band, der in einzigartiger Form die Rolle des väterlichen Frauenarztes hervorscheinen läßt, der sich an den beinahe unwissenden Ehemann wendet:

«Sie haben von ihrer Unvollkommenheit keine Ahnung. Denn der Mann, welcher, mit der normalen Potenz begabt, seine ‹ehelichen Pflichten› regelmäßig in für ihn physiologischer Weise erfüllt, meint, damit alles geleistet zu haben, was seine Frau von ihm verlangen kann» (ebd., S. 23).

Der männliche (!) Arzt van de Velde weiß es besser. Er etabliert sich selbst in der «Einführung» als Vaterfigur:

«Ich habe jetzt für diese Arbeit das richtige Alter und die genügende Vorbereitung. Der Wissenschaftler, der sich mehr als ein Vierteljahrhundert lang theoretischen und praktischen Fragen gewidmet; der Schriftsteller, der manchen und mancherlei Gedanken in reicher Form gegeben; der Frauenarzt mit reicher Erfahrung; der Vertraute vieler Männer und Frauen; der Mensch, dem nichts Menschliches, der Mann, dem nichts Menschliches fremd geblieben; der Gatte, der Glück und Leid der Ehe empfunden; der Fünfzigjährige schließlich, der gelernt hat, das Leben mit freudiger Gelassenheit zu betrachten, der zu alt geworden, um noch Jugenddummheiten zu machen, aber zu jung geblieben, ‹um ohne Wunsch zu sein›; sie alle zusammen können, eine Feder führend, zu diesem Werk berufen sein» (ebd., S. 18).

Mit diesen Zeilen reiht sich van de Veldes Buch in ein Genre ein, zu dem auch der bereits genannte Text «Das Weib als Gattin» aus dem Jahre 1875 gehört. Dort finden wir im Vorwort eine frappierende Parallele zu van de Velde:

«Als ein familiärer Arzt, dem ein wohlgemeintes Wort des Rathes auch in difficilen Dingen zusteht, der schon oft in seinen anderen diätetischen und medicinischen Volks- und Familienschriften über discrete Angelegenheiten des weiblichen Geschlechts ein vertrauliches konsultirendes Wort geredet und viele willige, vertrauensvolle und dankbare, wenn auch stille Leserinnen gefunden hat, werden wir auch in diesem Buche in gleicher Weise der wohlanständigen Offenheit und Schicklichkeit zu den Gattinnen, namentlich den jüngeren, und zu denjenigen Jungfrauen reden, die im Begriff stehen, den Beruf der Gattin anzutreten; mögen sie dies Buch heimlich in ihrem Boudoir mit Ernst und Reflexion lesen, aber auch den Inhalt beherzigen...» (Klencke 1875, S. XIIf).

Zu den bemerkenswerten Ergebnissen dieser kleinen historischen Stichprobe sexueller Aufklärungsliteratur gehört wider Erwarten weniger der Erfindungsreichtum bei der Produktion von Gründen für die Verhinderung einer Schwangerschaft, die ohne Ausnahme am Wesentlichen vorbeigehen, an der weiblichen Geburtsangst. Auffällig ist vielleicht auch weniger die vornehmlich technische Kodierung des fraglichen Sachverhalts. Das Wichtigste ist vielmehr die Rolle, die dem männlichen Frauenarzt zugewiesen wird. Wenn man sich daran erinnert, daß die geltende Ästhetik des weiblichen Körpers sowie die Standards sexuellen Verhaltens den Gedanken an die Nachkommenschaft unterdrücken, und wenn man daran denkt, daß in der hier angesprochenen Lebensphase traditionell die Transition der Braut zur Frau sich vollziehen müßte, dann wird deutlich, daß die Figur des männlichen Gynäkologen kulturell nicht nur eine medizinische, sondern eine rituelle Funktion erhält.

2.3 Die Antinomie des Gynäkologen

Die Frauen unserer Kultur scheinen bisher von diesen Männern nicht wieder losgekommen zu sein. Es sind Frauenärzte, die in unserer Kultur eine *rituelle Funktion der sexuellen Initiation* übernommen haben, wie sie in archaischen Gesellschaften Priestern, Medizinmännern und oftmals eben auch Frauen zukommt. Der deflorierende oder eben auch dieses nicht mehr vollziehende (Ehe-)Mann imitiert nur noch etwas, was der Vertraute der Braut, der Frauenarzt in der Verborgenheit des «Boudoirs» oder der Intimität seines Sprechzimmers längst mit ihr durchexerziert hat. Zu wiederholten Malen hat sie die Stellen gelesen, an denen beschrieben wird, wie sie penetriert, defloriert wird. Die *Simulation* ist auch hier an die Stelle der Wirklichkeit getreten. Welcher Mann vermöchte die Vollkommenheit der ärztlichen Beschreibung einzuholen? Mehr noch: Für die Frau im Sprechzimmer, unter der untersuchenden, penetrierenden Hand des plastikbehandschuhten Arztes ist es eine *Wirklichkeit zweiter Ordnung*, die an die Stelle der ‹Wirklichkeit› tritt. Vor den pillengesicherten Coitus mit dem Freund, Verlobten, Ehemann hat der Gesetzgeber den rezeptehütenden Gynäkologen gestellt, der die freimachende Droge nur austeilt unter der Bedingung einer manuellen Spezies des *ius primae noctis*. Er ist der große Zauberer, der die Transition, den Übergang von der ersten Phase des Lebenszyklus in die zweite, vollzieht. Er macht aus dem unwissenden, unaufgeklärten, inseminationsgefährdeten Mädchen eine wirkliche, ovulationsgehemmte Frau. Ihr Partner ist nur ein Imitator. Der Gynäkologe, der im Sprechzimmer und der in der Broschüre, ist es, der die berechtigten Gründe für eine Schwangerschaftsvermeidung kennt, seien sie sozialer, ökonomischer oder psychischer Natur. Er kennt die Nöte der Frauen. Seine Hand ist es, führe sie den Schreibstift oder das Untersuchungsinstrument, seine gesegnete Hand nimmt der Frau alles Negative, das mit dem Gedanken an das Kind verknüpft ist. Er verfügt über die Mittel, die Techniken, die Methoden der Verhinderung, Verhütung und der Regelung. Er regelt, er richtet, er ist die Verlängerung der öffentlichen Moral. Wenn es von ihm verlangt wird, kämpft er – wie gesehen – auf der Seite des Proletariats ebenso wie auf der der Rassisten, auf der Seite der Lust oder der der Frauenemanzipation.

An die Stelle welches Ritus ist die Lektüre der Aufklärungsschrift, der Besuch beim Frauenarzt, aber nun getreten, und was hat sich geändert?

Wenn wir in der Geschichte des westeuropäischen Brauchtums nach rituellen Handlungen suchen, die wie die Arbeit der Gynäkologen eine zugleich initiierende und geburtenregelnde Funktion haben, dann stoßen wir in der jüngeren Vergangenheit und auch teilweise noch Gegenwart auf das *Brautexamen*. Es ist seit dem 17. Jahrhundert reichlich belegt. Es handelte sich dabei um einen Besuch der Brautleute beim Pfarrer. Die Funktion der Prüfung bestand offenbar nicht in einer religiösen Unterweisung, sondern deutlich auch in einer Einflußnahme des Pfarrers auf die Regelung der Nachkommenschaft, natürlich im Sinne möglichst großer Fruchtbarkeit.

In der Berner Prädikantenordnung von 1746/48 ist zu lesen:

«Weil der Ehestand eine Ordnung Gottes ist, nach welcher Gott will, daß das menschliche Geschlecht auf eine geziemende Weise fortgepflanzt werde: So befehlen Wir allen Unseren Predigern, keine jungen Leuth Ehlich einzuseegnen, sie seyen dann Zuvor in der Religion unterwiesen und deß Ehestands halben berichtet. Zu diesem Ende soll ihnen der Prediger vorstellen, wer den Ehestand eingesetzt, was er auf sich trage, wie sie sich wollen und sollen ernähren? Auch ihnen, auf ihr Angeloben, christlich und ehrbarlich zu leben, mit dienstlichen Worten den göttlichen Trost und Segen wünschen» (zit. n. Bächtold 1914, S. 255 f).

Zu den Fragen, die der Pfarrer stellte, gehörte auch diejenige nach der Jungfernschaft der Braut, weil er, wie im Züricher Oberland, davon die Berechtigung der Braut abhängig machte, im vollen Brautschmuck zu erscheinen und die große (und nicht die kleine) Glocke läuten zu lassen.

Die Frage nach der Unberührtheit deutet darauf hin, daß der Pfarrer dies tatsächlich nicht wußte, was bei Kindern seiner eigenen Pfarrei angesichts des Instituts der Ohrenbeichte nicht der Fall sein konnte. In der Tat müssen wir davon ausgehen, daß zu jener Zeit auch in ländlichen Regionen der Schweiz exogame Heiratspraktiken aufkamen, daß also dorffremde Bräute von Männern des Dorfes geehelicht wurden, über die man informiert sein wollte.

Reste dieses Brautexamens gibt es noch in der Kasualienpraxis der heutigen Kirchen. Die evangelische Kirche in Berlin-Brandenburg vertreibt beispielsweise eine Broschüre mit dem Titel «Vor der Trauung», in der der Kinderwunsch als «selbstverständliche Voraussetzung der Ehewilligen» (Horkel 1982, S. 24) gewertet wird. Allerdings erfährt man: «Übrigens können die kinderlosen Eheleute miteinander ebenso glücklich sein ...»

Eine zum Teil ältere Praxis zur Regelung ehelicher Nachkommenschaft waren die verschiedenen Formen der *Nachtfreierei*. Es handelte sich dabei um eine spätmittelalterliche Form der Machtergreifung durch die Knabenschaft eines Dorfes. Die ledigen Burschen trotzten dem Brautvater die Heiratsgenehmigung für seine Töchter durch kollektive Übergriffe auf seinen Hof ab oder dadurch, daß sie den von der Braut akzeptierten Bräutigam entkleidet neben das Mädchen in seine Kammer legten und den herbeigeholten Vater zur Zustimmung zwangen. Dadurch regelten erneut Männer das generative Verhalten der Frauen, denn sie unterbanden durch ihr Beisein auf der einen Seite den außerehelichen Geschlechtsverkehr; gleichzeitig verhinderten oder erschwerten sie exogame Verbindungen, weil sie nur Mitglieder ihrer Knabenschaft zuließen, und sie ermöglichten eine Liberalisierung der Gattenwahl auch gegen den Willen des Brautvaters. Auf diese Weise gerieten die Mädchen in den Besitz der Knaben des Dorfes (vgl. Peuckert 1955, S. 349).

Zuvor waren es die Brautväter gewesen, die sich als Eigentümer der Töchter verstanden. Diese Auffassung, die ihre Blüte im Mittelalter hatte, war antiken und in der Form der ‹Muntehe› germanischen Ursprungs. Der Ritus, an dem diese Beziehungsstruktur erkennbar ist, ist die Übergabe der Brauthand in die Hand des Bräutigams durch den Brautvater, im vorchristlichen Rom die *dextrarum conjunctio* (vgl. Peuckert 1955, S. 319), die Handergreifung. Der Ritus zeigt, daß die Braut nicht für mündig gehalten wird, sie wechselt aus der Sippe des Vaters in das Eigentum des Ehemannes, eben in die Muntehe. Dabei verlor sie aber nicht die Zugehörigkeit zur väterlichen Sippe; denn die Verbindung beider Sippen war für die Pflanzbauernschaften eine entscheidende Komponente, die Zusammenführung von Grundeigentum. Da der Brautvater wegen der Bewirtschaftungsmöglichkeit nicht an dem Zugewinn von Ackerland in einem anderen Dorf interessiert sein konnte, war die Steuerung der Heiratsvorgänge durch ihn, also auch die Brautwerbung und Gattenwahl zur Sicherung der Endogamie, die notwendige Konsequenz. Das erklärt auch die erstaunliche Liberalität der Brautväter hinsichtlich der sogenannten Komm-Nächte (ebd., S. 326), nicht zu verwechseln mit der Praxis des Kiltgangs, die nur eine reduzierte Sexualität zuließ. In den Komm-Nächten kopulierten die füreinander Bestimmten bis zum Eintritt einer Schwangerschaft, also bis zum Erweis der Tatsache, daß eine Nachwuchssicherung gegeben war.

Daß die rituelle Rolle des Brautvaters etwa im katholischen Raum (zumindest Englands) verschwindet, zeigt ein Vergleich einer anglikanischen mit einer römisch-katholischen Trauung, den Diana Leonard (1980) vorgenommen hat. Sie zeigt die besondere Bedeutung, die der Brautvater im anglikanischen Hochzeitsritus noch hat, wenn er seine Tochter in die Kirche führt und bei der Trauung an ihrer Seite steht (vgl. Abb. 28). Demgegenüber tritt er nach römisch-katholischem Ritus vollständig in den Hintergrund (vgl. Abb. 29).

Betrachtet man diese Auswahl von Transitionen aus dem Stande der Brautschaft in der Ehe einmal nacheinander in umgekehrter Folge (vgl. Abb. 30), so läßt sich eine Zirkelstruktur hinsichtlich der Komponenten «Gattenwahl» und «Endogamie/Exogamie» konstatieren.

Abb. 28: Anordnung der Teilnehmer bei einer anglikanischen Trauung
Abb. 29: Anordnung der Teilnehmer an einer römisch-katholischen Trauung (Einzug)

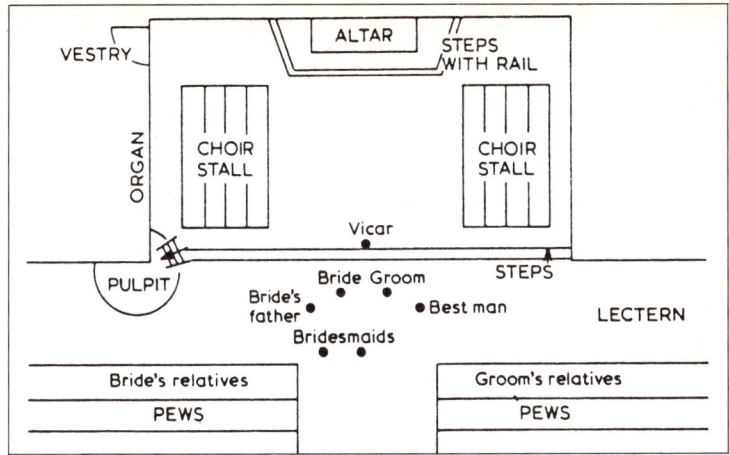

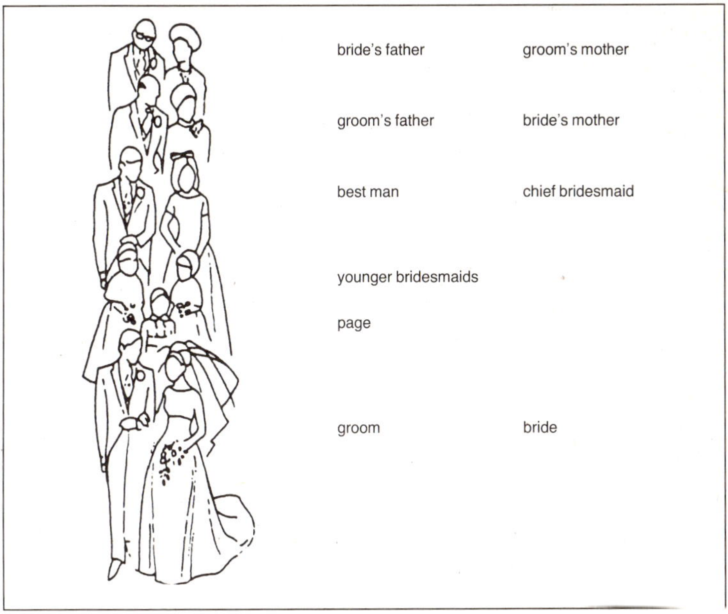

	Beeinflussung des Zeugungsverhaltens	Heiratsregeln		Initiator
		Herkunft der Braut	Gattenwahl	
Sexuelle Aufklärung und Untersuchung	negativ: Verhinderung von Schwangerschaft	Exogamie	frei	Gynäkologe
Brautexamen	Verhinderung vorehelicher Schwangerschaft	Exogamie	frei	Pfarrer
Nachtfreierei	Verhinderung vorehelicher Schwangerschaft	Verhinderung der Exogamie	Durchsetzung freier Gattenwahl	Knabenschaft
Handergreifung	Verhinderung unfruchtbarer Verehelichung	Endogamie	unfrei, durch Brautvater	Brautvater
Brautkauf/ Brautraub	Sicherung von Nachkommenschaft	Exogamie	unfrei, durch Bräutigam	Bräutigam

Abb. 30: Transitionsriten des Brautstandes im Vergleich

Die ursprünglich freie Gattenwahl durch den Mann hat sich über die Unterbindung freier Gattenwahl zu einer freien Gattenwahl für beide Partner geweitet. Die exogame Heiratspraxis hat nach Phasen der Endogamie wieder Platz gegriffen, wobei die Chronologie dieser Auflistung natürlich äußerst zurückhaltend beurteilt werden muß. In sein Gegenteil hat sich die Funktion des Transitionsritus verwandelt: Diente der Brautkauf oder -raub der Beschaffung von Frauen zur Sicherung der Nachkommenschaft, so hat der rituelle Bestandteil der Aufklärung und Untersuchung durch den Gynäkologen gerade die Funktion, Nachkommenschaft, Kinder also, zu verhindern – mindestens das generative Verhalten zu regeln. Denn welche Frau wird sich schon über den Rat ihres Frauenarztes hinwegsetzen, aus irgendwelchen medizinischen Gründen keine Kinder haben zu sollen?

Am wichtigsten scheint aber die Person des Initiators in diesem Zusammenhang zu sein. Es ist nicht mehr der (Ehe-)Mann, der die Transition der Braut zur Frau durch den Kauf oder Raub vollzieht, sondern an seine Stelle traten der Brautvater, die Junggesellschaft, der Pfarrer und eben der Frauenarzt. Das heißt also, daß die Frau bei dieser Betrachtung der Dinge gewissermaßen von Männerhand zu Männerhand gewandert ist, daß es also Männer, oftmals väterliche, waren und sind, die ihr generatives Verhalten, ihren Kinderwunsch beeinflussen, wenn nicht steuern, sei es, daß sie sie zur Nachkommenschaft veranlassen oder dazu, kinderlos zu bleiben.

Angesichts der Ablösung des Brautvaters, der für die Verhinderung unfruchtbarer Verehelichung steht, durch den Gynäkologen, der als Verwalter der Empfängnisverhütung für die Verhinderung von Fruchtbarkeit und Verehelichung stehen kann, drängt sich eine tiefenpsychologische Betrachtung des Zusammenhangs auf. C.G. Jung (1979, S. 137 ff) hat im Zusammenhang seiner Überlegungen zu «Das schöne Mädchen und das Tier» von Frauen berichtet, die ihre überstarke Vaterbindung nur durch die Erzeugung einer innerpsychischen Inzestangst ablegen konnten, die es ihnen erleichterte, das Vaterhaus zu verlassen, es ihnen aber gleichzeitig erschwerte, sexuell mit dem Ehemann zufriedenstellend zu verkehren, weil sie die Inzestangst übertrugen. Um in der Sprache der Transitionsrituale zu bleiben, könnte man also sagen, daß die Handergreifung nicht gelang. Immerhin gelang es diesen Frauen in einer träumenden Auseinandersetzung mit ihrer Inzestangst, die sich in der Gestalt eines wilden Tieres verkleidete, solche Art Angst zu überwinden und von ihren Ehemännern schwanger zu werden.

Der an die Stelle des Vaters getretene Gynäkologe verdoppelt nun den von Jung aufgezeigten Effekt, indem er als Brautvater nicht mehr auf die Sicherung der Nachkommenschaft, sondern auf deren Verhütung verpflichtet ist und indem er es der Patientin/Tochter nicht gestattet, sich von ihm zu distanzieren, wie sie es vom Brautvater tat, sondern indem er sie zwingt, regelmäßig zur Krebsvorsorge und zur Verschreibung des Pillenrezepts zu erscheinen.

Demnach wird also die symbolische Übertragung des Transitionsritus für die Frau auf den Frauenarzt paradox, antinomisch: Er tritt strukturell an die Stelle des Vaters, der die Braut an den Ehemann abgeben soll, und nimmt diesen Akt gleichzeitig zurück, indem er die Möglichkeit einer Schwangerschaft auf Dauer von seiner Zustimmung abhängig macht. Der Transitionsritus ist also endlos, er kann nicht gelingen, das Mädchen bleibt Braut.

Die Transformation zur Ehefrau oder Quasi-Ehefrau gelingt allenfalls partiell. Der Reproduktionswunsch, der Wunsch, Kinder zu haben, erfährt eine tiefgreifende Veränderung: Entweder wird er unterdrückt, weil seine Realisierung eine Transformation der Frau zur Schwangeren impliziert, welche traditionell aber die vorangegangene Transformation der Braut zur Frau im Lebenszyklus voraussetzte. Die Spuren dieser kulturellen Geschichte dürften nicht ohne weiteres zu löschen sein. Oder es kommt trotz ausgebliebener Transition der Braut zur Ehefrau doch zum Kinderwunsch. Ist es dann nicht der Wunsch des Mädchens nach dem Kinde, wenn man historisch argumentiert? Und, weiter gefragt, was bedeutet das für das Konzept Kind in den Köpfen dieser ‹erwachsenen Braut-Frauen›? Sind es dann Mädchen-Mütter, die Kinder haben, Mädchen-Kinder? Und welche Konsequenz hat es, wenn jene Braut sich doch entschließt, ein Kind zu haben? Was bedeutet es für die Entschluß-Kinder, eine Mädchen-Mutter zu haben?

3 Rationalisierte Kinderzeugung

3.1 Kinderwunsch als unternehmerische Entscheidung

Wenn ehedem der Transitionsritus der Überführung vom Status des Ledigen in den des oder der Verheirateten zusammenfiel mit einer Überführung in eine Lebensphase, die *ab ovo* von der Selbstverständlichkeit begleitet war, Kinder zu haben, so hat sich heute im Lebenszyklus eine neue Lebensphase entwickelt, diejenige zwischen der Eheschließung oder dem Beginn einer Kohabitation bis zur Zeugung eines Kindes. Der Phase kinderloser Zweisamkeit folgt heute einer Phase versuchter Kinderzeugung, die nicht zuletzt deshalb eine Phase und nicht bloß Ereignis ist, weil die außerordentliche Verbreitung hormoneller Ovulationshemmer den Frauen nicht selten eine längere Wartezeit aufnötigt, bevor die Zeugung eines Kindes versucht und erfolgreich vollzogen werden kann. Zwischen der Phase der Kinderlosigkeit und der der Zeugung bzw. Empfängnis liegt eine Reihe unterschiedlicher Akte. Dazu gehört beispielsweise der Verzicht auf kontrazeptive Maßnahmen, also etwa der Verzicht auf die Einnahme der Pille, verbunden mit einer ärztlich verordneten Wartezeit zur Normalisierung des Hormonhaushaltes vor der versuchten Zeugung, oder die Entfernung intrauteriner Objekte zur Empfängnisverhütung. Dort, wo die Praxis der Empfängnisverhütung nicht durch den männlichen Partner organisiert wurde, scheint es auf den ersten Blick wieder der Gynäkologe zu sein, der an der Transition aktiv partizipiert. Gerade in den Akten der Beseitigung antikonzeptiver Medien zeigt sich noch einmal deutlich, daß selbst die Struktur seiner Akte priesterlicher Herkunft ist. Er beseitigt (−) ein Hemmnis (−) für die Empfängnis (+): minus mal minus gleich plus.

Nichts anderes leisteten kirchliche Benedictionen, also Segnungen des Mittelalters, die gegen die Ligatio eingesetzt wurden. Die Ligatio war ein Hemmnis, mit dem Dämonen oder ihnen dienende böse Menschen die Begattung verhinderten. Auch hier wurde an Objekte animalischer, pflanzlicher oder mineralischer Herkunft gedacht, die in Kombination mit einer bestimmten Konstellation der Gestirne eine «Virtus ligativa» ausübten. Wenn diese Konstellation der Gestirne selbst noch einmal im Zusammenhang mit der Geburtsstunde z. B. eines Arztes stand, dann mußte von einer «Virtus corruptiva nativitatis» ausgegangen werden, die durch die bloße Anwesenheit der Person verhängnisvoll für die Begattung wurde. Gegen die Ligatio wurde seitens des Priesters mit den «Benedictiones thalami» vorgegangen, die von Räucherungen des Ehebettes, seiner Besprengung mit Weihwasser und dem Aufsagen exorzierender Sprüche begleitet waren (vgl. Franz 1960, S. 176 ff).

Äneas Silvius Piccolomini berichtet in seiner Geschichte Friedrichs III. von Habsburg, daß noch 1452 aus Anlaß von dessen Verehelichung mit Leonore in Neapel die Angst vor der Ligatio so verbreitet war, daß trotz solcher Verrichtungen der junge Gemahl sich weigerte, das Ehebett mit seiner Gemahlin zu besteigen (vgl. Kollar 1761/62, S. 302 ff), eine Frustration, für die die Psychoanalyse vermutlich eine Erklärung hätte, die mit dem die Impotenz fördernden Vorgang der Bewußtmachung einer Begattungsabsicht zusammenhängt. Vergessen wir in diesem Zusammenhang, auch im Blick auf die Darstellung der genetischen Neutralität (Kap. 2), nicht, daß Freud (1952, S. 307) die Befreiung vom «Naturzwang» der Schwangerschaft als Folge der sexuellen Betätigung intensiv gewünscht hatte:

> «... theoretisch wäre es einer der größten Triumphe der Menschheit, eine der fühlbarsten Befreiungen des Naturzwanges, dem unser Geschlecht unterworfen ist, wenn es gelänge, den verantwortlichen Akt der Kinderzeugung zu einer willkürlichen und beabsichtigten Handlung zu erheben und ihn von der Verquickung mit der notwendigen Befriedigung eines natürlichen Bedürfnisses zu befreien».

Nun dürften diese rituellen Verrichtungen auch durch die Person des Gynäkologen heute aber vermutlich nur einen Teil der Transition leisten, die für den Vollzug von Zeugungsakten erforderlich ist. Vor der rituellen Entfernung des Intrauterinpessars oder dem Verzicht auf die Einnahme hormoneller Antikonzeptiva steht die *Entscheidung*. Wenn wir einmal unterstellen, daß – anders, als der Schering-Prospekt (s. Kap. 2.2) nahelegt – es auch noch Frauen gibt, die ihre Entscheidung für ein Kind nicht durch den Gynäkologen treffen lassen, dann dürfte der Akt der Entscheidung das ausschlaggebende Moment für den Übergang in die neue Lebensphase darstellen. Spätestens seit der Expansion oraler Verhütungsmittel in den 60er Jahren ist das denn auch das neue Element in der Transition. Dadurch, daß die Zeugung von Kindern relativ mühelos unterbunden werden kann, bedarf es allererst einer Entscheidung für sie, die ehedem mit der Entscheidung für eine Partnerschaft bereits impliziert war.

Mit der Entscheidungsnotwendigkeit entsteht ein Bedarf nach Entscheidungshilfe, den die öffentlichen Medien gern erfüllen. So veröffentlichte «Psychologie heute» ein an der Universität von Washington entwickeltes Verfahren, welches die Frage nach dem Kinderwunsch «gründlich zu durchdenken und dann einigermaßen rational zu entscheiden» (Beach u. a. 1977, S. 14) helfen soll. «70 Gründe für oder gegen ein (weiteres) Kind» werden den Lesern nach Art einer Checkliste geboten, die sie in drei Analyseschritten, «Prüfung», «Bewertung» und «Erwartungen», durcharbeiten sollen, um die «Familienplanungs-Hierarchie» entscheidungssteuernd einzusetzen.

Der Kinderwunsch ist dort *rationalisiert* worden. Wenn irgendwann einmal die Frage nach dem Ja oder Nein eines Schwangerschaftsabbruchs oder einer Sterilisation eine Entscheidung verlangte, so tut das Gegenteil davon jetzt dasselbe: Nicht mehr nur die Verhinderung von Kindern, sondern auch ihre Ermöglichung muß entschieden werden. Das ist ein folgenreicher qualitativer Umschlag.

Doch was ist eine rationale Entscheidung? Entsprechend dem Bernoullischen Theorem über die Maximierung der Nutzenerwartung (1738), auf dem ein wesentlicher Teil moderner Theorien wirtschaftlicher Entscheidung beruht, ist eine Entscheidung rational dann, wenn die gewählte Verhaltensweise zu einer Maximierung der Nutzenerwartung führt. Die entscheidungstheoretische Operation beruht dabei auf einer Bewertung der Handlungsfolgen verschiedener Handlungsmöglichkeiten (vgl. zur Spieltheorie und zur Entscheidungstheorie v. Neumann/Morgenstern 1947; Gäfgen 1968; Kosiol 1968).

Ein Beispiel: Ein Verlagsunternehmen steht aufgrund neuerer technologischer Entwicklungen vor der Frage, ob es DM 100 000,– in die

Beschaffung eines neuen Texterfassungsgerätes investiert, welches erlaubt, einen Text, der gedruckt werden soll, nicht mehr durch einen Schriftsetzer zu erfassen, sondern durch eine in Heimarbeit tätig werdende Hausfrau, die die Maschine problemlos in ihrem Wohnzimmer verwenden kann, weil der durch sie in das schreibmaschinenähnliche Gerät eingegebene Text auf Lochstreifen kodiert und später in der Setzerei durch einen Automaten in ein Schriftbild umgesetzt wird. Das Unternehmen soll nun – der Einfachheit halber – zwei Möglichkeiten haben: Es beschafft die Maschine, oder es bleibt beim herkömmlichen Schriftsatz.

Zur Herbeiführung einer rationalen Entscheidung müssen nach einer Phase der Informationsbeschaffung die Handlungsalternativen und die Entscheidungsfolgen in einer zweidimensionalen Matrix gegenübergestellt werden, wobei sich das Beispiel auf eine Bewertung der Handlungsfolgen im Medium Geld beschränkt (vgl. Abb. 31).

Es werden also die Handlungsalternativen hinsichtlich ihrer Handlungsfolgen untereinander verglichen und bewertet. Dafür werden benötigt:
– sichere Informationen über mögliche Handlungsfolgen bzw. Wahrscheinlichkeiten über das mögliche Eintreten solcher Handlungsfolgen;

Abb. 31: Entscheidungsmatrix

Entscheidungsfolgen Handlungsalternativen	Kosten einer Anschaffung der Texterfassungsmaschine	Kosten eines Verzichts auf die Anschaffung der Texterfassungsmaschine
Anschaffung	100 000	–
Wartung, Reparatur jährlich	10 000	20 000
Verbrauchsmaterial jährlich	5 000	1 000
Personalkosten	80 000	150 000
Produktivitätssteigerung	50 000	–
Kostenbewertung:	145 000 (rationale Handlungsalternative)	171 000

– ein Vergleichskriterium für mögliche Handlungsfolgen, im vorliegenden Fall also Geld.

Eine Frau, ein Mann, ein Paar wird mit der Entscheidungsauffindung, die die sichere Empfängnisverhütung impliziert, in dieselbe Lage gebracht, in der sich ein Unternehmer befindet: Sie werden gewissermaßen zu Zeugungsunternehmern, ihr Kind zu einer Investitionsmöglichkeit. Es läßt sich leicht zeigen, daß der mit der Existenz sicherer Antikonzeptiva sowie der Sterilisation aufgekommene Entscheidungszwang mit den Strukturmerkmalen einer wirtschaftlichen Entscheidung vergleichbar ist.

3.2 Sterilisation als rationales Entscheidungsprodukt

Analysieren wir die endgültige Entscheidung einer Frau, keine Kinder zu haben, die in einem – hier gekürzten – Bericht darüber schreibt, warum sie sich hat sterilisieren lassen:

«Ich bin eine Frau und lebe allein, ich bin 34 Jahre alt und arbeite freiberuflich. Ich habe mich sterilisieren lassen.

Ich hatte noch nie den Wunsch, Nachkommen in die Welt zu setzen...

Meine Gründe dafür sind – selbstverständlich – subjektiver Natur. Ich komme aus einer kaputten Familie, in der ich keine Geborgenheit erfahren habe. Ich habe seit frühester Kindheit sehen müssen, daß Ehe eine höchst komplizierte, nur in seltenen Fällen funktionierende Gemeinschaft ist. Ich habe erfahren, wieviel Eltern, vor allem Mütter, bei der Erziehung ihrer Kinder falsch machen können, und wie wenig richtig. Ich habe kein Vertrauen in meine Fähigkeiten, alles besser zu machen.

Ich habe Angst vor der ungeheuren Verantwortung, die es heißt, einen Menschen zu ‹schaffen›. Ich fühle mich nicht ‹berufen› zum Beruf der Mutter. Ich habe Angst vor der großen Macht, die eine Mutter über ihr Kind hat, das viele Jahre lang total von ihr abhängig ist. Ich habe Angst vor der Macht überhaupt und möchte sie deshalb in keinem Lebensbereich ausüben. Lieber setze ich mich mit gleicher Intensität mit mehreren Menschen auseinander, die gleichberechtigt sind und ebenso wie ich versuchen, ihr Leben selbständig zu meistern.

Ich meine, daß ein Kind unbedingt in einer Paarkonstellation aufwachsen sollte. Es braucht die Erfahrung des Spannungsverhältnisses der beiden Geschlechter, braucht die Auseinandersetzung mit Mann und Frau, um lebenstüchtig zu werden. Ich habe ein gebrochenes Verhältnis zur Dauer. Ich kann mir die Zukunft nicht vorstellen – mit Mühen schaffe ich es, einen groben Umriß für die nächsten zwei Jahre zu entwickeln. Wie kann ich dann eine Beziehung zu einem Mann eingehen: ‹Bis der Tod euch scheidet›? Wie soll ich den für ein Kind notwendigen Glauben an Kontinuität entwickeln? Wie kann ich mit meiner Unfähigkeit zur Zukunft ein Faktum schaffen, das Verantwortung und Bindung für etwa 20 Jahre mit sich bringt?

Nur am Rande gilt für mich das übliche Argument, daß unsere Zukunft sowieso so trostlos aussieht, daß man sie eigentlich niemandem wissentlich zumuten kann. Atombedrohung und Umweltzerstörung sind nur die einen Faktoren, wichtiger ist für mich, daß alles zu zerbröseln scheint: Wirtschaftsformen, Regierungsstrukturen, gesellschaftliche und moralische Wertsetzungen, Kleinfamilie, Verhältnis von Frau und Mann, Sinngebung. Ein Ersatz für all das, eine Utopie, scheint zur Zeit nicht einmal denkbar.

Natürlich bin ich auch egoistisch. Ich habe mir mein Leben so eingerichtet, daß ich mir die Aufgabe meines Berufes, meiner Selbständigkeit, meiner Ungebundenheit nicht mehr vorstellen kann. Ich würde schnell verzweifeln, wenn ich zu vieles zurückstecken müßte, wenn ich meinen Lebensrhythmus umstellen und meine Bedürfnisse nach Freiheit, Kontakt zu Menschen und Spontaneität gänzlich den Anforderungen eines kleinen, von mir abhängigen Wesens unterordnen müßte.

Ich fühle mich nicht ‹unvollständig› ohne Kind, ich vermisse diese Erfahrung nicht, weil meine Lebensform mir genug Raum läßt für andersgeartete Erfahrungen, für kommunikative und berufliche Produktivität...

Resümee: Ich würde niemals jemandem zur Sterilisation raten. Das ist eine Entscheidung, die jede Frau und jeder Mann ganz allein für sich treffen muß. Wenn nur das kleinste Eckchen eines auch noch so irrationalen Kinderwunsches vorhanden ist, meine ich, sollte man es lassen. Es ist wichtig, diesen Entschluß bis in den letzten Winkel der Seele hinein zu prüfen und nur, wenn keinerlei Widerstand auffindbar ist, ihn auch umsetzen.

Ich fand bei mir kein einziges ‹Nein› vor – und jetzt bin ich froh und erleichtert, die Konsequenz aus meinem bisherigen Leben, Denken und Fühlen gezogen zu haben. Ich habe seither sehr viel weniger Angst – überhaupt im Leben» (Zschau 1982, S. 105 ff).

Auch wenn es auf den ersten Blick nicht so scheint – die Autorin dieses Textes hat rational entschieden. Sie hat die Alternativen Sterilisation/Nichtsterilisation genau geprüft («bis in die letzten Winkel der Seele hinein», welcher Unternehmer könnte das schon?), Handlungsfolgen (z.B. Sicherung der Spontaneität) und sogar Handlungsvoraussetzungen (z.B. Verantwortungsbereitschaft) erhoben und differenziert bewertet und schließlich daraus tatsächlich die Konsequenzen gezogen.

Die Abwesenheit jeglicher ökonomischer Motive, die mit den Kosten zusammenhängen, welche Kinder nach sich ziehen, erweckt den Eindruck, als ob es sich bei den Überlegungen dieser Frau nicht um ein Kalkül nach dem Modell der Maximierung von Nutzenerwartungen handelt. Dementsprechend ist ihr Vergleichskriterium auch nicht Geld, wie Bevölkerungspolitiker gern unterstellen. Sie bewertet die einzelnen Handlungsfolgen bzw. -voraussetzungen auf einer Skala zwischen Internität und Externität, bezogen auf ihr Ich (vgl. Abb. 32). Sie differenziert zwischen drei Bewertungen: die lange Liste der Voraussetzungen, die man zusammenfassend als Kompetenzen der Frau bezeichnen könnte und von ihr gewissermaßen den Faktor «1» erhalten. Dann gibt es einen zweiten Bewertungstyp, «nur am Rande», in der Abbildung 32 mit 0,1 notiert, auf jeden Fall weniger gravierend als die erstgenannten.

Abb. 32: Entscheidungsmatrix Sterilisation/Nichtsterilisation

Entscheidungsfolgen bzw. -voraussetzungen / Handlungsalternative	keine Sterilisation	Sterilisation
Nichtexistenz einer funktionierenden Partnerschaft	−	+ 1
Kein Vertrauen in seine erzieherischen Fähigkeiten	−	+ 1
Keine Verantwortungsbereitschaft	−	+ 1
Keine Bereitschaft, Macht über ein Kind auszuüben	−	+ 1
Keine Fähigkeit zur Kontinuität	−	+ 1
Negative Einschätzung der allgemeinen Zukunft	−	+ 0,1
Fortsetzung des Berufs	−	+ 1
Selbständigkeit bewahren	−	+ 1
Lebensrhythmus erhalten	−	+ 1
Spontaneität erhalten	−	+ 1
Kein Gefühl der Unvollständigkeit	−	+ 1
		$x = 10{,}01$
Nichtexistenz eines irrationalen Kinderwunsches	−	+ 11 ($> x$)
Bewertung	0	21,01

Das sind allgemeine, von der Entscheidungsträgerin unabhängige Zukunftserwartungen. Die höchste Bewertung, die höher sein muß als die Summe aller anderen (11 > x), erfährt die Internalität schlechthin («das kleinste Eckchen», «in den letzten Winkel der Seele hinein»), der irrationale Kinderwunsch, von ihr nicht näher beschrieben (vgl. Abb. 32).

In dieser letzten Äußerung steckt die ganze Paradoxie der Entscheidung für oder gegen das Kind. Wenn ein irrationaler Kinderwunsch auf jeden Fall höher bewertet werden soll als die rationalen Gründe, wird der Versuch der Entscheidungsoptimierung durch einen bewertenden Vergleich der Handlungsalternativen absolut sinnlos. Ein Satz hätte genügt: Ich will keine Kinder. Daß die Autorin diesen Satz aus psychologischen Gründen möglicherweise nicht schreiben kann, weil er auf einer tieferen Ebene ihrer Psyche heißt: «Ich wünsche mir nichts sehnlicher als ein Kind», bedürfte einer näheren psychologischen Betrachtung.

Es scheint aber, abgesehen von diesem Einzelfall, daß es der Zwang der Entscheidung und damit der Zwang zu einer Nutzenmaximierung ist, der einen im Kern vorhandenen Kinderwunsch in sein Gegenteil umkehren kann. Das Bernoullische Theorem der Maximierung von Nutzenerwartungen impliziert nämlich eine für die unternehmerische Entscheidung substantielle Entscheidungsrichtung: Der Unternehmer wählt naturgemäß die Alternative, die ihm und nicht der Konkurrenz, den Arbeitskräften oder gar dem Investitionsgut den größten Nutzen verspricht. Somit impliziert das Modell der Entscheidungsoptimierung als solches einen Solipsismus: Der Entscheidungsträger ist durch den bloßen Umstand, entscheiden zu müssen, zum Egoismus gezwungen. Der Unternehmer muß, wenn nicht für sich, so doch für das Unternehmen den Profit maximieren.

Das heißt also, daß der Träger der Entscheidung für oder gegen das Kind durch die Möglichkeit, im Angesicht allfälliger Empfängnisverhütung entscheiden zu müssen, zu solipsistischem Denken gezwungen wird. Er kann die Handlungsfolgen gar nicht mehr anders denken als von seinen eigenen Bedürfnissen her; nicht zufällig bewertet die Autorin des zitierten Textes die Handlungsfolgen bzw. -voraussetzungen, die die Lebensqualität des ungeborenen Kindes betreffen könnten, auch nur entweder als «am Rande» gültig oder in Termini ihrer eigenen Disposition: «Ich komme aus einer kaputten Familie...» Diesen Egoismus, den sie selbst konzediert («Natürlich bin ich auch egoistisch» – sie ist nur dieses), kann man ihr nicht vorwerfen.

Auch ist dieser Egoismus kein singulärer Fall. So konstatiert eine an der Freien Universität Berlin durchgeführte Untersuchung über den «Traum vom Kind», «daß der Kinderwunsch immer ein Ausdruck egoistischer Bedürfnisse von Frauen ist» (Berninghausen 1980, S. 14). Diese Einschätzung wird durch eine lange Liste von Motiven gestützt, die Frauen, im Kindbett befragt, über ihren Kinderwunsch geäußert haben (ebd., S. 73 ff): Neugier; Wichtig-sein-Wollen; das Kind als Abbild des Mannes; Angst vor dem Egoismus; sich von den Eltern emanzipieren wollen; eine bessere Mutter sein wollen; eine ganze Frau sein wollen; nicht mehr arbeiten wollen; umsorgt werden wollen; wissen wollen, was Schwangerschaft ist; einen dicken Bauch haben wollen; sein Selbstvertrauen stärken wollen; ein Kind bewußter erleben; kinderlieb sein; Partnerschaft binden; Freude; eine Familie sein wollen; Glück; Sinn...

Die ‹Theorie› der unternehmerischen Kindesentscheidung kann das Bild der Gesellschaft nicht einfach abstreifen, der es entstammt: Eine unternehmerische Entscheidung, die nicht die eigene Nutzenerwartung, sondern diejenige der Konkurrenz zum Maß der Bewertung von Handlungsalternativen machte, wäre blanker Widersinn, allenfalls schlecht pietistisch.

Die Konkurrenten der Frau als Entscheidungsträgerin über ihre Fruchtbarkeit sind die anderen Frauen, insbesondere die ‹Unternehmerinnen› aus derselben ‹Branche›, also in diesem Fall andere berufstätige Frauen. Eine Entscheidung für das Kind, die eine Entscheidung gegen den Beruf implizieren würde, wäre nun eine Entscheidung für die ‹Konkurrenz›. Was der Frau auf der Schwelle zur Zeugung eines Kindes abverlangt wird, ist dieses: mit dem Mittel der Entscheidung gegen die Regeln dieser Entscheidung vorzugehen. Wenn eine solche Anforderung auf Dauer gestellt wird, erfüllt sie die Strukturbedingungen der «double-bind-situation» und entspricht «den diagnostischen Kriterien des klinischen Bildes von Schizophrenie» (Watzlawick u. a. 1972, S. 198).

Denken wir einen Augenblick weiter: Wenn die zur Entscheidung genötigte Frau nicht die radikale Konsequenz der Sterilisation um den Preis einer in unserem Beispiel offen erkennbaren schizoiden Verformung wählt, sondern sich auf der Transitionsschwelle irrational für ein Kind entscheidet, das heißt also gerade nicht entscheidet, sondern sich dem Entscheidungszwang entzieht, welche Verarbeitungsformen stehen ihr dann zur Verfügung?

Die erste Möglichkeit ist die Autosuggestion, sich dem Entscheidungszwang entzogen zu haben, weil der Kinderwunsch immer schon selbstverständlich gewesen sei. Dieses dürfte eine häufige, vergleichsweise gesunde Bearbeitungsform sein, bei der es letztlich keine Rolle spielt, ob der Kinderwunsch immer schon da war oder ein Produkt der «double-bind-situation» ist. Verglichen mit dem Modell unternehmerischer Entscheidung heißt das aber: Die Investition kommt der ‹Konkurrenz› zugute. Den Arbeitsplatz bekommt die andere Frau und die Gunst der Männer womöglich auch.

Eine zweite Möglichkeit bestünde in der Solidarisierung mit den lohnabhängigen Arbeitern des ‹Unternehmens Kinderzeugung›. Der männliche Partner hat de facto hinsichtlich des Kinderwunsches allenfalls ein Mitbestimmungsrecht. Die Unternehmerin erklärt sich ihr unökonomisches Verhalten nicht mit Selbstlosigkeit hinsichtlich der weiblichen Konkurrenz, sondern als Investition zugunsten der ‹Belegschaft›, also des Ehemanns. Der trägt wie weiland im bürgerlichen 19. Jahrhundert die Hauptlast der Produktion, und die ‹Chefin› lenkt und denkt:

«Im Hause, da waltet die tüchtige Hausfrau, Mutter der Kinder...»

Die dritte Möglichkeit der Bearbeitung besteht in der Identifikation mit dem Investitionsgut, d. h. mit dem gezeugten Kinde: Die getroffene Entscheidung ist zwar unökonomisch, dient der Konkurrenz, bestenfalls der Belegschaft, obwohl der Arbeitsplatz des Ehemanns in seinem Hause durch die neue Kindmaschine eher gefährdet wird, aber das ‹Ding› ist nun einmal da und funktioniert: Die Entscheidungsträgerin ist mit ihrer unternehmerischen Entscheidung in dem Maße zufrieden, in dem das Investitionsgut wirklich ‹gut› ist. Die neue Maschine wirkt sich zwar nicht kapitalvermehrend aus, und die Beziehung zur Belegschaft ist konfliktär geworden, aber die ‹Maschine› ist ganz einfach schön. Das Objekt wird ästhetisch umgewertet.

An dieser Stelle konstituiert sich ein neues Verständnis von Kindheit durch die paradoxe Transition des Entscheidungsritus für oder gegen ein Kind. Ein Kind, das der Entscheidung entspringt, impliziert im Kopf der erwachsenen Mutter:
— entweder den Verzicht darauf, Frau unter Frauen zu sein;
— oder den Konflikt mit dem männlichen Partner;
— oder eine ästhetische, von Erfolgszwang getragene Sicht auf das Kind;
— oder mehreres davon, wenn nicht alles.

Der Entscheidungszwang präformiert das Verständnis vom Kind.

Die Welt des Geistes und des Geldes

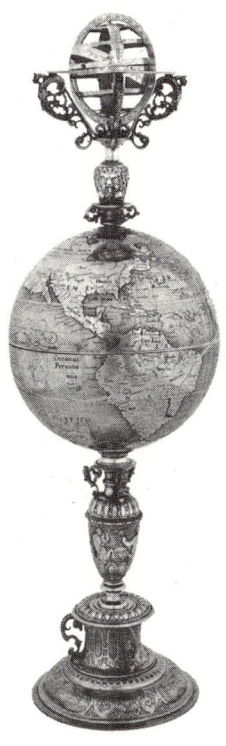

PERSIEN

«Wer nicht in der Kindheit schon gebildet war ...

... Dem ist auch im Alter nicht das Glück gewogen,
Leicht nach Willkür biegt man den grünen Stab,
Doch der dürre wird im Feuer nur gebogen.»

Saadi (ca. 1219–92)

Deshalb bringt man bereits Kindern die wichtigen Dinge des Lebens bei. Dazu gehört der sinnvolle Umgang mit Geld.

Pfandbrief und Kommunalobligation

Meistgekaufte deutsche Wertpapiere - hoher Zinsertrag - schon ab 100 DM bei allen Banken und Sparkassen

Verbriefte Sicherheit

Oder anders herum, aus der Sicht des aktuellen Kindheitsbegriffes formuliert, zunächst vom Standpunkt der Frau: Ein Kind ist heute ein Produkt der Zeugung mit einem männlichen Partner und Produkt einer Zeugungs*entscheidung*, die mit der Entscheidung für einen womöglich lebenslangen Partner nicht mehr identisch ist. Es impliziert Verzicht, Konflikt und Erfolgszwang. Vom männlichen Standpunkt: Das Kind ist Produkt der Zeugung, zu der er auf der Basis einer von der Zeugungspartnerin dominierten Entscheidung herangezogen wird; das Kind gewährleistet nicht mehr, wie traditionell, eine bloße Domestikation der Frau nach dem Modell der sogenannten natürlichen Selbstlosigkeit, sondern es macht ihm seinen Platz in der Beziehung streitig. Er fühlt sich davon bedroht, buchstäblich wegrationalisiert zu werden.

Es versteht sich, daß diese Zuspitzung nur einige, wenngleich wesentliche Facetten des Kindheitsbegriffs beleuchtet, wie er durch die Umstände des Zwangs zur Entscheidung vorgebracht wird. Die eingangs formulierte Vermutung, daß sich dem Transitionsritus der Entfernung von empfängnisverhütenden Hemmnissen noch ein zweiter beigeselle, muß nun modifiziert werden: Entscheidung als Transition von der Phase ehelicher Kinderlosigkeit in die Phase der Kindeszeugung unterscheidet sich nicht nur hinsichtlich des Zeitpunkts, sondern auch strukturell von den Riten, die in der traditionellen Gesellschaft im Zusammenhang mit der Hochzeit vollzogen wurden: Das Hochzeitszeremoniell war durchsetzt von einer Fruchtbarkeitssymbolik; es wurden Getreidekörner oder Blumen gestreut, die die für die Fruchtbarkeit verantwortlichen Ahnen beschwören sollten, welche die Gestalt von Erdgöttern angenommen hatten (vgl. Sauter 1901, S. 2 ff). Es wurden alkoholische Getränke angeboten, eine Praxis, die unter anderem auf den germanischen Glauben an die Beschwörung der Liebeslust und Fruchtbarkeit zurückgeht, oder auf dem Dach wurden Fruchtbarkeitssymbole, z. B. ein Storchennest, angebracht. Diese und andere Praktiken finden sich heute rudimentär allenfalls noch in ländlichen Regionen. Wichtig war daran: Die Transition der Verlobten in den Status eines selbstverständlich kinderzeugenden Paares wurde vollzogen durch die es umgebende Gemeinschaft. Das Brautpaar überführte sich nicht selbst in den Status kinderzeugender Eheleute. Genau das wird aber von dem Paar, mehr noch, von der Frau heute verlangt, wenn es oder sie entscheiden muß, ob ein Kind gezeugt wird oder nicht: Die Transition wird zum Münchhausen-Dilemma, zur «causa sui», wie Schopenhauer (1972, S. 29) gegen Spinozas Gottesbeweise polemisiert hat.

3.3 Von der Genesis zu den hormonellen Antikonzeptiva: die Umkehrung des Entscheidungsdilemmas

Es bleibt zu untersuchen, welche Karriere der Diskurs über den Kinderwunsch in der Geschichte hinter sich hat. Dabei fällt zunächst auf, daß im Gegensatz zu vielen anderen Kulturen der Diskurs über die Zeugung der Kinder eine Quelle in den Vorstellungen hat, die Menschen unserer Kultur lange als Erklärung für die Entstehung der Welt schlechthin gepflegt haben. Die Mythologie der Schöpfung, wie sie uns in der jüdischen Genesis überliefert ist, steht dem Symbolverkehr der Zeugung näher als andere Schöpfungsmythen. Dabei ist etwa an den Mythos von der Malua Hainuwele aus West-Ceram zu denken, den Jensen (1948, S. 34 ff) rekonstruiert hat. Hier entsteht ein Mensch, Hainuwele, auf dem Wege über die Vermengung des Pflanzlichen mit dem Blut des Mannes Ameta vom Berg Nunusaku, dem Berg der mythischen Menschentstehung. Ein Mensch wächst auf einer Palme. Aufgrund der im Verlauf des Mythos erzählten Zerstückelung der Hainuwele, einer Reminiszenz an das Blutopfer, wird gewissermaßen der Tod zum Movens der Entstehung von Leben. Dieses ist ein interkulturell sehr verbreitetes Motiv, wie die griechisch-römische Beschwörung der Erdgötter zeigt, bei denen es sich auch um begrabene Ahnen handelt (vgl. Sauter 1901).

Ein anderes Beispiel sind die Selbstentstehungsmythen, zu denen das von Mircea Eliade (1976, S. 19) so bezeichnete «Erdtaucher-Motiv» gehört: «Ein Gott schickt einen Wasservogel oder ein amphibisches Tier, oder er taucht gar selbst auf den Grund des Urmeeres und holt ein Stückchen Erde herauf, aus dem dann die ganze Welt hervorwächst.»

Die durch die Genesis verbürgte Erzähltradition hat einen anderen Charakter. Die Genesis geht auf drei ursprünglich voneinander unabhängige Erzählungen zurück, die etwa um das 6. Jahrhundert v. Chr. entstandene Priesterschrift, der sogenannte Jahwist (weil in diesem Text Gott immer mit «Jahwe» bezeichnet wird) und der Elohimist aus dem 8. Jahrhundert v. Chr. (vgl. Die Schöpfungsmythen 1980, S. 186). Für die vorliegende Fragestellung ist zunächst der Bericht des Jahwisten relevant, daraus die Sätze 15 bis 24:

«(15) Als nun Jahwe den Menschen genommen und in den Garten Eden versetzt hatte, damit er ihn bestelle und behüte, (16) gab Jahwe dem Menschen die Weisung: ‹Von allen Bäumen des Gartens darfst du nach Belieben essen; (17) aber vom Baum der Erkenntnis des Guten und des Bösen – von dem darfst du nicht essen; denn sobald du von diesem ißt, mußt du des Todes sterben.› ...

(18) Hierauf sagte (sich) Jahwe: ‹Es ist nicht gut für den Menschen, daß er allein ist; ich will ihm eine Hilfe schaffen, die zu ihm paßt.›

(19) Da bildete Jahwe aus der Ackererde alle Tiere des Feldes und alle Vögel des Himmels und brachte sie zu dem Menschen, um zu sehen, wie er sie benennen würde: und wie der Mensch jedes einzelne benennen würde, so sollte es heißen.

(20) So legte denn der Mensch allen zahmen Tieren, allen Vögeln des Himmels und allen wilden Tieren Namen bei; aber für den Menschen fand er keine Hilfe (Gefährtin) darunter, die zu ihm gepaßt hätte ...

(21) Da ließ Jahwe einen tiefen Schlaf auf den Menschen fallen, so daß er einschlief; dann nahm er eine von seinen Rippen heraus und verschloß deren Stelle wieder mit Fleisch; (22) die Rippe aber, die Gott aus dem Menschen genommen hatte, gestaltete Jahwe zu einer Frau und führte diese dem Menschen zu.

(23) Da rief der Mensch aus: ‹Diese endlich ist es; Gebein von meinem Gebein und Fleisch von meinem Fleisch! Diese soll ischscha (= Männin) heißen, weil diese vom isch (vom Manne) genommen ist.› (24) Darum verläßt ein Mann seinen Vater und seine Mutter und hängt seinem Weibe an, und sie werden *ein* Fleisch sein» (Die Schöpfungsmythen 1980, S. 188 f).

Das entscheidende Charakteristikum dieser Schrift ist darin zu sehen, daß Jahwe jeweils einem Objekt seines Schaffens gegenübersteht, einem Garten, einem Strom, einem Tier jeder Art und einer Frau (vgl. ebd., S. 210), und daß der Mensch gewissermaßen mit der Fortführung der Schöpfung beauftragt wird.

In der jüngeren Priesterschaft ist das anders: Der Schöpfer steht jeweils den Objekten seiner Schöpfung schlechthin gegenüber, dem Wasser, der Erde, dem Himmel, dem Licht usw., an deren Ausgestaltung der Mensch einen aktiven Anteil hat:

«a. Das Ur - Chaos

(1) Im Anfang schuf Elohim den Himmel und die Erde; (2) die Erde war aber eine Wüstenei und Öde: Finsternis lag über dem Abgrund, und der Geist Elohims schwebte über der Wasserfläche.

b) Das Licht

Da sprach Elohim: ‹Es werde Licht!› und es ward Licht ...

(20) Dann sprach Elohim: ‹Es wimmle das Wasser von einem Gewimmel lebender Wesen, und Vögel sollen über der Erde am Himmelsgewölbe hinfliegen!› Und es geschah so ...

(28) Dann segnete Elohim sie mit den Worten: ‹Seid fruchtbar und mehrt euch: füllt die Erde an und macht sie euch untertan! Herrscht über die Fische im Meer und über die Vögel des Himmels und über alle Lebewesen, die auf der Erde sich regen!› (29) Dann fuhr Elohim fort: ‹Hiermit übergebe ich euch alle samentragenden Pflanzen auf der ganzen Erde und alle Bäume mit samentra-

genden Früchten: die sollen euch zur Nahrung dienen! (30) Aber allen Tieren der Erde und allen Vögeln des Himmels und allem, was auf der Erde kriecht, was Lebensodem in sich hat, weise ich alles grüne Kraut zur Nahrung an!› (Die Schöpfungsmythen 1980, S. 189 und 191).

In diesem Bericht wurden alle Verben, die eine gleichsam manuelle Aktivität des Schöpfers bezeichnen konnten, vermieden und durch das Sprechen ersetzt. Man hat daraus geschlossen, daß dieses geschah, «um die Transzendenz des Weltschöpfers dadurch zu akzentuieren, daß man seine schöpferische Tätigkeit ... vergeistigt» (Die Schöpfungsmythen 1980, S. 212).

In diesen Eigenschaften der Genesis stecken Züge, die uns nach der Analyse der Sterilisationsentscheidung bekannt vorkommen müssen:
– Die kompilierte Schöpfungsgeschichte enthält einen Auftrag an den Menschen, die Schöpfung weiterzuführen.
– Die Zeugung ist ein Mittel der Fortführung des Werkes Gottes.
– Das Instrument der Zeugung für die Fortführung der Schöpfung, der Mensch, genauer der Mann, wird durch die beiden unterschiedlichen Schöpfungsberichte in ein Dilemma geschickt:
– Zum einen soll er die Fortführung des Werkes nach dem Jahwisten dadurch vollziehen, daß er seinem Weibe anhängt und daß er mit ihr ein Fleisch ist, eine Anspielung auf *physische* Vereinigung.
– Zum anderen hat er durch die Kompilation der Genesis den Schöpfungsstil des Gottes der Priesterschaft vor Augen, dem das bloße *Wort* für die Schöpfung genügt.

Wenn wir diesen durch die Quellenkompilation in der Genesis entstandenen Widerspruch zwischen einem *materiellen* und einem *immateriellen* Zeugungsauftrag genauer betrachten, dann öffnet sich uns der Blick für die schizoide Struktur christlich akzentuierter Sexualität. Immer wieder brach sich die Nötigung Bahn, einerseits das Schöpfungswerk in Gott adäquater, also asexueller Weise zu perpetuieren, dabei aber immer verwiesen zu bleiben auf das jämmerliche Mittel fleischlicher Zeugung, verknüpft mit dem Zwang zur Vereinigung mit einem anderen.

Wählen wir als Mittel des Vergleichs wieder die entscheidungstheoretisch akzentuierte Modellstruktur des Unternehmers, dann bestand das Problem des christlichen, die Genesis als einheitlichen Text interpretierenden Mannes nicht, wie heute, darin, an einer Entscheidung für ein Kind nur noch mitbeteiligt zu sein. Auch hatte er nicht das Problem der eingangs zitierten Frau, die Paradoxie aus Irrationalität und Entscheidung auflösen zu sollen, sondern die Genesis suggerierte dem Unglücklichen, beides sein zu können, Unternehmer(in) und Lohnarbeiter, Schöpfer aus dem Pneuma (Geist) und dem Fleisch. Auch er steht also vor einer Entscheidung: Tendiert er zur tatkräftigen Zeugung von Kindern, also zum Weibe, entfernt er sich von Gott; eifert er dem göttlichen Schöpfungsstil nach und übt Askese, bricht er mit dem göttlichen Auftrag der Fortführung des Schöpfungswerks. Von dem einen zum anderen historischen Ende des Diskurses über Zeugung hat sich also eine Strukturverschiebung ergeben (vgl. Abb. 33).

Wir sehen daran, daß der Kinderwunsch, der Zeugungsentschluß in unserer Kultur an beiden Enden des Diskurses von einer paradoxen Struktur verstellt ist: Die je gewählte Lösung, ein Kind zu haben oder es nicht zu haben, ist immer falsch, weil die nichtgewählte Alternative gleichwertig ist.

Allerdings hat sich einiges geändert: Die Bedeutung der Frau als Entscheidungsträgerin hat, äußerst zurückhaltend formuliert, zugenom-

Abb. 33: Generatives Verhalten im Vergleich

Genesis	*Rationale Zeugung*
Mann entscheidet über das ‹Wie› der Erfüllung des Mythos.	Frau entscheidet über das ‹Ob› der Kinderzeugung.
Dilemma: Entscheidung für das Fleischliche, Weibliche impliziert Entscheidung gegen göttlichen Schöpfungstypus. Entscheidung für die (männliche) Askese impliziert Entscheidung gegen den Schöpfungsplan.	Dilemma: Entscheidung für das Kind, für das Männliche impliziert Entscheidung gegen sich selbst, das Weibliche. Entscheidung für die (weibliche) Unfruchtbarkeit impliziert Entscheidung gegen das Irrationale.

men. Gegenstand der Entscheidung ist nicht mehr die Frage, wie man im Kontext der Kindeszeugung dem Wort Gottes gerecht wird, sondern ob der Irrationalität eine Chance gegeben wird. Weil diese Frage aber zum Gegenstand einer rationalen Erörterung gemacht wird, ist selbst die zugelassene Irrationalität Produkt der Rationalität, also nur eine relative Irrationalität, letztlich in gleichem Maße Rationalität.

Während die Entscheidung für das Kind durch den Entscheidungsträger Mann naturgemäß eine Entscheidung für das Weibliche implizierte, also einen Verzicht auf eine prometheische Vorstellung der einsamen Schöpfung, impliziert die Entscheidung für das Kind durch die Frau noch die Akzeptanz des Männlichen. Was die zweite Implikation der Kindesentscheidung angeht, so ist das Weibliche an die Stelle des Göttlichen getreten: Die Entscheidung für das Kind implizierte vormals eine Blasphemie *contra deum*, jetzt *contra feminam*. Die Tragweite dieser ‹Vergöttlichung› kann kaum überschätzt werden.

Die Unfruchtbarkeit, sei sie durch Antikonzeptiva, Abortus oder Sterilisation herbeigeführt, ist an die Stelle der Keuschheit getreten, sie ist eine direkte Verlängerung der vormals männlichen Askese. Noch im Neuen Testament findet Askese als männliche Askese deutliche Unterstützung im Lob des Eunuchen: So schreibt Matthäus (19, 12): «Es gibt solche, die sich selbst verschnitten haben, um des Himmelsreiches willen; wer es fassen kann, der fasse es.»

Die Implikation des Verzichts auf Kinder unterliegt gleichfalls einer bemerkenswerten Modifikation: War sie ehedem eine Entscheidung gegen einen göttlichen Schöpfungsplan, auf den deutlich im Buch Hiob

Abb. 34: Rationalität und Irrationalität einer Zeugungsentscheidung im Diskurswandel

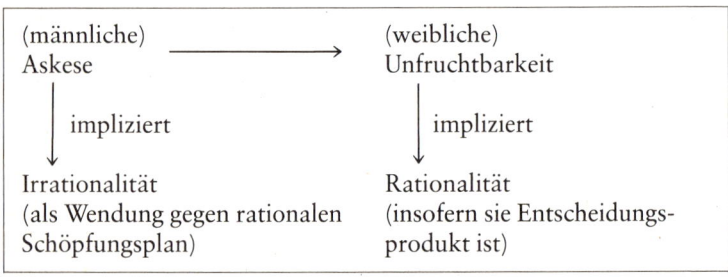

(38,2) angespielt wird, also gegen Rationalität, so ist sie jetzt eine Entscheidung gegen Irrationalität.

In bezug auf das Verhältnis von Rationalität und Irrationalität läßt sich die Struktur des Diskurswandels also nach dem Modell der einfachen Permutation beschreiben, das heißt, wir können von einer absolut gegenteiligen Einschätzung derselben Sache reden (vgl. Abb. 34).

3.4 Der christliche Lösungsansatz: Ehe als Ort der geschlechtsneutralen Keuschheit

Wie ist es zu dieser Umkehrung gekommen? Wir müssen davon ausgehen, daß es in erster Linie die christliche Interpretation der Genesis ist, die das obengenannte Dilemma ausgelöst hat. Die Genesis enthält eine Fülle von Hinweisen auf den Wert der Fruchtbarkeit, zum Beispiel Genesis 15,5, wo Gott zu Abraham sagt: «Und er hieß ihn hinausgehen, und sprach: Siehe gen Himmel und zähle die Sterne; kannst du sie zählen? Und sprach zu ihnen: Also soll dein Same werden.» Oder Genesis 17,5f: «Darum sollst du nicht mehr Abram heißen, sondern Abraham soll dein Name sein; denn ich habe dich gemacht zum Vater vieler Völker und will dich gar sehr fruchtbar machen, und will von dir Völker machen, und sollen auch Könige von dir kommen.» Oder Genesis 33,5 (die Versöhnung Jacobs mit Esau): «Und er hob seine Augen auf, und sah die Weiber mit den Kindern, und sprach: Wer sind diese bei dir? Er antwortete: Es sind Kinder, die Gott deinem Knecht beschert hat.»

Im Neuen Testament wird diese Sicht relativiert. Dazu gehört das obengenannte Lob der Eunuchen ebenso wie die Begründung für das eheliche Scheidungsverbot bei Markus 10,9 («Was Gott verbunden hat, soll der Mensch nicht trennen»), welches sich gerade nicht auf Kinder bezieht, und schließlich der Hinweis darauf, daß die Nachfolgeschaft Gottes für den Menschen nicht von ehelicher Geburt abhängig ist, wie in Johannes 1,12f zu lesen ist: «Wieviele ihn aber aufnahmen, denen gab er Macht, Gottes Kinder zu werden, die an seinen Namen glauben, welche nicht von dem Geblüt noch von dem Willen des Fleisches noch von dem Willen eines Mannes, sondern von Gott geboren sind.»

Es ist also erkennbar, daß die im kompilierten Schöpfungsbericht bereits angelegte widersprüchliche Struktur von Kindeszeugung und Gottesgefolgschaft im Neuen Testament deutlich verstärkt wird, möglicherweise sogar zugunsten eines Übergewichts der Bedeutung fleischloser Gefolgschaft Jesu.

Bei den Kirchenvätern wird diese Tendenz oftmals deutlich verstärkt: Gregor von Nyssa vertritt die Ansicht, daß die animalische, auch durch Markus 12,25 belegte unparadiesische Zeugungslust erst ein Produkt des Sündenfalls ist und daher die Zeugung nur als lustlose zulässig sei. Darüber hinaus wird Heiligkeit nur für den Fall der Jungfernschaft versprochen. Marie O. Métral (1981, S. 40) hat in ihrem Buch über die Ehe auf die gewagte Analogie hingewiesen, auf die Gregor von Nyssa sich einläßt: Auch der ewige Vater habe den Sohn ohne Leidenschaft, d.h. *jung-fräu-lich* gezeugt. Dieser Aspekt ist deshalb wichtig, weil sich hier erstmals zeigt, wie die männliche Askese mit der weiblichen Jungfräulichkeit, der Enthaltsamkeit zu diffundieren beginnt, indem erstere in Termini der letzteren gefaßt wird: Die geschlechtslose Keuschheit ist geboren.

Auch Chrysostomus (345–407) hat die Jungfräulichkeit – Gottesnachfolge normativiert: Erst wer die Jungfräulichkeit als glänzendes Gewand angelegt habe, lege das «Kinderkleid» der Unvollkommenheit ab. Die Wiederkunft Christi sei erst dann zu erwarten, wenn alle Menschen zum Vollalter Christi herangewachsen seien, das sich in der Jungfräulichkeit ausdrücke.

Man kann die beiden Kirchenväter für die Unterdrückung der Lust lesen und den christlichen Diskurs über Sexualität möglicherweise als einen der sexuellen Unterdrückung. Aber das wäre nur die halbe Wahrheit. Wir müssen davon ausgehen, daß Chrysostomus und Gregor von Nyssa das eingangs erwähnte Dilemma der Genesis-Interpretation gleichfalls erkannten und gerade in der Zusammenführung der Gegensätze gewissermaßen den Schlüssel zur Lösung dieses Dilemmas gefunden zu haben glaubten: Wenn die lustvolle Orientierung des Mannes am Weibe Gottes ebenso unvollständig gerecht wird wie die monologische männliche Askese, dann kann nur die Akzeptanz des Weiblichen, allerdings in seiner Form als Jungfräulichkeit, einen dritten Weg eröffnen: die Keuschheit als Vereinigung des Männlichen und Weiblichen wie des Göttlichen und des Menschlichen. Strukturell interpretiert, wählen sie also eine Lösungsstrategie, die gleichzeitig nach dem Muster ‹weniger desselben› in der Form der Rücknahme des Geschlechtlichen auf die Keuschheit und nach dem Muster ‹mehr desselben› (vgl. Watzlawick u. a. 1974, S. 142 ff) in der Form der Überhöhung des Menschlichen auf das Göttliche verfährt.

Natürlich genügt die bloße logische oder auch theologische Konstruktion der Lösung nicht. Sie bedarf eines institutionellen Rahmens zu ihrer praktischen Sicherung. Die Theorie für diesen Rahmen, den die Ehe abgibt, lieferte Augustinus in «de bono coniugii». In der Analogie zu den Säugetieren, die eine Begattung nur im Zustand der periodischen Fruchtbarkeit zulassen, entdeckte Augustinus den Beleg für die Richtigkeit lustloser, gleichwohl notwendiger Zeugung. Insofern war eines der Eheguter «proles», die Kinder. Das zweite ist «fides», die Treue, und das dritte «sacramentum». Thomas v. Aquin hat im Hochmittelalter diese Ehegüterlehre in die Form gebracht, in der sie noch 1930 in der Enzyklika «casti conubii» des Papstes Pius XI. bestätigt wurde:

‹Homo quod animal› – die Zeugung ist Ehegut, weil der Mensch ein Tier ist.

‹Homo quod homo› – die Treue ist es, weil der Mensch ein Mensch ist.

‹Homo quod fidelis› – die Ehe ist ein Sakrament, weil der Mensch gläubig ist.

Diese Bestimmungsstücke haben in der Lehre des Thomas v. Aquin die Ehe zu einer Art ‹Freundschaftsehe› werden lassen. Und es ist diese Ehelehre, insbesondere die Behauptung der Sakramentsnatur der Ehe, die zu der Institutionalisierung einer kirchlichen Ehe durch das Konzil von Trient 1545 bis 1563 führte (vgl. Lingner 1975, S. 34).

Diese Entwicklung wurde vermutlich gestützt durch die säkulare Entstehung eines Typs der Verbindung zwischen Männern und Frauen, wie er im Hochmittelalter beschrieben wird: die Minne, eine allenfalls nachrangig genitale Konjunktion: «Der Begriff der höfischen Minne setzt voraus und schließt in sich ein, daß der Anteil des leiblichen Besitzenwollens unter dem des geistigen Hinaufstrebens und Erkennenwollens stehe» (Kolb 1958, S. 117). Die Minne ist es auch, die das Moment der Freundschaft als Ehemerkmal noch einmal erweitert um das, was in der Romantik sich dann als ‹Liebe› gerierte. Liebe als Moment, wenn nicht als Movens ehelicher Verbindung kann hier nur unter dem Gesichtspunkt der für die Qualität des Kindeswunsches relevanten Frage nach seiner Rationalität gesehen werden. Während das Moment der Kindeszeugung in der Tradition der Genesis-Exegese noch bei Thomas

v. Aquin als zwar häßliche, aber eben gottgewollte Erfüllung eines planvollen, also rationalen Auftrags gesehen wird, nämlich der Fortführung von Gottes Schöpferwerk, negiert die Liebe diese Rückbindung. Dabei muß berücksichtigt werden, daß mit Liebe nun nicht die noch von Fichte 1796 in seiner «Grundlegung des Naturrechts» ausgeführte «Umtauschung der Herzen und der Willen» gemeint ist, wobei jeder «seine Persönlichkeit aufgeben (soll), damit die des anderen Teils allein herrsche» (Fichte 1970, S. 103). Schon die dialektische Konstruktion dieses Liebestypus verrät seine Verpflichtung auf die seit Gregor von Nyssa eingeschlagene Lösungsmethode des Genesis-Dilemmas, ein letztlich rationalistisches Konstrukt.

Gemeint ist jener romantische Typus von Liebe, der zwar durchaus auch «Seelenvereinigung» im Fichteschen Sinne war, aber eben nicht nur dieses, sondern «eine Weihe der Geschlechtsbegierde durch Liebe zur Ehe», wie Franz v. Baader (1851, S. 179), der sogenannte ‹Liebesprofessor›, es formulierte.

Der bereits erwähnte Streit um Schlegels Lucinde zeigt dann deutlich, daß dieser zu weit gegangen war: Er hatte seinen Heldinnen nicht nur ein skandalöses Vorleben gegeben, sondern diesen obendrein erlaubt, die Zeugung eines Kindes Ausdruck von Liebe, und zwar in ihrer irrationalsten Form, sein zu lassen:

«So schlingt die Religion der Liebe unsre Liebe immer inniger und stärker zusammen, wie das Kind die Lust der zärtlichen Eltern dem Echo gleich verdoppelt» (Schlegel 1964, S. 14).

Welches ist die Herkunft dieser Irrationalität? Sie kommt aus dem Weiblichen:

«Ganz anders würde es mit den Frauen sein. Unter ihnen gibt es keine Ungeweihten; denn jede hat die Liebe schon ganz in sich, von deren unerschöpflichem Wesen wir Jünglinge nur immer ein wenig mehr lernen und begreifen. Schon entfaltet, oder noch im Keime, das ist gleichviel. Das Mädchen weiß in ihrer naiven Unwissenheit doch schon alles, noch ehe der Blitz der Liebe in ihrem zarten Schoß gezündet und die verschlossene Knospe zum vollen Blumenkelch der Lust entfaltet hat» (ebd., S. 27 f).

Man kann noch weitergehen und sagen: In der romantischen Liebe vom Typ Schlegels wird das Weibliche mit dem Sinnlich-Irrationalen kongruent. Die Mutterschaft als irrationale, aber selbstverständliche Selbstaufgabe wird endgültig im Ehediskurs verankert, wenngleich ihre Selbstverständlichkeit auch schon bei Luther zu finden ist:

«Das Allerbeste im ehelichen Leben, um dessen willen auch alles zu leiden und zu tun wäre, ist, daß Gott Frucht gibt und befiehlt aufzuziehen in Gottes Dienst. Das ist auf Erden das alleredelste teuerste Werk. Die Mutterschaft ist die wahre Gesundheit der Frau! Das gilt auch dann, wenn sie durch viele Geburten erschöpft wird und vor der Zeit stirbt.»

Man kann den Ehediskurs also so lesen, daß er in der romantischen Konzeption einen Höhepunkt erreicht hat, er zu diesem Zeitpunkt alle Attribute in sich vereinigt hat, die aus der widersprüchlichen Genesis-Kompilation irgend absorbierbar sind: Die Ehe ist der Ort geworden, an dem unter männlicher Regie (vergessen wir nicht die männliche Autorschaft der Lucinde und des Werther sowie das spöttische Kopfschütteln einer Madame de Staël über die Religion der Liebe in Deutschland; vgl. Staël 1882, S. 47) Zeugung als göttliche Planerfüllung getrieben wird, eine Rationalität, die durch die Suggestion rationaler Mutterschaft gegenüber der Frau, ja durch eine Heiligsprechung der Mutter überlagert wird. Die Keuschheit als Zeugungsenthaltsamkeit ist umgedeutet worden in eine eheliche Keuschheit, die die Genitalität außerhalb der Ehe verbietet und sich in dieser Treue (fides), nicht in der männlichen Askese Gott nähert, wozu die Sakramentierung, die Vergöttlichung der Frau, ihren Beitrag liefert. Das Kind ist letztendlich Ausdruck dieser umgedeuteten Annäherung. Das Moment der Freundschaft bleibt als seelische Komponente der Vereinigung des Männlichen und des Weiblichen bestehen. Eine Entscheidungsträgerschaft der Frau über das ‹Ob› der Zeugung gibt es im umfassenden Sinne aber weiter nicht. Auch wenn man darauf besteht, die romantische Liebe nur als Modell der Partnerwahl anzusehen, dem im Ehealltag des 19. Jahrhunderts nichts entsprach, hat die Frau ungeachtet aller ökonomischen und gesellschaftlichen Heiratszwänge allenfalls die Chance gehabt, sich nach dem Muster der Effie Briest und ihrer literarischen Leidensgenossinnen letztlich existentiell zu verweigern.

3.5 Aussichten: Liebe und Retorte

In dem Augenblick, da die Chemie der Frau und nicht dem Mann (!) das Instrument der Steuerung des Kinderwunsches in die Hand gibt, verlagert sich der Diskurs über die eheliche Kinderzeugung schlagartig gewissermaßen in das Feld des Weiblichen. Der Mann tritt als Entscheidungsträger in den Hintergrund. Die von den Kirchenvätern zur geschlechtsneutralen Keuschheit überhöhte und mit der männlichen Askese vereinigte Jungfräulichkeit kommt zur rationalen Unfruchtbarkeit herab, und die romantisch umgedeutete Gottesannäherung durch fides, sacramentum und proles stößt im Angesicht ehelicher Untreue, des gänzlichen Verzichts auf eine sakramentale Ehe und des Verzichts auf Kinder ins Leere. Das Moment der Freundschaft erfährt im Schlagwort von der Partnerschaft, der partnerschaftlichen Ehe, eine Renaissance. Dort wo die Partnerschaft auf einer ideellen, sei es politischen oder beruflichen Vereinigung beruht, schließt sich die Liebe an. Gedeihen kann das Ganze aber nur unter einer Voraussetzung der weitgehenden Auflösung eines institutionellen Rahmens ‹Ehe›, die als von der Kirche überwachter Ort der keuschen Begegnung von Askese und Jungfräulichkeit ihren Sinn verloren hat. Für die Keuschheit in ihrer neu gedeuteten Form der Unfruchtbarkeit sorgt mit Hilfe des Gynäkologen die antikonzeptionierende Frau, zumindest kann sie es, wenn man von ökonomischen und sozialen Übergangsproblemen absieht.

Bleibt als Restproblematik aus dem romantischen Ehe- und Zeugungsdiskurs der irrationale Kinderwunsch. Das Dilemma des Mannes der Genesis, sich zwischen der göttlichen Planerfüllung und der Gottesgefolgschaft, zwischen Zeugung und Askese entscheiden zu sollen, ist nun auf die Frau übergegangen. Das scheint der Preis der Autonomie zu sein. Sie soll wählen zwischen der «Schwangerschaft, einer grauenerregenden Deformation des Körpers, einem Opfer auf dem Altar des Lebens ... dem Los der Frau, die ihres Körpers enteignet ist», wie Marie Métral es beurteilt (1981, S. 294), also ihrer romantisch-irrationalen Bestimmung und der Entscheidung für die Unfruchtbarkeit. Es liegt auf der Hand, daß sie zur Aufrechterhaltung des Scheins der eigenen Entscheidungsfreiheit sich für die rationale Alternative entscheiden wird, die Unfruchtbarkeit – sonst hätte die eingeräumte Entscheidungsfreiheit keinen Sinn. Sonst könnte man, Frau oder Mann, gleich bei der Ehe bleiben, die Marie O. Métral deshalb doppelt schädlich findet, «weil sie einen Wahn normalisiert: die Unmöglichkeit des Selbstseins» (ebd., S. 271).

Oder es könnte bei der Liebe bleiben, jener «demokratischen Volksreligion», jenem «Pathos der Moderne», von der Baudrillard (1982, S. 19) schreibt:

«Jemanden zu lieben bedeutet, ihn von der Welt zu isolieren, seine Spuren zu verwischen, ihm seinen Schatten zu nehmen und ihn einer mörderischen Zukunft auszuliefern.»

Solange aber die irrationale Spur des Kinderwunsches aus der romantischen Konzeption wie bei dem weiter vorn zitierten Sterilisationsbericht erhalten bleibt, kann die rationale Entscheidungsalternative gleichfalls keine Lösung sein. Es bleibt beim Dilemma. Es ist weder möglich noch sinnvoll, Prognosen über die künftige Diskursentwicklung zu erstellen oder gar ideologische Empfehlungen zu geben. Die Frage, ob ein Rückgang des Kinderwunsches bedauerlich sei, ist kulturanalytisch ebenso absurd wie die, ob die Verlagerung des Entscheidungsdilemmas vom Männlichen auf das Weibliche für die eine oder andere Hälfte zu begrüßen oder zu beklagen sei.

Interessanter ist die Frage, welchen Status der Begriff vom Kind durch diesen Wandel bekommen hat, ob die Verlagerung der Entscheidung über den Kinderwunsch Folgen für zum Beispiel die Besitzansprüche an dem dann doch wider alle ‹Vernunft› gezeugten Kind hat. Dieser Frage widmet sich das nächste Kapitel, wo es um die Beurteilung des elterlichen Sorgerechts geht.

Und etwas Weiteres sollte unser künftiges Interesse wecken: Welche Veränderung wird die Möglichkeit extrakorporaler Insemination für den Diskurs über Kindheit, über Kinderzeugung bewirken? Noch sehen Kommentatoren in kurzen Abständen die Nebel einer unheilvollen Zeit heraufwabern, wenn ein sogenanntes Retortenbaby geboren wird, das genaugenommen gar keines ist, weil es nur in der Retorte gezeugt, aber nicht dort ausgetragen wurde:

«**Im dunklen Drange. Das Tiefkühlbaby aus Melbourne: Wenn Wohltat zum Frevel wird.** Beklommen heißen wir eine neue Erdenbürgerin auf unserem aus den Fugen geratenen Globus willkommen. Ein Ärzteteam in Melbourne/Australien verhalf vier Wochen vor Ende der normalen Schwangerschaft durch Kaiserschnitt einem gesunden Mädchen zur Welt: Das Kind wog 5 Pfund,

Mutter und Tochter sind den Umständen entsprechend wohlauf. Die Umstände allerdings lassen Außenstehende an diesem freudigen Ereignis eher verzweifeln.

Das Neugeborene zählt nicht nur zu den mittlerweile rund 250 Menschen, die ihr Entstehen der künstlichen Befruchtung einer im Labor aufbereiteten Eizelle verdanken (‹Reagenzglas-Baby›). Es kommt buchstäblich aus der Tiefkühltruhe: Zum ersten Mal wurde das befruchtete Ei drei Tage in Nährflüssigkeit belassen, darauf der Embryo in flüssigem Stickstoff bei minus 196 Grad tiefgefroren, zwei Monate in der Kühltruhe aufbewahrt, kunstvoll wieder aufgetaut und in den Uterus der Mutter eingepflanzt; acht Monate reifte er dort heran. Professionell verkündete die Sprecherin des Ärzteteams ‹die erste belegte Geburt› eines Menschen, der sich aus einem tiefgefrorenen Embryo entwickelt hat» («Die Zeit» vom 20. April 1984, Nr. 17, S. 1).

Über die diskursiven Folgen mag man einstweilen spekulieren. Immerhin spricht einiges dafür, daß das Entscheidungsdilemma sich entschärft, wenn die Folgen des Zeugungsentschlusses nicht von einem Partner getragen werden müssen bzw. die Entscheidung im Prinzip wiederum von jedem Menschen, unabhängig vom Geschlecht, getroffen werden kann. Auch zeigt die öffentliche Auseinandersetzung über die sogenannten Leih- oder Mietmütter, daß die Entscheidung sich auf mehrere Träger, das Mietehepaar, die Agentur und die Mietmutter, verlagert. Diese Entwicklung zeigt aber noch mehr: Die Entscheidung wird mit einiger Sicherheit professionalisiert werden. Die Äußerung eines interviewten Gynäkologen im Fernsehen auf die Frage, wie man gegenwärtig technisch mit der Gefahr von Mehrlingsgeburten bei der künstlichen Befruchtung fertig werde, führte zu einer kurzen Erklärung der einschlägigen medizinischen Techniken, die der Professor mit den Worten der Beruhigung abschloß: «*Wir* wollen dem Ehepaar schließlich Einlinge *schenken*.»

4 Vom Patriarchat zum Muttermythos

Selbstinitiation der schwangeren Frau und Unterdetermination des werdenden Vaters

4.1 Sorgerecht für Väter?

Die Analyse des alltäglichen Diskurses über Sexualität, Eheschließung und Kindeswunsch hat zwei jüngere Tendenzen aufgedeckt, die für eine Strukturbeschreibung von Kindheit konstitutiv sein werden: die Unterdrückung des Kindes und die des Vaters im Symbolverkehr jener Lebensphasen, die ehedem durch das Moment der Kindeszeugung beziehungsweise das der Vateraktivität, sei es bei der Überführung der Braut zur Frau oder bei der Entscheidung für Nachkommenschaft, gekennzeichnet waren. Die Betrachtung der nächsten Phase des Lebenslaufs muß unter anderem prüfen, ob diese Tendenz auch hier anhält. Da diese Phase die Schwangerschaft ist, deren Beginn durch Akte der Bekanntgabe dieses Umstandes (‹Verkündigung›) markiert ist, kann eine Unterdrückung des Kindesgedankens im Diskurs über die Schwangerschaft natürlich nicht erwartet werden. Wohl aber stellt sich angesichts der hervorragenden Rolle der (männlichen) Gynäkologie (6557 männlichen Gynäkologen stehen nur 1219 weibliche gegenüber; Auskunft des Statistischen Bundesamtes, Stand: 31.12.1982) die Frage, in welcher Weise der (werdende) Vater (noch) in diese Lebensphase involviert ist, so daß von einer Transition nicht nur der Frau zur (werdenden) Mutter, sondern auch des Mannes zum Vater in spe gesprochen werden kann. Da der Beobachtungsverlauf die Vermutung nahelegt, daß die Rolle des Vaters auch in dieser Phase zurücktritt, und da für das Verständnis der Zugehörigkeit des Kindes zu beiden Eltern gerade die diskursive Präsenz des Vaters bedeutsam ist, bietet es sich an, die Suche nach dem alltäglichen Begriff des Eigentums am Kinde dort einzusetzen, wo die Besitzansprüche konfliktär werden. Nirgendwo wird die Zuordnung des Kindes zu seiner Mutter im Alltagsverstand so deutlich wie im Falle gerichtlicher Entscheidungen über das Recht der elterlichen Sorge als Folge von Ehescheidungen.

Wenn die Materialbasis für die Erfassung der dominierenden Einstellungen zu einem Dispositiv Bestandteil des öffentlichen oder öffentlich zugänglichen Diskurses sein soll, verbietet sich die Wiedergabe von ‹Fällen› im Sinne einer Kasuistik. Wenn ein Fall indessen publiziert wird, verallgemeinert er sich. Dieses gilt, ähnlich wie bei dem bereits zitierten autobiographischen Text über die Sterilisation für den (hier gekürzten) Brief eines Vaters an ein befreundetes Ehepaar, in welchem er dieses um Rat in einer Lage bittet, in der er das ihm gerichtlich zugestandene Besuchsrecht als geschiedener Vater wahrzunehmen für nicht mehr erträglich hält (vgl. Hastenteufel 1980, S. 110f).

«Lieber Axel, liebe Irmi,
nochmals großes Dankeschön für alle Eure juristischen Ratschläge, besonders aber für die persönlichen Stützungshilfen, die Ihr mir die ganze schlimme Zeit über per Brief und Telefon nach Burgund übermittelt habt. Ohne Euch und ein paar andere gute Freunde hätte ich die langen und bitteren Monate des Scheidungsprozesses kaum ohne Schaden überstanden...

Fred und Walter habe ich seit der Scheidung neun- oder zehnmal gesprochen. In der Regel treffen wir uns jeden zweiten und vierten Samstag im Monat – so hat das Familiengericht entschieden...

Die ‹Besuchs›zeiten sind immer die gleichen, Sommer wie Winter: von 1/2 10.00 am Vormittag bis 1/2 6.00 am Nachmittag. Ich stehe (stand) immer schon eine halbe Stunde vorher am Marktplatz, sah angestrengt in die Richtung, aus der die Linie 16 kommen mußte, empfing die Kinder beim Aussteigen, bemühte mich, offen und herzlich zu sein. Aber den Jungen stand der Frust noch auf der Stirn geschrieben, jedenfalls empfinde ich es so. Knapper Gruß – was machen wir – wohin gehen wir – wie geht's der Mutter? Einsilbige Antworten. Man trippelt nach rechts und ein wenig nach links. Ludwigshafen ist – jedenfalls für mich – keine so häßliche Stadt, wie viele Fremde und Einheimische glauben...

Vorigen Samstag – und deshalb schreibe ich diesen Brief – habe ich die bisher ärgste Enttäuschung erlebt. Hoffentlich langweile ich Euch nicht mit meinem Geschreibsel, aber ich weiß echt nimmer ein noch aus. Es ‹traf› wieder einmal. Ich hatte mir vorgenommen, etwas Attraktives zu bieten: eine Dampferfahrt von Mainz aus oder einen Trip nach Heidelberg, einen Bummel nach Mannheim oder was immer die Jungen wollten und mein Geldbeutel zuließ. (Ich bin wegen der hohen Unterhaltszahlungen ziemlich knapp bei Kasse.) Die beiden stiegen aus dem Bus, begrüßten mich lasch. Ich machte ein paar Angebote, hatte aber zuerst gefragt, was sie sich denn wünschten. Nach längerem Zögern: Nein, sie wollten das nicht, sie wollten in Ludwigshafen bleiben. Es sei ja Kirmes, und wenn sie nicht mit mir zusammen wären (sein müßten?), dann wären sie mit der Mami dorthin gegangen. Auch gut, was soll's! Auf zum Kirmesplatz. Nein, da wäre erst ab 14.00 Uhr was los...

Ich drehte mich um – die beiden Jungen waren mir nicht nachgegangen. Sie waren einfach verschwunden, zum zweitenmal...

Schluß damit! Ich ging zum Auto, fuhr zur Innenstadt, parkte in der Nähe des Marktplatzes. Ob ich sie beim Umsteigen noch erwischen und zur Rede stellen könnte? Nein, jetzt mußte Schluß sein. Ja nicht zum Busbahnhof gehen, nichts wie heim, vergessen! Guter Burgunder lagerte noch in meinem Appartement – der tröstete wenigstens. Die Korrekturen der Schulaufgaben mußten warten, morgen, vielleicht... Ob ich nicht doch Hella anrufen, ihr das Abhauen der Jungen mitteilen sollte? Aber vielleicht war sie nicht daheim. Und wenn sie zu Hause war: Würde sie nicht wieder auflegen oder – wenn sie mir die Gunst erwies, mich anzuhören – nur ein paar höhnische Bemerkungen machen? (‹Das mußte ja so kommen›, ‹nicht einmal einen halben Tag kann der Herr Pädagoge seine eigenen Kinder fesseln› oder ‹Liebe kann man nicht erzwingen, die muß man geben, und du hattest lange genug Zeit dazu›.) Ich habe nicht angerufen. Ich habe die Stereoanlage voll aufgedreht, den ganzen Mischmasch von Südwest 3 angehört, mich vollaufen lassen. Irgendwann bin ich eingeschlafen. Die Jungen waren schließlich keine Kinder mehr, sie werden schon sicher heimgekommen sein. Sonst hätte Hella sicher irgendwann angerufen oder die Polizei verständigt.

Lieber Axel, liebe Irmi, was soll ich machen? Je nüchterner, je mehr ich bei Verstand bin, um so mehr komme ich zu der Überzeugung: Ich nehme mein Recht, mit den Kindern zusammen zu sein, nicht mehr in Anspruch. Am besten teile ich es dem Familienrichter oder meinem Anwalt mit, er soll es der ‹Gegenpartei› sagen. Meine Frau hat mich jahrelang gedemütigt; das habe ich ertragen. Jetzt auch noch die Kinder? Das halte ich nicht aus. Sagt mir, was ich machen soll!

Bitte schreibt oder – noch besser – ruft an!...»

Der Mann, der diese Erlebnisse schildert, nimmt sein Recht auf «persönlichen Verkehr mit dem Kind» gemäß § 1634 BGB wahr, in welchem geregelt ist:

«(1) Ein Elternteil, dem die Sorge für die Person des Kindes nicht zusteht, behält die Befugnis, mit ihm persönlich zu verkehren.
(2) Das Familiengericht kann den Verkehr näher regeln. Es kann ihn für eine bestimmte Zeit oder Dauer ausschließen, wenn dies zum Wohle des Kindes erforderlich ist.»

Das Gesetz sieht für den nicht sorgeberechtigten Elternteil nach einer Scheidung keine Verkehrsform vor, die das Recht oder gar die Pflicht auf Wahrnehmung pädagogischer Aufgaben gegenüber dem Kinde einschlösse. Aus dieser Bestimmung resultiert die Paradoxie der Beziehungskonstellation, in der sich der ‹verkehrsberechtigte› Vater offenbar befindet. Das Gesetz zwingt ihn zu einem Beziehungsverhalten, das ihm die Bereitschaft seiner Kinder sicherstellt, überhaupt noch mit ihm umzugehen. Dazu bedient er sich notgedrungen einer unpädagogischen Technik: Er muß seine Kinder bestechen. Verhalten sich die Kinder in der Besuchssituation dann so, daß unter normalen Umständen eine pädagogische Intervention erforderlich wäre («zur Rede stellen»), so bleibt ihm nichts anderes übrig, als zu resignieren, weil er neben der gesetzlichen Bestimmung, die ihm pädagogisches Handeln verbietet, auch noch die Reaktion des sorgeberechtigten Elternteils antizipieren kann, die (in diesem Fall) auf eine vermeintlich in der Person des Verkehrsberechtigten liegende Unzulänglichkeit abhebt («nicht einmal einen halben Tag lang kann der Herr Pädagoge seine eigenen Kinder fesseln»), die de facto jedoch eine aufgezwungene ist.

Der nicht sorgeberechtigte Elternteil soll also de facto eine Rolle repräsentieren, die er de jure nicht einnehmen darf. Welche Wahl er immer trifft, für die nicht gewählte Alternative wird er entweder durch den sorgeberechtigten Elternteil oder auf dem Wege des Entzugs des Verkehrsrechts durch das Familiengericht bestraft. Die Mutter- oder Vaterschaft des nicht sorgeberechtigten Elternteils wird mithin auf eine rein genetische (neben der ökonomischen: Unterhaltsverpflichtung gemäß § 1569 BGB) reduziert.

Nun ließe sich gegen die Einführung dieses Beispiels in den vorliegenden Kontext einwenden, daß erstens der Gesetzgeber ausdrücklich von einem «Elternteil» spricht, das heißt also davon ausgeht, daß sowohl Männern wie Frauen das Sorgerecht zugesprochen werden kann. Zweitens könnte die statistische Relevanz der Scheidungsfälle für den Diskurs über das mütterliche bzw. väterliche Eigentum am Kinde in Zweifel gezogen werden.

Zu dem ersten Einwand ist festzustellen, daß durch die Bestimmung des § 1671,3 BGB das Familiengericht die Regelung zu treffen hat, «die unter Berücksichtigung der gesamten Verhältnisse dem Wohle des Kindes am besten entspricht». Da das Gesetz den Begriff des Kindeswohls aber nicht näher erläutert, kann an der Spruchpraxis der Gerichte recht genau die alltägliche Vorstellungswelt nicht nur von Richtern über die Bedeutung des Vaters für sein Kind abgelesen werden. So beschloß am 22.10.1981 der 19. Zivilsenat des Berliner Kammergerichts, also eines oberinstanzlichen Gerichtes, daß «in der Regel natürlicherweise die Mutter die wichtigste Bezugsperson» des Kindes ist (19 WF 4812/81). Es ist nach Auskunft der «Initiative für aktive Vaterschaft» davon auszugehen, daß 1984 nur etwa vier Prozent aller Entscheidungen über das Recht der elterlichen Sorge zugunsten der Väter ausgefallen sind.

In den Fällen nichtehelicher Vaterschaft ist die gesetzliche Lage im übrigen noch väterfeindlicher. § 1705 BGB schreibt vor: «Das nichteheliche Kind steht, solange es minderjährig ist, unter der elterlichen Gewalt der Mutter.» Das gilt, wie das Bundesverfassungsgericht am 24.3.1981 festgestellt hat, selbst dann, wenn Mutter und Vater in einer nichtehelichen, dauernden Lebensgemeinschaft miteinander verbunden sind. Nichteheliche Kinder führen den Nachnamen der Mutter, und ihr Vater hat ihnen gegenüber kein Besuchsrecht (AZ 1 BvR 1510/78). Gegenüber dem Einwand gegen die Bedeutung von Scheidungsfällen für den Diskurs über die Determination des Mütterlichen oder Väterlichen ist zunächst einmal auf den unaufhaltsamen Anstieg der Scheidungsziffern aufmerksam zu machen (vgl. Abb. 35 und 35 a).

Für das Jahr 1982 benennt das Statistische Bundesamt bereits 118483 Scheidungen, d.h. 78,4 je 10000 bestehende Ehen (vgl. Statistisches Bundesamt 1984, S. 79). Nach diesen Angaben waren bei den 118483 geschiedenen Ehen im Jahr 1982 in 37161 Fällen Männer die Kläger, in der doppelten Anzahl, nämlich in 71101 Fällen, waren es Frauen. In mehr als 60000 geschiedenen Ehen waren Kinder davon betroffen, und zwar in 39163 Fällen jeweils ein Kind, in 18957 Fällen jeweils zwei Kinder, in 4110 Fällen drei und in 1250 Fällen vier und mehr Kinder, so daß insgesamt über 95000 Kinder im Jahr 1982 sogenannte Scheidungswaisen wurden, von denen angesichts der oben genannten Zuweisungsrate etwa 80000 bis 85000 durch das Verfahren ihren Vater verloren (vgl. dazu Simitis/Zenz 1975, Band 2, S. 112).

Was die Rolle des Vaters im Falle der Nichtzuweisung des Rechts der elterlichen Sorge an ihn betrifft, so läßt sich aus der Studie von Simitis

Jahr	Zahl der Scheidungen	Scheidungen auf 10 000 Einwohner
1900	9 152	1,6
1905	11 147	1,9
1910	15 016	2,3
1913	17 835	2,7
1920	36 542	5,9
1925	35 451	5,7
1930	40 722	6,3
1935	50 259	7,5
1938	49 497	7,2
1939	61 789	8,9

Abb. 35: Entwicklung der Scheidungszahlen im Deutschen Reich

Jahr	Zahl der Scheidungen	Scheidungen auf 10 000 Einwohner
1948	87 593	18,7
1950	84 740	16,9
1955	48 277	9,2
1960	48 874	8,8
1962	49 508	8,7
1965	58 718	10,0
1967	62 835	10,5
1968	65 264	10,8
1969	72 300	11,9
1970	76 520	12,6
1971	80 444	13,1

(*nach:* Simitis/Zenz 1975, S. 294)

Abb. 35a: Entwicklung der Scheidungszahlen in der Bundesrepublik Deutschland (einschl. West-Berlin) nach 1947

u. a. aus dem Jahr 1977 ersehen, wie die zeitliche Regelung der Besuche bei 93 untersuchten Kindern in 61 Verfahren aussah (vgl. Abb. 36).

Man kann also sagen, daß der Vater in 86 Prozent der Fälle seine 0-

einmal im Monat	46
zweimal im Monat	23
einmal ein Wochenende (seit Ehescheidung)	11
zweimal ein Wochenende (seit Ehescheidung)	1
nur Ferien	12

(*nach:* Simitis u. a. 1979, S. 124)

Abb. 36: Besuchsregelung für Väter in Scheidungsfällen

bis 6jährigen Kinder ein- bis zweimal pro Monat für vier bis acht Stunden sah, in 65 Prozent der Fälle gilt diese Praxis auch für ältere Kinder. Wenn man berücksichtigt, daß ein Monat 30 mal 24 = 720 Stunden umfaßt, dann sahen diese Väter ihre Kinder an nicht einmal einem Prozent ihrer Lebenszeit während der Kindheit.

Diese Ein-Prozent-Väter können sich über den verbliebenen Rest ihrer Interaktion mit den Kindern noch glücklich schätzen. Nach Fulton lassen zumindest in den Vereinigten Staaten von Amerika fast 40 Prozent der sorgeberechtigten Mütter überhaupt keinen Kontakt zwischen ihren Kindern und den Vätern zu (vgl. Parke 1982, S. 99).

4.2 Der Primat des Mütterlichen

Uns interessiert im Zusammenhang einer Mythologie der Kindheit weniger die Frage der Verfassungsgemäßheit einer Gesetzgebung, die einen Elternteil auf dem Wege der Sorgerechtsentscheidung vom grundgesetzlich gesicherten Elternrecht gemäß Art. 6, Abs. 2 GG ausschließt (vgl. Dickmeis 1982, S. 279). Im Zusammenhang einer Diskursanalyse wollen wir vielmehr wissen, welches die Alltagstheorien von in der Mehrzahl männlichen Richtern sind, die fortwährend durch ihre Spruchpraxis Halbwaisen produzieren. Bei dem Versuch der Beantwortung dieser Frage müssen wir zunächst einmal annehmen, daß die Richter mit einer derartigen Einschätzung nichts weiter tun, als daß sie eine alltägliche Einschätzung über die normale Familiensituation zum Maßstab erheben. Denn in der Tat müssen wir feststellen, daß die Verdrängung des Vaters aus den meisten Familien eine alltägliche Tatsache ist.

Auch was den wissenschaftlichen Diskurs über Eltern-Kind-Beziehungen betrifft, so dominieren bis heute Ansätze, die mehr oder minder linear auf die Psychoanalyse zurückgreifen und dem Mütterlichen einen Primat einräumen. Interessanterweise beziehen sich Psychologen, die die Rolle der Mutter in Sorgerechtsstreitigkeiten hervorheben, gern auf die Konzeption Freuds, wobei sie völlig übersehen, daß dessen Theorie, was die relativ vaterlose, präödipale Phase betrifft, in einer Sozialwelt entstanden ist, in der z. B. dem mütterlichen Stillen eine ganz andere Bedeutung zukam als heute. Darüber hinaus haben Fthenakis u. a. (1982, S. 9) darauf hingewiesen, daß solche psychoanalytisch akzentuierten Entwicklungstheorien gern ignorieren, in welcher Weise namhafte Psychoanalytikerinnen wie Anna Freud, Helene Deutsch, Melanie Klein, Dorothy Burlingham und Therese Benedek mit Nachdruck auf die Bedeutung des Vaters hingewiesen haben.

Diese Tendenz spiegelt sich auch in Untersuchungen, die sich mit der Quantität der Vater-Kind-Interaktion im Vergleich zur Mutter-Kind-Interaktion befassen. Wenn dort etwa durch Kotelchuk herausgefunden wird, daß Mütter durchschnittlich neun Stunden im Vergleich zu Vätern mit 3,2 Stunden täglich auf die Interaktion mit ihren Kindern verwenden (vgl. Fthenakis u. a. 1982, S. 25), fühlen sich einfältige Praktiker schnell darin bestätigt, daß Mütter mehr Zeit haben für ihre Kinder, und die Sorgerechtsentscheidung zugunsten der Mutter scheint evident. Daß die qualitative Intensität einer Beziehung nicht mit ihrer Quantität steigen muß, gehört offenbar nicht zu den alltäglichen Theorien. Ähnliche Beobachtungen gelten für den politischen Diskurs über die Vater-Kind-Beziehung. Eine Stiftung, die der CDU-Familienminister Geißler ins Leben gerufen hat, heißt «Mutter und Kind». Sie soll Frauen unterstützen, die auf eine Abtreibung verzichten. Für den Fall, daß ein Vater bereit wäre, das Kind zu betreuen, welches abzutreiben die Mutter unterläßt, ist keine Hilfe vorgesehen. Der in der siebenten Wahlperiode von der damaligen Koalition aus SPD und FDP vorgelegte zweite Familienbericht (vgl. Deutscher Bundestag 1975) zeigt, daß auch auf seiten des anderen politischen Lagers eine ähnliche Einschätzung in dieser Frage vorliegt. Der Bericht bestand aus einem Gutachten der Sachverständigenkommission «Familie und Sozialisation» und einer Stellungnahme der Bundesregierung. Der Bericht beschäftigt sich intensiv mit den «Rollenproblemen der Mütter» und finanziellen

Abb. 37: Titelseite «Müttermagazin» 6/1980

sowie institutionellen Maßnahmen, die es der Mutter ermöglichen sollen, sich von ihren Kindern zu entlasten, z. B. durch Tagesmütter, Kindertagesstätten usw. Die Person des Vaters als hier immerhin denkbare Kompensationsmöglichkeit für die mütterlichen Leistungen kommt auf den gesamten 200 Seiten dieses Berichtes schlicht nicht vor.

Aber auch in der alltäglichen Lebenswelt spiegelt sich, oft ganz selbstverständlich, die Überdetermination des Mütterlichen. So bietet der kirchennahe Kreuz-Verlag eine Zeitschrift «Frau und Mutter» an und wirbt mit dem «Frau-und-Mutter-Kalender», die Deutsche Bundesbahn führt in jedem Zug ein «Mutter-und-Kind-Abteil», und der Apotheker steckt das «Müttermagazin» (vgl. Abb. 37) in die Tüte zu den Medikamenten.

4.3 Von der Frau zur Schwangeren, vom Mann zum (werdenden) Vater

Die Unterdetermination des Väterlichen korrespondiert der Überdetermination des Mütterlichen. Worauf ist diese Erscheinung zurückzuführen? – Wir kommen einer Antwort wohl nur näher, wenn wir uns fragen, wie eine Frau zur Mutter, wie ein Mann zum Vater transformiert wird bzw. ob eine solche – rituelle – Transformation überhaupt noch stattfindet.

Beginnen wir mit dem weiblichen Element. Ungeachtet der Frage, ob wir überhaupt von einer Transformation der Frau reden können, wenn wir berücksichtigen, daß vorangehende Transformationsschritte (Mädchen/Braut →Frau) unterblieben, ist zunächst festzustellen, daß die Schwangerschaft allenfalls biologisch mit der Empfängnis beginnt. Mental beginnt sie in dem Augenblick, in dem die Frau weiß, daß sie schwanger ist, und in dem sie dieses Wissen akzeptiert.

Zum Wissen gehören das Wahrnehmen von Zeichen der Schwangerschaft und ihre richtige Deutung. Dazu gehören, quer durch die Kulturen, neben dem Ausbleiben der Monatsblutung die Verformung von Teilen des weiblichen Körpers, Verfärbungen der Haut, Veränderungen der Befindlichkeit, Ausflüsse und sogar das Zubergestehen der Haare sowie schließlich ein Zeichen, das mit dem Körper des Mannes in

Zusammenhang gebracht wird, die wohl eher durch eine Art Umkehrschluß zustande gekommene ‹Beobachtung›, daß der männliche Same beim Coitus zurückbleibt (vgl. Ploss 1905, Bd. 1, S. 798), weil er gewissermaßen nicht mehr gebraucht wird.

Schon im Ägypten der 19. bzw. 20. Dynastie, also etwa im 14. Jh. v. Chr., scheint es neben der bloßen Beobachtung auch experimentelle Techniken für die Diagnose einer Schwangerschaft gegeben zu haben wie:

«Man gebe der Frau das Kraut Boudodou-kâ mit Milch von einem Weibe, welches ein männliches Kind geboren hat. Wenn sich die Frau erbricht, so wird sie gebären ...» (ebd.)

Oder ein anderes Merkmal, welches heutigen medizinischen Diagnose-Methoden sehr nahe zu stehen scheint:

«Wenn die Frau einen sahnigen, trüben oder sedimentären Urin hat, so wird sie gebären ...» (ebd.)

Heute kennen wir ein Verfahren, das in jeder Apotheke oder auch im Selbstversuch zu Hause durchgeführt werden kann und auf der Bestimmung des Hormons HCG im Urin beruht. In der Gebrauchsanleitung zu diesem «F+S-Test» lesen wir:

«Schwanger? Der neue F+S-Test wurde entwickelt, damit Sie das Schwangerschaftshormon HCG zu Hause früh und sicher selbst bestimmen können.»

In zehn allgemeinverständlichen Schritten schildert die Gebrauchsanleitung den Diagnosevorgang, der im zehnten Schritt mit den Worten endet:

«10. Nach eineinhalb bis zwei Stunden können Sie das Ergebnis im Spiegel ablesen»:

Abb. 38: Schwangerschaftsdiagnose nach dem «F+S-Test»

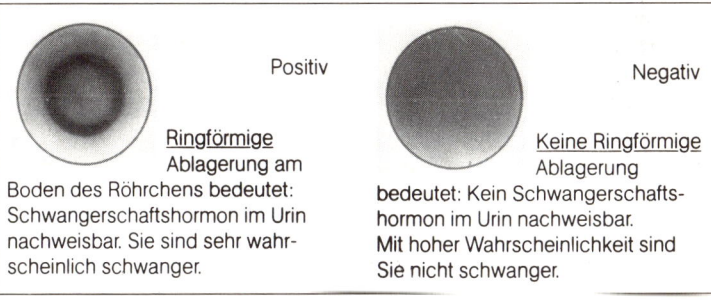

Die große medizinische Verwandtschaft der Verfahren überdeckt eine tiefgreifende Differenz zwischen der Diagnose aus dem ägyptischen Papyrus und dem F+S-Test: Der Papyrus wurde im Auftrag des Pharao durch und für Mediziner verfaßt, die diese Diagnose-Methode bei den königlichen Frauen anwendeten, natürlich ohne die zugrunde liegende Theorie preiszugeben. Der F+S-Test befindet sich demgegenüber in der Hand der Frau. Die Firma wirbt mit den Attributen der Frauenemanzipation: «Damit Sie zu Hause früh und sicher selbst bestimmen können.» – Sicher, selbst, bestimmen –: Selbst-sicher. – Das sind keine sprachlichen Zufälle. So ist der F+S-Test das Medium, mit dem die Frau selbst sich zur Schwangeren transformiert ohne fremde, geschweige denn männliche Hilfe. Allerdings konzediert der Text in der Gebrauchsanleitung, daß es mit der Diagnose allein nicht getan ist: «Sollte also bei positivem oder negativem Testergebnis Ihre Periode weiter ausbleiben, so konsultieren Sie bitte Ihren Arzt. Nur er kann die endgültige Diagnose stellen.»

Da ist er wieder, den wir aus dem Boudoir der Jungfrauen bereits kennen. Er wird die Frau in sein Sprechzimmer bestellen und ihr vertraulich-väterlich die ‹Verkündigung› zukommen lassen. Er gibt den kreisförmig angeordneten Urinsedimenten eine neue sprachliche Form: Frau X, der Test ist positiv. Und er wird heute nicht selten die Frage anschließen: «Wollen Sie das Kind austragen?» – Damit möchte er es der Frau X leichtmachen – Antinomie des Gynäkologen.

Sofern sie mit ‹Ja› antwortet, läßt sich die Transitionsgeschichte fortsetzen: Sie wird nach Hause gehen und dem abends heimkehrenden (Ehe-)Mann je nach Lage der Dinge, schonend oder Freude heischend, die Nachricht übermitteln oder es auch sein lassen.

Die christliche Tradition nennt diesen Vorgang «Verkündigung» oder «Ankündigung», und sie bezieht sich dabei vornehmlich auf das Lukas-Evangelium. Lukas war ein phantasievoller Mann; er schrieb diese Geschichte:

«Und im sechsten Monat ward der Engel Gabriel gesandt von Gott in eine Stadt in Galiläa, die heißt Nazareth, zu einer Jungfrau, die vertraut war einem Manne mit Namen Josef, vom Hause Davids; und die Jungfrau hieß Maria. Und der Engel kam zu ihr hinein und sprach: Gegrüßet seist du, Hochbegnadete! Der Herr ist mit dir! Sie aber erschrak über seine Rede und dachte bei sich selbst: Welch ein Gruß ist das? Und der Engel sprach zu ihr: Fürchte dich nicht, Maria, du hast Gnade bei Gott gefunden. Siehe du wirst schwanger werden und einen Sohn gebären, dessen Namen sollst du Jesus heißen. Der wird groß sein und ein Sohn des Höchsten genannt werden; und Gott der Vater wird ihm den

Thron seines Vaters David geben, und er wird ein König sein über das Haus Jacob ewiglich, und seines Reichs wird kein Ende sein» (Lukas I, 26–33).

Diese Verkündigungsszene ist in der christlichen Kunst immer wieder dargestellt worden. Zu den bekanntesten Darstellungen gehört der Ausschnitt aus dem Isenheimer Altar (vgl. Abb. 39), in dem die strukturelle Verwandtschaft zwischen dem Erzengel Gabriel und dem Gynäkologen durchaus nachvollziehbar ist: Überweltlicher Mann vollzieht an der unwissenden, ängstlichen Frau die Verkündigung.

Es ist kein Zufall, daß das Lukas-Evangelium diesbezüglich größere Aufmerksamkeit gefunden hat als die Darstellung des Matthäus, wo die Verkündigungsszene anders erzählt wird:

«Die Geburt Jesu Christi geschah aber also: Als Maria, seine Mutter, dem Josef vertrauet war, erfand's sich, ehe er sie heimholte, daß sie schwanger war von dem Heiligen Geist. Josef aber, ihr Mann, war fromm und wollte sie nicht in Schande bringen, gedachte aber, sie heimlich zu verlassen. Indem er aber also gedacht, siehe, da erschien ihm ein Engel des Herrn im Traum und sprach: Josef, du Sohn Davids, fürchte dich nicht, Maria, Dein Gemahl, zu dir zu nehmen; denn das in ihr geboren ist, das ist von dem Heiligen Geist. Und sie wird einen Sohn gebären, des Namen sollst du Jesus heißen, denn er wird sein Volk retten von ihren Sünden» (Matthäus 1, 18–21).

Eine strukturell verwandte Darstellung liefert Lukas übrigens auch für die Verkündigung der Geburt von Johannes dem Täufer, und zwar gegenüber dessen Vater, Zacharias. In diesen beiden Fällen wird also der Transitionsritus der Verkündigung an dem Mann vollzogen durch den Engel des Herrn. Hinzu kommt, daß im Falle des Zacharias diesem durch Gott der Mund verschlossen wird, so daß er gegenüber niemandem, auch seiner Frau Elisabeth nicht, berichten kann. Erst als es zur Namengebung des Kindes kommt, kann der stumm gewordene Zacharias wieder reden und kraft seiner väterlichen Autorität verlangen, daß sein Kind nicht nach ihm, sondern weisungsgemäß «Johannes» genannt wird.

Man kann für die unterschiedliche Behandlung des Zacharias und des Josef in dem Evangelium des Lukas hinsichtlich der Transformationsfrage nach theologischen Gründen suchen. Einer davon liegt darin, daß Lukas in der Differenzierung eine Betonung der Nicht-Vaterschaft des Josef vornehmen wollte. Insofern brauchte Josef auch nicht vom Mann zum Vater transformiert zu werden wie Zacharias. Gerade diese Differenz verdeutlicht deshalb noch einmal nachhaltig das Verständnis der Alten für die Notwendigkeit jenes Transitionsritus beim Mann im

Abb. 39: Isenheimer Altar (Ausschnitt) von Matthias Grünewald

Gegensatz zur Frau, die bereits aus biologischen Gründen eine Transformation erfuhr, deren Bedeutung ihr spätestens beim zweiten Kind zweifelsfrei klar gewesen sein dürfte. Wenn wir also genau hinsehen, dann hat sich im Vergleich zwischen der ursprünglichen, vielleicht antiken Form und der heutigen Situation hinsichtlich des Transitionsritus wieder eine wechselseitige Verkehrung der Transitionsobjekte und -subjekte ergeben: Der Transition des Mannes zum werdenden Vater durch einen väterlichen, d. h. überirdischen Mann steht heute die Transition der Frau zur Mutter durch eine Frau, und zwar durch sie selbst bzw. einen säkularisierten Übermann, den Gynäkologen, gegenüber.

Wenn die Intention des Lukas darin gelegen hatte, in der Ausklammerung des Josef seine Vaterschaft zu negieren und dadurch auf den göttlichen Vater zu verweisen, dessen Bote der Initiator ist, so heißt dieses für die Frau, die sich des F+S-Tests bedient, daß auch sie die Vaterschaft an ihrem Kinde negiert, ohne aber wie bei Lukas auf einen höheren Vater zu verweisen. Sie scheint Mutter und Vater zugleich zu sein; einer Erhöhung durch die Vaterschaft eines Gottes bedarf sie nicht. Indem sie sich aber, dem Ratschlag des Tests folgend, im zweiten Schwangerschaftsmonat *nolens volens* doch zum Gynäkologen begibt, erhöht dieser sie als Verkünder wie einst der Erzengel Gabriel und rückt sie in die Nähe der großen Mutter Maria, heiligt sie. Was die Vaterschaft des Mannes angeht, so bleibt der Effekt derselbe: Es gibt sie nicht. Sie wird nicht gebraucht. Man suche analog den zahllosen Marien-Darstellungen der christlichen Kunst einmal Josefs-Darstellungen mit dem Kind, die attributiv nur eine entfernte Ähnlichkeit mit Marien-Darstellungen haben!

Die Verbindung zwischen Vater und Kind scheint sich aus dem Diskurs über Kindheit entfernt zu haben. Bevor wir uns diesen Verlauf wenigstens rudimentär vor Augen führen, müssen wir noch einen Blick auf die Phase werfen, die der Verkündigung folgt. Es könnte ja sein, daß trotz Ausbleibens der Transition des Mannes zum Vater im rituellen Sinne er auf irgendeine andere Weise an die Seite der werdenden Mutter gestellt wird und seine Vaterschaft im Verlauf der Schwangerschaft erwirbt, also doch gewissermaßen selbst schwanger wird.

Der Fall des Paares, bei dem die (Ehe-)Frau schwanger ist, läßt sich am besten durch eine Beschreibung des Verhältnisses zwischen werdender Mutter und werdendem Vater fassen: Er ist Objekt der Herrschaftsausübung durch die werdende Mutter wie weiland Josef aus Nazareth. Kaum ein Ratgeber für die Schwangerschaft unterläßt es, ein kleines Kapitel der ‹Rolle des Vaters› in der Schwangerschaft zu widmen. Dieser männliche Schauspieler steht ganz unter der Regie der Frau. Im «Ärztlichen Ratgeber», herausgegeben vom Deutschen Grünen Kreuz, Ausgabe 1984, lesen wir:

«Die Rolle des Vaters. Jede werdende Mutter braucht besonders viel Liebe, viel Bewunderung, viel Zärtlichkeit. Sie braucht Anteilnahme, aktive, nicht passive.
Diese Anteilnahme ist auch für den werdenden Vater wichtig. Der Mann, der sich für alles interessiert, der mit seiner Frau zusammen abschätzt, wieweit das Kind sich schon entwickelt hat, stellt sich psychisch unmittelbar auf die Schwangerschaft und auf die Geburt und damit auf das zentrale Erlebnis seiner Frau ein.
Nehmen Sie Ihren Mann mit zu den Vorsorgeuntersuchungen. Dort erfährt er nicht nur, wie sich das Baby entwickelt, er kann über das Ultraschallgerät auf die Herztöne des Kindes hören und auf der Ultraschallaufnahme die Umrisse des Babys erkennen – Erlebnisse, die ihm die Verbindung zu dem Ungeborenen erleichtern und ihm helfen, sich dessen Existenz und Entwicklung besser vorzustellen.»

Was die Frau braucht während dieser Phase der Schwangerschaft, erfährt man in solchen Schriften immer wieder. Selten lesen wir etwas über die Bedürfnisse werdender Väter. Das wundert nicht. Denn da der Mann nicht in die Phase der Schwangerschaft transformiert worden ist, ist er nicht schwanger. Nimmt man das obengenannte Zitat wörtlich, dann ist die Lebensphase der Schwangerschaft als Transitionsphase des Mannes gedacht. Und der Initiator ist jetzt die Frau: «Nehmen Sie Ihren Mann mit zu den Vorsorgeuntersuchungen», also zu den periodischen Terminen mit dem Erzengel Gabriel, damit auch er die Botschaft hört. Dort wird ihm dann ein Bildschirm gezeigt, auf dem er einen dunklen Fleck als sein oder besser: ihr Kind identifizieren soll.

Für diese Praxis gibt es in der Kulturgeschichte kaum ein Beispiel. Zwar kennen viele Kulturen besondere Pflichten für den (Ehe-)Mann während der Schwangerschaft, aber diese haben einen ganz anderen Charakter. So mußten bei den Inkas die Männer fasten, um Zwillings- oder Mißgeburten zu verhüten; auf Grönland ist bekannt, daß der Mann nicht arbeiten durfte, weil sonst das Kind sterben würde; die falsche Lage eines Kindes wurde in Kamchatka damit erklärt, daß der Mann Holz über das Knie gebogen hatte, und auf der Insel Nias ist dem Mann das Einschlagen von Nägeln verboten, weil er damit gewissermaßen den Ausgang für das Kind vernagelt (vgl. Ploss 1905, Bd. 1, S. 884).

Für alle diese Beispiele und viele mehr gilt, daß die rituellen Handlungen oder Unterlassungen für den Mann einen *initiierenden* Charakter haben. Er soll sich an das Kommen des Kindes gewöhnen. Aber nirgendwo ist es die Frau, die die Riten stimuliert, und in jedem Fall dienen sie im Bewußtsein der Männer und Frauen genaugenommen dazu, den Mann auch schwanger sein zu lassen mit denselben Symptomen und Gefahren wie bei der Frau. Man geht offenbar davon aus, daß während der Entstehungsphase des Kindes sowohl die Handlungen der Frau als auch die des Mannes auf das werdende Kind einwirken. Zwischen der Mutterschaft der Frau und der Vaterschaft des Mannes wird in dieser Phase kein Unterschied gemacht.

Wenn überhaupt von einer Differenz die Rede sein kann, dann im Sinne einer mythologischen Schwerpunktsetzung auf die Schwangerschaft des Mannes. Roberto Zapperi (1984, S. 9 ff) hat darauf aufmerksam gemacht, daß der christliche Mythos von der Geburt Evas aus der Rippe Adams diesen und nicht Eva, also die Frau, als das Urbild des Fruchtbaren zeigt, woraus sich in der Geschichte des christlichen Denkens oftmals ein Herrschaftsgefälle abgeleitet hat. Demgegenüber muß die Hervorhebung der lebensstiftenden Funktion der Frau als Teil eines elementaren Geschlechterkampfes gelesen werden, in dem diese mit dem Beharren auf dem Prinzip der Lebensstiftung als Kriterium der Herrschaftsberechtigung gewissermaßen die Waffe des männlichen Arguments umkehrt. Die breite Verweigerung der Teilhabe des Mannes an den Transitionsvorgängen in die Phase des/der Schwangeren ist nichts anderes als die weibliche Verteidigung einer Herrschaftsposition über den Mann.

Der kurze Vergleich des Dispositivs der Vaterschaft einschließlich seiner Entstehung in der Transition der Verkündigung mit archaischen Überführungsformen zeigte die Struktur des Verhältnisses von Vater- und Mutterschaft recht deutlich: Die rituelle Transition des Mannes zum Vater durch eine dem alltäglichen Lebenszusammenhang entzogene Figur wie den Priester ist einer Überführung der Frau in den Status der Mutter durch diese Figur in der Gestalt des Gynäkologen gewichen. Einen Teil dieser Transformation hat die Frau durch das Medium Test längst selbst übernommen. Der Beziehung des Vaters zu seinem Kind während der Schwangerschaft als einer für die Gestalt des Kindes wirksamen wird kaum noch gedacht. Der Vater ist nicht schwanger, er steht allenfalls als bloßer Helfer daneben, wenn er durch die Frau veranlaßt wird, welche die eigenen Initiationen kraft ihrer Herrschaft in die Person des sogenannten Vaters verlängert (vgl. Kap. 5).

Daß diese Figuration nicht ohne psychologische Folgen für das spätere Kind sein wird, liegt auf der Hand. Die Vaterlosigkeit unserer Gesellschaft ist nach Mitscherlichs Studie «Auf dem Weg zur vaterlosen Gesellschaft» aus dem Jahr 1963 immer wieder belegt worden (vgl. Mitscherlich 1984), z. B. in der Kritik des damit verbundenen Mama-Syndroms (vgl. Seebald/Krauth 1982). Mitscherlichs psychoanalytisch akzentuierte Studie legt dabei gerade die Rolle einer Umwelt des Kindes frei, aus der der Vater aufgrund seines Arbeitsplatzes außer Haus weitgehend verbannt ist, so daß das Identifikationsobjekt für insbesondere das männliche Kind fehlt, was für die Geschlechtsrollenidentifikation außerordentliche Probleme aufwirft:

«Er kann seine Identität nicht leicht in Rollen finden, die schon der Vater oder die Vorväter innehatten, sondern muß sich in einer Berufsvielfalt, die er kaum überschaut und keinesfalls aus eigener Kindheitserfahrung kennt, orientieren und entscheiden. Alles das muß ihm das Gefühl der Vereinsamung geben und legt ihm den Schluß nahe, daß der Vater schwach, unfähig ist, daß man mit ihm nicht rechnen kann. Umgekehrt fühlen die Väter eine verständnislose Verschlossenheit an den Söhnen, die es schwer oder unmöglich macht, das rechte Wort im rechten Augenblick zu finden» (Mitscherlich 1984, S. 194).

Wie wir gesehen haben, beginnt dieser Prozeß der Exkommunikation des Vaters nicht erst nach der Geburt des Kindes: Unsere Kultur hat mit dem Medium des Mütterlichen dafür gesorgt, daß Väter gar nicht erst entstehen. Nun wird niemand so weit gehen wollen zu sagen, daß mit diesem Prozeß der Entsexisierung der nachwachsenden Generation, insbesondere bei männlichen Kindern, das Abendland bedroht sei, weil diese noch viel weniger einsehen, selbst Kinder zeugen zu sollen, als ihre Mütter. Auch muß man den Verlust der Geschlechtsdifferenzierung, ja nicht einmal das Aussterben einer Kultur für bedauerlich halten. Aber eine Frage scheint sich zu stellen: Ist der Mann eine Drohne, die ihr Leben nach der Begattung verwirkt hat (vgl. Abb. 40)?

Wessen werden insbesondere die männlichen Kinder eigentlich verlustig, wenn sie das Erlebnis einer wie auch immer gearteten Vaterschaft gegenüber sich selbst nicht mehr realisieren können? Und heißt Kindheit der so entväterten Kinder halbierte Kindheit? – Gerade die letzte Frage wird erst beantwortet werden können, wenn wir unsere Betrachtung im Lebenszyklus ein Stück weitertreiben. In jedem Fall

Abb. 40: Titelseite der «Bild-Zeitung» vom 22.2.1984

benötigen wir aber ein mögliches Bild alternativer Vaterschaft, um uns den Verlust überhaupt vor Augen führen zu können. Wir müssen dazu ein Stück des Dispositivs Vaterschaft im Diskurs über Kindheit verfolgen (vgl. dazu insbesondere Badinter 1980).

4.4 Vaterschaft und Väterlichkeit im Diskurs über Kindheit

In Rom, aber auch in Germanien war es der Vater, der unmittelbar nach der Geburt über die Annahme des Kindes entschied. So bestand der Ritus des *humi positio infantium* darin, daß man dem *pater familiae*, dem Herrscher über das Haus, das Kind auf den Boden legte, von dem er es dann aufheben konnte, soweit er es annahm. Ließ er es liegen, bedeutete es das Todesurteil für das Kind. Dieser auch in anderen Kulturen verbürgte Ritus (vgl. Ploss 1911, S. 97 f) demonstrierte das *Eigen-*

tum des Vaters am Kind. In dem Maße, in dem die Frau durch Kauf Eigentum des Mannes geworden war, gehörten auch ihre Produkte ihm. Nach der Entwöhnung kam das Kind, wie Aristoteles berichtet, zum Vater und hatte ihm zu gehorchen. Man wird den Prozeß der Demontage des Väterlichen nicht verstehen, wenn man sich nicht nachhaltig klarmacht, daß der Ausgangspunkt des Dispositivs der Vater-Kind-Beziehung ein Besitzverhältnis ist. In dem Maße, in dem sich die Kategorie des Eigentums allgemein veränderte, tat dieses auch das Vater-Kind-Verhältnis.

Die christliche Lehre enthielt gegenüber dieser antiken Tradition eine nachhaltige Irritation. Die naturrechtliche Argumentation des Aristoteles, die von einer natürlichen Ungleichheit zwischen den Menschen und damit zwischen den Geschlechtern ausging, wurde zumindest theoretisch problematisiert. Die Evangelien enthalten eine Fülle von Belegen dafür, daß die Frau tendenziell dem Mann gleichgestellt sei, eine grundlegende Korrektur der jüdischen Auffassung in der Tradition der Genesis. Dazu gehören z. B. die Heilung der Schwiegermutter des Petrus (Matthäus 8, 14 – 17), die Ächtung des Ehebruchs (Matthäus 5, 27 – 30), das Verbot der Ehescheidung (Matthäus 5, 31 – 32), die Heilung der Blutflüssigen (Matthäus 9, 18 – 26), Jesu Salbung durch eine Sünderin (Matthäus 26, 3 – 16), Jesu Jüngerinnen (Matthäus 9, 35; 27, 55), die kanaanäische Frau (Matthäus 15, 21 – 28) oder die Heilung der verkrümmten Frau am Sabbat (Lukas 13, 10 – 17).

Jedoch hat diese Theorie der Gleichheit nicht unmittelbar zu einer Veränderung geführt. Dafür dürfte schon der Brief des Paulus an die Epheser gesorgt haben:

«Die Frauen seien untertan ihren Männern als dem Herrn. Denn der Mann ist des Weibes Haupt, gleich wie auch Christus das Haupt ist der Gemeinde, die er als seinen Leib erlöst hat. Aber wie nun die Gemeinde ist Christus untertan, so seien es auch die Frauen ihren Männern in allen Dingen.
Ihr Männer, liebet eure Frauen, gleich wie auch Christus geliebt hat die Gemeinde und hat sich selbst für sie gegeben ... so sollen auch die Männer ihre Frauen lieben wie ihren eigenen Leib. Wer seine Frau liebt, der liebt sich selbst. Denn niemand hat jemals sein eigen Fleisch gehaßt; sondern er nährt es und pflegt es, gleich wie auch Christus die Gemeinde. Denn wir sind Glieder seines Leibes ... Darum auch ihr, ein jeglicher habe lieb seine Frau wie sich selbst; die Frau aber fürchte den Mann» (Epheser 5, 22 – 32).

Nicht nur weil Paulus in diesem Brief den Gleichheitsgedanken, vermutlich nicht ohne Druck aus den Urgemeinden, umformuliert und die

Gleichheit auf das Medium der Liebe des Mannes gegenüber den Frauen reduziert, wohingegen die Frauen die Männer fürchten sollen, nicht nur wegen der damit verbundenen Vergöttlichung des Mannes in der Analogie zu Christus ist dieser Brief von Bedeutung. Der Eigentumsgedanke des Mannes an der Frau bleibt hier deutlich bewahrt, indem Paulus unter Rekurs auf die These von der Fleischeseinheit aus der Genesis die Frau kurzerhand zum Bestandteil des Mannes umdefiniert, so daß sich die Frage nach der Gleichheit zweier im Kern Ungleicher nicht mehr stellt. Sie werden als von ihrer Herkunft gleich dargestellt, allerdings als Erwachsensein des einen aus dem anderen. Wie das Produkt des männlichen Leibes, die Frau, Eigentum des männlichen Leibes bleibt, muß auch das Subprodukt, das Kind, konsequenterweise weiterhin als Eigentum des Mannes interpretiert werden.

Dieser ‹Kniff›, mit dem Paulus die Konfrontation des antiken Bildes der Mann-Frau-Beziehung mit der christlichen Lehre umging, enthielt allerdings schon eine Veränderung gegenüber der antiken Position. War diese eher durch eine erwerbsrechtliche Konstruktion bestimmt, insofern der Mann die Frau und damit die Kinder durch Kauf erwarb, so definierte Paulus die Frau quasi naturrechtlich als (durch Derivation) immer schon gewesenes Eigentum des Mannes um.

Diese Modifikation war in der historischen Situation, in der antike Tradition und christliche Revolutionsabsicht aufeinanderprallten, notwendig, wenn die christliche ‹Liebe› auf Zustimmung stoßen wollte. Die Kirchenväter haben deshalb verschiedentlich versucht, die Position des Vaters nicht zu problematisieren. Im Gegenteil ließ sich in Analogie zu ihr das Verhältnis von Christus als Sohn des göttlichen Vaters für jedermann verständlich machen. So lesen wir bei Origines (1959, S. 265 f):

«‹Meine Speise ist es, den Willen dessen zu tun, der mich gesandt hat.› Es ist eine richtige Speise für den Sohn Gottes, wenn er den väterlichen Willen erfüllt, weil er damit dasselbe Wollen sich selbst verschafft, das auch im Vater war, so daß der Wille des Vaters im Willen des Sohnes ist, und der Wille des Sohnes ununterschieden wird vom Willen des Vaters, damit nicht mehr zwei Willen seien, sondern ein Wille. Auf Grund des einen Willens sagt der Sohn: ‹Ich und der Vater sind eins.› Und wegen dieses einen Willens sieht, wer den Sohn sieht, auch den, der ihn sendet ... Übrigens besteht der ganze Wille des Vaters nicht nur in dem, was außerhalb des Wollenden geschehen ist, sondern der ganze Wille des Vaters ist vom Sohne verwirklicht worden, da das Wollen Gottes, im Sohne zu Wirklichkeit geworden, wirkt, was der Wille Gottes will. Einzig der Sohn faßt und wirkt den ganzen Willen des Vaters ... Als Bild der Güte des

Vaters sagt er: ‹Was nennst du mich gut› (Lk 18,19), weil dieser (gute) Wille die dem Sohn eigene Speise ist. Um dieser Speise willen ist er, was er ist.»

Wenn man weiß, daß «der Speise bedürfen» bedeutet, abhängig zu sein, dann sieht man in diesen Sätzen eine Formel für das Gezeugtwerden des Sohnes aus dem Vater. Bei Origines bleibt es aber bei der von Paulus inspirierten Interpretation, wobei allerdings der Gedanke an die Frau als Mittelglied zwischen Vater und Kind (Sohn) nicht mehr aufscheint.

Bei Augustinus (1980, S. 21) verändert sich die Konstruktion. Auch er verwendet das Bild der Speise, aber er macht einen wesentlichen Unterschied:

«Aber mich trugen sogleich die Wohltaten einer Erbarmung, wie ich vernommen habe von den Zeugeltern meines Fleisches, dem Vater, der Mutter, aus welchem, in welcher du mich gestaltet hast in der Zeit – denn ich selber habe kein Erinnern daran.

Es empfingen mich also die Wohltaten der menschlichen Milch, und nicht meine Mutter und nicht meine Ammen füllten sich die Brüste, sondern du gabst mir durch sie die Nahrung des Säuglings nach deiner Ordnung aus dem bis in der Dinge Tiefen angelegten Reichtum.»

Der Unterschied besteht offenbar darin, daß die göttliche Vaterfigur im Gegensatz zu der Auffassung des Origines sich sehr wohl einer Vermittlungsagentur bedient, und diese besteht nun aus Mutter und Vater! Jede Vergöttlichung des Vaters ist hier unmöglich geworden, denn er ist nur Mittler des ganz anders gestalteten göttlichen Vaters. Eher könnte man noch von einer Vergöttlichung der Mutter bei Augustinus reden; denn erstens hat diese kein göttliches Pendant, das wie im Falle des Vaters eine solche Position schon besetzt hielte, und zweitens sind die «Confessiones» des Augustinus neben vielem anderen auch ein Muster neurotischer Bindung des Augustinus an seine Mutter Monnica. Ein erheblicher Teil der «Confessiones» befaßt sich mit dieser Beziehung, demgegenüber die dürren Worte, die dem Vater Patricius gewidmet sind, nur einen kleinen Raum ausmachen.

Obwohl Augustinus theoretisch durchaus noch in der antiken Tradition argumentiert und die Position eher derjenigen des Origines zu vergleichen wäre, muß seiner Autobiographie, auch was deren spätere Rezeption angeht, größere Bedeutung beigemessen werden. Hier wird eine Mutter-Kind-Beziehung vorgestellt, die eine große Verwandtschaft mit der heutigen Situation hat.

So nimmt es denn auch nicht wunder, daß in der Folge dieses «Untieres der Moral», wie Nietzsche meinte, die Demontage des Väterlichen ihren Lauf nahm. Sie begann mit einer Eindämmung der Kindestötung, welche interessanterweise mit einer Argumentation begründet wurde, die noch einmal eigentumsrechtlich akzentuiert war. Wenn, wie Augustinus gesagt hatte, Vater und Mutter nur Mittler eines Gottes sind, der alle seine Kinder durch sie selbst speist und damit also gezeugt hat, sind sie von Gott abhängig, sie gehören ihm.

Das war eine logische Konsequenz aus der neuen monotheistischen Lehre. Man könnte also sagen, daß die Väter ihre Kinder an jenen fleischlosen Übervater verloren, mit dem sie nicht konkurrieren durften. Die enge Bindung der Mutter an ihre Kinder dagegen konnte aufgrund dieser Konstruktion nie als ein Streitigmachen der göttlichen Kompetenz verstanden werden, weil sie weiblichen Geschlechts ist und ihre Aktivität nicht als Wettstreit mit dem männlichen Gott verstanden werden konnte.

Dieser Entwicklung korrespondiert auch die Sakramentierung der Ehe, die in der Folge der Augustinischen Eheqüterlehre, wie wir wissen, zu kanonischem Recht wurde. De facto bedeutet dieses, daß der Wille der Brautleute zur Eheschließung vor dem Priester genügte; das paternalische Recht auf eine Zustimmung des Vaters zur Ehe wurde damit, zumindest auf dem Papier, liquidiert. Die Bedeutung dieses Vorgangs kann kaum überschätzt werden; denn die Verehelichung der Kinder war der Akt schlechthin, der im Sinne einer Zukunftsbeeinflussung der Kinder wichtig war.

Wenn man die Diskursentwicklung eigentumsrechtlich analysiert, dann wird gleichzeitig deutlich, daß die Mutter juristisch den Vater nicht als Eigentümer ablöste. Wenn wir also von einem weiblichen Eigentum am Kind sprechen wollen, dann müssen wir immer davon ausgehen, daß sich mit der Erstarkung des weiblichen Besitzes am Kinde der Eigentumsbegriff selber verändert. Es wird eher von einem faktischen, affektiv-neurotischen Besitzverhältnis im psychoanalytischen Sinne gesprochen werden müssen, wenn von der Mutter als Eignerin die Rede sein soll. Diese Entwicklung korrespondiert auf lange Sicht im übrigen durchaus der Tendenz zu einer zunehmenden Verinnerlichung der Beziehungen, z. B. im Medium der Minne, der Agape usw.

Verfolgen wir die Entwicklung des Dispositivs ‹Eigentum am Kind› weiter, so ist eine wichtige Station die Wahlrechtsdebatte in England in der Mitte des 17. Jahrhunderts. Diese Auseinandersetzung hat auf den ersten Blick nichts mit den Beziehungen von Vätern und Müttern zu ihren Kindern zu tun, denn es ging um den Anspruch der sogenannten Leveller Bewegung auf ein Männerwahlrecht (vgl. MacPherson 1973, S. 126 ff). Diese Auseinandersetzung hat eine für die Entwicklung des liberalen Besitzindividualismus wichtige Implikation. Die Levellers argumentierten nämlich in Fortführung einiger Gedanken John Lockes damit, daß das ausschließliche Eigentum an der Person dieser Person selbst zustehe und damit Freiheit das Wesen des Menschen sei:

> «Ein jeder hat, so wie er ist, ein Eigentum an sich selbst, sonst könnte er nicht er selbst sein» (zit. n. MacPherson 1973, S. 163).

Es darf aber nicht übersehen werden, daß diese Argumentation Männer des untersten Standes, Frauen und Kinder ausschloß, denn um deren Wahlrecht wurde nicht gestritten. Immerhin war durch John Locke (und teilweise auch schon durch Hobbes) aber eine generalisierbare Theorie entworfen worden, die bei genauerer Betrachtung danach verlangen würde, auf alle Menschen übertragen zu werden. Das Kind würde, pejorativ formuliert, zu einer Art herrenlosem Gut.

Für so etwas finden sich natürlich schnell Interessenten. Im Kontext des zeitlich parallelen Säkularisierungsprozesses nahm sich der Staat der Kinder an. Badinter (1981, S. 28) referiert einen Erlaß aus dem Frankreich des Jahres 1684, demzufolge auf Antrag der Eltern der Staat gegen deren Kinder, so sie gewalttätig oder faul und liederlich waren, eine Internierung in Arbeitslager durchsetzen konnte. Noch 1763 bekräftigte der König diese Tendenz durch die Möglichkeit einer staatlichen Deportation der Kinder auf die Insel Désirade.

Das Interesse des Staates an den Kindern führte, anders als bei der Kirche, zunächst nicht zu einer rechtlichen Deprivation der Väter, sondern im Gegenteil zu ihrer Stärkung. Dies ist die Geburtsstunde einer väterlichen Gewalt, die den Vätern nicht mehr durch Gott, sondern durch den Staat verliehen wurde, genauer durch die einschlägige Gesetzgebung. Napoleon beharrte bei der Entstehung des Code Civil durch persönliche Intervention darauf, daß die Frau bei der Eheschließung explizit anerkennen müsse, ihrem Ehemann Gehorsam zu schulden, so daß die väterliche Gewalt im Artikel 212 des Code Civil verankert wurde. Das Preußische Landrecht enthält ähnliche Konstruktionen, und noch das Bürgerliche Gesetzbuch von 1900 schreibt unmißverständlich vor:

«§ 1627 (Elterliche Gewalt des Vaters) Der Vater hat kraft der elterlichen Gewalt das Recht und die Pflicht, für die Person und das Vermögen des Kindes zu sorgen.

§ 1631 (Personensorge des Vaters) (1) Die Sorge für die Person des Kindes umfaßt das Recht und die Pflicht, das Kind zu erziehen, zu beaufsichtigen und seinen Aufenthalt zu bestimmen. (2) Der Vater kann kraft des Erziehungsrechts angemessene Zuchtmittel gegen das Kind anwenden. Auf seinen Antrag hat das Vormundschaftsgericht ihn durch Anwendung geeigneter Zuchtmittel zu unterstützen.

§ 1633 (Verheiratete Tochter) Ist eine Tochter verheiratet, so beschränkt sich die Sorge für ihre Person auf die Vertretung in den die Person betreffenden Angelegenheiten.

§ 1634 (Personensorge der Mutter) Neben dem Vater hat während der Dauer der Ehe die Mutter das Recht und die Pflicht, für die Person des Kindes zu sorgen; zur Vertretung des Kindes ist sie nicht berechtigt, unbeschadet der Vorschrift des § 1685 Abs. 1. Bei einer Meinungsverschiedenheit zwischen den Eltern geht die Meinung des Vaters vor» (vgl. Flügge 1983, S. 20 f.).

Obgleich damit die Person des Vaters erstarkt zu sein scheint, darf eines nicht übersehen werden: Die väterliche Gewalt umschließt kein Eigentum am Kind mehr, und die Autorität ist eine geliehene, mit der der Staat den Vater für seine eigenen Zwecke ausrüstet. Deshalb ist die väterliche Gewalt nicht nur ein Recht, sondern eine Pflicht, auf deren Einhaltung der Staat pochen kann. Von einer naturrechtlichen Argumentation ist diese Position weit entfernt. Der Vater ist, wie strukturell bei Augustinus Vater und Mutter es sind, Mittler eines höheren Willens, allerdings nicht mehr des göttlichen Vaters, sondern des Vaters Staat.

Der Staat hat mit dieser Verlegung der Kompetenz aber noch mehr getan. Indem er den Vater in die Rolle desjenigen drängte, der die objektiven Interessen der Gesellschaft gegen den Willen des Kindes durchzusetzen hat, machte der ihn zum Patriarchen und trieb spätestens seit dem 19. Jahrhundert die Kinder in die Arme der Mütter, unterstützt von der Kritik Rousseaus in seinem «Emile» an den gegenüber den Kindern desinteressierten Frauen.

Einen theoretischen Höhepunkt bereitete für diese Entwicklung eine historische Mythologie (vgl. Bachofen 1926), die in einer Rekonstruktion der angeblichen Dominanz des Mütterlichen solche Mythen zutage förderte, die eine frühere Kulturstufe des Matriarchats belegen sollten. Uwe Wesel (1981) hat gezeigt, daß die von Bachofen beigebrachten Belege einer Überprüfung nicht standhalten. Damit könnte Bachofens Werk zum Dokument einer Art des männlichen Selbsthasses werden oder der Sehnsucht, sich die vergleichsweise inferiore Rolle in bezug auf die Liebe zu den Kindern erklären zu können.

Diese affektive Liebe durften die Väter kaum je artikulieren. Seit der Erfindung der Liebe im Verständnisse von Agape wurde diese immer dort von ihnen verlangt, wo der Eros ihren Bedürfnissen näher zu stehen schien, in der Beziehung zu ihren Frauen. Als am Ende des 18. Jahrhunderts Rousseau den Weg beispielhaft eröffnete, indem er den Roman einer pädagogischen Beziehung zwischen Emile und seinem männlichen Erzieher schreibt, widmet er diesen nicht den Vätern, sondern den Frauen.

Daß eine Lebenspraxis, in der durch die staatliche Statuszuweisung an die Väter die Mütter zu dominanten Bezugspersonen ihrer Kinder werden, auf Dauer nicht würde mit einer juristischen Kodifikation auskommen können, die die tatsächliche mütterliche Gewalt ignorierte, lag auf der Hand. So ging der ‹Vater› Staat im Laufe des 20. Jahrhunderts dazu über, die formale Autorität des Vaters unter dem Druck der Frauen sukzessive zu demontieren unter gleichzeitiger Stärkung der Frauenrolle.

Die Reichsverfassung von 1919 stellte in Artikel 119, Abs. 3 die Mutterschaft unter den Schutz und die Fürsorge des Staates und erklärte die Erziehung zur obersten Pflicht und zum natürlichen Recht beider Eltern. 1938 stellte das Gesetz zur Vereinheitlichung des Rechts der Eheschließung und der Ehescheidung beide Elternteile für den Fall der Ehescheidung insofern gleich, als daß das Recht der elterlichen Sorge außer in Fällen, die das Kindeswohl gebot, immer dem nichtschuldigen Elternteil zugesprochen werden sollte.

1957 wurde mit der Gleichberechtigung von Mann und Frau zwar die gemeinsame elterliche Gewalt bekräftigt; jedoch enthielt der § 1628 BGB noch ein Entscheidungsrecht des Vaters: «(1) Können sich die Eltern nicht einigen, so entscheidet der Vater; er hat auf die Auffassung der Mutter Rücksicht zu nehmen.» – Als gesetzlicher Vertreter wurde im § 1629 BGB der Vater bestimmt. Noch 1961 bestimmte das Familienrechtsänderungsgesetz für die Mutter eines unehelichen Kindes, daß ihr nicht die elterliche Gewalt über das Kind zustehe (§ 1707, 1 BGB), sondern einem Vormund, der die Rolle des Vaters einnehmen sollte. 1976 leitete der Deutsche Bundestag mit dem Ersten Gesetz zur Reform des Ehe- und Familienrechts dann die geschilderte Demontage des väterlichen Sorgerechts ein.

Nachdem der Staat die Mütter über den Weg der formalen Gewaltzuweisung an die Väter zunächst zu den faktischen Bezugspersonen gemacht hatte, zog diese vermeintliche Stärkung des Vaters eine Dialektik der Art nach sich, daß den Müttern nach der Übermittlung der faktischen Zuständigkeit für die Kinder schließlich auch das Recht auf sie zugewiesen wurde. Insofern sind Gerichtsurteile, die die Beziehung der Mutter («natürliche Bezugsperson») zu den Kindern zur Begründung heranziehen und diese dann juristisch kodifizieren, nur eine Abbildung des historischen Vorgangs der Dialektik des Vaters aus der Gunst des Staates.

Wenn durch diese Bewegung nur die Väter um ihre möglicherweise natürlich begründeten Rechte gebracht worden wären, so verdiente dieser Vorgang im Rahmen einer Mythologie der Kindheit vielleicht keine weitere Aufmerksamkeit. Es dürfte aber unmittelbar einsichtig sein, daß das Konzept Kindheit sich durch die Abwesenheit des Vaters heute, schon in der Phase der Schwangerschaft, entscheidend prägt. Die kulturellen Folgen einer Entväterlichung dieser Gesellschaft sind durch Mitscherlich erst in rudimentären Zügen prognostiziert worden; das ganze Ausmaß der Veränderungen bis in die Geschlechterdifferenz der nachwachsenden Generationen wird erst viel später erkennbar werden.

Dieses allein deshalb, weil der Prozeß der Rücknahme des Väterlichen (nicht zuletzt wegen seines politischen Mißbrauchs in einer Führerideologie) erst jung ist. Die weit ausgreifende Rekonstruktion des Vaterbildes in Mythos und Geschichte, welche in einem Projekt der Universität Heidelberg durchgeführt wurde (vgl. Tellenbach 1976–1979), hat diese Datierung deutlich belegt. Sie hat aber auch, noch eindringlicher, als Mitscherlich es tat, gezeigt, wie die neue «paternale Unzulänglichkeit» und die «Defizienz des Vaters» mit den Entstehungsbedingungen einer «psychosenträchtigen Mutter-Kind-Dyade» und dem «Fehlen eines gemeinschaftstiftenden Prinzips» einhergeht (Tellenbach 1979, S. 154). Bei der noch ausstehenden Suche nach den gattungsgeschichtlichen Gründen für diese Entwicklung wird die Hypothese zu prüfen sein, ob unter anderem das Väterliche deshalb so leicht durch Frauen und Männer geopfert werden konnte, weil seine Abdrängung eine hybride Suggestion übermittelt: den Glauben, mit der Entbehrlichkeit des Väterlichen sei endlich die Unmöglichkeit der Autochthonie überwunden, die Unmöglichkeit der Selbstzeugung, für die der Ödipusmythos einst stand. Das Mütterliche scheint sich selbst genug.

5 Orte und Helfer der Geburt
Entdifferenzierung der Generationen
und der Geschlechter
durch entritualisierte Entbindung

5.1 Hausgeburt und Klinikgeburt

Waren die Selbstinitiation der Frau zur Schwangeren und die damit verbundene Dispensierung des Väterlichen dominierende Merkmale der Lebensphase, die einmal durch den Ritus der Verkündigung charakterisiert gewesen ist, so stellt sich für den Akt der Entbindung die Frage nach dem Gelingen der erforderlichen Transitionen von Frauen und Männern zu Müttern und Vätern um so nachhaltiger. Diese Phase ist für die gesamte Betrachtung der Konstitution von Kindheit in den Köpfen Erwachsener aus mehreren Gründen von großer Bedeutung.

Zum ersten verhilft die Geburt dem Kind durch die anatomische Trennung von seiner Mutter zu einer zunächst biologisch individuellen Existenz. Es wird, wie das lateinische Herkunftswort «partus» (von partio = teilen, trennen) andeutet, vom Status des Embryos in den des Kindes durch Trennung von der Mutter überführt (vgl. Jakob und Wilhelm Grimm 1984, Bd. 4, Sp. 1802). Der transitorische Gehalt dieses Vorgangs im Lebenszyklus des Menschen ist unmittelbar zu sehen.

Sodann impliziert der Trennungsvorgang eine zweite Transition. In seinem Vollzug wird die Schwangere zur Mutter überführt, jedenfalls biologisch. Aber die (physiologische) Ent-Bindung der Frau von einem Kind machte diese nicht zu einer Mutter, die Frucht ihres Leibes nicht zum Individuum und viel weniger noch den männlichen Erzeuger zum Vater. Die unterschiedlichen Kulturen haben deshalb immer wieder ausgeprägte Geburtsriten hervorgebracht, die diese Transitionsleistung erbringen sollen. Mütter, Väter und ihre Kinder wurden mit sichtbaren Symbolen ihres neuen Status versehen und auf diese Weise für die sie umgebende Gemeinschaft in ihrer neuen Lebensphase akzeptabel und umgänglich. Darin, daß im deutschen Sprachraum mancherorts die Bezeichnung ‹Frau› erst nach der Geburt eines Kindes getragen werden durfte, spiegelt sich die Bedeutung dieses Vorgangs (vgl. Erich/Beitl 1974, S. 259). Dabei spielen Bekleidungsvorschriften, Schmuck und Körperbemalungen oft eine differenzierende Rolle. Sie bedeuten: Dieses ist eine Mutter, dieses ihr Kind. Noch vor einer Generation war diese Differenzierung sehr verbreitet. Abbildung 41 zeigt vier weibliche Personen in direkter Abstammung, wobei als Unterscheidungsmerkmal die Helligkeit der Kleidung gilt, von dem weiß gekleideten Kind über die farbig, aber dunkler gekleidete Mutter und Großmutter zur schwarz gekleideten Urgroßmutter.

Abb. 41: Familienfoto, ländlich, um 1950

In ländlichen Regionen Westeuropas gehört dieses Merkmal neben zahlreichen anderen gelegentlich noch immer zum bewußten Bestand der Alltagskultur, schwindet aber rapide mit der Verbreitung der medialen Werbeträger, die längst gegenteilige Bekleidungsregeln vermitteln. Die Konsumindustrie hat das Bewußtsein dahingehend zu prägen vermocht, daß die äußerliche Erkennbarkeit einer Mutter unter allen Umständen vermieden werden muß. Das alte Mittel der Körperbemalung wird zur Überdeckung der Unterschiede zwischen reifen Müttern und ihren 18jährigen Töchtern verwendet. Ähnliches gilt für die Haartracht, den in Massenfertigung jeder Frau ökonomisch verfügbaren (Mode-)Schmuck und die Konfektionskleidung, die auch in den Größen über 44 ihre Qualität gerade dadurch unter Beweis stellt, daß sie die Leibesfülle einer 45jährigen Matrone durch ein ‹jugendliches› Äußeres zu maskieren vermag. Die Körpersymbole des Mütterlichen sind also im Begriffe zu verschwinden, aber nicht nur sie. Die Äquilibration der Generationen spiegelt sich auch in anderen Zeichen, dessen wichtigstes, die identitätsverleihende Anredeform, gleichfalls seine intergenerationelle Differenzierungsfunktion verliert.

So konstatieren wir im Verlauf von etwa einhundert Jahren eine grundlegende Veränderung der kindlichen Bezeichnung für seine Mutter. Das Grimmsche Wörterbuch von 1885 notiert neben «Mutter» (1984, Bd. 12, Sp. 2804ff) nur «Mamá» (Sp. 1517) als französisches Lehnwort der «eleganten Welt», also nicht des Alltags, sodann «Mamachen», allerdings nicht als Anrede, sowie «Mütterchen» für lateinisch «matercula» (Sp. 2814) als einzige Diminutivformen. Dem steht hundert Jahre später eine Redepraxis gegenüber, in der die Wahl des Vornamens der Mutter (wie auch des Vaters) in der Anrede durch das Kind Platz greift, eine Erscheinung der Entdifferenzierung, die längst auch unter vermeintlich politischer Legitimation auf den institutionalisierten Erziehungsbereich wie die Schule übergegriffen hat. Wenn (erwachsene) Mütter und Väter durch diese Art der Selbstdarstellung und durch die Hinnahme ihrer Infantilisierung per kindliche Anrede nicht nur ihren Status, sondern auch den ihrer Kinder nivellieren, dann verdient die Schwelle der Geburt bzw. Entbindung eine besondere Aufmerksamkeit. Denn durch ihre Betrachtung läßt sich erfahren, ob die sich ausbreitende Dekonstruktion von Kindschaft, Mutterschaft und Vaterschaft eine sozialisatorische Entwicklung *post partum* darstellt oder ob sie bereits im Arrangement einer Entbindung rituell angelegt wird.

Gelingt es heute im Vollzug einer alltäglichen Entbindung noch, dem Kind zu sich selbst, zu einer Mutter und zu einem Vater zu verhelfen? Zur Beantwortung dieser Frage ist das Augenmerk auf zwei rituell wichtige Elemente des Geburtsvorgangs zu richten, auf den Ort der Entbindung und auf die daran beteiligten Personen. Der Ort ist deshalb von Bedeutung, weil archaische Gesellschaften selten auf die Einrichtung eines Geburtsexils, also auf die Entfernung der Schwangeren aus ihrer gewohnten Umgebung, verzichten, eine Praxis, die etwa einer Klinikentbindung entspräche. Weil des weiteren eine gelingende Transition auf die aktive Teilnahme von Mitgliedern des sozialen Umfeldes oder seiner Delegierten angewiesen ist, muß untersucht werden, ob Geburtshelfer (Ärzte und Hebammen) noch diese rituelle Funktion erfüllen und besonders ob der bei der Entbindung anwesende Ehemann, der selbst ja nicht Objekt medizinischer Verrichtungen ist, noch zum Vater transformiert werden kann.

Entgegen der außerordentlich breiten Diskussion über Vorzüge und Nachteile von Klinik- und Hausgeburten spielen Hausgeburten praktisch keine Rolle. Nach Auskunft des Statistischen Bundesamtes vom 21.2.1985 fanden im Jahr 1982 (ohne Bayern) 98,9 Prozent aller Entbindungen in einer Klinik statt. Danach wurde die Erhebung wegen der Bedeutungslosigkeit von Hausgeburten aufgegeben. Wenn im folgenden der im Selbstverständnis ihrer feministischen Protagonistin avantgardistische Selbstbericht einer Hausentbindung Ausgangspunkt der weiteren Überlegungen ist, so deshalb, weil der *Diskurs* über Kindheit, hier also über Entbindung, und nicht die sogenannte Wirklichkeit Untersuchungsgegenstand ist. Der nicht medizinische Diskurs über das Dispositiv der Entbindung konzentriert sich in seiner jüngsten Form aber genau auf diese Elemente: den Ort der Geburt und die daran beteiligten Personen, insbesondere auf den (werdenden) Vater.

«Samuel Tiago, 10.5.1980 in Bremen
Indira: Längere Zeit schon wünschte ich mir ein Kind. Ich überlegte mir genau, wie die Schwangerschaft wohl verlaufen würde. Dann schenkte mir eine Freundin das Buch ‹Bewußt Fruchtbar Sein›. So hörte ich zum ersten Mal von Hausgeburten. Schon vorher hatte ich mit Abneigung an eine Geburt im Krankenhaus gedacht, hätte sie aber als notwendiges Übel in Kauf genommen. Unbewußt fühlte ich, daß dies nicht das Richtige für mich und mein Kind wäre. Also informierte ich mich besser und wägte die medizinischen Vor- und Nachteile der Hausgeburt ab. Psychisch gesehen, gab es für mich nur Vorteile.
Dann wurde ich im Urlaub in Portugal schwanger. Ich wußte, ich wollte mein

Baby zu Haus gebären. In Bremen angekommen, ging ich zu Dr. H., meinem Arzt. Ich wußte vorher nicht, daß er Hausgeburten unterstützte. Also war ich vorbereitet auf eine ablehnende Haltung. Aber was für eine Erleichterung. Er meinte, er würde bei meiner Geburt dasein, und gab mir die Telefonnummern von zwei Hebammen, die in Bremen bei Hausgeburten helfen. So lernte ich Renate kennen, bei der ich einen Gymnastikkurs belegte. Wir übten Atemtechniken und Entspannungsübungen. Aber hauptsächlich redeten wir. Ich hatte ein großes Bedürfnis, mit Renate und den anderen Frauen zu reden. So lernte ich sie gut kennen, und eine Vertrauensbasis wurde geschaffen. Ich wollte nicht, daß mein Kind durch irgendwelche Medikamente geschädigt würde, und glaubte nicht, mich in den entscheidenden Momenten wehren zu können. Zu Hause fühlte ich mich geborgen. Xico konnte immer bei mir bleiben und mir helfen. Auch würden wir von Anfang an für unser Baby dasein können. Außerdem sollte es eine sanfte Geburt sein. Kurz und gut, die Geburt sollte ein schönes Erlebnis werden, und eine schwangere Frau ist keine kranke Frau. Ich wollte nur ins Krankenhaus, wenn meine Gesundheit oder die des Kindes gefährdet wäre. Ansonsten meinte ich, gut auf die Krankenhaustechnik verzichten zu können. Die Ärzte müssen wieder mit ihren Händen abtasten lernen und mehr erfühlen, vielleicht bekommen sie dann wieder besseren Kontakt zu ihren Patientinnen. Ich jedenfalls war glücklich, die Möglichkeit zu haben, mein Kind zu Hause zu gebären.

Am neunten Mai, Freitag, war es soweit. Der eigentliche Geburtstermin sollte am 16. Mai sein.

In den letzten beiden Wochen der Schwangerschaft fühlte ich mich sehr schwach und müde. Dazu war ich in depressiver Stimmung. Mein Bauch war schwer und schien zu platzen. Wegen Kleinigkeiten stritten Xico (der werdende Vater) und ich. Wir hatten eine Hausgeburt geplant, alles war bereit. Ich hatte nur noch eine Sitzung der Gymnastik bei Renate, meiner Hebamme. Mein Arzt Dr. H. war ausgerechnet jetzt für ein paar Tage weggefahren. Ich ging am Freitag zu einem vertretenden Arzt zur Vorsorgeuntersuchung. Schon während der letzten Woche hatte ich ein Ziehen in der Scheide gefühlt, deshalb ging ich sehr nervös zu Dr. A.; einmal war ich gespannt, ob sich schon etwas an meinem Muttermund getan hatte, und dann würde Dr. A. auch bei der Geburt dabeisein, und ich kannte ihn noch nicht. Aber er war mir sympathisch. Mein Muttermund war zwei Finger breit offen. Dr. A. führte eine Fruchtwasserspiegelung durch. Alles war in Ordnung. Ich fuhr mit der Straßenbahn zur Uni. Auf dem Weg traf ich Sabine, sie war frustriert, weil ihr Geburtstermin überschritten war.

Aufgeregt erzählte ich Xico, daß es bald soweit sein würde. Er sollte noch zum Unterricht, kam aber doch schon in der Pause heraus. Wir fuhren zum Einkaufen, weil wir beide fühlten, dieses Wochenende kommt unser Baby.

Zu Hause um neun Uhr hatte ich einen frühzeitigen Blasensprung, während des Tages hatte ich ein wenig Blut verloren. Jetzt wußte ich nicht gleich genau, was für eine Flüssigkeit ich verlor. Ich ging auf die Toilette. Aber in Schüben sprudelte das Fruchtwasser aus mir. Ich wurde sehr aufgeregt, jetzt sollte es soweit sein. Xico schickte mich gleich ins Bett, denn die Nabelschnur könnte ja vorfallen, ging Renate anrufen, und sie meinte, erst wenn regelmäßig Wehen einsetzen, sollte er von sich bzw. mir hören lassen. Während Xico das Zimmer in Ordnung brachte, lauschte ich in mich hinein. Ganz plötzlich verspürte ich eine Wehe. Sie war gleich 60 Sekunden lang, ich veratmete sie gut. Ich empfand sie als intensiv. Die Bauchatmung half mir sehr. Inzwischen saß Xico an meiner Seite. Er schrieb die Dauer und Abstände zwischen den Wehen auf. Oh, ich war ganz schön aufgeregt! Xico war sehr lieb und hielt meine Hand. Ich mußte jede Stunde einmal scheißen, durfte aber nicht aufstehen, so brachte Xico mir eine Schüssel an das Bett. Ich wäre sehr gerne aufgestanden und hätte mitgeholfen, das ‹Geburtszimmer› vorzubereiten. So konnte ich Xico nur herumkommandieren. Als Xico die Babykleidung zurechtlegte, wurde mir noch einmal ganz seltsam zumute, dieses kleine Wesen, wie es ihm wohl jetzt geht, es hat noch so viel durchzustehen. Doch gleich war ich wieder mit mir selber beschäftigt.

Das Fruchtwasser floß weiter. Mir erschien es, als wäre mein Bauch schon kleiner geworden, die Zeit verging sehr schnell. Als die Wehen alle 3 bis 5 Minuten kamen, machte Xico sich auf den Weg zur Telefonzelle. Er muß gerannt sein, denn ich brauchte nur eine Wehe allein zu veratmen. Mit der Atmung klappte es sehr gut. Als störend empfand ich, daß ich liegen mußte, ich wartete sehnsüchtig auf Renate. Um zwei Uhr kam sie, und ich war sehr froh. Sie untersuchte mich, aber leider hatte sich kaum etwas getan. Auch sollten die Wehen noch sehr stark sein. Wir wollten es mit einem Einlauf versuchen. Und tatsächlich, ich saß noch auf dem Klo, da überrollte mich die erste starke Wehe. Von nun an fing ich an, Schmerz zu empfinden. Atmen, atmen, atmen. Bange Minuten, wenn Renate die Herztöne des Babys abhören wollte. Und aufatmen in den Wehenpausen. Anfangs lief ich noch herum. Der Kopf sollte sich senken. Kam eine Wehe, fiel ich auf alle viere oder stützte mich auf Renate. Es half mir sehr, daß ich die Freiheit hatte, mich zu bewegen, wie ich wollte. Ich ließ Renate nicht mehr aus dem Zimmer gehen. Sie und Xico massierten sehr schön meinen Rücken. Schließlich kam der Punkt, an dem ich nicht mehr stehen konnte. Ich wollte nur noch auf der Seite liegen. Jetzt war ich ganz Schmerz, es schien, als gäbe es keine Intervalle zwischen den Wehen, wo war die eingeübte Regelmäßigkeit?

Kontraktionen kamen und gingen, lange, kurze. Mir war kalt, und ich zitterte. Gleichzeitig war mein Gesicht und Körper mit Schweiß bedeckt. Von Entspannen war keine Rede mehr. Jemand mußte mir die Hand halten und mich zum richtigen Atmen zwingen. Ich dachte gar nicht mehr an mein Baby. Ich war ganz in meine Gebärmutter gekrochen. Ich jammerte. Renate fragte, ob ich etwas Entspannendes wollte, etwas, was dem Baby nicht schadet. Ich lehnte ab, aber nach der nächsten Wehe kapitulierte ich. Die Kontraktionen blieben intensiv, jedoch in den Pausen schlief ich fast ein. Überhaupt fühlte ich mich auf einmal müde, ich wollte nicht mehr, nur schlafen, schlafen...

Ich stöhnte aus mir heraus, das half mir sehr. Als Renate mich untersuchte, war der Muttermund 8 cm geöffnet und ganz locker, es fehlte nur noch, daß der Kopf sich senkte. Xico ging Dr. A. anrufen. Eine Weile dauerte es, bis er unsere

Straße fand. Ich bemerkte, daß die Sonne schon schien und die Vögel sangen. Kaum nahm ich ihn noch wahr. Nur Renate zählte für mich. Ich sollte pressen, ich verstand nicht, jetzt schon? Ich wartete die nächste Wehe ab und preßte; Dr. A. drückte mit seinem Ellbogen auf meinen Bauch. Tatsächlich war der Kopf unten, und der Muttermund war vollständig geöffnet. Ich war sehr erschöpft. Weiter ging es mit dem Pressen, ohne Preßwehen. Ich konnte nicht einmal die Beine allein heben, so geschwächt war ich. Ich preßte auch in der Hocke, doch meine Kräfte reichten nicht mehr aus. Wenn ich im Liegen preßte, drückte Dr. A. mir auf den Bauch. Dann gaben sie auf. Die Herztöne des Babys waren noch gut. Aber so ging es nicht weiter. Xico war lieb und sprach mir gut zu. Ich fühlte etwas Warmes, Glitschiges. Der Kopf meines Kindes ... schwarze Haare – ach, dieses Wesen war mir noch so fremd. Da hörte ich Dr. A. etwas von Forzeps reden. Auf einmal gewann ich wieder Kräfte. Ein Baby wird geboren. Es soll natürlich und sanft zur Welt kommen. Renate meinte, sie würde den Damm halten können. Dank meiner täglichen Massage war er elastisch geworden.

Ich sollte noch einmal pressen und alles tun, was sie mir sagte. Pressen, pressen, hecheln. Halt! Die Nabelschnur war um den Kopf gewickelt, Renate zog sie dem Kleinen über die Schulter – ihre Hand war in meiner Scheide. Xico preßte eifrig mit, er war schon rot im Gesicht. Er sprach portugiesisch und sagte, der Kopf wäre schon halb draußen. Weiter, weiter. Es spannte wahnsinnig in meiner Vagina. Irgendwo riß etwas, das Kind mußte heraus. Ich fühlte keinen Schmerz, es war das intensivste Gefühl, welches ich je in meinem Leben empfand. Jetzt war der Kopf draußen, der Körper flutschte nur so hinterher. Ein langes Kind. Es lag auf meinem Bauch, wir haben beide gezittert.

Ich sehe Haare, lange, schwarze Haare. Xico durchtrennt nach Ewigkeiten die Nabelschnur. Baby, weine nicht, du sollst lachend dein Leben beginnen.

Dr. A. preßt mir auf den Bauch, um die Plazenta herauszudrücken. Das tat weh. Sehr sanft empfand ich alles Weitere nicht. Samuel, ich habe einen Sohn geboren. Er wurde untersucht und vom Vater gebadet. Ich wurde an der Schamlippe genäht, wo ich ein wenig eingerissen war. Noch immer haben wir beide gezittert. Ich sah alles nur schemenhaft, konnte es nicht begreifen. Mein Bauch war leer. Schließlich wurde Samuel zu mir ins Bett gebracht und ich legte ihn an, das verursachte kräftige Nachwehen. Er schmatzte genüßlich und weinte nicht mehr. Oh, wie ist er wunderbar!

Xico wollte ein Foto von uns machen, war aber so nervös, daß er mit dem Stativ durch das Zimmer stolperte. Ich mußte sehr lachen. Ein neuer Tag war angebrochen. Es war 6 Uhr morgens, Dr. A. und Renate verließen uns. Wir waren allein mit dem kleinen Menschen. Ausruhen konnten wir uns nicht, es wartete viel Arbeit auf uns. Aber so machten wir alles, wie wir es uns vorgestellt hatten, z. B. Stillen nach Bedarf usw.

Während der Geburt erlebte ich sehr intensive Gefühle und lernte, daß frau auch Schmerz als positiv empfinden kann.

Die Atmosphäre zu Hause war die, die ich brauchte. Ich fühlte mich sicher und geborgen, hatte Vertrauen zu Renate und Dr. A. Ganz sicher möchte ich noch ein Kind zur Welt bringen und dies wieder zu Hause.»

5.2 Funktionen des Geburtsexils

Wenn wir diesen Text chronologisch hinsichtlich solcher Informationen durchsehen, die auf mögliche Rituale der Entbindung Bezug nehmen könnten, so fällt zunächst die Bedeutung auf, die das Thema des Geburtsortes erhält. Die Frau verspürt gegenüber der Klinikgeburt eine Abneigung, ohne diese näher begründen zu können. Es handelt sich um ein ‹unbewußtes Fühlen›. Die Abwägung von medizinischen Vor- und Nachteilen ist letztlich nicht ausschlaggebend, sondern die Entscheidung fällt aus psychologischen Gründen. Betrachtet man diese Gründe genauer, so sind es:
– häusliche Geborgenheit,
– Anwesenheit und Hilfe durch den Kindesvater,
– Möglichkeit einer sanften Geburt,
– Möglichkeit eines schönen Erlebnisses,
– nicht als krank angesehen zu werden und
– Möglichkeit des Verzichts auf Technik.

Auffällig ist daran, daß einige der genannten Eigenschaften durchaus auch auf eine Klinikgeburt zutreffen könnten, z. B. die Anwesenheit des Kindesvaters, die Möglichkeit einer sanften Geburt. Auch die Frage, ob man als krank angesehen wird oder besser: sich selbst ansieht, ist eher eine Frage der eigenen Einstellung als des Geburtsortes. Daraus folgt, daß die wichtigsten Gesichtspunkte die Geborgenheit und das schöne Erlebnis sind und vielleicht die Möglichkeit einer von technischen Objekten freien, also eher durch Hautkontakte gekennzeichneten menschlichen Begegnung.

Mit diesen Wünschen rührt die Berichterstatterin an Motive, die für fast alle Kulturen hinsichtlich der *Exilation* der Schwangeren, also der Verbringung an einen anderen Ort, entscheidend sind. Die Geburt ist, vermutlich für uns alle, in so enger Weise mit dem Tod verbunden, daß das Geburtserlebnis immer auch eine Art Todeserlebnis impliziert. Das ist die erste Funktion des Geburtsvorgangs. So wie die Notwendigkeit der Zeugung an die Todestatsache erinnert, tut es die Notwendigkeit der Geburt, verstärkt durch Elemente wie Schmerz, Verletzung, Erschöpfung, in denen die Sterblichkeit sinnfällig wird. Andererseits zeigt der normal verlaufende Geburtsvorgang wegen des Überlebens der Mutter (und des Vaters) eben für die umgebende Gemeinschaft deutlich, daß die, die Eltern werden, nicht sterben. Ein Geburtsvorgang, bei dem am Ende nicht zwei, sondern drei Menschen da sind, ist alles andere als eine Reminiszenz an den Tod. Er könnte geradezu die Verführung eines Gedankens enthalten, der eine maßlose Selbstüberschätzung beinhaltete: daß der Mensch nämlich autochthon sei, daß er in der Lage sein möchte, sich selbst zu vervielfältigen, ohne daß die Vorlage, das Klischee, die Mater, wie es in der Druckkunst sinnfällig heißt, dabei verlorengeht.

Der Gefahr einer solchen Fehleinschätzung könnte man nur entgehen, wenn man entweder die Eltern des Kindes tatsächlich tötet oder dieses zumindest rituell vollzieht. Genau das ist die eine Funktion des Geburtsexils: Wenn die schwangere Frau wie noch im 19. Jahrhundert in Finnland in ein Badehaus oder wie bei vielen Kulturen in eine eigens dafür hergerichtete Gebärhütte (vgl. Abb. 42) verbracht wird, in der sie viele Tage zubringen muß, ohne gesehen zu werden, aus der in der Stunde der Geburt vielleicht von fern laute Klagen zu hören sind, dann ist diese Frau für die Gemeinschaft gestorben. Was dort geschieht, weiß kein Mann, kein Mädchen, niemand, der nicht selbst entbunden hat. Kommt sie dann nach längerer Zeit mit dem Kind zurück, dann ist sie eine andere geworden, sie ist von der Schwangeren zur Mutter trans-

Abb. 42: Gebärhütte in Ukinga am Nyassa-See, daneben die Schwangere, die sie bewohnt

formiert worden. In dem Maße, in dem die Umgebung sie wegen des Exils als solche ansehen kann, ist sie es tatsächlich, und sie kann sich mit dieser Rolle identifizieren. Sie ist *wiedergeboren* als eine andere. Das ist die zweite Funktion des Geburtsvorgangs, die im übrigen auch für das Kind gilt: Es wird aus dem Nicht-Leben in das Leben überführt.

In ihrer eigenen Wiedergeburt wiederholt die Frau – und das wäre die dritte Funktion – einen Mythos, wie Eliade (1953, 1961) gezeigt hat, den Mythos von Tod und Wiedergeburt, genauer: den Weltschöpfungsmythos, und bekräftigt ihn. In ihrem eigenen Sterben und Wiedergeborenwerden als andere vermittelt jede Frau und Mutter, die dem Geburtsexil unterzogen wird, eine Zuversicht: daß der Tod immer nur der Tod einer vorangegangenen Repräsentationsform ist, die von einer jeweils nächsten abgelöst wird, welche ihr Eigenrecht hat. Auf diese Weise gelingt es Kulturen, die das Geburtsexil besitzen, eine ganz andere Sicht auf den Tod zu vermitteln, als es in sogenannten aufgeklärten Gesellschaften der Fall ist. Für die Angehörigen dieser Gesellschaften ist der Tod heute oftmals ein endgültiger Abschluß, dem nichts mehr folgt; er ist das diametrale Gegenteil der Geburt. Nichts deutet in der Lebenspraxis unserer Zeitgenossen darauf hin, daß es ein Kontinuum von Lebensphasen gibt, in denen das physische Sterben nur eine Phase unter anderen darstellt. Die Entzauberung der Geburtsvorgänge durch eine technisch-naturwissenschaftliche Medienwelt scheint mit dieser Hoffnung Schluß gemacht zu haben. Irgendwann haben die Gynäkologen ihr Schweigen gebrochen und, was die Geburtsvorgänge betrifft, plastisch, schonungslos und aufdeckend geschildert, wie sie ablaufen, ähnlich der ‹Aufklärung› über den Coitus. Das könnte die Vermutung nahelegen, daß eine Frau, die dieser Technik entsagt und sich der Hausgeburt zuwendet, diesen Verlust rückgängig machen kann, daß sie es mental vermag, etwas von der sozialen und psychologischen Leistungsfähigkeit älterer Geburtspraktiken zurückzugewinnen. Es mag auch sein, daß dieses ein unausgesprochenes Motiv von Frauen ist, die für eine Hausgeburt eintreten; im vorliegenden Fall jedoch kann von einem rituellen Gelingen kaum die Rede sein. Die Inhalte der medizinischen Aufklärung können offenbar nicht einfach zurückgenommen, nicht einfach mehr vergessen werden. Wie tief sie eingegraben sind, wird vielleicht deutlich, wenn die Berichterstatterin schreibt, wie erschöpft sie während der Entbindung ist, wie sie glaubt, alles hinter sich zu haben, und wie sie dann «Dr. A. etwas von Forzeps» reden hört: «Auf einmal gewann ich wieder Kräfte.» – Der Gynäkologe hatte sie mit dem Hinweis auf die Geburtszange, also eine drohende Gefahr, ins 20. Jahrhundert zurückgeholt.

Das Beharren auf den Verzicht einer Exilation in die Klinik scheint auch aus kulturhistorischen Gründen bemerkenswert, insbesondere aus feministischer Sicht. Immerhin gibt es Anhaltspunkte dafür, daß gerade der Ritus der Exilation, vor allem unter Abwesenheit des Ehemanns, matriarchalischer Herkunft ist. Ploss (1905, Bd. 2, S. 12) erklärt den Verzicht auf eine Anwesenheit des Mannes damit, daß in matriarchalischen Gesellschaften der Besitz der Braut durch den Ehemann nicht den Besitz an den Kindern implizierte, sondern daß diese der Sippe der Ehefrau, allerdings nicht ihr selbst, gehörten. Um zu verhindern, daß die Sippe des Ehemanns sich des Neugeborenen bemächtigte, entfernte man die Gebärende aus dem Haus des Ehemanns. Dieses gilt für matriarchalische Gesellschaften mit patrilokalen Ehen, in denen also die Frau in das Haus des Mannes gezogen ist. Sind die Ehen matrilokal, so muß der Ehemann aus dem Haus entfernt werden, wenn er nicht ohnedies wie in Gesellschaften des Übergangs zur Pflanzenzucht, die die Frauen vollzogen, in seinem Stamm wohnhaft blieb (vgl. Schmidt 1955, S. 228 ff).

Dem ließe sich entgegenhalten, daß in unserer Kultur über Jahrhunderte nur Hausgeburten üblich gewesen waren und die Zahl der Klinikgeburten erst zwischen 1955 und 1970 von 54 auf 92 Prozent angestiegen ist, insbesondere als Mitte der sechziger Jahre die Entbindungskosten von den Krankenkassen übernommen wurden (vgl. Hassauer 1984, S. 12). Auch davor, so könnte man argumentieren, hat es nur Hausgeburten gegeben, ohne daß diese Praxis Folgen für die Transformation der Gebärenden oder des Kindes gehabt hätte. Dieser Einwand geht indessen von einer falschen Voraussetzung aus, nämlich davon, daß Hausgeburten im 19. Jahrhundert auch nur eine Ähnlichkeit mit der eingangs geschilderten Entbindung hatten. Dies war jedoch nicht der Fall. Wenn eine Geburt im Hause stattfand, dann erfolgte die Entbindung in einem eigens dazu hergerichteten Raum, nicht etwa im Eheschlafzimmer – eine Praxis, die bis auf das griechische Geburtszimmer, das Gynaikeion, zurückging (vgl. Ploss 1905, Bd. 2, S. 39). Allerdings sind es die Elendsquartiere des Industrieproletariats und die Lebensbedingungen der Kleinbauern insbesondere des 19. Jahrhunderts gewesen, die eine Veränderung erzwangen. In einer Wohnung, die nur aus einer Küche und einem im übrigen vermieteten Wohnraum bestand oder auf dem Lande nur aus einer großen Diele, war dieser Raum natürlich zugleich Geburtsraum.

Daß die Berichterstatterin eine Erinnerung an die Exilation pflegt, zeigt übrigens ein kleiner Satz, auf den man aufmerksam machen muß: «Ich wäre sehr gern aufgestanden und hätte mitgeholfen, das kleine ‹Geburtszimmer› vorzubereiten.» Das Wort Geburtszimmer hat sie mit Anführungszeichen versehen, eine eigenartige Brechung. Sie möchte, daß es ein Geburtszimmer, wenigstens ein kleines Exil gibt, und möchte es sich selbst schaffen, weiß aber gleichzeitig, daß es dieses in ihrer Wohnung nicht geben kann – eine fast ironische Selbstdistanzierung.

5.3 Das Motiv von Jona und dem Fisch

Die bloße Exilierung der Gebärenden ist nicht der einzige Umstand, der die transitorische Wirkung aus Tod und Wiedergeburt erbringt. Der Text enthält vielmehr eine Reihe von Passagen, die für dieses Motiv außerordentlich tragend sind. Auffällig ist z. B. eine sprachliche Fehlleistung: Im Rahmen der Vorbereitungen schildert die Berichterstatterin ihren Arztbesuch und sagt darüber: «Er meinte, er würde bei meiner Geburt dasein...» – Diese Verwechselung von Geburt und Entbindung ist als eine nicht zufällige, unbewußte Anspielung auf das Wiedergeburtsmotiv deutbar. Die Berichterstatterin sieht in ihrer Niederkunft offenbar gleichzeitig eine Wiedergeburt ihrer selbst.

Andere Formulierungen über die Befindlichkeit der Autorin verdienen Beachtung:

- «schwach und müde»,
- «depressive Stimmung»,
- «lauschte in mich hinein»,
- «bange Minuten»,
- «fiel ich auf alle viere oder stützte mich auf Renate»,
- «Ich ließ Renate nicht mehr aus dem Zimmer gehen»,
- «Jetzt war ich ganz Schmerz»,
- «Ich war ganz in meine Gebärmutter gekrochen»,
- «ich jammerte»,
- «kapitulierte ich»,
- «schlafen, schlafen».

Alle diese Äußerungen deuten auf eine starke Regression der Entbindenden. Die Formulierungen des In-sich-Hineinlauschens und In-sich-Hineinkriechens zeigen in sehr bildhafter Weise, wie die Autorin gleichzeitig Kind und Mutter sein will, wie sie als Kind in sich als Mutter zurückmöchte.

Diese Passagen sind nicht zufällig. Sie gehorchen einer gewissen Regelhaftigkeit, jedoch nicht in dem psychologischen Sinne, daß die Berichterstatterin regressive pathologische Symptome zeigte. Es gehört zu der Struktur der Riten von Tod und Wiedergeburt, daß der Initiand, der in eine neue Lebensphase überführt werden soll, selbst eine (rituelle) Tötung an sich erfährt. C. G. Jung (1977) hat diesen Vorgang so erklärt, daß die Libido, d. h. die psychische Energie, sich in der Phase der Regression von der Außenwelt zurückzieht. In diesem Vorgang werden persönliche, teilweise infantile Reaktionen und Affekte, aber auch kollektive Bilder (Archetypen) belebt. Das Bild von der Rückkehr in den Mutterschoß ist eines davon. Solange diese Bilder nicht überhandnehmen und anstelle einer realitätsgerechten Sicht ein Eigenleben führen, ist dieser Vorgang normal und notwendig. Er drückt eine psychische Krise aus, in die der Mensch gerät, wenn, wie im Falle der Entbindung, die bisherige Identität brüchig wird, wenn eine neue Lebensphase einzubrechen scheint.

Die Zahl der kulturell verbürgten Regressionsmotive ist begrenzt. Die Rückkehr in den Mutterschoß gehört zu den Motiven des Verschlungenwerdens, die außerordentlich verbreitet sind. So zeigt Abbildung 43 den Eingang zu einem Kultraum für Initiationen, der durch einen geöffneten Mutterschoß gekennzeichnet ist, in den die Initianden eintreten müssen, um in eine neue Lebensphase transformiert zu werden.

Der dem Motiv zugrunde liegende Mythos ist sehr alt; es ist derjenige von Jona und dem Fisch, wie er im Buch Jona des Alten Testaments überliefert ist (vgl. auch Steffen 1982). – Der Prophet Jona wird durch eine innere Stimme aufgefordert, nach Ninive zu gehen und ihr bevorstehendes Ende vorauszusagen. Jona weigert sich indessen und flüchtet in die andere Richtung nach Tharsis, um sich dort einzuschiffen. Auf dem Meer bricht ein Unwetter über das Schiff herein, und weil die Besatzung glaubt, daß dieses mit der Anwesenheit des Jona zusammenhängt, wirft sie ihn über Bord. Ein großer Fisch verschlingt ihn, in dessen Bauch Jona drei Tage und drei Nächte zubringt. Er betet und wird, reuig, auf Veranlassung Gottes wieder ausgespien. Daraufhin ist Jona bereit, seiner inneren Aufgabe zu folgen und in Ninive zu predigen. Die

Abb. 43: Männerhaus (Waikam, Maprik-Gebiet, Neuguinea, Papua Niugini)

Bürger von Ninive lassen von ihren Verfehlungen ab, so daß Gott Gnade walten und die Stadt nicht untergehen läßt.

Dieses empört den Jona, der sich düpiert fühlt, in die Wüste flieht und unter einer Rizinusstaude Platz nimmt, welche Gott ihm wachsen ließ, um ihn vor der Sonne zu schützen. Am folgenden Morgen läßt Gott den Rizinusbaum wieder verdorren, so daß Jona erneut von der Sonne geplagt wird, was ihn wiederum empört. Daraufhin stellt Gott ihn zur Rede und fragt ihn, warum er sich über den Verlust des Baumes beklage, den er gar nicht selbst gepflanzt habe, während Ninive Gott nicht jammern solle, so daß er von ihr abließ.

C. G. Jung (1977, S. 376) hat diese Geschichte so gedeutet:

«Wenn irgendein großes Werk zu tun ist, vor dem der Mann, an seiner Kraft verzweifelnd, zurückweicht, dann strömt seine Libido (= seelische Energie) zu jenem Quellpunkt zurück (aus der sie einst geflossen) – und das ist jener gefährliche Augenblick, in dem die Entscheidung fällt zwischen Vernichtung und neuem Leben. Bleibt die Libido im Wunderreich der inneren Welt hängen, so ist der Mensch für die Oberwelt zum Schatten geworden, er ist so gut wie tot oder wie schwerkrank. Gelingt es aber der Libido, sich wieder loszureißen und zur Oberwelt empor zu dringen, dann zeigt sich ein Wunder: Die Unterweltfahrt war ein Jungbrunnen für sie gewesen, und aus dem scheinbaren Tod erwacht neue Fruchtbarkeit.»

Die Wiedergeburt läßt sich als eine der Regression folgende Progression interpretieren. Rituell wird diese Progression, die auch Jona erlebt, ausgedrückt durch z. B. die Verbrennung der Exilbehausung, rituelle Reinigungen, neue Bekleidung, Schmuckgeschenke, Zeichen des neuen Status oder durch ein Fest.

Sieht man sich den Geburtsbericht näher an, so stellt man zunächst einmal fest, daß der Erlebnisbogen der Autorin recht genau der Struktur der Jona-Geschichte entspricht (vgl. Abb. 44).

Die Übereinstimmung zwischen den beiden Erzählungen ist frappierend. Allerdings zeigt sich, daß die Episode mit dem Rizinusbaum, das vierte Kapitel der Jona-Erzählung im Alten Testament, keine Entsprechung in dem Bericht über eine Hausgeburt findet. Betrachtet man das Kapitel genauer, so enthält es eine Belehrung des Jona durch Gott. Jona lernt in dieser Episode, so deutet jedenfalls Erich Fromm (1978, S. 113 ff) sie, daß Liebe nicht vom Verantwortungsgefühl getrennt werden könne. Das Wesen der Liebe, so erfährt Jona in der Frommschen Deutung, bestehe darin, «für etwas zu arbeiten». Die rituelle Transition des Jona wird also in dem letzten Teil des Ritus ins allgemeine gewendet. Jona erfährt eine Regel, mit der er künftig arbeitend und

	Kap. I V. 3.1 Jona flieht vor dem Herrn	Kap. I V. 3.2 Jona schifft sich ein	Kap. I V. 8-19 Jona redet mit der Besatzung	Kap. I V. 15 Jona wird ins Wasser geworfen	Kap. II V. 1 Jona wird verschlungen	Kap. II V. 3 «Ich schrie aus dem Bauche der Hölle»	Kap. II V. 11 Der Fisch spie Jona aus	Kap. III V. 3 Da machte sich Jona auf gen Ninive	Kap. III V. 4 Jona predigt	Kap. III V. 10 Gott läßt Gnade walten, weil Ninive umkehrt
Jona-Mythos										
Geburts-bericht	flieht vor Klinik	geht zu einer Hebamme	redet mit Renate	Fruchtwasser sprudelt heraus	«Ich kroch ganz in meine Gebärmutter»	«Ich stöhnte aus mir heraus. Da hörte ich etwas von Forzeps reden.»	«Ich fühle etwas Warmes, Glitschiges»	«Auf einmal gewann ich wieder Kräfte»	«Der Kopf war schon draußen»	«Ein neuer Tag war angebrochen. Es wartete viel Arbeit auf uns.»

Regression — Stillstand — Progression

Abb. 44: Erlebnisbogen des Jona-Mythos und einer Hausgeburt im Vergleich

liebend weiterleben kann, so daß es einer erneuten Transition nach dem Muster des Verschlingens nicht bedarf.

Dieses gilt für die Initiandin in unserem Geburtsbericht vermutlich nicht. Denn die letzten Sätze des Berichts deuten einen Rückfall in die Regressionsphase an. Sie möchte noch einmal transformiert werden, noch einmal im Bauch des Fisches ruhen: «Ich fühle mich sicher und geborgen, hatte Vertrauen zu Renate und Dr. A. Ganz sicher möchte ich noch ein Kind zur Welt bringen und dieses wieder zu Hause.»

Warum gelingt die Transition der Frau zur Mutter in diesem Bericht nicht? Der Umstand, daß eine Exilation der Schwangeren durch die Wahl der Hausgeburt nicht stattfindet, reicht als Erklärung natürlich nicht aus. Aber auch weitere der genannten rituellen Elemente in der Progressionsphase fehlen in diesem Bericht. Eine, wenn auch nur mentale, Verbrennung der Exilbehausung ist nicht möglich, wenn man in der eigenen Wohnung entbindet, in der einen später ständig alles an den Vorgang erinnert, zu dessen Leistungsfähigkeit es aber gerade gehört, ihn der Vergangenheit zuzurechnen. Wir lesen in dem Geburtsbericht nicht einen Hinweis darauf, daß das «Geburtszimmer» in irgendeiner Weise verändert worden wäre, so daß es nachher hätte in den alten Zustand zurückverwandelt werden können und müssen. Auch erfährt man nichts von der zweifellos stattgehabten Reinigung der Entbindenden, welche rituellen Charakters hätte sein können. Sodann erhält der Bericht keine Angaben über die Verleihung von Insignien der Mutterschaft, z.B. eines Schmuckstücks oder wenigstens eines Blumenstraußes. Auch ist von einer Feier, einem Fest aus Anlaß der Geburt keine Rede. Es gibt keine Besucher, nicht einmal der Ehemann trifft sich mit seinen Freunden, um auf das Wohl des Kindes zu trinken.

Es geht wohl kaum zu weit anzunehmen, daß die fast vollständige Abwesenheit von Riten und Symbolen der Progressionsphase mit dem Mißlingen der gesamten Transition zusammenhängt. Ohne an dieser Stelle die Auseinandersetzung zwischen Freud und Jung gerade in dieser Symbolfrage entscheiden zu wollen, läßt sich indessen auf die Bedeutung der Symbole verweisen, die selbst für Freud gültig war: Wenn man Symbole nicht nur als Ausdruck der Verdrängung nicht lizenzierter Triebwünsche interpretiert, sondern sieht, daß Symbole in der Lage sind, solche Verdrängungen überhaupt erst zum Ausdruck zu bringen, dann ist der völlige Verzicht darauf u.U. ein Zeichen für eine totale Verdrängung dieser Motive, ein Zeichen, das keines mehr ist: Die innerpsychische Bedeutung eines so elementaren Vorgangs wie desjenigen der Geburt kann von einer Frau gar nicht mehr entdeckt werden. Sozial verliert er diese Bedeutung ohnedies, nicht ohne Folgen für das Verhältnis zwischen Mutter und Kind, wenn man berücksichtigt, daß die öffentliche Akzeptierung der ‹neuen› Mutter bzw. des Vaters und des Neugeborenen ausbleibt. Der Geburtsvorgang wird vermutlich letztlich verdrängt. Der einzige Versuch im vorliegenden Bericht, ein Dokument des Transitionsvorgangs sicherzustellen, mißlingt durch die Tölpelhaftigkeit des Vaters, der beim Fotografieren über sein Stativ stolpert.

5.4 Durch das Männerkindbett zur Vaterschaft

Ein weiteres wichtiges Element der Geburt als Ritus der Transition ist die Anwesenheit bzw. Abwesenheit des Kindesvaters. Dieses sind in chronologischer Folge die Sätze, in denen der Kindesvater in dem vorliegenden Bericht beschrieben wird:

– «Xico konnte immer bei mir bleiben und mir helfen»,
– «er sollte noch zum Unterricht, kam aber doch schon in der Pause hinaus»,
– «Xico schickte mich gleich ins Bett ... ging Renate anrufen»,
– «Xico brachte das Zimmer in Ordnung»,
– «Xico saß an meiner Seite»,
– «er schrieb die Dauer und Abstände zwischen den Wehen auf»,
– «Xico brachte mir eine Schüssel (f. d. Stuhlgang, D. L.) an das Bett»,
– «Xico war sehr lieb und hielt meine Hand»,
– «ich konnte Xico nur herumkommandieren»,
– «Xico legte die Babykleidung zurecht»,
– «Xico machte sich auf den Weg zur Telefonzelle»,
– «Xico massierte meinen Rücken»,
– «Xico ging Dr. A. anrufen»,
– «Xico war sehr lieb und sprach mir gut zu»,
– «Xico preßte eifrig mit, er war schon rot im Gesicht»,
– «Xico sprach portugiesisch ...»,
– «Xico durchtrennt nach Ewigkeiten die Nabelschnur»,
– «Xico war so nervös, daß er mit dem Stativ durch das Zimmer stolperte».

Führt man sich noch einmal in dieser Reihenfolge die Verben vor Augen, die eine Aktivität des Ehemanns beschreiben, so ergibt sich:

bleiben, *helfen, sollen,* kommen, schicken, *anrufen, in Ordnung bringen,* sitzen, *aufschreiben, bringen, lieb sein, halten,* herumkommandiert werden, *zurechtlegen,* sich auf den Weg machen, *massieren, anrufen, lieb sein, sprechen,* mitpressen, rot sein, sprechen, *durchtrennen,* nervös sein, stolpern.

Das gemeinsame Merkmal der meisten dieser Tätigkeiten (kursiv) kennzeichnet den männlichen Partner als einen Helfer bei der Geburt. Einige, insbesondere das Modalverb «sollen» sowie die Formulierung «herumkommandiert werden», zeigen den Vater in einer inferioren Position, die bisweilen nicht ohne Lächerlichkeit ist: mitpressen, lieb sein, rot sein, nervös sein, stolpern.

Wenn man von einigen Einzelheiten absieht, sind es Tätigkeiten der Hebamme, die der Kindesvater hier teilweise vollzieht, allerdings in subalterner Position, besonders in dem Augenblick, als Renate, die Hebamme, kommt. Durch die ungewöhnliche Tatsache, daß der männliche Partner die Nabelschnur durchtrennt, aber auch durch die Herbeischaffung eines Beckens für den Stuhlgang kommt der Kindesvater mit den organischen Komponenten der Entbindung unmittelbar in Berührung.

Man darf davon ausgehen, daß dies eine sehr seltene Art der Beteiligung des Vaters bei der Entbindung ist. Kulturanalytisch läßt sich feststellen, daß die Anwesenheit des Vaters bei der Geburt zumeist unerwünscht ist bzw. war (vgl. Biasio/Münzer 1980, S. 10). Abgesehen von der bereits genannten Erklärung auf der Grundlage einer matriarchalen Geschichte, wird für die strikte Abwesenheit des Vaters die Furcht vor einer rituellen Verunreinigung genannt, der sich der Vater im vorliegenden Bericht geradezu willfährig hinzugeben scheint.

Während der Entbindung ist der Vater gewöhnlich nicht anwesend. Er ist vielmehr mit den unterschiedlichen Verrichtungen befaßt, die für einen glücklichen Geburtsausgang erforderlich sind: sei es, daß er zur Erstarkung der Frau unverzüglich in den Wald aufbricht, um ein Wildbret zu beschaffen, sei es, daß er aus magischen Gründen im Hof Holz hackt oder Gegenstände zerschlägt (vgl. Erich/Beitl 1974, S. 260). Diese und zahlreiche andere ‹maritale› Gebräuche sind lange Zeit unter inflationärer Verwendung des Terminus ‹Männerkindbett› als prä- bzw. postnatale ‹Couvade› (von franz. couver = ausbrüten) bezeichnet worden. Während aber die maritalen Gebräuche vor und nach der Geburt eher Auskunft über den mutter- bzw. vaterrechtlichen Charakter der jeweiligen Kultur geben, stellt die Couvade im engeren Sinne ein besonderes Phänomen dar (vgl. Schmidt 1955, S. 275 ff).

Der Ehemann und werdende Vater – dafür gibt es eine kleine Zahl von Belegen aus der Alten und der Neuen Welt (vgl. Schmidt 1955, S. 285) – begibt sich für einen unterschiedlich langen Zeitraum um den Geburtstermin herum wie die Schwangere zu Bett, bekundet, sich krank zu fühlen und Schmerzen, gelegentlich sogar Geburtswehen zu haben, oder er ist zur Geburtsstunde mit Frauenkleidern versehen. Für diese Erscheinung gibt es unterschiedliche Deutungen.

Dadurch, daß der Ehemann sich an einem anderen Ort als die kreißende Frau in ein Bett legt und die Bewegungen und Schmerzensschreie der Gebärenden nachahmt, lockt er die Dämonen, die die Geburt beeinträchtigen könnten, auf sich, so daß die Entbindung der Ehefrau ungefährdet vonstatten gehen kann (vgl. Biasio/Münzer 1980, S. 10). Parke (1982, S. 22 f) geht, das Phänomen psychologisierend, davon aus, daß in der westlichen Kultur die Couvade bei 10 bis 15 Prozent aller werdenden Väter in Form von psychogenen Erkrankungen wie Appetitverlust, Zahnschmerzen, Erbrechen, Gewichtszunahme und ähnlichem nachzuweisen sei.

Eine ältere, aber nach Schmidt ungebrochen gültige Deutung hat Karl von den Steinen geliefert (vgl. 1897, S. 291 f):

> «Der Vater ist Patient, insofern er sich mit dem Neugeborenen eins fühlt. Wie er dazukommt, ist doch auch wirklich nicht so schwer zu verstehen. Von der menschlichen Eizelle und dem Graafschen Follikel kann der Eingeborene nicht gut etwas wissen; er kann nicht wissen, daß die Mutter das den Eiern der Vögel entsprechende Gebilde beherbergt. Für ihn ist der *Mann* der Träger der Eier, die er, um es kurz und klar zu sagen, in die Mutter legt und die diese während der Schwangerschaft ausbrütet.»

Die strukturelle Leistung der Couvade besteht also nach jeder dieser Deutungen darin, daß die besondere Rolle des Mannes und Vaters als eigentlichen und einzigen Erzeugers zum Ausdruck gebracht wird. Durch die Couvade wird der naheliegende, aber falsche Schluß der Gemeinschaft vermieden, das Kind sei ausschließliches Produkt der Mutter, wenn es ihren Körper bei der Geburt verläßt. Die Couvade erlaubt es dem Kindesvater, sich mit der Kindesmutter gleichzustellen und seinen väterlichen Anspruch auf das Kind zu dokumentieren sowie im öffentlich demonstrierten Leid eine mütterliche Sonderrolle abzuwehren, insoweit diese mit dem erlittenen Entbindungsschmerz begründet wird. Zur Veröffentlichung seines Anspruchs bedarf der Vater allerdings der Abwesenheit vom privaten Geburtsort. Nur die Abwesenheit des Vaters vom Geburtsort erlaubt ihm eine weitere wichtige rituelle Geste, die auch in der Geschichte unserer Kultur von besonderer Bedeutung war, die bereits erwähnte Aufhebung des Kindes. Eliade (1961, S. 236) hat die transitorische Bedeutung dieses Ritus hervorgehoben:

«Für Geburt und Tod, für den Eintritt in die lebende Familie und in die der Ahnen (und ebenso für das Verlassen beider) gibt es eine gemeinsame Schwelle, die Heimaterde.»

Dadurch, daß das Kind auf die Schwelle, zwischen Tod und Leben gelegt wird, von der der Vater es aufnimmt, wird es auch durch ihn zum Leben transformiert. Auch er schenkt ihm Leben, und indem er selber jene Schwelle berührt, wird er Vater. Vater wird er aber nicht nur durch die reine Anerkennung des Kindes, sondern dadurch, daß die Gemeinschaft sehen kann, wie er es anerkennt. Er vollzieht diesen Vorgang gleichzeitig im Namen der Gemeinschaft.

Xico, der männliche Partner in dem Geburtsbericht, hat auf eine unspezifische Weise teil an dem Vorgang: Er ist zum Helfer erklärt worden. Die Frage der Akzeptanz des Kindes stellt sich überhaupt nicht. Er bleibt in seinem Vater-Werden unsichtbar für die Gemeinschaft dadurch, daß er dem Geburtsvorgang beiwohnt. Er verunreinigt sich durch die Berührung mit der Nabelschnur, jedenfalls aus der Sicht archaischer Kultur. Nun könnte man einwenden, daß gerade die Durchtrennung der Nabelschnur durch den Vater ein ritueller Ersatz für seine Transformation zum Vater sein könnte, denn diese Handlung hat in dem Bericht eindeutig rituellen Charakter. Man könnte meinen, das Kind wird auf diese Weise durch den Vater ins Leben geschickt, transformiert. Eine solche Deutung ist jedoch nicht genau genug. Die Durchtrennung der Nabelschnur durch den Vater hat weitreichende Konsequenzen. Die Nabelschnur verbindet das Kind mit seiner Mutter. Dieses Band zu unterbrechen heißt, die Symbiose, den Zustand ozeanischer Geborgenheit im Mutterleib zu beenden, gewissermaßen einen Keil zwischen zwei Menschen zu treiben. Die Autorin weiß dieses genau. Sie schreibt nämlich: Xico durch*trennt* nach Ewigkeiten die Nabelschnur, nicht durch*schneidet*, obgleich er sich mit Sicherheit einer Schere und nicht seiner Zähne bedient hat. Er ist es, der die Symbiose zwischen Mutter und Kind stört, was ihn ein Leben lang verfolgen wird. Die Autorin versucht unbewußt auch sofort, die Gefährdung der Symbiose zu kompensieren: Das Kind, «ihr» Kind, wie sie in dem gesamten Text schreibt, liegt nach dem Austritt aus der Vagina auf ihrem Bauch, beide zittern, der Sohn wird zu ihr ins Bett gebracht. Da niemand den männlichen Partner als werdenden Vater sieht, während er die Kotschüssel transportiert und sich herumkommandieren läßt, kann er sozial gar nicht zum Vater werden. Indem die Frau es zuläßt, daß er als Helfer, als Fremder der Entbindung beiwohnt, blockiert sie seine Transformation zum Vater nachhaltig.

Wenn Ploss (1905, Bd. 2, S. 85) die Anwesenheit des werdenden Vaters «in der Stunde der Not» als «nicht unwichtigen kulturellen Fortschritt» feiert, so zeigt er sich als jemand, der dem Muttermythos bereits erlegen ist, günstigenfalls als Aufklärer, der mit dem Appell an die ‹Stunde der Not› Mitmenschlichkeit predigt. Die Ambivalenz der Folgen solcher Tendenzen für den Lebenslauf war ihm noch nicht präsent.

Insoweit übrigens die Nabelschnur als Symbol für die Verbindung des Kindes zur Mutter gelten kann, kommt ihrem weiteren Schicksal eine besondere Bedeutung zu. Oftmals wird sie bei gleichzeitiger ritueller Beisetzung der Plazenta konserviert und als Amulett in einem Täschchen dem Kind um den Hals gehängt, eine dauernde Reminizenz nicht nur an die Mutter, sondern vor allem an die Sterblichkeit. – In unserer Kultur endet diese Reminiszenz in der Mülltonne, bestenfalls als Sondermüll im Krematorium, gemeinsam mit abgetrennten Beinen und Blinddärmen.

Wir müssen also feststellen, daß die Anwesenheit des Vaters bei der Entbindung nicht unbedingt die Konsequenz haben muß, die heute oft angenommen wird: daß der Vater sein Kind von der ersten Stunde an sieht und gerade dadurch ein besonderes Verhältnis zu ihm erwirbt.

5.5 Der Dammschnitt als Ritus der Zerstückelung

Da der Vater heute also, wenn er und die Kindesmutter es wollen, in jedem Fall der Entbindung beiwohnen kann, zeigt sich auch, daß die Frage ‹Hausgeburt oder Klinikgeburt› nicht allein über das Gelingen oder Mißlingen des Transitionsvorgangs entscheidet. Wenn man sich kulturell verbürgte Elemente der Progressionsphase im Motiv des Verschlungenwerdens anschaut, so gilt hier Ähnliches: Ob der Entbindungsvorgang von (rituellen) Reinigungen, neuer Bekleidung, Schmuck- und Blumengeschenken begleitet bzw. abgeschlossen wird und ob ihm eine wie auch immer gestaltete Feier folgt, ist keine Frage des Ortes der Geburt.

Nicht gilt diese Feststellung indessen für ein anderes sehr wichtiges Element, das unter den Bedingungen der Klinikgeburt häufiger oder zumindest selbstverständlicher in den Vorgang der Geburt Eingang findet und das die rituelle Realisierung eines zweiten großen Regressionsmotivs darstellt.

Wenn man sich den eingangs zitierten Geburtsbericht genauer anschaut, insbesondere hinsichtlich der Erlebniskurve der Frau, dann läßt sich eine hohe Identität mit der Verlaufskurve des Jona-Mythos zeigen, nicht zuletzt deshalb, weil die Autorin über eine hohe Imaginationskraft verfügt. Sie deutet nachträglich den Geburtsvorgang durch die Nötigung zu einer schriftlichen Fassung und gibt ihm damit den gezeigten Erlebnisbogen. Die medizinisch-physiologischen Ereignisse während der Geburt sind kein zwangsläufiger Anlaß dazu, sich wie Jona im Bauche des Fisches zu fühlen, also das Motiv des Verschlungenwerdens zu erleben, einschließlich der damit verknüpften Re- und Progression. Im Gegenteil: Die entscheidenden Passagen, die diese Deutung nahelegen, sind metaphorische Äußerungen: «Ich lauschte in mich hinein» – «Ich war ganz in meine Gebärmutter gekrochen.»

Demgegenüber bietet eine durchschnittliche Klinikgeburt heute ein Moment, dessen medizinische Notwendigkeit umstritten ist, die Episiotomie, den sogenannten Dammschnitt, der auf dem Höhepunkt einer Austreibungskontraktion zur Vergrößerung der Austrittsöffnung zwischen Scheide und After durchgeführt wird. Der Schnitt dient der Vorbeugung des Dammrisses. Dieser Riß ist als Folge des Austretens des Kindes seit dem Altertum bekannt. So wird er schon im Ersten Buch Mose 38,28 erwähnt:

«Und als sie jetzt gebar, tat sich eine Hand heraus. Da nahm die Wehmutter einen roten Faden, und band ihn darum, und sprach: Der wird zuerst herauskommen. Da aber der seine Hand wieder hineinzog, kam sein Bruder heraus; und sie sprach: Warum hast du um deinetwillen solchen Riß gerissen?»

Ploss sinniert 1905 (Bd. 2, S. 194) über die Gründe dafür, «daß es so lange den Geburtshelfern Europas entgehen konnte, wie häufig bei ganz regelmäßigem Verlaufe der Geburt der Damm mehr oder weniger einreißt, und daß man sich wenig um diese Eventualität bekümmerte».

Eine Erklärung dafür, daß dieser Fall im 18. Jahrhundert zum erstenmal erwähnt und gynäkologisch behandelt wurde, dürfte in der rituellen Bedeutungslosigkeit dieses Vorgangs angesichts einer im übrigen reichen Fülle ritueller Elemente bei der Entbindung zu sehen sein. Der Dammschnitt wurde so lange nicht benötigt, wie der Geburtsvorgang durch Exilation und begleitende Riten wie Benediktionen eine Regression der Gebärenden gewährleistete.

Erst als mit der Aufklärung eine ‹Säkularisierung› der Entbindung stattfindet, ändern sich die Verhältnisse so, daß der inzwischen zum Standardrepertoire der Klinikentbindung gehörende Dammschnitt die Funktion des Motivs der Zerstückelung übernehmen kann. Das Motiv der Zerstückelung ist nämlich die zweite große Möglichkeit, in einem Transformationsprozeß eine Regression des Initianden hervorzurufen. Wir kennen diese Zerstückelung in Form von schmerzhaften Tätowierungen, dem Durchbohren von Körperpartien zur Anbringung von Schmuckstücken, die einen bestimmten Status im Lebenslauf signalisieren, oder auch in der Entfernung von Haaren, worin ein Relikt in der kliniküblichen Schamrasur vor der Entbindung gesehen werden kann.

Dabei ist nicht entscheidend, daß solche Operationen aus medizinisch guten Gründen vorgenommen werden mögen, sondern wichtig ist ihr symbolischer Gehalt für die Gebärende. Auf diesem Hintergrund wird auch von feministischen Autorinnen der Dammschnitt grundsätzlich in Frage gestellt (vgl. z. B. The Boston Women's Health Book Collective 1981, Bd. 2, S. 131). Offenbar gibt es unter dem Zeichen ‹neuer› Weiblichkeit eine starke affektive Sperre gegen den gelingenden Vollzug einer Transition von der Frau zur Mutter durch Dritte bei einer gleichzeitigen Überdetermination des Mütterlichen, wie sie sich allein schon durch die quantitative Expansion des Diskurses über Schwangerschaft, Geburt und Mutterschaft ausdrückt.

Dies legt für die Frau die Vermutung nahe, daß auch die Transformation zur Mutter ähnlich wie die der Frau zur Schwangeren bzw. der Braut zur Frau heute merkwürdig paradox ist. Sie wird zugleich gewollt und nicht gewollt, dem Ausbleiben der einen Transition folgt das Ausbleiben der nächsten. Für den Mann scheint sich das Analyseergebnis des vorangegangenen Kapitels zu wiederholen. Seine Überführung in den Status des Vaters ist, vorsichtig formuliert, gefährdet.

Diese Bilanz ist nicht ohne Risiko, weil, anders als bei den vorangegangenen Analysen, eine gründliche historische Rekonstruktion fehlt. Das ist keine Nachlässigkeit. Die historische Materiallage zum Geburtsdiskurs ist außerordentlich schlecht. Vorfindbare historische Untersuchungen beziehen sich (wie Shorter 1984) immer eher auf die Sozialgeschichte oder die Medizingeschichte als auf den Diskurs (vgl.

auch Jordan 1978). In einer Kulturgeschichte, in der der öffentliche Diskurs über Jahrhunderte durch Männer dominiert war, die indes bei Entbindungen abwesend blieben, konnte zudem ein Geburtsdiskurs vorwiegend nur von Frauen durchgeführt und aufrechterhalten werden, deren Zugang zu traditionsverbürgenden Medien wie der Druckerkunst vergleichsweise schlecht war. So erstaunt es nicht, daß man immer wieder Geburtsdarstellungen von männlichen Künstlern entdeckt, die vom medizinischen Standpunkt aus schlicht falsch sind. Daraus muß geschlossen werden, daß die betreffenden Künstler einen solchen Vorgang tatsächlich nie gesehen haben.

Vor dem Hintergrund der Integration des Kindesvaters in das Geburtsgeschehen versprechen diese Verhältnisse anders zu werden. Je näher die Väter auch nach der Geburt des Kindes den ehemals mütterlichen Verpflichtungen kommen, desto verschwommener wird ihre väterliche Identität. Schon wirbt eine blühende Literatur für die Eröffnung eines neuen Kapitels im Diskurs über Kindheit, des Kapitels, in dem «stillende Väter» (Konjetzky/v. Westphalen 1983) mit der «neuen Rolle des Mannes in der Familie» (v. Canitz 1982) eine neue Legierung «zwischen Chauvi und Softi» (Kowalewsky 1984) propagieren, den «Mappi» (Ortmann 1983, S. 43). Diese männliche Mutter ist das, vorsichtig formuliert, maskuline Pendant zur «androgynen» Mutter, die ihrerseits versucht, die für die Sozialisation des Kindes tragenden Geschlechterdifferenzen zu nivellieren, indem sie der «Mama-Mann» (Siebenschön 1983) zu sein beansprucht.

Wir konstatieren also nicht nur eine Entdifferenzierung der Generationen, sondern die ausbleibende Transition von Schwangeren zu Müttern, und die von Männern zu Vätern scheint eine weitgehende Konsequenz zu zeitigen, daß nämlich die Differenzierungsmodi zwischen Müttern und Vätern unwirksam werden, zumindest im Medium der Aufzucht von kleinen Kindern. Es versteht sich, daß diese Erscheinung noch nicht als dominant bezeichnet werden kann und ihre Implikationen für die Veränderung des Konstrukts ‹Kindheit› noch nicht absehbar sind. Eines wird aus den beiden, eigentlich konträren Bewegungen der Maskulinisierung der Mütter und der Feminisierung der Väter allerdings schon deutlich: Mappis und androgyne Mütter sind sich in der rückhaltlosen Verehrung ihrer Kinder einig. Nur diese Zentralisierung der Aufmerksamkeit auf die Kinder bewegt die Protagonisten in die Richtung auf das andere Geschlecht. Damit reiht sich auch diese Variante in eine Tradition ein, die als Vergöttlichung der Kinder zu untersuchen ist.

6 Vergöttlichung der Kinder
Alltägliche Attribuierung der Heiligkeit an irdische Kinder

6.1 Reines Kind und unreine Wöchnerin – heiliges Kind und geheiligte Mutter

Die Beobachtung, daß jüngste Bewegungen ‹neuer› Mütterlichkeit oder ‹neuer› Väterlichkeit eine Gemeinsamkeit in ihrer Konzentration auf das Kind haben, ist angesichts der bis hierhin konstatierten Unterdrückung des Gedankens an das Kind im Lebenslauf der Erwachsenen überraschend und widersprüchlich. Nachdem erwachsene Menschen in verschiedenen Situationen ihres Lebenslaufs zunächst alles tun, um die kognitive Präsenz des Kindes aus ihren alltäglichen Vollzügen zu verdrängen, rückt das Kind in dem Augenblick in den Mittelpunkt ihrer Aufmerksamkeit, indem es faktisch durch die Transformation der Geburt auf den Plan tritt. Dieser Widerspruch ist indessen nur scheinbar; denn die Ausblendung des Kindes aus einem Lebensvollzug wie dem der praktizierten Sexualität bedeutet ja nichts anderes, als sich selbst daran zu hindern, gleichsam erwachsen zu werden, weil nichts den Zustand der Erwachsenheit deutlicher zutage treten läßt als die eigene Elternschaft. Oder anders formuliert: Durch die derartig dokumentierte Weigerung des *aus*gewachsenen Menschen, *er*wachsen zu werden, stabilisiert und verlängert er die eigene Kindheit. Sexualität ohne Zeugungsabsicht bleibt ein Spiel, und die mißlingenden Transitionsversuche der Braut zur Frau, der Frau zur Schwangeren und der Schwangeren zur Mutter wie die Demontage des Dispositivs der Väterlichkeit unterstützen die Verlängerung des Zustandes, in den die Menschen hineingeboren waren, des der Kindheit.

Wenn diese biologisch dann doch Mütter und Väter gewordenen Ausgewachsenen an der Schwelle zur Entstehung einer neuen Generation *nach* ihnen ihre Konzentration auf die eigenen Kinder so überziehen, daß sie ihre Identität vorwiegend aus der Kommunikation mit ihren Kindern beziehen, mit denen sie sich oftmals gleichzumachen versuchen, dann unterdrücken sie die Bedeutung jener Bestandteile ihrer Person, die, unabhängig von ihrer Elternschaft, ihre Erwachsenheit ebenso determinieren könnten. Paradoxerweise werden die Kinder dieser Ausgewachsenen dadurch zu Garanten der eigenen Kindlichkeit.

Wenn die Ausgewachsenen ihre Selbstdefinition so sehr an die eigenen Kinder heften, ist das Schicksal ihrer Persönlichkeit von der Zukunft ihrer Kinder abhängig. Aus diesem Grund ist es notwendig, die Aufmerksamkeit nicht länger auf die weiteren Phasen des Lebenslaufs der Ausgewachsenen/Erwachsenen zu richten, sondern auf die Phasen des *kindlichen* Lebenslaufs. Die erste Phase dieses Lebenslaufs hat mit der Transformation des Fötus zum Kinde in der Geburt begonnen. Für wen stellt die Transformation des Fötus zum Kind eigentlich eine Transition dar? – Anders als beim Eintritt in eine neue Lebensphase durch Erwachsene kann das Neugeborene die Transition nicht wahrnehmen, der Transitionsvorgang hat also ausschließlich eine Funktion für die umgebenden Erwachsenen. In dem Maße, in dem sie eine rituelle Geburt veranstalten, geleiten sie den Fötus in seine erste bzw. zweite Lebensphase. Was das Kind in dieser ersten Lebensphase ist, ist es also *in den Augen der Erwachsenen*. Die Art seines Kindseins wird wesentlich dadurch definiert, wie es in die erste Lebensphase transformiert wird. Das, wozu die Erwachsenen das Kind in der Stunde der Geburt und später machen, ist es für eine lange Zeit. An dieser Stelle entscheidet sich die Differenz zwischen dem Kind und dem Erwachsenen, so daß es naheliegt, die unterschiedliche rituelle Behandlung von Kind und Mutter respektive Vater im Zusammenhang mit der Geburt zu betrachten.

Das Medium des Vergleichs zwischen Kind und Erwachsenem in der Stunde der Geburt ist die Frage der Reinheit. Mutter und Kind werden durch den Geburtsvorgang in extremer Weise verunreinigt. Aus physiologischen Gründen ist es nun so, daß nach einer Waschung von Mutter und Kind die Differenz deutlich zutage tritt: Das Kind bleibt sauber, jedenfalls was Blutungen, Plazentareste usw. betrifft, während die Mutter durch den Wochenfluß äußerlich immer wieder verunreinigt wird.

Diese Beobachtung hat viele Kulturen veranlaßt, darin mehr als eine biologische Differenz zu sehen. Es gibt im Zusammenhang mit der Geburt zahllose rituelle Waschungen am Kind, die eine Bedeutung erhalten, welche weit über die hygienische Funktion hinausreicht (vgl. Ploss 1911, S. 215 ff), so die glücksbringende Waschung des Kindes in einem Wasser, in welchem zuvor Gold und Silber abgekocht worden war. Auch die Pflege der Haut des Neugeborenen mit Essenzen, Ölen oder Salben, denen eine magische Wirkung beigemessen wird, gehört hierhin. Die Reinigung des Kindes hat also eine initiierende, auf *Zukunft* gerichtete Funktion.

Bei der Wöchnerin sind die Verhältnisse eher umgekehrt: Die Nachblutung stellt nicht selten eine akute Bedrohung ihres Lebens dar. Der Kampf gegen das Verbluten ist ein Kampf gegen die *Vergangenheit* der Mutter als Schwangerer, gegen die Folgen der vergangenen Entbindung. Gegen andere dieser Folgen, etwa den Schmerz der durch den Geburtsvorgang in Mitleidenschaft gezogenen Genitalien oder gegen Infektionen, sind oftmals Bäder, Schwitzbäder oder sogar Räucherungen der Wöchnerin angezeigt, die durch die vorgeschriebenen Zeitabstände zwischen den einzelnen Waschungen deutlich rituellen Charakter erhalten. Gerade die Wiederholung solcher Waschungen zeigt den fortdauernden Zustand der erneuten Verunreinigung an. Aus diesem Grund wird die Wöchnerin in vielen Kulturen rituell für unrein gehalten.

So gilt nach dem iranischen Religionsstifer Zoroaster (Zarathustra) die Frau 80 Tage als unrein, was strikte Verbote bezüglich ihrer Berührbarkeit nach sich zieht (vgl. Ploss 1911, S. 413). Die Zeiträume für die Unreinheit und Tabuisierung der Wöchnerin sind außerordentlich unterschiedlich. Es existieren auch sehr viel kürzere Zeitvorstellungen von drei bis vier Tagen sowie eine recht häufige Übereinstimmung hinsichtlich einer 40tägigen Dauer der Verunreinigung.

Die christliche Tradition bezieht ihre Regeln aus dem mosaischen Gesetz, wo «die Ordnung für Wöchnerinnen» so formuliert ist:

«Wenn ein Weib empfängt, und gebirt ein Knäblein, so soll sie sieben Tage unrein sein, wie wenn sie ihre Krankheit leidet. Und am achten Tag soll man das Fleisch seiner Vorhaut beschneiden. Und sie soll daheim bleiben 33 Tage im Blut ihrer Reinigung. Kein Heiliges soll sie anrühren, und zum Heiligtum soll sie nicht kommen, bis daß die Tage ihrer Reinigung aus sind. Gebirt sie aber ein

Mägdlein, so soll sie zwei Wochen unrein sein, wie wenn sie ihre Krankheit leidet, und soll 66 Tage daheim bleiben in dem Blut ihrer Reinigung» (3. Mose 12, 2–5).

Auffällig ist hier die unterschiedliche Behandlung der Wöchnerin je nachdem, ob sie ein Mädchen oder einen Knaben geboren hat. Der Talmudist Maimonides hat dieses damit begründet, daß Krankheiten der weiblichen, kalten Natur einer längeren Heilung bedürfen als der warmen, männlichen. Hippokrates schlug eine ähnliche Differenzierung vor.

Die christliche Literatur des Mittelalters findet dann neue Begründungen für diese Unterscheidung, etwa die, daß auf dem weiblichen Geschlecht neben dem allgemeinen Adamsfluch im Zusammenhang mit der Vertreibung aus dem Paradies der besondere Fluch von den Schmerzen bei der Geburt laste (vgl. Franz 1960, S. 218).

Papst Gregor der Große hat 746 diese Regelungen, die der Wöchnerin und zeitweise sogar der Hebamme den Besuch der Kirche verbot, abgeschafft, indem er verdeutlichte, daß die Schuld nicht in der Geburt, sondern in der ehelichen Beiwohnung zu erblicken sei (Franz 1960, S. 216). Bis zum Jahre 1200 hatte sich diese Sichtweise dann allgemein durchgesetzt. Papst Gregor überließ es dem Einfühlungsvermögen der Mutter, darüber zu entscheiden, ob sie die Kirche besuchen wollte oder nicht.

Die Dimension der Reinlichkeit als Vergleichskriterium zwischen Kind und Erwachsenem ist in dem Augenblick von besonderer Bedeutung gewesen, als sie sich mit dem Verbot der Berührung geheiligter Objekte bzw. dem Betreten eines heiligen Bezirks verband. Denn offensichtlich wurde das Kind im Gegensatz zu seiner Mutter in der Regel als ein Mensch angesehen, der, vorsichtig formuliert, mit der Geburt Gott gefällig geworden war, so daß er ihm nahe kommen durfte, während umgekehrt die Mutter sich durch die Entbindung von Gott entfernt hatte.

Im Vergleich zwischen Kind und Erwachsenem ist hier die erste Quelle für die *Vergöttlichung des Kindes* zu erblicken, die für das christliche Abendland charakteristisch werden sollte. An dieser grundlegenden Differenz zwischen Kind und erwachsener Frau änderte sich übrigens auch durch die Aufgabe des Berührungsverbots nicht viel. Denn dieser Verzicht fällt historisch zusammen mit der Institutionalisierung der Säuglingstaufe (vgl. Kap. 7). In dem Maße, in dem die katholische Kirche dazu überging, die Taufe des Kindes wegen der Erbsünde möglichst unmittelbar nach der Geburt zu vollziehen, schloß sie die Mutter schon aus physiologischen Gründen von diesem wichtigen Transitionsritus aus, weil sie schlicht noch nicht wieder in der Lage sein konnte, der kirchlichen Taufe beizuwohnen, die zuvor im Anschluß an das Ende der Zeit der Unreinheit, also nach dem 40. Tage, im Beisein der Mutter vollzogen worden war. Diese auch heute in katholischen ländlichen Gegenden noch übliche Praxis der frühen Säuglingstaufe implizierte wegen einer fehlenden Verunreinigung des Kindesvaters eine bedeutsame Aufgabe für diesen. Er war es, der – rein – das gereinigte Kind zur Taufe brachte.

Mit der Zuspitzung des Marienkultus im katholischen Raum und mit der Überdetermination des Mütterlichen gerade in der katholisch akzentuierten Romantik, begleitet von tiefgreifenden ökonomischen Veränderungen der Familie im 19. Jahrhundert, verschiebt sich auch hinsichtlich des Dispositivs der Reinheit und der Vergöttlichung die Gesamtstruktur. In dem Maße, in dem die gregorianische Lehre von der Schuldhaftigkeit des Zeugungsaktes, unterstützt von der späteren Idealisierung der keuschen Ehe bei Thomas von Aquin, sich durchsetzt, wird auf der Ebene dieses Symbols die Reinheit des Vaters problematisiert bis hin zur Dämonisierung des lüsternen Verführers. Demgegenüber schiebt sich die Vorstellung von der unbefleckten Empfängnis Marias als Denkschema auch für die alltägliche Familienwelt im Gefolge beispielsweise eines Schlegel so in den Vordergrund, daß die ursprüngliche grundlegende Differenz zwischen Kind und Mutter im Medium der Reinheit aufgegeben wird. Dieser Entwicklung kam ein Mechanismus zugute, auf den bereits Wilhelm Wundt in seiner «Völkerpsychologie» aufmerksam gemacht hat. Wundt hatte zunächst eine Gemeinsamkeit in den beiden Extremen «Heiliges» und «Unreines» gesehen, nämlich die Unberührbarkeit, das Tabu. In diesem Sinne sind Kind und Mutter tabuisiert, als Heiliges das Kind, als Unreine die Mutter. Die Berührung des Heiligen entheiligt es, die des Unreinen befleckt den Berührer. Berücksichtigt man, daß im 19. Jahrhundert im Gefolge Rousseaus die Mütter in die Nähe ihrer Kinder gedrängt werden, so muß eine Tabusperre aufgehoben werden, wenn das gelingen soll; denn Heiliges und Unreines sollen sich berühren, nicht mehr nur Dritte berühren die Tabuisierten. Das geht nur durch eine Umdefinition entweder der Heiligkeit des Kindes oder der Unreinheit der Mutter. In der Romantik setzt sich die zweite Alternative durch, die Verehrung des Mütterlichen. Die Mütter beziehen aber diese neue Heiligkeit nicht von außen, sondern gewissermaßen aus der Dyade mit ihren Kindern. Die von Wundt (1906, S. 317) verdeutlichte «Vorstellung, daß die innige Berührung und Liebesbezeigung etwas von der Heiligkeit des berührten Gegenstandes auf den Verehrenden überströmen lasse», trifft auch hier zu. In der Interaktion der Mutter mit ihrem Kinde heiligt diese sich und macht sich darin dem Kinde gleich.

Die bürgerliche Welt des 19. Jahrhunderts entzieht durch die Verlagerung des Arbeitsplatzes außerhalb der Familie dieser den Vater, oder umgekehrt, aus der Sicht der Öffentlichkeit betrachtet: Mütter und Kinder werden, wie außer ihnen nur noch körperliche und geistige Krüppel, so aus dem öffentlichen Verkehr (der Väter) verbannt, daß sie in der Idylle des Heimes näher zusammenrücken – eine Tatsache, die sich bis in die Identität der Kleidung von Kindern beiderlei Geschlechts mit derjenigen ihrer Mütter eine gewisse Zeit lang dokumentiert. Um bei zeitgenössischen Darstellungen wie der Daguerreotypie in Abbildung 45 die Erkennbarkeit des Geschlechts überhaupt noch zu sichern, wurde zu pseudoallegorischen Accessoires gegriffen wie der Peitsche, die verdeutlichen soll, daß es sich bei dem abgebildeten Kind um einen Knaben handelt.

So gesehen sind jüngste Tendenzen der frühesten Zusammenführung von Mutter und Kind eine leichter verständliche Konsequenz. Sei es, daß die Hebamme das noch nicht abgenabelte Kind seiner Mutter auf den Bauch legt – ein Akt der Verdoppelung von Verunreinigung –, sei es, daß eine Entbindung im Hause der Mutter stattfindet oder daß durch ‹Rooming-in› das Kind sofort der Mutter in ihr Zimmer gegeben wird: all dies sind Praktiken unserer Tage, die bereits unmittelbar nach der Entbindung rituell nachhaltig verhindern, daß die Mutter begreifen lernt, etwas anderes zu sein als ihr Kind. Mit dem diskursiven Verschwinden des Reinheitsdispositivs nach der Geburt hat also nicht die unreine Mutter das reine Kind zu sich in den Schmutz gezogen, sondern umgekehrt wird sie als Hervorbringerin des (ehemals) reinen Kindes selbst in die Nähe Gottes gebracht. Unterdessen ist es der an der Entbindung beteiligte Vater, der sich, wie gezeigt, verunreinigt und damit deutlich abseits steht. Aber die Berührung des Heiligen (Kindes) durch die Unreine (Mutter) hat eine Implikation für das Kind, es wird selbst ‹entheiligt›. Da diese Umkehrung der Mutter zur Labilisierung ihres eigenen Status gereicht, insofern der Quell der Heiligkeit zu versiegen droht, benötigt das Bewußtsein des Erwachsenen eine Art Regenerierungsapparat für die kindliche Reinheit.

Abb. 45: Daguerreotypie aus dem Studio Hughes, Glasgow, um 1850

6.2 Die paradiesischen Kinder und die ‹verdammten› Erwachsenen

Wenn aber das Dispositiv der Reinheit dafür nicht mehr mental verfügbar ist, jedenfalls als Differenzierungskriterium zwischen Kindern und Erwachsenen nicht, dann stellt sich die Frage, durch welches andere Dispositiv heute das Motiv der Gottesnähe des Kindes möglicherweise gestützt wird. Eines dieser Dispositive dürfte das der sexuellen Unschuld des Kindes sein, welches erst mit der Verbreitung der Psychoanalyse brüchig wurde. Ein anderes, verwandtes, ist in einem Motiv zu sehen, das sich bis heute kaum verbraucht zu haben scheint, das des kindlichen *Lachens*. Die Alltagsmenschen unserer Kultur scheinen von dem Gedanken erfüllt zu sein, daß ein Kind, um sich als solches zu erweisen, lachen muß. Lachen, Lächeln, Fröhlichkeit sind geradezu die Klischees der fotografischen Darstellung eines Kindes. Dabei halten Kinder selbst ihr Leben oftmals für weniger freudvoll als das der Erwachsenen. So unterstellen Kinder Erwachsenen ein geringeres Bedürfnis zu trauern (vgl. Auwärter 1983, S. 117).

Auch Schlagertexte sichern sich einen respektablen Erfolg durch Anspielungen auf das Lachen der Kinder, das dann gern als Inbegriff des Erstrebenswerten einer mehr oder minder heimlichen Klage über die vorfindlichen Verhältnisse diesem gegenübergestellt wird. Ein Beispiel dafür ist ein Lied mit dem Titel «Nur für einen Tag» von dem Diseur Peter Maffay:

> «Einmal möcht ich wieder Kind sein
> Nur für einen Tag
> Einmal mich nicht wehren müssen
> Nur für einen Tag
> Einmal nichts entscheiden brauchen
> Nur für einen Tag
> Einmal alles lieben können
> Nur für einen Tag.
>
> Einmal möcht ich wieder Kind sein
> Nur für einen Tag
> Einmal nichts verbergen müssen
> Nur für einen Tag
> Einmal nicht zu lügen brauchen
> Nur für einen Tag

Einmal alles sagen können
Nur für einen Tag.

Refrain:
Und schlaf ich abends ein
Lache ich im Traum
Denn ich setz all mein Vertraun
In den neuen Tag
Fühl mich ausgeruht und hellwach
Schon im Morgengraun.»

Das Lied geriert sich wie die x-beliebige Äußerung eines x-beliebigen Mannes von der Straße über seine ‹Anthropologie des Kindes›. Einer spricht für viele. Einer spricht nicht, er zelebriert. Er feiert eine Messe auf die Kinder. Was ist die erste oberflächliche Botschaft dieses Stückes Alltagskultur? – Auf den ersten Blick, das teilt sich ohne die Anstrengung einer Analyse mit, erfahren wir: Ein erwachsener Mann, der erwachsene Mann schlechthin (rauhe Stimme, rollendes ‹R›, Lederbekleidung und Gitarre mit Nietenbeschlag) hat genug vom Erwachsenendasein. Er möchte aussteigen, «Ich will leben» steht auf dem Label. Er ist sich damit einer hinreichenden Zuhörerschaft sicher und singt das Lied von der verlorenen Kindheit.

Für eine weitergehende Analyse muß man auf einer zweiten Bedeutungsebene dieses Liedtextes ansetzen, wenn man daran interessiert ist, etwas über die versteckten Vorstellungen zu erfahren, die Maffay und mit ihm ein vermutlich nicht unbeträchtlicher Teil seiner Adressaten bezüglich des Verhältnisses von Kindheit und Erwachsenenstatus hat. – Der Text attribuiert dem Kindsein eine Reihe von Akzidenzien, die, verkürzt, etwa so aussehen: Ein Kind muß sich nicht wehren, braucht nichts zu entscheiden, kann alles lieben, lacht im Traum, ist vertrauensvoll hinsichtlich der Zukunft, ist ausgeruht und früh wach, muß nichts verbergen, braucht nicht zu lügen und kann alles sagen.

Um die dem Text impliziten Attribute des Erwachsenendaseins zu entdecken, muß man zu diesen Attributen des Kindseins die Oppositionen bilden. Demnach läßt sich sagen: Ein Erwachsener muß sich wehren, muß alles entscheiden, muß alles hassen, weint, ist hoffnungslos hinsichtlich einer nicht vorhandenen Zukunft, ist erschöpft und schläft spät ein, verbirgt alles, muß immerzu lügen und darf nicht alles sagen.

Der Text malt aber mit den expliziten und impliziten Attribuierungen nicht einen Menschen in zwei verschiedenen Altern, im kindlichen und im erwachsenen, sondern er beschreibt, genaugenommen, Existenzweisen. Die eine, kindliche, heißt in der Folge der Attribute: Frieden, Liebe, Traum, Vertrauen, Hoffnung, Zukunft, Ruhe, Wachheit, Offenheit, Wahrheit, Freiheit. Die andere Existenzweise, die der Erwachsenen, heißt dementsprechend: Krieg, Handlungszwang, Haß, Schlaflosigkeit, Mißtrauen, Hoffnungslosigkeit, Zukunftslosigkeit, Verdammnis, Ruhelosigkeit, Erschöpfung, Verstocktheit, Lüge, Gefangenschaft. Durch die auffallende Verwendung der Numeralia «alles» und «nichts» lassen sich diese Attribute ergänzen um die Generalisierung: Diese Zustände gelten immer, für alles bzw. für nichts. Also: ewiger Friede, ewige Liebe, ewige Zukunft ... sowie ewiger Krieg, ewiger Haß, ewige Verdammnis usw.

Spätestens an dieser Stelle entdecken wir, daß der Liedtext auf der zweiten Bedeutungsebene an Vorstellungen in unseren Köpfen appelliert, die ‹die letzten Dinge›, die Eschatologie betreffen. Die mit den Kindlichkeitsattributen versehene Existenzweise ist die paradiesische, die impliziten oppositionellen Attribute der Erwachsenen kennzeichnen den Zustand der ewigen Verdammnis. Dem könnte man entgegenhalten, daß einzelne der Attribute wie Frieden oder Liebe durchaus irdische Vorstellungen traktieren; jedoch wird man der Analyse zustimmen wollen, wenn man die Gesamtheit der Attribute nennt, ihren allumfassenden Charakter, aber auch dann, wenn man einzelne markante Attribute herausgreift, etwa ‹Hoffnung› versus ‹Hoffnungslosigkeit› oder ‹Zukunft› versus ‹Verdammnis›.

Nun wissen wir, daß Paradiesvorstellungen nicht ihren Ursprung in diesem Jahrhundert haben oder gar in der Alltagskultur eines Peter Maffay, sondern daß sie universale Bedeutungssysteme darstellen (vgl. Fromm 1982, S. 17ff.). Belege dafür gibt es zahlreiche, insbesondere bei Eliade (1973). Er referiert die Entdeckung der Guarani 1912 durch Curt Nimuendaju, eines Stammes, der sich auf der Suche nach dem ‹Land ohne Übel› befand, weil dieser Stamm von der kosmischen Ermüdung der Erde durch ihre bloße Existenz ausging. Diese adamitische Sehnsucht findet sich auch in der europäischen Tradition. So zweifelte Christoph Columbus nicht daran, sich dem irdischen Paradiese genähert zu haben, als er Amerika entdeckt hatte.

In einer Ansprache an Prinz Juan erklärte er: «Gott hat mich zum Boten des neuen Himmels und der neuen Erde gemacht, von dem Er in der Apokalypse nach St. Johannes gesprochen hat, nachdem Er durch den Mund des Propheten Jesaia gesprochen hatte und Er zeigte mir, wo sie zu finden wären» (ebd., S. 118).

Was unsere Alltagskultur angeht, so spricht vieles dafür, daß eschatologische Bewußtseinsfragmente ihren Ursprung in der abendländischen Tradition haben, wenn man sie auf der Zeitachse dieser Kultur zurückverfolgt. Bei einem solchen Rekonstruktionsversuch stellt sich heraus, daß Paradiesvorstellungen in den wichtigsten Quellen unserer Kultur, der christlichen, der jüdischen, der griechisch-römischen und der ägyptischen Tradition, immer wie auch der Mythos der Guarani von einer Erfüllung der Zeit ausgehen, die einen Neuanfang erforderlich macht. Dieser verbindet sich mit einer messianistischen Hoffnung. Die jüngste dieser Quellen ist die Offenbarung (21,3–7) des Johannes, die wesentlich aus dem Jahre 68 datiert:

> «Und ich hörte eine große Stimme von dem Thron, die sprach: Siehe da, die Hütte Gottes bei den Menschen! Und er wird bei ihnen wohnen, und sie werden sein Volk sein, und er selbst, Gott, wird mit ihnen sein; und Gott wird abwischen alle Tränen von ihren Augen, und der Tod wird nicht mehr sein, noch Leid noch Geschrei noch Schmerz wird mehr sein; denn das erste ist vergangen …wer überwindet, der wird alles ererben, und ich werde sein Gott sein, und er wird mein Sohn sein.»

Die Botschaft dieser Zeilen lautet: Die Ankunft des Messias steht unmittelbar bevor. Gott nimmt den zu seinem Sohn, der alles überwindet. Eine hinreichende Klarheit bezüglich der *Gotteskindschaft* des Messias besteht bei den älteren Quellen aus der prophetischen Tradition nicht. Das wichtigste prophetische Buch für die christliche Tradition ist das Buch Daniel, das um 165 v. Chr. entstanden ist, und hier kann man erfahren, daß der Messias am Tage des jüngsten Gerichts kommen wird und er des «Menschen Sohn» sei.

Derartige Prophetien finden sich zahlreich, so bei Sacharja, Jesaia oder Ezechiel. Aber auch dann, wenn die Menschensohnschaft oder Gottessohnschaft des Messias vermerkt wird, finden wir keine Quellen, die uns den Zusammenhang zwischen Kindlichkeitsattributen und eschatologischer Erwartung verständlich machen könnten. Insofern läßt sich sagen, daß sich das Motiv ‹Gott als Vater und Mensch als sein Kind› in der gesamten Religionsgeschichte bewahrt, wobei die Gotteskindschaft zuweilen allen Menschen, gelegentlich aber auch nur besonderen Menschen zugesprochen wird (vgl. Frank 1982, S. 337). Für unsere Fragestellung erfahren wir aber soviel, daß die Kindschaft dann etwas Besonderes darstellt, wenn sie Gotteskindschaft ist. Die Vorstellungen vom Reiche Gottes, welches sich durch eine Gotteskindschaft einstellt, sind übrigens in diesen älteren Quellen durchaus sinnlich. So wie in der Genesis das Paradies geschildert wird, reich und von vier Wassern durchflutet, findet man es in zahlreichen Prophetien wieder. Der Islam erweitert diese Vorstellung noch um eine sexuelle Variante des freien Verkehrs mit unberührten Jungfrauen. Das alles sind Konkretisierungen, wie sie in ihrer Sinnlichkeit dem mittelalterlichen Menschen durchaus noch verfügbar waren.

Dieses hat nun keine Ähnlichkeit mehr mit den Attributen, die Peter Maffay formuliert hat. Sie müssen also eine andere Quelle haben. Was ihre auffällige Eigenschaft der Leibferne betrifft, so sind sie wohl eher neutestamentarischen Ursprungs. So lesen wir im Römerbrief (14, 17) des Paulus:

«Denn das Reich Gottes ist nicht Essen und Trinken, sondern Gerechtigkeit und Friede und Freude in dem Heiligen Geist.»

Und der erste Brief des Paulus an die Korinther (I. Korinther 13, 9–13) enthält diese Charakterisierung:

«Da ich ein Kind war, da redete ich wie ein Kind und war klug wie ein Kind und hatte kindliche Anschläge; da ich aber ein Mann ward, tat ich ab, was kindlich war. Wir sehen jetzt durch einen Spiegel in einem dunklen Wort; dann aber von Angesicht zu Angesicht. Jetzt erkenne ich stückweise; dann aber werde ich erkennen, gleichwie ich erkannt bin. Nun aber bleibt Glaube, Hoffnung, Liebe, diese drei; aber die Liebe ist die größte unter ihnen.»

Die letzte Quelle ist deshalb besonders wichtig, weil sie einerseits die Abstraktion der Endzeitvorstellungen ebenso belegt wie die beiden anderen Zitate und damit in großer Nähe zu den Attributen steht, die wir dem Maffay-Text entnommen haben (Gerechtigkeit, Freude, Friede, Unschuld, Wahrheit, Glaube, Hoffnung, Liebe), andererseits explizit diese Attribute *nicht dem Kind, sondern dem Erwachsenen* zuschreibt!

Dem scheint auf den ersten Blick eine wichtige Episode aus den Evangelien zu widersprechen, die sogenannte Kinderperikope:

«Zu derselben Stunde traten die Jünger zu Jesus und sprachen: Wer ist doch der Größte im Himmelreich? Jesus rief ein Kind zu sich und stellte es mitten unter sie und sprach: Wahrlich, ich sage euch: Wenn ihr nicht umkehret und werdet wie die Kinder, so werdet ihr nicht ins Himmelreich kommen. Wer nun sich selbst erniedrigt wie dies Kind, der ist der Größte im Himmelreich. Und wer ein solches Kind aufnimmt in meinem Namen, der nimmt mich auf. Der aber Ärgernis gibt, einem dieser Kleinen, die an mich glauben, dem wäre es besser, daß ein Mühlstein an seinen Hals gehängt und er ersäuft werde im Meer, wo es am tiefsten ist ... Da wurden Kinder zu ihm gebracht, daß er die Hände auf sie legte und betete. Die Jünger aber fuhren sie an. Aber Jesus sprach: Lasset die Kinder und wehret ihnen nicht, zu mir zu kommen; denn solcher ist das Himmelreich. Und er legte die Hände auf sie und zog von dannen» (Matth. 18, 1–6 und 19, 13–15).

Bei genauem Hinsehen bemerkt man, daß diese Kinder für Jesus und seine Zeit Inbegriff des Niedrigen sind, das Unzulängliche. Die Aufforderung, ihnen kein Ärgernis zu bereiten, steht in der langen Reihe der Aufforderungen, gerade den niedrigsten unter den Menschen gerecht zu werden (vgl. Röbbelen 1964, S. 35 f.; Krause 1973). Wir müssen also davon ausgehen, daß die Attribuierung paradiesischer Vorstellungen an das Kind anderen, vielleicht späteren Ursprungs ist.

Mit der Erinnerung an den neutestamentarischen Gehalt der Paradieses-Attribute des Schlagertextes sind wir einen Schritt weitergekommen, aber wir haben noch nicht den Beginn der historischen Diskontinuität ausfindig machen können, an der, entgegen der neutestamentlichen Tradition, diese Attribute als solche des Kindes begriffen werden. Solange die Herkunft dieser Verknüpfung nicht gefunden ist, können wir die alltägliche Assoziation ‹Kind – Paradies› nicht wirklich verstehen.

6.3 Kindliches Lachen und Gotteskindschaft

Es ist zu fragen, ob dem Text Maffays Hinweise darauf zu entnehmen sind, durch welche Brücke die Verbindung zwischen den paradiesischen Attributen und dem Typus Kind hergestellt wird. Bei genauer Lektüre stellt man fest, daß die einzigen leibgebundenen Attribute der Kindlichkeit im Refrain stecken. Gerade diese können aber nur geeignet sein, abstrakte Attribute der Endzeit mit konkreten, leibhaftigen Kindern in Verbindung zu bringen. Im Refrain lesen wir: «Und schlaf ich abends ein, lache ich im Traum...»

Eduard Norden hat in seiner Dissertation «Die Geburt des Kindes. Geschichte einer religiösen Idee» (1924) eine der wichtigen vorchristlichen Quellen des Heilandsglaubens analysiert, die 4. Ekloge des Vergil aus dem Jahre 40/42 v. Chr. (vgl. Norden 1969). Diese Ekloge enthält eine in der Philologie lange umstrittene Verspassage, die das Motiv des Lachens enthält:

«incipe, parve puer, risu cognoscere matrem»
«Fange an, Knäblein, durch Lachen deine Mutter zu erkennen»
(Vergils Gedichte 1973, S. 35).

Der neugeborene Knabe ist bei Vergil der mit dem neuen Aion erscheinende Gott-Heiland, dessen Ankunft in der 4. Ekloge angekündigt wird, für die Christen später ein wichtiges Zeugnis dessen, daß Jesus dieser erwartete Heiland ist. Entsprechend bezieht man sich im Mittelalter auch später immer wieder auf diese Ekloge, z. B. bei Dante. Die Ekloge fährt fort:

«Cui non risere parentes, nec deus hunc mensa, dea nec dignata cubili est»
«Wer seinen Eltern nicht zulacht, den würdigt kein Gott seines Tisches, keine Göttin ihres Lagers»

Da Vergil mit den Physiologen seiner Zeit davon ausging, daß Kinder bis zum 40. Lebenstage nicht lachen, während sich die Vergilische Geburtsszene indessen auf den ersten Lebenstag bezieht, wird die Bedeutung klar: Wer seine Eltern nicht bei der Geburt anlacht, den würdigt kein Gott ... keine Göttin ... der ist also kein Gott. Da der prophezeite Knabe dieses aber tut, ist er göttlich. Oder, verallgemeinert: Immer wenn ein neugeborenes Kind lacht, ist das ein Zeichen für seine Göttlichkeit.

Diese Interpretation wird, wie Norden zeigt, durch einen Vers des Plinius gestützt:

«Risisse eodem die quo genitus esset unum hominem accepimus Zoroastrem»
«Ein einziger Mensch hat, wie wir hören, an seinem Geburtstage selbst gelacht: Zoroaster».

Wenn man weiß, daß Zoroaster oder Zarathustra der älteste Religionsstifter mit einer ausgeprägten Heilandsvorstellung war, dann wird deutlich, daß ‹Lachen› in der Tat ein Attribut für die Göttlichkeit eines Kindes sein soll.

Auch durch Belege aus der religiösen Epik des Mittelalters läßt sich diese Bedeutungszuweisung stützen. Dort wird ‹Weinen› mit der Weltlichkeit Christi in Verbindung gebracht. Diese Auffassung spiegelt sich gleichfalls in der Geschichte der Muttergottesdarstellungen mit dem Jesuskind bzw. dem erwachsenen Jesus. Ein weinender Jesus wird zusammen mit einer Mutter dann dargestellt, wenn an den Opfertod Christi erinnert wird, also in Bildern von der Schmerzensmutter oder in den Schreinmadonnen. Hier wird der menschgewordene und gestorbene Christus gezeigt. Dort, wo Madonnenbilder nicht wie bis zur cluniazensischen Reformbewegung im 10. bis 12. Jahrhundert ausdruckslose Gesichter zeigen, steht das lachende Jesuskind für seine Göttlichkeit.

Seit dem Mittelalter ist diese Kennzeichnung des kindlichen Lachens als Attribut seiner Göttlichkeit nicht wieder aus dem Diskurs über Kindheit verschwunden. Der Mystiker Heinrich Seuse (um 1295 bis 1366) nimmt das Motiv autobiographisch in der Geschichte von dem sündigen Mädchen wieder auf, das ihm, dem Mönch, ihr Kind als Findelkind überlassen hat. Indem das Kind ihn, auf seinem Schoß sitzend, anlacht, sieht er in ihm seine Gotteskindschaft: «Nur mußt du mein und Gottes Kind sein» (Seuse 1911, S. 103 ff.). Da es sich, der Geschichte nach, aber keineswegs um das Gotteskind handelt, wird deutlich, wie die vergöttlichende Attribuierung bereits hier auf irdische Kinder übergreift.

Auch im Volksaberglauben spiegelt sich die Bedeutung vom kindlichen Lachen als Gottesnähe in ähnlicher Weise. Lacht ein Kind im Traum, so sagt man, spiele es mit den Engeln Fangen, weint es, so hat es den Teufel gesehen (vgl. Beitl 1942, S. 94).

Die Putti des Barock sind eine weitere Manifestation dieses Attributs. Sie tragen die Wesenszüge des Kindes, die zu einem Engel passen, darunter besonders die Heiligkeit, eine Konnotation, die den Barockmeistern wie Melchior durchaus verfügbar war (vgl. Messerer 1962, S. 16 und 18). Bei Rubens' Darstellung des Jesuskindes mit Kindern wird die Angleichung des Kindlichen und des Göttlichen perfekt (vgl. Abb. 46).

Ein weiterer Höhepunkt ist zweifelsfrei der «messianische Ideengehalt des Kind-Motivs» (Grützmacher 1964, S. 44) in der Romantik, wofür Novalis (1982, S. 163) eines der besten Beispiele liefert. Dort ist im «Heinrich von Ofterdingen» von der «Überlegenheit des Kindes in den allerhöchsten Dingen» die Rede, und es wird direkt an die Paradies-Vorstellung appelliert, die sich mit dem Kind verbindet:

«So ist die Kindheit in der Tiefe zunächst an der Erde, dahingegen die Wolken vielleicht die Erscheinung der zweiten, höheren Kindheit des wiedergefundenen Paradieses sind und darum so wohltätig auf die erstere heruntertauen» (ebd., S. 167).

Abb. 46: Peter Paul Rubens, Das Jesuskind mit Kindern, 1615–1620

Mit der Erinnerung an kulturelle Quellen des Lachen-Motivs in unserem Alltagstext wird deutlich, daß dieser Text nicht nur an Paradiesvorstellungen appelliert und daß er diese nicht erstmals in einen Zusammenhang mit Kinder bringt, sondern daß im Bewußtsein des Senders wie des Empfängers über die semantische Brücke des Lachens die Gottähnlichkeit von Kindsein konnotiert wird. Walter F. Otto (1962b, S. 51) hat in einer zusammenfassenden Deutung des kindlichen Lächelns bereits vor einigen Dekaden ein Problem eher berührt als angesprochen, welches in dem Umstand zu erblicken ist, daß auch ganz alltägliche Kinder lächeln, ohne deshalb ‹göttlich› zu sein. Er hat dann aber doch darauf bestanden, daß zumindest für dichterische Texte von einer Hervorhebung des Kindes durch dieses Merkmal auszugehen sei:

«So gehört das Lachen allen Stufen der menschlichen Existenz an, von der kindlichsten und naturhaftesten bis hinauf in die Erhabenheit des Geistes, und verbindet sie alle miteinander, weil es von einem Glanz aus der ewigen und göttlichen Tiefe des Seins zeugt. Das lächelnde Kind ist von einem Bilde des Lebens bezaubert, das ihm noch traumhaft, aber schon als Gestalt entgegentritt ... Darum darf der Dichter das erste Lächeln, wenn es auch allen Menschenkindern gemeinsam ist, als Adelszeichen verstehen und als Vorbedingung des Berufs zur Größe und zum Verkehr mit den ewigen Göttern.»

Wenn man heute aber konstatieren muß, daß das kindliche Lächeln zu einem festen Bestandteil der alltäglichen Ansicht vom Kinde geworden ist, daß es also keineswegs nur als eine ausgewählte Metapher der Literatur zu betrachten ist, dann wird ein wichtiger qualitativer Umschlag hinsichtlich dieses Attributs deutlich, der die Strategie der Sicherung kindlicher Heiligkeit als Quelle für die Reinigung der Erwachsenen (Mutter) stützt. Während nämlich in der Geschichte der religiösen Ideen die Vorstellung von einem heilbringenden wirklichen Erlöser oftmals mit dem Typus eines Kindes verknüpft worden ist, das seine Göttlichkeit unter anderem durch sein frühes Lachen zu erkennen gibt, so verhält sich zu dieser Denkbewegung diejenige umgekehrt, die offenbar in unserer Alltagskultur verbürgt ist:

Das alltägliche Bewußtsein attribuiert nicht Charakteristika von Kindlichkeit an seine Gottesvorstellung, sondern es attribuiert Charakteristika von Göttlichkeit an seine Vorstellung von Kindern, es vergöttlicht sie.

Dieses kann es nur deshalb, weil ihm die kollektiven Phantasien über Gott-Kind-Mythen offenbar noch verfügbar sind. Wir können also von einer Art Dialektik des Gott-Kind-Mythos sprechen.

Vor diesem Hintergrund erscheinen zahlreiche Phänomene des Alltags unserer Kinder, wenn nicht ein ganzes Jahrhundert, das zwanzigste, als das «Jahrhundert des Kindes» (vgl. Key 1903), in einem anderen Licht. Die Neigung, Kindheit, Kindlichkeit zu verherrlichen, wird begreifbarer.

Aber nicht nur für alltägliche Phänomene des Umgangs mit Kindern gilt dies, sondern in besonderer Weise für einen großen Teil der pädagogischen Theorien des 20. Jahrhunderts, auch wenn die Deifizierung darin nicht immer so deutlich zutage tritt wie in Maria Montessoris «Kinder sind anders» (1958, S. 41) aus dem Jahre 1938:

«Die Weise, wie wir ein neugeborenes Kind berühren und bewegen, die Zartheit des Gefühls, das es uns einflößt, läßt mich an die Gebärden denken, mit denen der katholische Priester die heiligen Gegenstände auf dem Altar handhabt ... Und alles das spielt sich in einem stillen Raum ab, in den das Licht nur durch farbige Gläser gedämpft einzudringen vermag. Ein Gefühl der Hoffnung und der Andacht beherrscht den heiligen Ort.»

Stellte eine solche Attribuierung noch eine auf eigener Erfahrung fußende, unverfälscht empfundene Äußerung dar, so verkommt dieser Affekt bei den Epigonen wie der rechtskatholischen Therapeutin Christa Meves zu bloßer Propaganda, wenn sie ihren Bildband (1979) mit diesem Titelbild schmückt (vgl. Abb. 47).

Es soll den Titel «So ihr nicht werdet wie die Kinder», in dem die Kinderperikope noch einmal gründlich fehlgedeutet wird, mit dem Appell an Reinheit und Unschuld stützen.

Insofern Kindheit mit den göttlichen Attributen der Reinheit, des Lachens, des Friedens und anderen verklärt wird, hat sie sich aber we-

Abb. 47: Titelseite von «So ihr nicht werdet wie die Kinder»

niger als normative Orientierung der Erwachsenenwelt etablieren können, sondern eher als *refugium peccatorum*, als Fluchtpunkt regressiver Wünsche des Rückgangs aus der Erwachsenenwelt. Denn gerade als die Feier des Kindes als Symbol des Lebens auf dem Höhepunkt angelangt war, in der Zeit des Nationalsozialismus, tobte die Verachtung des Lebens der wirklichen Kinder am wütendsten. Schon in dieser Zeit zeigten die Medien eine Tendenz, auf die Jean Baudrillard (1978a) aufmerksam gemacht hat, nämlich die Neigung, Wirklichkeit nicht mehr zu referieren, sondern zu simulieren, eine «Hyperrealität» zu erzeugen.

Wenn man das Propagandafoto aus einem der Bücher des «Eisernen Hammers» mit dem Titel «Das deutsche Kind» aus dem Jahre 1935 betrachtet (vgl. Abb. 48) und die kurz darauf folgende Wirklichkeit der Kinder in der Massenvernichtung des Holocaust und des Krieges parallelisiert, dann wird mit dem Appell an den Reichtum, den das Leben angeblich darstellt, deutlich, daß der jüngere Diskurs über Kindheit eine noch weitergehende Funktion als die hat, Kinder zu glorifizieren.

Die im 19. Jahrhundert angelegte scharfe Trennung zwischen dem Kindlichen und dem Weiblichen auf der einen und dem Männlichen auf der anderen Seite wird dadurch auf die Spitze getrieben, daß das Männliche der (beinahe nur noch physikalischen) Wirklichkeit (Krieg, Kotschüssel, ‹stillender Vater›) und das Weibliche, erhöht durch das Kindlich-Göttliche, der Sphäre der Hyperrealität zugeordnet wird. Zu dieser Entwicklung trägt heute eine eher rechtsorientierte Mutter-Kind-Politik notwendig ebenso bei wie eine vermeintliche linke Propagierung neuer Väterlichkeit; denn die erste Position wiederholt nur die bekannte Diremption kindlich-weiblicher Hyperrealität von männlicher Wirklichkeit, und die zweite holt durch die Beteiligung des Mannes an der Aufzucht der Kinder (‹Mappi›) lediglich eine zusätzliche Dimension banalster Wirklichkeit in den Horizont des Männlichen hinein und glorifiziert, gern feministisch, Mutter und Kind aufs neue – diesmal nicht im Namen der Erzeugung kriegerisch verwertbaren Lebens, sondern als Träger von Friedensphantasien.

Abb. 48: Schlußseite aus «Das deutsche Kind» aus dem Jahre 1935

7 Isolation und Verlängerung der Kindheit
Die Konstitution des Typus Kind im Taufritus

7.1 Funktionen der Taufe

Die Analyse der ersten Lebensminuten des Kindes ergab für die Transition des Fötus zum Kind für frühere Kulturstufen die Beobachtung einer Trennung von Mutter und Kind aufgrund des Kriteriums der Reinheit. Das Kind wird wie die Mutter nach der Geburt gereinigt, bleibt aber, im Gegensatz zu ihr, fortan rein. Angesichts des Umstandes, daß die Reinigung des Kindes heute kaum noch rituellen Charakter hat, sondern von der Hebamme vollzogen wird, liegt die Vermutung nahe, daß die nachgeburtliche Reinigung des Kindes seinen Übergang in das Leben als Mensch kaum noch geleitet. Die Auskunft, die Reinigung des Kindes habe ihre transformatorische Kraft verloren, ist indessen nicht präzise genug. Es darf vielmehr als sehr wahrscheinlich gelten, daß die nachgeburtliche Reinigung des Kindes im Laufe der Kulturgeschichte sukzessive durch die Taufe abgelöst wurde. Das spiegelt sich darin, daß die Taufe mit Wasser vorgenommen wird, eine Reminiszenz an die diätetische Wirkung des Wassers, und darin, daß sie unter anderem eine reinigende Funktion im übertragenen, metaphorischen Sinne erhält: Die Taufe reinigt von den Sünden.

Das ist keine christliche Erfindung. Wie viele christliche Riten hat auch die Taufe Vorgänger in der Antike und im alten Ägypten. Mit der sittlich reinigenden Funktion wird sie von Aristoteles und Cicero erwähnt, kritisch auch von Ovid, der sich über den Glauben einer sittlichen Reinigung durch Wasser lustig machte (vgl. Ploss 1911, S. 294). Von entsprechenden Riten in Ägypten berichten Herodot und Vergil.

In Athen schloß sich an die Reinigung der Personen, die mit der Wöchnerin in Berührung gekommen waren, das Fest der Amphidromia an, aus dessen Anlaß das Kind um den Herd getragen wurde (vgl. Sauter 1901, S. 60f). Dabei wurde im Feuer eine zugleich heiligende und reinigende Kraft erblickt, eine Wirkungsweise, die mit der Funktion des Wassers als Abbild des Heiligen Geistes bei der christlichen Taufe absolut identisch ist (vgl. Hory 1872, S. 61f). Die besondere initiatorische Bedeutung der Amphidromien erhellt der Umstand, daß aus ihrem Anlaß die Namengebung vollzogen wurde und daß, wie Platon (1931) im Theaitet nahelegt, über die Aufnahme des Kindes und seine Aufzucht entschieden wurde. Damit zeigt die Amphidromia Athens eine ähnliche Funktion wie der römische *dies lustricus*, der am achten (Mädchen) bzw. neunten (Knaben) Tag nach der Entbindung begangen wurde und wahrscheinlich den Ritus des väterlichen *tollere* bzw. *suscipere* (Aufhebung) umfaßte. Insoweit der *dies lustricus* namentlich eine Sühne einschloß, wird eine der Quellen für das christliche Taufverständnis offenbar, demzufolge die Reinigung einen das Diätetische übersteigenden Sinn hat.

Die Verknüpfung der Taufe mit einer Sühnefunktion legt die Frage nahe, welchen Sinn eine Reinigung von Sünden bei einem Säugling haben kann, der aufgrund seines Lebensalters und seines Entwicklungsstandes noch gar nicht zur Sünde in der Lage ist. In der Tat hat sich in der Geschichte der Taufe an dieser Frage allerlei Streit entzündet, so daß die theologischen Auffassungen darüber, welches Lebensalter für die Taufe das geeignete ist, ja sogar, ob die Taufe überhaupt notwendig ist, sehr unterschiedlich sind. Zu erinnern ist an die Mennoniten oder die Baptisten, für die beide die Erwachsenentaufe verbindlich ist, weil nur der die Taufe empfangen kann, der schon zum Glauben gekommen ist, was für ein Kind bestritten wird (vgl. Freericks 1925, S. 218). Da das christliche Taufritual ursprünglich Erwachsenen galt, implizierte der Ritus neben der ersten reinigenden Funktion noch weitere.

So verband sich mit der Taufe ein beinahe juristischer Vorgang. Tertullian entlieh den Begriff «*sacramentum*» der römischen Rechtssprache, in der er den Fahneneid der Soldaten bezeichnete, also die rituelle

Abnahme eines Versprechens der Treue, im Falle der Taufe zum Glauben an Gott (vgl. Leuenberger 1973, S. 50). Diese zweite Funktion der Taufe ist eng mit einer dritten verbunden.

Da der Glaube an Gott in der Kirche eine institutionelle Organisationsform gefunden hat, impliziert die Taufe eine Verpflichtung des Täuflings auf seine Kirche, genauer: auf seine Gemeinde, und umgekehrt der Gemeinde auf ihn. Durch die Taufe wird er in die Gemeinde aufgenommen, ein Akt, der an die Stelle der Aufhebung des Kindes durch den Vater trat, welcher heidnischen Ursprungs war und die gleiche Funktion hatte: Der Vater akzeptierte im Namen der Gemeinde, z. B. seines Oikos (Hausgemeinschaft), das Kind als Mitglied.

Wenn man sich in die Situation der Urchristengemeinden versetzt, dann wird verständlich, daß diese nicht nur darauf angewiesen waren, viele formale Mitglieder zu haben, die im übrigen missionarisch nicht weiter in Erscheinung träten, sondern in der Diaspora gehörte das offene Bekenntnis zu der Funktion der Taufe hinzu. Wer sich also taufen ließ, der traf eine doppelte Entscheidung: für die Christen und gegen die Nichtchristen, die Heiden, das Böse. Er bekannte sich zu einer von den Herrschenden durchaus als unliebsam empfundenen Gruppierung; eine vierte Funktion, deren Bedeutung heute kaum noch nachvollziehbar ist. Der Taufritus ist in der Geschichte der Kirche deshalb auch immer wieder von magischen Riten des Exorzismus und des Abschwörens vom Bösen begleitet gewesen. Dieses zeigt eine im Frankenland Karls des Großen übliche Formel:

«Forsachistu diabolan?»
«ec forsacho diabolan.»
«end altum diabol gelde?»
«end ec forsacho allum diabol geldan.»
«end allu diaboles wercum?»
«end ec forsacho allum diaboles wercum.»
(Ploss 1911, S. 311)

Sogar noch an der Wende zum 20. Jahrhundert kann Ploss (1911, S. 316 f) in seinen völkerkundlichen Studien über das Kind von in der katholischen Kirche üblichen exorzistischen Riten bei der Taufe berichten:

«Was zunächst die *römisch-katholische Kirche* betrifft, so gehören heute noch Exorzismus, Darreichung von Salz, Berührung der Ohren und Nase mit einer Mischung von Asche und Speichel, Salbung mit Öl und Chrisma, Legung eines weißen Tuches (statt dem früheren Taufkleid) auf das Kind und Darreichung eines Lichtes zu ihrem Tauf-Ritus. Dieser beginnt mit der Frage nach dem Begehren des Täuflings und seiner Paten am Eingang der Kirche, wo der Priester mit Chorrock und Stola erscheint. Dann folgt der erste Teil des Exorzismus. Die damit verbundene Bezeichnung der Stirne und Brust des Kindes mit dem Kreuzeszeichen weist sowohl auf Christus, den Sieger über den Bösen, als auch auf die Pflicht des Christen hin, dessen Gebot zu halten. Dann wird dem Täufling etwas Salz in den Mund gelegt mit der Aufforderung: ‹Empfange das Salz der Weisheit.› Nach dieser Zeremonie kommt der zweite Exorzismus mit Gebet und mehrfacher Bekreuzigung, worauf der Priester das Ende seiner Stola auf das Kind legt und dieses in die Kirche einführt, während er mit den Paten das Glaubensbekenntnis und ein Vaterunser betet. Am Taufstein folgt ein dritter Exorzismus, die Berührung mit Asche und Speichel, die Absagung des Täuflings an den Bösen und das Versprechen, Christo nachzufolgen, was die Paten im Namen des Kindes tun. Dann findet die Salbung mit Öl in Kreuzesform an Brust und Schultern mit den Worten statt: ‹Ich salbe dich mit dem Öle des Heils.› Hierauf frägt der Priester den Täufling: ‹Glaubst du an Gott, den allmächtigen Vater, den Schöpfer Himmels und der Erde?› Antwort der Paten: ‹Ich glaube.› – ‹Glaubst du an Jesus Christus, unsern Herrn?› – ‹Ich glaube.› – ‹Glaubst du an den Heiligen Geist, die heilige katholische Kirche, Gemeinschaft der Heiligen, Nachlaß der Sünden, Auferstehung des Fleisches, ewiges Leben?› – ‹Ich glaube.› Und nun folgt der *eigentliche Taufakt*, d. h. der Priester gießt dem von einem der Paten gehaltenen Kind konsekriertes Wasser drei Mal in Kreuzesform auf das Haupt mit der Nennung des Kindes bei seinem Namen: ‹N. ich taufe dich im Namen des Vaters und des Sohnes und des Heiligen Geistes.› – Auf diesen Akt folgt unter Gebeten die Salbung des Kopfes mit Chrisma, Darreichung des weißen Tuches und einer brennenden Kerze mit entsprechender Ermahnung, worauf der Täufling mit dem Wunsch entlassen wird: ‹Gehe hin in Frieden, und der Herr sei mit dir.›»

In dieser kurzen Schilderung sind einige Funktionen des Taufaktes noch unmittelbar erkennbar, und es wird in der Taufformel des Priesters sowie in der Aussegnung eine fünfte Funktion der Taufe deutlich: Der Täufling vollzieht im Bekenntnis zur Kirche keinen einlinigen Akt, sondern er erhält auch etwas von Gott: Indem er verspricht, Gottes Willen zu tun, und dieses auch hält, lebt er mit der Gewißheit, der Gnade Gottes teilhaftig zu werden. Gott hilft ihm in diesem Leben und stellt gewissermaßen das ewige Leben in Aussicht.

Wir haben also fünf Funktionen identifiziert, die die Taufe wahrnimmt:
– Reinigung von den Sünden,
– Treuegelübde,
– Aufnahme in die Gemeinschaft,

– Bekenntnis und
– Empfang der Heilaussicht.

Daß die Kenntnis dieser Funktionen noch weithin verbreitet ist, scheint eher unwahrscheinlich. Immerhin bekannten bereits Anfang der 70er Jahre nur noch 49 Prozent von 2000 repräsentativ ausgewählten Katholiken, «ein gläubiges Mitglied meiner (ihrer) Kirche (zu sein) und zu ihrer Lehre (zu stehen»), und dieselbe Frage, an Protestanten gerichtet, wurde nur noch von 24 Prozent mit «Ja» beantwortet (Noelle/Neumann 1974, S. 100).

Wenn also die Taufe derartig dysfunktional geworden zu sein scheint, stellt sich die Frage, warum praktisch alle Eltern ihre Kinder immer noch taufen lassen. Denn für das Jahr 1982 verzeichnet das Statistische Bundesamt (vgl. 1984, S. 75 und S. 92 f) 526 742 Lebendgeburten von Kindern evangelischer oder katholischer Mütter gegenüber 494 737 Taufen in der evangelischen bzw. katholischen Kirche, womit also bei 100 Geburten von Kindern evangelischer oder katholischer Mütter 94 Taufen stattfanden. Eine oberflächliche Antwort könnte damit gegeben werden, daß man auf die möglicherweise noch immer vorhandene Befürchtung der Eltern verweist, ein gemeinschaftsloses Kind könne in seinem Ausbildungs- und Lebensweg größere Schwierigkeiten haben als ein getauftes. Wenn man davon ausgeht, daß menschliches soziales Handeln, also auch die Entscheidung, Kinder taufen zu lassen, ausschließlich rational bestimmt sei, wäre diese Antwort vielleicht richtig. Unterhalb dieser rationalen Ebene hegen Eltern allerdings oftmals das Gefühl, ihr Kind sei als ungetauftes irgendwie ‹unvollständig›, nicht richtig in der Welt. Da man einem Kind aber nicht ansieht, ob es getauft ist oder nicht, und da im Gegensatz zur Geburt die Taufe auch nicht durch Anzeigen bekanntgegeben wird, muß es der Ritus der Taufe selbst sein, der bedeutsam für eine Taufentscheidung ist. Anhand eines sehr ‹modernen› protestantischen, vergleichsweise entritualisierten Taufgottesdienst ist zu untersuchen, welche Funktion die Taufe noch zu erfüllen scheint (vgl. Leuenberger 1973, S. 160 ff.).

Der Gottesdienst beginnt mit dem Eingangsgruß:

«Im Namen des Vaters und des Sohnes und des Heiligen Geistes. Sehet, welch eine Liebe hat uns der Vater erzeigt, daß wir seine Kinder heißen sollen. Der Friede des Herrn sei mit uns allen. Amen.»

Diese Grußformel spielt auf das Verhältnis zwischen Gott und den Menschen an. Sie erinnert die Erwachsenen an ihre Position zu Gott, die derjenigen entspricht, die ihre Kinder zu ihnen innehaben. Indem auf die besondere Liebe Gottes in seiner Vaterschaft hingewiesen wird, macht der Gruß den Eintretenden klar, daß auch sie einst getauft wurden und die fünfte Funktion der Taufe erfuhren, den Empfang der Heilsaussicht.

Nach dem Eingangslied und dem Eingangsgebet aus dem 8. Psalm weist der Pastor darauf hin, daß dieses ein Taufgottesdienst ist und wer die Eltern sind, deren Kinder heute getauft werden. Diese öffentliche Vorstellung der Kindeseltern zeigt, daß die Gemeinde sie nicht kennt, daß also die Aufnahme in die Gemeinde als dritte Tauffunktion besonders wichtig scheint. Es folgt ein Taufgebet, das an das gemeinsame Schicksal der Täuflinge (es handelt sich um drei) angesichts weltweiter Bedrohung erinnert und zum Ausdruck bringt, daß die Betenden Gott als ihren Vater akzeptieren: «Du bist der himmlische Vater dieser Kinder und ihrer Eltern.» Hier deutet sich bereits etwas an, was wir aus der Kindesaufhebung durch den Vater kennen: Gott als Vater soll aufgefordert werden, auch diese Täuflinge anzunehmen.

Dem Gebet folgt die Verlesung des Taufbefehls aus Matthäus 28, 18–20, und Markus 10, 14–16:

«Und Jesus trat hinzu, redete mit ihnen und sprach: Mir ist alle Gewalt gegeben im Himmel und auf Erden. Darum gehet hin und machet alle Völker zu Jüngern und taufet sie auf den Namen des Vaters und des Sohnes und des Heiligen Geistes, und lehret sie alles halten, was ich euch befohlen habe und siehe, ich bin bei euch alle Tage bis an das Ende der Welt...
Als Jesus das sah, wurde er unwillig und sprach zu ihnen: Lasset die Kinder zu mir kommen, wehret es ihnen nicht; denn solchen gehört das Reich Gottes. Wahrlich, ich sage euch: Wer das Reich Gottes nicht annimmt wie ein Kind, wird nicht hineinkommen. Und er umarmte und segnete sie, indem er ihnen die Hände auflegte.»

Es ist theologisch strittig, ob diesen Versen, insbesondere dem Markus-Zitat aus der bereits bekannten Kinderperikope, wirklich ein Taufbefehl zu entnehmen ist. Immerhin verdeutlicht die Matthäus-Passage die dritte Funktion der Taufe, die Aufnahme in die Gemeinschaft (der Christen), denn «taufen auf den Namen» bedeutet eine Zuordnung zu den Christen.

Der Taufgottesdienst wird mit einer Taufbelehrung fortgesetzt:

«Liebe Eltern, liebe Paten, liebe Gemeinde,
wir wollen jetzt miteinander den Sinn der Taufhandlung bedenken. Bei der Taufe sprechen wir über ein jedes Kind den Namen des Vaters und des Sohnes

und des Heiligen Geistes. Damit bekennen wir, daß der Schöpfer allen Lebens diese Kinder ins Leben gerufen hat. Er hat sie den Eltern anvertraut, aber ihm allein gehören sie an. Ihm sind sie heilig, und kein Mensch darf über eines dieser Kinder wie über seinen Besitz verfügen. Er allein schaut in das Herz dieser Kinder, und niemand außer ihm darf jemals Richter sein über ihr Gewissen.

Wir benetzen die Stirn eines jeden Kindes mit Wasser. Das erinnert uns daran, daß Jesus in den Jordanfluß gestiegen ist und sich taufen ließ durch Johannes.

Taufen heißt untertauchen wie in den Tod und wieder emporsteigen wie zu einem neuen Leben. Indem wir die Stirn des Kindes mit Wasser benetzen, setzen wir das Zeichen der Vergebung: Alles Böse, das der Menschheit anhaftet, ist abgewaschen und hat auch dieses Kind nicht mehr in seiner Gewalt. Damit übergeben wir es Jesus Christus als seinem Herrn, der in die Tiefe des Todes gegangen und zu seinem Vater auferstanden ist. Ihm gehört es nun an, wenn Anfechtung über es kommt, wenn es sich in Schuld verstrickt, wenn die Fluten der Welt es verschlingen: In seinem ganzen Leben und Sterben ist es umschlossen vom Leben des auferstandenen Herrn.

Wir geben den Kindern einen neuen Namen: den Tauf- und Christennamen. Damit bekunden wir, daß das getaufte Kind zu einem Glied wird in der Gemeinschaft der Kirche. Schon viele vor ihm haben diesen selben Namen getragen. Die Gemeinde bekennt sich damit auch zu ihm und nimmt es auf in ihre Fürsorge und ihr Gebet. Zugleich geben wir mit dem Namen kund, daß jedes Kind seine eigene Person und ein freies Geschöpf ist. Denn Gott wendet sich ihm heute in der Taufe zu, damit es ihm dereinst in Freiheit antwortet. Die Gemeinde nimmt es heute in ihre Mitte, aber das Kind wird dereinst in Freiheit entscheiden, ob es sich zu ihr bekennen wird. So hängt vieles ab von uns, von unserer Güte und von unserer Vernunft, ob das Kind die Kirche erleben wird als seine Heimat oder als einen engen und lieblosen Ort. Gott helfe uns, daß keines dieser Kinder an uns irre werde und es die Kirche dereinst aus unserer Schuld verlasse. Und wo dies doch geschieht, aus unserer Schuld oder aus der Schuld des Kindes, sind wir doch gewiß, daß Gott sich zu ihm bekennt für alle Zeit und Ewigkeit, durch Jesus Christus. Amen.»

Diese Taufbelehrung enthält die vierte Funktion, das Bekenntnis, die erste Funktion, die Sündenvergebung, und mit dem Hinweis auf die Beziehung Gottes zu dem Kind den Empfang der Heilsaussicht, die fünfte Funktion. Aber diese Taufbelehrung enthält noch eine neue, sechste Funktion, die Namengebung. Taufen auf den Namen des Vaters und des Sohnes und des Heiligen Geistes wird darin umgedeutet in die Vergabe eines Kindesnamens, von dem der Taufspender behauptet, er sei auch Christenname, weil viele ihn vor dem Kind getragen haben. Die dieser Taufbelehrung und dem anschließenden Credo folgende Verpflichtung der Eltern und der Paten, das Kind «im Geiste des Evangeliums» zu erziehen, deutet noch einmal auf die dritte Funktion der

Taufe, die Verpflichtung der Gemeinschaft gegenüber dem Kind hin, die gewissermaßen aus der Aufnahme des Kindes folgt. In der sich daran anschließenden eigentlichen Taufhandlung wird das Kind mit seinem Namen angesprochen und durch den Satz «Ich taufe dich auf den Namen des Vaters und des Sohnes und des Heiligen Geistes» getauft.

7.2 Der rituelle Gehalt der Taufe

Wir müssen den Taufritus noch einmal unter ethnologischen Gesichtspunkten betrachten, um zu untersuchen, ob dieser denn, anders als die Transitionsriten für die Erwachsenen (Kapitel 1 bis 5), die transformatorischen Voraussetzungen erfüllt. Zumindest was die Struktur des Ritus angeht, scheint das der Fall zu sein: Zunächst findet der Taufvorgang in einem *Exil* statt, in der Kirche. Dies ist kein Zufall und auch nicht pragmatisch begründet. So wurde die Haustaufe in einer Verordnung 1311 durch Clemens V. untersagt (vgl. Martin 1958, S. 694 ff), ein Verbot, das immer wieder (z. B. 1536 und 1764) bekräftigt wurde (vgl. Schauerte 1956/57, S. 80) und nur nach kanonischem Recht 1917 eine Ausnahme für Fürsten zuließ. Auch für die Protestanten gilt generell ein Verbot der Haustaufe seit dem 16. Jahrhundert; allerdings sind hier regional immer wieder Ausnahmen gemacht worden. Besonders vom pietistischen Standpunkt aus wurde in der Haustaufe die Möglichkeit einer engeren Einbindung des Taufvorganges in die Familie erblickt.

Abgesehen von solchen Ausnahmen, die gelegentlich von dem Pfarrer gegen Entgelt gekauft wurden, weil die Haustaufe als Zeichen des Wohlstandes galt, bleibt generell die Regel erhalten, Taufen außer Haus durchzuführen, heute bei Katholiken allerdings oftmals in der Krankenhauskapelle. Die theologische Begründung ist an den Vollzug des Taufaktes vor der Gemeinde gebunden, die diesem Akt beiwohnen können muß, wenn die Funktion der Aufnahme in die Gemeinde erfüllt werden soll. Eine bei anderen Transitionsriten bekannte Dramatik enthält die Exilation in die Kirche nicht, allerdings hat das Volksbrauchtum gelegentlich Hindernisse zwischen Haus und Taufort gelegt wie die Aufspannung von Seilen vor der Kirchentür (vgl. Schauerte 1956/57, S. 81).

Neben der Exilation erfüllt die Taufe auch heute noch eine zweite wichtige Bedingung eines Transitionsaktes: Sie wird nicht, wie die Verkündigung, von dem Initianden selbst vorgenommen, sondern durch Dritte, genauer: durch eigens zu diesem Zweck Ausgebildete und Beauftragte, durch Priester bzw. Pastoren. Der Vorgang ist also professionalisiert und nicht nur dieses. Dem Taufakt wohnen im optimalen Fall die Gemeindemitglieder, mindestens jedoch Repräsentanten der Gemeinde bei, die Paten. Sie sind nach Tertullian und Augustinus die *fideiductores* und *fideigustores*, also die Glaubensführer. Auf der Synode von Mainz 813 werden sie sogar als *compatres* bzw. *commatres* bezeichnet, was sich auch noch in der Begrifflichkeit ‹Gevatter› spiegelt, also Mit-Vater (vgl. Jacob und Wilhelm Grimm 1984, Bd. 6, Sp. 4640f). Sie haben die Aufgabe, die Interessen der Gemeinschaft an einer christlichen Erziehung im Erziehungsprozeß der Kinder zu repräsentieren.

Auch ein drittes wichtiges Moment eines Transitionsprozesses ist mit der Taufe erfüllt, das Sterben bzw. Töten und Wiedergebornwerden als ein anderer. In der zitierten Taufbelehrung des oben vorgestellten Taufgottesdienstes wird dieser Gesichtspunkt ganz deutlich ausgesprochen: «Taufen heißt untertauchen wie in den Tod und wieder emporsteigen wie zu einem neuen Leben.» Hier ist noch ganz klar ein Bewußtsein von Tod und Wiedergeburt vorfindbar, es muß nicht erst wie im Fall des Geburtsberichtes über das Jona-Motiv, das übrigens auch hier mitschwingt, rekonstruiert werden.

Dieser Bedingungen eingedenk, müßte die Taufe eigentlich wie kein zweiter Transitionsritus die Überführung von einer Lebenphase in eine andere leisten. Schaut man sich unter diesem Gesichtspunkt die theologischen Tauffunktionen an, so scheint dies auch der Fall zu sein. Es findet eine Überführung statt
- von einer sündhaften in eine sündlose Lebensphase,
- von einer glaubenslosen in eine gläubige,
- von einer gemeinschaftslosen in eine christliche,
- von einer bekenntnislosen in eine bekennende,
- von einer heillosen in eine heilige,
- von einer namenlosen, identitätslosen in eine Lebensphase der ‹Ich-Identität›.

Für das Gelingen eines Transitionsvorganges war aber immer zweierlei bedeutsam: die Akzeptanz der Transitionen durch die soziale Umgebung und die eigene Identifikation des Initianden mit seiner neuen Lebensphase. Beide mentalen Prozesse bedingen sich gegenseitig. Der Säugling, der von dem Paten über das Taufbecken gehalten wird, kann jedoch eine solche mentale Akzeptanz nicht vollziehen. Die erforderliche Reziprozität der Perspektiven im Transitionsakt bleibt aus, und damit geht wohl auch für die Gemeinschaft das Gefühl dafür verloren, hier sei einer von einer Phase in die andere überführt worden, wie das vielleicht bei der Kommunion oder der Konfirmation oder den Pubertätsriten zumindest von deren Intention her der Fall ist. Zwischen der Transformation des Fötus zum Säugling (Geburt) und der Tauftransformation befindet sich ein so schmales Zeitelement, daß ein Entwicklungsschritt des Initianden, der für gewöhnlich durch einen Ritus manifestiert wird, gar nicht sichtbar gemacht werden kann.

Der für unsere Kultur neben der Beisetzung wichtigste und verbreitetste religiöse Ritus, die Taufe, transformiert den Säugling zum Säugling, das Kind zum Kind, das heißt, er ist geradezu zu einer Dokumentation der Dysfunktionalität geworden: Ein Transitionsritus dient dazu, eine Transition geradezu zu verhindern, jedenfalls als Transition in eine neue Lebensphase. Diese Lage hat sich erst dadurch ergeben, daß die gemeinsame christliche Glaubensorientierung einschließlich der Kenntnis über die Bedeutung des Wiedergeburtsmotivs nicht mehr verbürgt ist. Weil der ehedem selbstverständliche Glaube an ein jenseitiges, himmlisches Gottesreich brüchig geworden ist, kann der Taufakt als «Initiationsakt für das Reich Gottes» (Hory 1872, S. 25) im Sinne einer theologischen Dogmatik nicht mehr verstanden werden. An die Stelle dieser Überführung in die Gemeinschaft Gottes tritt heute eine andere Funktion, nämlich die der *Konstitution des Typus Kind*. Am Eingang des Lebens eines Kindes unserer Kultur steht also heute eine nicht für es, sondern für die soziale Umgebung wichtige Erfahrung, eine doppelte. Erstens: Ein Transitionsritus bewirkt nichts. Zweitens: Ein Kind bleibt ein Kind. Der Vergöttlichung der Kinder wird so ein weiteres Moment für das Konzept Kindheit in unserer Kultur beigesellt: *Kindheit ist persistent.*

Der kritische Beobachter wird einwenden, daß die Taufe ein historisch so altes Phänomen ist, daß, sollte diese These zutreffen, Kindheit immer schon als persistente, als ‹ewige Kindheit› mental verfügbar gewesen sein muß. Dieser Schluß ist indessen nicht richtig. Er würde nur dann zutreffen, wenn die der Taufe später folgenden Transitionsriten, insbesondere die Pubertätsriten, gleichfalls nicht wirksam gewesen wären. Ein weiterer Einwand könnte, etwa im Rekurs auf Ariès (1975, S. 92 ff), lauten, daß die Behauptung von der Persistenz der Kindheit der These widerspreche, derzufolge Kindheit als Lebensphase erst eine Erfindung der Renaissance sei, daß vielmehr Kinder zuvor als kleine Erwachsene behandelt und vor allem angesehen worden seien, wenn sie nicht gar als wertloses Material getötet oder ausgesetzt wurden. Die Globalität, zu der sich die Arièsschen Überlegungen inzwischen in der Rezeption vereinfacht haben, versperrt den Blick für Einzelheiten. Aus dem Umstand der Kindestötung kann eben nicht geschlossen werden, daß Kinder in der Antike mißachtet wurden. Im Gegenteil, das Bewußtsein eines Vaters, der ein Neugeborenes nicht aufnahm, sah in diesem Wesen überhaupt kein Kind, sondern eher einen extrauterinen Fötus. Zu einem Kind wurde das Wesen erst durch seine Akzeptanz und nach seiner Entwöhnung dadurch, daß er es zu sich nahm. Von diesem Zeitpunkt an existiert selbstverständlich ein Verständnis von Kindheit, der entgegen landläufig gewordener Auffassung außerordentlich große Aufmerksamkeit entgegengebracht wurde, wie die unvergleichlichen bildungstheoretischen Bemühungen des antiken Griechenland belegen. Auch die Schriften der Kirchenväter bieten eine Vielzahl von Belegen für ein ausgeprägtes Bewußtsein über das Kindesalter.

7.3 Zur Geschichte der Taufe

Im Zentrum ihrer Aufmerksamkeit steht die Frage, die mit einem Konzept Kindheit eng verknüpft ist, ob man nämlich Säuglinge oder Kinder taufen solle oder nicht. Darin wird deutlich, daß das Institut der Säuglingstaufe nicht selbstverständlich für das Christentum war. Die Taufe ist ursprünglich Erwachsenentaufe, womit der ältere Sinn des Ritus als Transition von einer Lebensphase in die andere sofort erkennbar wird. Eine Stelle im Neuen Testament, die die Kindertaufe verbürgt, findet sich nicht (vgl. Leipoldt 1928, S. 73).

Die Hauptberichte des Neuen Testaments, also die Tauftätigkeit Johannes des Täufers einschließlich der von ihm an Jesus vollzogenen Taufe, sind Berichte über Erwachsenentaufen (Matthäus 3, 11–17, sowie Markus 1, 7–11, und Lukas 3, 15–23). Der Taufbefehl des auferstandenen Christus bezieht sich nicht auf Säuglinge oder Kinder, und Jesus hat selbst niemals eine Taufe vollzogen; auch seine Handauflegung in der sogenannten Kinderperikope stellt nur eine Segnung dar.

Interessant ist in diesem Zusammenhang der Taufbericht Jesu. Nachdem dieser nämlich dem Wasser entsteigt, schreiben drei Evangelisten fast wortgleich:

«Und siehe, die Himmel taten sich auf, und er sah den Geist Gottes wie eine Taube herabschweben und auf ihn kommen. Und siehe, eine Stimme aus den Himmeln sprach: ‹Dies ist mein geliebter Sohn, an dem ich Wohlgefallen habe›» (Matth. 3, 16 und 17).

«Du bist mein geliebter Sohn, an dir habe ich Wohlgefallen gefunden» (Markus 1, 11, und Lukas 3, 22).

Was tut ein Vater, der seinem Sohn zum Ausdruck bringt, daß er Wohlgefallen an ihm hat? – Er akzeptiert ihn. An diese, dem antiken Hörer bekannte Praxis der Annahme des Kindes durch den Vater appelliert der Text. Das bedeutet, daß er eine Akzeptanz des Kindes durch den Vater in eine sehr viel spätere Lebensphase verschiebt. Lukas schreibt nämlich im direkten Anschluß an den Taufbericht Jesu: «Und Jesus war, als er anfing, ungefähr 30 Jahre alt ...» (Lukas 3, 21). Es ist also nicht erstaunlich, daß die Urchristengemeinden den Taufvorgang am Erwachsenen vollzogen, und zwar als Initiation, als Aufnahmeritus für Heiden in ihre Gemeinde (vgl. Reitzenstein 1967, S. 288). Im Rahmen dieser Missionstätigkeit der ersten nachchristlichen Jahrhunderte hatten die eingangs gezeigten theologischen Funktionen der Taufe dementsprechend einen anderen, eine Transition tatsächlich begleitenden Sinn.

Eine in der Auseinandersetzung mit der feindlichen heidnischen Umwelt befindliche Sektierergruppe mußte an diesen Funktionen ein anderes Interesse haben: Eine Reinigung von (heidnischen) Sünden war erforderlich, damit der Neuling überhaupt aufgenommen werden konnte. Dieser Vorgang mußte, wie sich das auch in dem militärrechtlichen Begriff «Sakramentum» dokumentiert, formell beglaubigt werden; man mußte dem Neuling ein Gelübde abverlangen, um die Möglichkeit des Verrats auszuschließen. Um aber genau diese Gefahr zu minimieren, war dem Neuling ein öffentliches Bekenntnis abzuverlangen, hinter das er nicht mehr zurück konnte. Damit er als Angehöriger der Gemeinde erkennbar wurde, erhielt er einen neuen, eben christlichen Rufnamen. Wenn man bedenkt, daß kaum ein Symbol sich mit der Identität eines Menschen so sehr verknüpft wie sein Name, ist dieses ein wichtiger Vorgang, dessen Produkt, der neue Name, den Neuling ständig an seine Zugehörigkeit erinnert. Da man aber nicht erwarten kann, daß Menschen sich ohne Grund auf dieses riskante Spiel der Zugehörigkeit zu einer im antiken Sinne durchaus kriminellen Vereinigung einlassen, mußte ihnen ein Preis gezahlt werden: die im Taufakt zum Ausdruck gebrachte Heilsgewißheit. Wenn man sich vorstellt, daß ein Heide, der den Zugang zur christlichen Gemeinde begehrte, durchaus sündig in einem der neuen Gemeinde abträglichen Sinn sein konnte, wird verständlich, daß die Gruppe daran interessiert sein mußte, die Vergangenheit des Initianden auszulöschen. Die Bekehrung des Saulus ist das Musterbeispiel der Apostelgeschichte für einen solchen Vorgang.

Um die Frage, wann und wie die Säuglingstaufe in den ersten nachchristlichen Jahrhunderten entstand, ist in der theologischen Literatur viel gestritten worden. Zwei markante Positionen nehmen Jeremias (1958) und Aland (1961) in dieser Auseinandersetzung ein. Jeremias (1958, S. 47) vertritt den Standpunkt, die apostolische Kirche sei «zwischen 60 und 70 dazu übergegangen, außer den (von allem Anfang an) getauften Kindern der Übertretenden auch die ‹in› der Gemeinde geborenen Kinder zu taufen. Und zwar Säuglinge!» Demgegenüber ist Aland (1961, S. 73) der Auffassung, «daß alle unsere Nachrichten über die Existenz der Säuglingstaufe aus der Zeit zwischen 200 und 250 stammen».

Für eine Mythologie der Kindheit, so mag man denken, ist es relativ gleichgültig, ob die Säuglinge in einer 2000jährigen Geschichte 100 Jahre früher oder später getauft worden sind. Dieses wäre richtig, wenn nicht in der Entstehungsgeschichte der Kindertaufe sehr viel über das Konzept Kind mitgeteilt worden wäre, wenn dort nicht sich dieses Konzept auch entwickelt hätte. Die Ausgangssituation läßt sich dadurch charakterisieren (vgl. Strobel 1963), daß es zwei Möglichkeiten von Kindertaufe gab, zum einen den Fall, in dem ein jüdisches oder heidnisches Ehepaar mit Kindern christlich wurde, zum anderen derjenige, in dem ein in bereits christlicher Ehe oder in heidnisch-christlicher Mischehe gezeugtes Kind getauft werden sollte. Für den ersten Fall gibt es hinreichende Belege in den Oikos-Taufen, bei denen ein ganzes Haus zum christlichen Glauben überwechselte; der Übergangsritus umfaßte auch die Kinder des Hauses, ohne daß aber für diese eine besondere Form der Taufe gewählt wurde. Hier liegt also bereits in den ersten

Jahrhunderten der Geschichte des Christentums eine Kindertaufe vor.

Interessanter ist der zweite Typus, insbesondere der Fall einer heidnisch-christlichen Mischehe. Hier ist die Notwendigkeit einer Säuglingstaufe nicht zu erkennen, weil nach dem ersten Brief des Paulus an die Korinther (7, 14) der christliche Teil den heidnischen heiligt, was auch die Kinder einschließt. Paulus schreibt: «Sonst wären Eure Kinder unrein; nun aber sind sie heilig.» Jeremias zieht aus dieser Ausgangslage den Schluß, daß die in christlicher Ehe geborenen Kinder nicht getauft wurden, auch die in Mischehe geborenen nicht, sondern nur diejenigen, die vor dem Übertritt der Eltern geboren wurden, diese dann im Zusammenhang mit ihren Eltern. So dürfte die Situation um 55 n. Chr. charakterisierbar sein.

Außer in dem Übertrittsmotiv ist eine theologische Begründung der Kindertaufe zu dieser Zeit nicht zu entdecken, insbesondere nicht der Gedanke einer notwendigen Vergebung der Sünden durch den Kindertaufakt. Vermutlich wirkt die antike Idee vom ‹unschuldigen Kind›, wie sie bei Seneca (1950) formuliert ist (dial 4,26,6), hier noch deutlich nach.

Die älteste bekannte Kirchenordnung, die sich ausführlich mit der Taufe befaßt und um 110 n. Chr. entstanden ist, die Didache, enthält noch keine Äußerungen zur Taufe von Kindern, ebensowenig wie die altsyrischen Didaskalia um 230. Auch Tertullian (1912, S. 297) äußert sich noch um 200 gegen die Kindertaufe:

«Quid festinat innocens aetas ad remissionem peccatorum?» –
«Aus welchem Grunde hat das Alter der Unschuld es so eilig mit der Nachlassung der Sünden?»

Er findet für seine Position eine beinahe anthropologische bzw. entwicklungspsychologische Begründung:

«Sie sollen demnach auch kommen, wenn sie gelernt haben, wenn sie darüber belehrt sind, wohin sie gehen sollen; sie mögen Christen werden, sobald sie imstande sind, Christum zu kennen.»

Tertullian ging im übrigen davon aus, daß die Grenzen zwischen Sündhaftigkeit und Sündlosigkeit ungefähr im Alter von 7 bzw. 14 Jahren zu sehen seien.

Allerdings gibt es aus dieser späteren Zeit auch gegenteilige Zeugnisse: Hippolyt von Rom schreibt um 220 in der sogenannten ägyptischen Kirchenordnung:

«An erster Stelle sollt Ihr die Kinder taufen. Alle, die für sich sprechen können, sollen (selbst) sprechen. Für die aber, welche (noch) nicht sprechen können, sollen die Eltern sprechen oder ein anderer, der zur Familie gehört» (vgl. Strobel 1963, S. 13).

Angesichts der Möglichkeit, daß die Täuflinge noch nicht des Sprechens mächtig sein möchten, deutet diese Quelle auf eine Säuglingstaufe hin, die die Zustimmung der Betroffenen zu einem Initiationsakt ausschließt.

Erst Origines (1836, S. 397) schreibt um 235 unter Bezug auf eine Apostelanweisung davon, auch den Kindern die Taufe zu geben: «Pro hoc et Ecclesia ob apostolis traditionem subcepit, etiam parvulis baptismum dare.» Seine theologische Begründung bezieht sich auf Hiob 14,4: «Kann wohl ein Reiner kommen von den Unreinen? Nicht einer.» Und auf Psalm 51,7: «Siehe, ich bin in sündlichem Wesen geboren und meine Mutter hat mich in Sünden empfangen.» Hier beginnt also, jedenfalls für den Diskurs über die Taufe, die Demontage der antiken Unschuldsvorstellung vom Kind, ein Vorgang, der allerdings oftmals wieder zurückgenommen worden ist.

Wichtig ist daran, daß nicht aus theologischen Gründen die Sündhaftigkeit der Kinder und damit ihre Taufbedürftigkeit eingesehen wurde, sondern dieses, daß das Konstrukt der Sündhaftigkeit auch der Kinder in der Kampfsituation der Urchristengemeinden gebraucht wurde, um neben den konkurrierenden Religionsgemeinschaften bestehen zu können, die ihrerseits die Kindertaufe oder -weihe kannten: So gab es in der hellenistisch-römischen Welt Weihen im Alter von sieben Jahren, die Möglichkeit der Teilhabe an den Eleusinischen Mysterien im Alter von zehn Jahren, die priesterliche Verwendung in Kulten im Alter von sieben bis elf Jahren oder die Aufnahme als Vestalin im Alter von sechs bis zehn Jahren. Besonders die jüdische Welt stellte eine nachhaltige Konkurrenz dar. Hier gab es als markanten Ritus die Beschneidung am achten Tage, die übrigens eine Zeitlang auch in judenchristlichen Gebieten zur Erleichterung der Missionsarbeit beibehalten wurde (vgl. Strobel 1963, S. 62, und bin Gorion u. a. 1982, Sp. 85).

Daß eine Konkurrenzsituation wie die der Christen in den ersten Jahrhunderten solche wechselseitigen Übernahmen von gut gehegten Riten begünstigte, zeigt die Praxis der Mandäer, einer Sekte, die Johannes den Täufer zu ihrem Heiland erklärte. Sie übernahm ihrerseits im 2. Jahrhundert explizit die bei den Christen aufkommende Kindertaufe (vgl. Reitzenstein 1967, S. 152). So verdankt sich also der sukzessive

Abbau des Unschuldsgedankens in bezug auf die Kinder in den ersten nachchristlichen Jahrhunderten gewissermaßen einer religiösen Konkurrenzlage und später auch dem, was man als Entspannung im eschatologischen Denken bezeichnen könnte (vgl. Strobel 1963, S. 23). Die Menschen sahen ein, daß die Naherwartung der Endoffenbarung hinfällig wurde und damit auch die Hoffnung, die Kinder würden in der Apokalypse gewissermaßen als Mitläufer zu den Erlösten gehören, so daß es ihrer besonderen Taufinitiation nicht bedurfte.

Man kann die Auffassung vertreten, daß neben dem Anlaß der kirchlichen Kampfsituation als erste Folge die Taufe und erst als zweite Konsequenz die Lehre von der Erbsünde anzunehmen ist. Schon Augustinus benötigte kurz darauf die Kindertaufe geradezu als Stützung seiner Lehre von der Erbsünde, welche, wie wir gesehen haben, später dann zur moralischen Diskreditierung des Zeugungsaktes und der Sexualität schlechthin führte, zu der Erfindung der keuschen Partnerschaftsehe bei Thomas v. Aquin und letztlich zur Vergöttlichung der Mutter im 19. Jahrhundert.

Das Kindheitskonstrukt unterlag also im Taufdiskurs einem eigenartigen, zirkulären Aufbau: Die ursprünglich für unschuldig gehaltenen Kinder mußten aus politischen Gründen getauft werden. Die politischen Erwägungen wurden hinter der Ideologie der Erbsünde versteckt, die zur Begründung der Säuglingstaufe herangezogen wurde, und der Taufakt eignete sich dazu, die ursprünglich für unschuldig *gehaltenen*, dann aber für schuldig *erklärten* Kinder wieder unschuldig zu *machen*, was sie – mit Unterbrechungen – im Diskurs über Kindheit auch blieben.

7.4 Die Äquilibration des Heiligen im Tauftabu

Dieser historische Sprung von der Erwachsenen- zur Kindertaufe hat eine weitere Implikation, die den folgenden Lebensweg der Getauften betrifft und nur auf den ersten Blick rein theologischer Natur ist. Windisch (1908, S. 520) hat in seiner Studie über Taufe und Sünde im Christentum gezeigt, daß schon bis zur Zeit des Origines eine grundlegende Veränderung stattgefunden hatte:

«So erscheint in dieser Entwicklung am Ende die ursprüngliche Bedeutung der *Taufe* gänzlich aufgelöst. Während nach der genuinen Anschauung, die nicht nur auf einer Theorie fußt, sondern auch die wirkliche Situation im Auge hat, die Taufe *neue und fertige Menschen* schafft, je nach der Ausdeutung sündlose *Kinder* oder erprobte, kampfstüchtige, *reife* Männer und Frauen, erschließt sie nunmehr nur den Born der *Gnade* und leitet einen Gebärungsprozeß ein, der nach langdauernder embryonenhafter Entwicklung erst durch einen zweiten Vollendungsakt im *Jenseits* zum Durchbruch gelangt. Die Wandlung der Bedeutung läßt sich an der Frage der *Kindertaufe* vortrefflich illustrieren. Ursprünglich ward die Taufe nur an Erwachsenen vollzogen, da nur sie die Fülle der Erlebnisse und der Leistungen annehmen konnten; aber da nach einer gewissen originellen Vorstellung die Erwachsenen durch die Taufe zu Kindern werden, so hätte schon die strenge Tauftheorie die Taufe von Kindern, ja von Säuglingen zulassen können unter der Voraussetzung, daß diese sündlosen Wesen zeit ihres Lebens sündlos blieben und nie in die Sünde hineinwüchsen. Als dann die Tauftheorie ihre Wirklichkeitsgeltung verlor, konnte darum die Kindertaufe eingeführt werden, weil die Kinder eben wie die getauften Erwachsenen ein Leben in Sünde und in allmählichem Aufstieg vor sich hatten.»

An dieser Darstellung sind zwei Elemente von Wichtigkeit: erstens die Feststellung, daß mit der Erwachsenentaufe eine Art Verkindlichung des sündigen Erwachsenen verbunden war, und zweitens, daß nach dem Übergang zur Kindertaufe durchaus nicht von einer Konstanz der Sündlosigkeit der Getauften ausgegangen wurde. Da die Taufe aber nicht wiederholt werden kann, ergab sich mit der Einführung der Kindertaufe für die Erwachsenen eine fatale Situation: Nicht mehr sie selbst konnten durch eine Erwachsenentaufe sündlos gemacht werden, sondern dieser Akt war einmal am Beginn ihres Lebens vollzogen worden, und bis zur Geburt ihrer eigenen Kinder waren sie selbst wieder heillos in Sünde verstrickt. Anders als bei den urchristlichen Oikos-Taufen, bei denen eine ganze Familie mit der Taufe sich gleichermaßen im Zustand des sündlosen Neuanfangs befand, bestand jetzt ein extremes Gefälle zwischen dem sündigen Erwachsenen und den frisch getauften und damit sündlosen Kindern. Diese Dissonanz verlangte nach Äquilibration, wobei eine neue Paradoxie sichtbar wird: Diese Notwendigkeit entsteht erst dadurch, daß die Kinder über die Taufe unschuldig *gemacht* wurden, nachdem man sie zuvörderst über das Konstrukt der Erbsünde für grundsätzlich sündig *erklärt* hatte.

Diese nicht von Gott oder einer alltäglichen Anthropologie gegebene Unschuld hat für das Konzept Kindheit im Gegensatz zum Erwachsenendasein weitreichende Konsequenzen: Sieht man den Vorgang der mentalen Sündenvergebung durch den Taufakt im Zusammenhang mit der ursprünglich vollzogenen Reinigung des Kindes, dessen Reminiszenz in der Wassertaufe erhalten geblieben ist, dann zeigt sich der Taufvorgang nicht nur als Ritus der Transition von einer Lebensphase in die andere, sondern als wesentlich mehr: Die Taufe *konstituiert* den Typus Kind in einem wichtigen Merkmal, in dem des Heiligen. Durch den Taufvorgang, und nur durch ihn, nicht durch spätere Transitionsriten, wird das Kind geheiligt. Gottähnlichkeit, Unschuld und Sündenfreiheit sind Momente dessen.

Nach Wundt (1977) impliziert die Heiligung oder Reinigung eine Tabuisierung. Die Tabuisierung wiederum impliziert eine Berührungsscheu. Die Berührung des Heiligen durch das Unreine entweiht das Heilige, wie umgekehrt durch diese Berührung eine Heiligung des Unreinen stattfindet (ebd., S. 66 und 72). Indem nun die Taufe wie auch die rituelle Reinigung durch die damit einhergehende Tabuisierung eine Trennung von heiligem Kind und unreinem Erwachsenen (genauer: Mutter) bewirkt, vereinigt sie beide gleichzeitig im Medium des Tabus auch wieder: Beide werden unberührbar, das heilige Kind durch den Erwachsenen, damit es nicht entweiht wird, die erwachsene Mutter, damit sie nicht das heilige Kind entweiht. Da aber Mutter und Kind sich de facto berühren, findet eine wechselseitige Erhöhung und Entweihung statt. Im Zeitverlauf der Berührung zwischen Kind und Erwachsenem wird der Erwachsene reiner, das Kind unreiner. Die Vorstellung entspricht strukturell dem zweiten Hauptsatz der Thermodynamik: Nach einer bestimmten Zeit ‹t› haben sich gegensätzliche Wärmemoleküle in einem geschlossenen System so miteinander vermischt, daß es innerhalb des Systems keine unterschiedlich warmen Partien mehr gibt, es herrscht Entropie. – Am Ende eines Interaktionsprozesses zwischen Mutter und Kind, so ließe sich also sagen, besteht Entropie hinsichtlich des Erwachsenseins bzw. hinsichtlich des Kindseins.

Die erwachsene Bezugsperson muß also in dem Maße, in dem sie das Kind als positives Tabu definiert, an dessen Heiligung interessiert sein, damit sie als unreine Person eines Stücks der Heiligkeit teilhaftig wird. Insofern ist es nicht weiter verwunderlich, daß die Taufe als Tabuisierungsritus noch immer eine solch große Bedeutung hat. Durch die Konstitution des Kindes als eines tabuisierten Heiligen gibt sich der Erwachsene die Chance, einen Teil seiner verhaßten Erwachsenenwelt wieder abzustreifen, so lange, bis Entropie herrscht.

Wenn aber das Kind außer mit seiner Mutter und seinem Vater noch mit vielen anderen Erwachsenen der Öffentlichkeit Kontakt hat, ‹verbraucht› sich seine Heiligkeit auf Kosten des Anteils seiner Bezugspersonen schneller. Diese Bezugspersonen, im schlimmsten Falle ‹nur› die Mutter, müssen also vor diesem Hintergrund versuchen, die Zahl der entweihenden Bezugspersonen zu minimieren und den Entweihungsvorgang zu verlängern, damit sie möglichst lange in den Genuß der Kindesweihen gelangen. Da die Verlängerung dieses Zustandes gleichzeitig mit einem verlangsamten Verlust der kindlichen Unschuld verknüpft ist, läßt sich eine Ausdehnung der Kindheitsphase auch vor den vermeintlichen Interessen des Kindes legitimieren. Dabei wird allerdings das vermeintliche Interesse des Kindes an einer Beibehaltung seines Zustandes mit dem Interesse des Erwachsenen an einer Wiedergewinnung des Kindesstatus gleichgesetzt.

Es sind mithin die *Isolation des Kindes von der Erwachsenenwelt* und die *Verlängerung der Kindheit*, die den Erwachsenen in das Licht des geheiligten Kindes stellen, so daß er deshalb daran interessiert sein muß. Die Etablierung eines Schonraums für die Kinder, in dem diese eigens gekleidet, mit eigenen Objekten des Umgangs (Spielzeug), mit eigener Architektur und Möblierung, mit eigenen öffentlichen Institutionen wie Kindergärten und Schulen und mit einer eigenen Rechtsstellung versehen werden, die ihnen unter anderem die Ausübung von Arbeit und Sexualität verbietet, und die Verlängerung der Kindheit durch «life-long learning» sowie die Ausdehnung des Spielerischen durch Erwachsenenspielzeug und Fernsehen sind die Mittel für die Erwachsenen, der Heiligkeit selbst so lange teilhaftig zu werden, bis sie ein Maximum der geheiligten Kindlichkeit in sich absorbiert haben auf Kosten der Unschuld ihrer Kinder. Demgegenüber verlief der weitere Lebensprozeß der Kinder ehedem anders. – Es wurde gerade nicht gewartet, bis die Kinder das letzte Stück ihres Selbst an ihre Eltern abgegeben hatten, sondern der Berührungsprozeß wurde durch eine dichte Folge weiterer Transitionsriten wie Kommunion, Konfirmation usw. abgebrochen, und auch andere Erwachsene hatten teil an der Entweihung. Es wird zu zeigen sein, daß eben die weiterführenden Transitionen nicht mehr ohne weiteres wirken.

8 Der ‹Ernst des Lebens› und seine Simulation in der Kinderkultur

Zur Funktion der Einschulung als Ersatz für die heilige Erstkommunion und die Kinderarbeit

8.1 Reproduktionsfähigkeit als Kriterium des Übergangs in das Erwachsenenalter

Der Transitionsritus, der bis zur Reformation und danach in katholischen Bevölkerungsgebieten der Taufe folgte, war die heilige Erstkommunion. Sie markierte einen Übergang, der im Mittelalter und in ländlichen Regionen bis weit nach der Reformation die Kindheit beendete. Der Zeitraum um das 6., 7. Lebensjahr, gelegentlich auch später, wurde offenbar hinsichtlich der Möglichkeit des Eintritts in eine bestimmte Form des Erwachsenenlebens für geeignet gehalten. Fragt man sich, warum das der Fall war, dann ist zunächst an ein zentrales Kriterium zu denken, das für den Übergang aus der Kindheit in einen Erwachsenenstatus gilt, an das der eigenen *Reproduktionsfähigkeit*. In dem Augenblick, in dem das Kind die Reproduktion seiner selbst übernimmt, verliert es einen wesentlichen Teil des Kindseins, der Isolation und Schonung, die dazu dient, durch Erwachsene zu erhalten, was sich nicht selbst erhalten kann. Dieses Kriterium der Reproduktionsfähigkeit ist eines unter anderen, es ist nicht universell. Die Entwicklung der Kindheit dürfte in den letzten 100 bis 150 Jahren vielmehr gerade darin erblickt werden können, daß nicht mehr die Übernahme der Reproduktion die Schwelle zum Erwachsenenleben darstellt, weil auch sogenannte Erwachsene unter den Lebensbedingungen des Sozialstaates hinsichtlich des Kriteriums der Reproduktion in wachsendem Maße Kinder bleiben. Es gibt in der Bundesrepublik Deutschland kaum noch nennenswerte Bevölkerungsteile, die ihre Existenz nicht ganz oder teilweise aus öffentlichen Mitteln des in diesem Sinne zu Recht als ‹Vater› Staat bezeichneten Gemeinwesens beziehen.

Ein Blick in die Statistik der Sozialleistungen belegt dieses nachhaltig. Alle Zahlen beziehen sich, wenn nicht ausdrücklich anders vermerkt, auf das Jahr 1982. Nicht enthalten sind Leistungen aus Zusatzversicherungen und Steuervergünstigungen sowie Ausbildungsförderung (alle Angaben: Statistisches Bundesamt 1984, S. 408–424).

– 1982 war jedes Mitglied der gesetzlichen Krankenversicherung durchschnittlich 29,17 Tage arbeitsunfähig geschrieben und erhielt Leistungen der gesetzlichen Krankenversicherung, d.h. es gab 21 798 000 Arbeitsunfähigkeitsfälle.
– Aus der gesetzlichen Krankenversicherung wurden 549 000 Mutterschaftshilfefälle finanziert.
– Aus der gesetzlichen Krankenversicherung wurden 626 000 Sterbegeldfälle finanziert.
– Aus der gesetzlichen Krankenversicherung wurden mit durchschnittlich 18,8 (männlich) bzw. 19,4 (weiblich) Krankenhaustagen insgesamt 6 594 000 Krankenhausfälle finanziert.
– Die gesetzliche Unfallversicherung finanzierte 992 466 Fälle (einschließlich Witwen- und Waisenrenten sowie Renten an Verwandte in aufsteigender Linie).
– Der gesetzlichen Unfallversicherung wurden 989 515 Schadensfälle für die Schülerunfallversicherung gemeldet.
– Aus der gesetzlichen Rentenversicherung für Arbeiter und Angestellte wurden finanziert:
  – 119 000 Berufsunfallrenten,
  – 1 601 000 Erwerbsunfähigkeitsrenten,
  – 3 991 000 Altersruhegelder,
  – 2 612 000 Witwenrenten,
  – 330 000 Waisenrenten.
– Aus der knappschaftlichen Rentenversicherung wurden finanziert 723 000 Fälle.
– Aus der Altershilfe für Landwirte empfingen Altersruhegeld bzw. vorzeitiges Altersruhegeld 539 907 Personen.

- Arbeitslosengeld empfingen 926 000 Personen.
- Arbeitslosenhilfe empfingen 291 000 Personen.
- Unterhaltsgeld aus der Arbeitsförderung erhielten 144 000 Personen.
- Kurzarbeitergeld erhielten 606 000 Personen.
- Kindergeld wurde bezahlt für 11 164 000 Kinder.
- Die Kriegsopferversorgung umfaßte 1 819 000 Empfänger.
- Von der Sozialhilfe lebten ganz oder teilweise 2 320 000 Empfänger.
- Die Kriegsopferfürsorge verzeichnete 105 870 laufende Empfänger und 203 491 einmalige Empfänger.
- Im Rahmen der Jugendhilfe waren 767 094 Fälle zu finanzieren.
- Vergünstigungen für Behinderte (Stand: 1981) mit einer Behinderung von 30 Prozent und mehr waren für 5 274 667 Personen zu entrichten.
- Rehabilitationsmaßnahmen (Stand: 1980) wurden für 1 082 107 Personen finanziert.
- Die Zahl der Wohngeldempfänger betrug 1 610 900.
- Auf dem Wege des Lastenausgleichs (Empfänger von Kriegsschadenrenten und laufenden Beiträgen) waren 256 234 Fälle öffentlich zu finanzieren.

Daraus ergibt sich eine Gesamtzahl von 68 035 251 Fällen, in denen Personen aus öffentlichen Mitteln ganz oder teilweise finanziert werden. Angesichts einer Bevölkerungszahl von 61 638 000 im Jahr 1982 verdeutlicht sich daraus, daß in zahlreichen Fällen einzelne Personen bereits eine Mehrfachunterstützung aus verschiedenen Quellen erhalten. Es geht in diesem Zusammenhang nicht um die Frage, ob es für die Sozialstaatsentwicklung, wie Habermas (1985) meint, im entwickelten Kapitalismus keine Alternative gibt oder ob der Neokonservatismus geeignet ist, einen möglicherweise drohenden Kollaps des Systems aufzuhalten. Im Zusammenhang einer Mythologie der Kindheit interessieren die Implikationen, die der Wegfall der Notwendigkeit, für seine eigene Reproduktion restlos aufzukommen, für die Differenz zwischen Kindheit und Erwachsensein hat: Es liegt die Vermutung nahe, daß der Verlust der Verantwortlichkeit eines jeden Bürgers für sich selbst in Tagen der Gesundheit wie der Krankheit, in Tagen des Schaffens wie in denen des Ruhestands die Erwachsenen gewissermaßen infantilisiert, wenn man kindliche Sorglosigkeit als Gegenstück zur Ernsthaftigkeit des Lebens wertet. Der Ernst des Erwachsenenlebens bestand ursprünglich darin, die existentielle Bedrohung durch Hunger, Kälte und Krankheit selbst überwinden zu müssen, im Gegensatz zum Kind, das dieses durch andere erfährt. Wenn also für die Schwelle zwischen dem Erwachsenenleben und dem Kindsein in diesem Sinn von Reproduktion die Rede ist, dann ist damit *ökonomische* Reproduktion gemeint.

Wenn man davon ausgeht, daß, zumal auf dem Lande, die Beteiligung an der Arbeit einmal sehr früh einsetzte, dann ist die Kennzeichnung dieser Tatsache als ‹Kinderarbeit› widersinnig, weil durch den Beginn der Arbeit die Aufnahme in den Erwachsenenstatus gerade vorbereitet wurde. Ein Beispiel für eine solche Begriffsverwendung liefert Kuczynski, der in seiner «Geschichte der Kinderarbeit» (1958) schreibt, daß es notwendig sei, eine solche Geschichte zu lesen, weil die am Aufbau des Sozialismus beteiligten Bürger «die volle Bedeutung der Lebensverhältnisse, die ihnen unsere Republik gibt ... nur begreifen (können), wenn sich ihnen die Vergangenheit erschließt, eine Vergangenheit des Elends und der Not, schwerster Arbeitslast, grausamster Ausbeutung, eine Vergangenheit von Krankheit und Mord an unseren Kindern, an unserer Jugend». Eine solche Sichtweise ist ahistorisch, weil sie die wichtige Tatsache unterschlägt, daß der semantische Umfang eines Begriffs wie ‹Kindheit› nicht einfach auf alle Zeiträume vor unserer Verwendung dieses Begriffs projiziert werden kann. Kuczynski tut so, als ob die Eltern der im 16., 17., 18. und 19. Jahrhundert aus heutiger Sicht in grausamster Weise ausgebeuteten Kinder diese in demselben Sinn als Kinder angesehen hätten, wie Erwachsene dies heute tun. Das spiegelt sich sehr deutlich auch in der Formulierung von einer «Vergangenheit von Krankheit und Mord an *unseren* Kindern, an *unserer* Jugend», die die historischen Verhältnisse genealogisch auf den Kopf stellt. Ein erwachsener Autor der 50er Jahre kann nur um den Preis einer Rückverlagerung der Gegenwart davon sprechen, daß die vierjährigen arbeitenden Weberkinder des 19. Jahrhunderts oder die siebenjährigen Bauernsöhne auf dem Felde des 16. Jahrhunderts ‹seine› Kinder seien. Es wird etwas Entscheidendes übersehen: Ein vierjähriger am Webstuhl arbeitender Mensch, ein fünf, sechs, sieben Jahre alter Tizian, Raffael oder Dürer in einer Malerlehre (vgl. Kuczynski 1982, S. 93), ja selbst sieben-, acht- oder neunjährige Mädchen, die 1659 zusammen mit älteren Frauen als Hexen hingerichtet wurden, waren, zumindest hinsichtlich ihrer Reproduktionsfähigkeit oder ihrer künstlerischen bzw. magischen Tätigkeit, eben keine Kinder, sondern Erwachsene. Sie wurden nicht «wie Erwachsene behandelt», sie waren es. Man kann den zeitgenössischen 20- bis 60jährigen ‹Erwachsenen› nicht einfach unterstellen, sozusagen wider besseres Wissen die armen Kinder kindungemäß behandelt zu haben.

Aus demselben Grund läßt sich auch nicht davon ausgehen, daß die Abschaffung der Kinderarbeit sozusagen nur eine Folge besserer Einsicht gewesen sei, die die Inhumanität der Kinderarbeit entdeckt und diese dann beseitigt habe. Mindestens ebenso nachdrücklich ist der umgekehrte Prozeß zu werten, demzufolge die Veränderung des Konzepts Kindheit bzw. die Entfernung des Kriteriums der ökonomischen Reproduktionsfähigkeit zur Bestimmung der Schwelle zwischen Kindheit und Erwachsenenstatus eine Implikation der aus ganz anderen Gründen möglichen Abschaffung der Kinderarbeit gewesen ist. Wenn 4- bis 14jährige wegen der Veränderung der Produktivkräfte in großen Betrieben zum Beispiel mangels körperlicher Kräfte nicht mehr beschäftigt werden und sie außer als Bettler nicht eingesetzt werden können, sind sie etwas Besonderes, das einer besonderen Behandlung bedarf: schulischer Behandlung, wie das 19. Jahrhundert gezeigt hat, einer Behandlung, die sie in den neu definierten Kindheitsstatus überführt.

Es ist nicht zu entscheiden, ob die Herausbildung der Kindheit Ursache und Folge einer Veränderung im Bereich der sogenannten Kinderarbeit ist, weil auch diese Frage nicht beantwortbar wäre. Allenfalls können wir konstatieren, daß das Kriterium der ökonomischen Reproduktionsfähigkeit als Schwelle zwischen Kinder- und Erwachsenenstatus unter veränderten ökonomischen Verhältnissen eine *semantische* Notwendigkeit nach sich zieht: Wenn wir es beibehalten wollen, dann müssen wir von einer erheblichen Ausdehnung der Phase der Kindheit über das 7. Lebensjahr hinausgehen, wir müssen sogar bei einer um sich greifenden Tendenz zur lückenlosen sozialen Versorgung der Bevölkerung von einer Totalität der Kindheit sprechen.

Aber die Entwicklung der Kindheit als eine sich ausdehnende Phase wäre falsch aufgefaßt, wenn man auch unter jedem anderen Kriterium der Differenz zwischen Kindern und Erwachsenen von einer solchen Tendenz ausginge. Es gibt praktisch keine Kultur, die nicht einen zweiten Reproduktionstypus zur Schwelle zwischen der Kindheit und dem Erwachsenenleben erklärte, den der *genetischen* Reproduktion, gekennzeichnet durch den Eintritt der Geschlechtsreife. Wenn wir wissen, daß sich der Zeitpunkt der Menarche und der Erstpollution im Lebensalter sukzessive verfrüht hat, so begegnen wir hier einer anderen Tendenz: Die Schwelle zum Eintritt in das Erwachsenenleben, die durch die Pubertät markiert ist, scheint sich vorzuverlagern. Wir können aber nicht gleichzeitig von einer Ausdehnung und einer Verkleinerung der Kindheitsphase in unserer Kulturstufe reden. Diese Lage verlangt nach einer Entscheidung der Frage, ob die genetische Reproduktion (noch) als Schwelle gewertet werden kann. Da dieser

Schwellenwert sich nun aber noch nicht bis in das 7. Lebensjahr vorgeschoben hat, markiert er nicht den Übergang zwischen früher Kindheit (0 bis 6 Jahre) und Schulalter.

Dieses gilt aber nicht für einen dritten Typus der Reproduktionsfähigkeit als Kriterium des Übergangs in das Erwachsenenleben, den der *religiösen* Reproduktion. Unter der Fähigkeit, sich religiös zu reproduzieren, sei die Kompetenz einer wenigstens rudimentären Einsicht in die Todestatsache verstanden und der Versuch ihrer mentalen Verarbeitung zum Beispiel durch die Hervorbringung von Phantasien, Hoffnungen und Ideen, die geeignet sein können, die Endlichkeit eines Menschen zu negieren und sich, etwa durch die Überführung seiner Seele zu ewigem Leben, zu reproduzieren. Es gibt keinen Reproduktionstypus, der in der Geschichte unserer Kultur die Schwelle zwischen Kindsein und Erwachsensein lange Zeit so markant gekennzeichnet hat wie dieser. Es gibt keine Dimension, in der die Rede vom Ernst des Erwachsenenstatus so sinnfällig zum Ausdruck kommt wie darin, zu erfahren, daß die Leichtigkeit des Lebens der ersten Jahre trügerisch ist, weil sie überschattet wird von der permanenten Bedrohung seines Endes. Wenn ein Kind zum erstenmal ein getötetes, womöglich gequältes Tier gesehen hat, einen Verkehrsunfall oder den Verlust naher Verwandter, dann ist diese Schwelle individuell überschritten. Es beginnt der Ernst des Lebens durch die Einsicht seines Endes. Aber nicht jedes Kind erlebt diese Erfahrung, im Gegenteil, die sogenannten Erwachsenen tun alles, um ihnen diese Einsicht zu ersparen. Sie werden dem Kind nicht erlauben, den Kadaver einer überfahrenen Katze zu betrachten oder gar zu berühren, sie halten ihre Kinder zur Unterdrückung der Neugier gegenüber der Szenerie eines Verkehrsunfalls an, und der Großvater und die Großmutter sterben für sich allein im Altersheim oder auf der Intensivstation.

Das kollektive Bewußtsein hatte seit dem ausgehenden Mittelalter einen Ritus geschaffen, der für die Kinder wie kaum ein zweiter in der Lage schien, eine erste, verbindliche und direkte Begegnung mit dem Tod zu gewährleisten: die Einverleibung von Leichenteilen und dem Blut eines rituell getöteten Menschen. Auf dem Lateankonzil von 1215 wurde beschlossen, daß für die ‹unterscheidungsfähigen› Kinder die Ersteucharistie, das heilige Abendmahl, zur Pflicht zu machen sei (vgl. Baumgärtler 1929, S. 93). In einem nicht näher bezeichneten Lebensalter, dann, wenn die Kinder in der Lage seien, den in der Hostie und (damals noch) dem Wein repräsentierten Leib des Herrn von wirklichem Blut und Fleisch zu unterscheiden, sollten sie auf diese extreme Weise mit dem Tode und dem ewigen Leben konfrontiert werden. Wir dürfen also davon ausgehen, daß die Theologen, die fortan über das richtige Lebensalter für die Erstkommunion gestritten haben, dabei immer eine heimliche Entwicklungstheorie hegen mußten. Der Zeitpunkt der Erstkommunion fällt aufgrund seines initiativen Charakters bezüglich der Todestatsache zusammen mit dem Eintritt in das Erwachsenenleben *sub specie aeternitatis*.

8.2 Aus der Geschichte der Erstkommunion: Wirklichkeitsadäquanz als Kriterium

Dieses gilt allerdings nicht für die ersten nachchristlichen Jahrhunderte, mit deren Betrachtung ein kurzer Durchgang durch die Geschichte der Erstkommunion eingeleitet sei. An einem solchen Durchgang müssen wir interessiert sein, wenn wir die Kriterien kennenlernen wollen, die historisch für den Übergang von der frühen Kindheit in eine nächste Phase gegolten haben.

Ursprünglich, das heißt in den ersten beiden nachchristlichen Jahrhunderten, hat es keine Kinderkommunion gegeben. Der erste Beleg datiert aus dem dritten Jahrhundert. Cyprian berichtet aus seiner afrikanischen Diözese in Karthago, daß allen Anwesenden ausnahmslos die Kommunion zuteil wurde (vgl. Baumgärtler 1929, S. 30). Neben diesem Beispiel gibt es die Kinderkommunion nur in einem Zusammenhang mit der Taufe, und zwar bei klinischen Taufen, also dann, wenn ein Kind im Todeskampf lag und noch getauft wurde. Dieses belegen zahlreiche erhaltene Epitaphien (Grabinschriften) aus dem 4. und 5. Jahrhundert, die bei Kindergräbern einen Taufvermerk enthielten (ebd., S. 60 f). Erst Augustinus verlangt im Zusammenhang mit seiner Erbsündelehre und der Kindertaufe die Kindereucharistie bzw. bedient sich, genaugenommen, eines Umkehrschlusses. Da er aus bereits erläuterten Gründen an einer Einführung der Kindertaufe interessiert war, diese aber als Kindertaufe in der Heiligen Schrift nirgendwo nachweisen konnte, suchte er nach einem Archimedischen Punkt in der Heiligen Schrift. Diesen gab ihm Johannes 6, 54, wo die Eucharistie als Voraussetzung für das ewige Leben genannt wird: «Wer mein Fleisch isset und trinket mein Blut, der hat das ewige Leben, und ich werde ihn am jüngsten Tage auferwecken.» Da aber der Leib des Herrn nur im sündlosen Zustand empfangen werden darf und dieses die Beichte, diese wiederum die Taufe voraussetzt, müssen auch Kinder, wenn sie des ewigen Lebens teilhaftig werden sollen, getauft werden, ein Vorgang, an dem wiederum ihr Befangensein in der Erbsünde unter Beweis gestellt werden kann. Diese in der Auseinandersetzung mit den Pelagiern, den Widersachern der Erbsündelehre, notwendige Argumentation führte zu einer Kommunionpraxis im unmittelbaren Anschluß an die Taufe, eine Praxis, über die es allerdings in den folgenden Jahrhunderten nicht viele Belege gibt.

Erst das genannte Laterankonzil von 1215 erwirkte eine Änderung, ergänzt um die Ausführungen des Thomas von Aquin. Wenn das Kind in die «anni discretionis», die Unterscheidungsjahre, eintritt, wie sie fortan für viele Jahrhunderte heißen, soll die Erstkommunion stattfinden. Thomas (1749, S. 217) machte den Anspruch vieler Seelsorger, die *anni discretionis* in jedem individuellen Fall selbst feststellen zu wollen, zunichte, indem er sich für die Erstkommunion auf ein Alter von zehn bis elf Jahren festlegte. Ungefähr in diesem Alter seien nämlich die entscheidenden Kriterien erfüllt:
– *usus rationis* (der Gebrauch der Vernunft),
– *distinguere inter cibum spiritualem et corporalem* (unterscheiden zwischen körperlicher und geistiger Speise),
– *actualis devotio* (Ehrfurcht vor dem Akt).

Obgleich diese Auffassung des Thomas im wesentlichen verbindlich geblieben ist, endet die Geschichte der Ersteucharistie damit nicht. Da der Erstkommunion Beichte und Buße voranzugehen haben, muß der Vorgang der Vorbereitung auf die Erstkommunion früher ansetzen, damit die Kinder auf Beichte und Buße ebenso vorbereitet werden. Wenn sie am ‹Tische des Herrn› sündenfrei stehen sollen, müssen sie wissen, was eine Sünde ist, um diese auch beichten zu können. Damit verlagert sich die Aufmerksamkeit auf die Frage, wann eine Unterweisung hinsichtlich der Sündhaftigkeit bestimmter Akte frühestens stattfinden kann, die zu rechter Beichte und erst dann zur Erstkommunion im Alter von zehn bis elf Jahren führt. Auch hier half die Lehre des Augustinus, der die «doli capacitas» im Alter von sieben Jahren ansetzte, weil in diesem Alter eine Unterscheidungsfähigkeit von Wahrheit und Lüge gegeben sei. Die *doli capacitas*, die Fähigkeit zur Sünde, wird auf diese Weise zu dem eigentlichen Schwellenwert zwischen der Kindheit und dem Erwachsenenalter.

Was heißt es, wenn jemand in der Lage ist, zwischen Wahrheit und Lüge zu unterscheiden? Augustinus sieht diese Fähigkeit als Voraussetzung zur Beichte an. Wenn also der Beichtvater nach dem Verlauf bestimmter sündiger Handlungen fragt, muß der Beichtende wissen können, wie sich eine Handlung tatsächlich vollzogen hat. Wenn das Kind beispielsweise gefragt wird, ob es in der Fastenzeit genascht hat oder nicht, muß der Beichtvater sicher sein können, daß es im Falle der Bejahung tatsächlich Verbotenes gegessen und sich dieses nicht nur etwa gewünscht hat. Die Opposition zur Wahrheit ist also nicht nur die Lüge, sondern allgemeiner die Unwahrheit, wozu auch die Phantasie gehört. Wir kennen das Problem heute bei richterlichen Vernehmungen von Kindern in Notzuchtprozessen, wo oftmals nicht mehr festzustellen ist, ob an einem Kind wirklich sexuelle Handlungen vollzogen wurden oder ob sie das Produkt kindlicher Phantasie sind. Zum Unterscheidungskriterium zwischen Kindern und Erwachsenen wird also auf diese Weise eine Art Wirklichkeitsadäquatheit. Nach der Augustinischen Lehre von der *doli capacitas*, die fortan gilt, zeichnet sich ein Erwachsener durch die Fähigkeit aus, die sogenannte Wirklichkeit zweifelsfrei als solche identifizieren zu können, so daß er weiß, ob er lügt oder die Wahrheit sagt. Das Kind weiß dieses nicht, kann also zwischen Lüge und Wahrheit deshalb nicht unterscheiden, weil es Wirklichkeit für es noch gar nicht gibt, sondern alles Wahrgenommene und Gedachte in einem gemeinsamen Raum von Phantasie steht.

Die Folgen, die dieses Kriterium für das Erwachsenendasein gehabt hat, können nicht schwerwiegend genug eingeschätzt werden. Wenn nämlich ein Erwachsener sich dieser Lehre zufolge nicht *contra legem* verhalten will, darf er Phantasie für sich nicht zulassen, weil er sonst Gefahr läuft, nicht als Erwachsener ernst genommen zu werden. Wirklichkeitsadäquanz wird dadurch erst zu einem Auslöser jener – später aufklärerischen – Ernsthaftigkeit, die der Welt die Möglichkeit des globalen Zusammenbruchs eröffnet hat.

Wenn umgekehrt Kindheit durch Wirklichkeitsinadäquanz gekennzeichnet ist, dann hat dieses für jeden Vorgang der Ausdehnung von Kindheit entmündigende Folgen: Wenn die Kinderarbeit abgeschafft wird und an ihre Stelle ein nicht enden wollendes Schulalter tritt, in dem Menschen als Kinder angesehen werden, weil sie sich nicht ökonomisch reproduzieren, dann projiziert das kollektive Bewußtsein nur zu leicht auch die anderen Merkmale der Kindlichkeit ehedem 0- bis 7jähriger auf 0- bis 30jährige und spricht ihnen die Fähigkeit ab, zwischen Wahrheit und Lüge zu unterscheiden, genauer: wirklichkeitsadäquat zu sein. Die Äußerungen eines sich ökonomisch nicht selbst reproduzierenden Menschen, eines Bafög-, Sozialhilfe- oder Rentenempfängers, können nicht für wirklichkeitsadäquat gehalten werden; sie gehören, sei es die Friedensforderung, Verlangen nach Arbeit oder nach einem würdigen Tod, notwendigerweise dem Reich der Phantasie, des Kindlich-Kindischen an. Das ist der Preis der Sozialisierung für jeden sogenannten Erwachsenen: zurückgerufen zu werden auf den Unwirklichkeitsstatus eines Sechsjährigen in der Zeit des Mittelalters.

Dies ist keine Erfindung des 20. Jahrhunderts, wenngleich sie auch jetzt global und durch die Generationen hindurch zum Vorschein kommt: Bereits im 15. Jahrhundert beginnt das kanonische Recht mit einer Ausdifferenzierung der *anni discretionis*. Das Alter der Erstbeichte bzw. Erstkommunion wird zu einem bloß ersten Grad des Erwachsenenseins umdefiniert. Dort liegt im Alter von sieben Jahren die *doli capacitas* vor. Der zweite Grad wird, aus biologischen Gründen noch verständlich, in der *pubertas* gesehen; dort beginnt das *matrimonium et ingressus in religiones*, also die Ehe und der volle Eintritt in die Religion. Erst mit 25 Jahren erreicht der Mensch den dritten Grad, der ihm die *administratio bonorum*, die Verwaltung seines Vermögens, erlaubt (Baumgärtler 1929, S. 191).

Gerade der Hinweis auf die Vermögensverwaltung verrät eine beginnende Klassendifferenzierung auch der kirchlichen Weihehierarchie, so daß wir davon ausgehen müssen, für den überwiegenden Teil der Bevölkerung habe die Transition in der frühen Kindheit, der erste Grad der *anni discretionis*, den bedeutenden Schritt dargestellt. An diesen Schritt heftet sich im 7. Lebensjahr die Einführung des Kommunionunterrichts, der zunächst in der sonntäglichen Memorierstunde bestand. Hier fand die Vorbereitung auf den großen Schritt in das Erwachsenenleben statt. Hier ist der Entstehungsort einer Beschulung, die in den Jahrhunderten nach 1247, wo diese Unterweisung in der Synodalbestimmung von Le Mans zum erstenmal festgehalten wurde (vgl. Hefele 1886), in die Einrichtung eines expandierenden Schulwesens überging.

8.3 Schule und Spielwelt als Simulation der Wirklichkeit

Die sukzessive Überlagerung des Ereignisses der heiligen Ersteucharistie durch den hinführenden Unterricht und schließlich durch den Schulanfang legt die Frage nahe, ob denn die Schule, die immer noch recht exakt in dem Lebensalter einsetzt, in dem die Kirchenväter den Beginn der *anni discretionis* sahen, ebenso wie der Kommunionunterricht jene zentrale Aufgabe erfüllt, die jener hatte: die Kinder von der Phase des Phantastischen in die des Realistischen zu überführen. Lehren unsere Schulen die jungen Menschen, zwischen Wirklichkeit und Simulation zu unterscheiden? Welche Transition bewirkt der Einschulungsvorgang im Vergleich zur Erstkommunion? Denken wir an die Zeremonie der Ersteucharistie. – Das Kommunionkind wird im Medium der Kommunion Teilhaber eines Geheimnisses, dem der Menschwerdung Gottes. Er ist Teilhaber an einer ewigen Wahrheit und damit kein Phantast: «Wer mein Fleisch isset und trinket mein Blut, der bleibt in mir und ich in ihm ... Wer dieses Brot isset, der wird leben in Ewigkeit» (Johannes 6, 56 und 58).

Für das mittelalterliche Kind war die Teilnahme an der Eucharistie eine Aufnahme in die Erwachsenenwelt schlechthin, denn abgesehen von ihrem Körper unterschied sie von den Erwachsenen nichts, außer eben der bewußten Teilhabe an den Sakramenten – welcher Ernst für den Sieben-, Acht- und Neunjährigen, im Beichtstuhl von einem erwachsenen Beichtvater auf sein Tun befragt zu werden, dieses fortan wegen der Beichte nicht mehr Treibenlassen sein kann, sondern bewußtes Tun sein muß, über welches Rechenschaft abzulegen ist vor dem, dessen Opferfleisch man ißt!

Was leistet demgegenüber die Einschulung unserer Kinder in die Einheitsgrundschule? Es beginne jetzt der Ernst des Lebens, steht unter vielen obligatorischen Schultütenfotos in den Familienalben. Aber weder der Einschulungsritus noch die ersten Schuljahre haben etwas von der Dramatik, die Transitionsriten zu eigen sein muß, wenn sie nachhaltig wirken sollen.

Diese – journalistische – Beschreibung charakterisiert den Schulanfang recht treffend:

«Wenn's geht, nehmen sich die Väter einen freien Tag, auch die Großmutter kommt gerne mit. Die Kinder auf dem großen Gang mit der Schultüte zu begleiten, ist ja schon lange nicht mehr eine reine Angelegenheit der Mütter. An Einschulungstagen scheint grundsätzlich die Sonne. Vom blauen Himmel herunter strahlt sie auf die Knirpse in Bermudas und zarten Röckchen, und man muß schon zu den verhärteten Seelen gehören, wenn man nicht spürt, wie heiter und anrührend die Szene ist.
In die Schule wird man heute fast überall liebevoll aufgenommen. Die dritte Klasse führt was vor, die Lehrerin begrüßt jedes Kind, nachher im Klassenraum kann es ein Schild mit seinem Namen von der Tafel abpflücken und auf seinen Platz backen: Wir haben dich erwartet, heißt das, wir freuen uns, daß du kommst. Den Eltern fällt ein Stein vom Herzen, und die Gedanken an Fünfen, Büchereinbinden und den Ernst des Lebens sind erst mal vom Tisch angesichts der Freundlichkeit ringsum ... (Die Zeit vom 26. 8. 1983).

Die Pädagogik hat alles getan, um den Übergang in die *anni discretionis*, die keine mehr sind, zu entritualisieren. Die Kinder, die schon in der Kinderkrippe, dem Kinderhort, dem Kindergarten oder der Vorschule waren, erfahren nur noch einen Übergang von einer Institution in eine andere. Mit der «Situation Schulanfang» (Borgmeier u. a. 1980) befassen sich etliche Regalmeter an Erleichterungsliteratur, eine «gleitende Schulanfangsphase» (Claussen 1977) ist erfunden worden, Eltern dürfen am Unterricht teilnehmen, und es wird gespielt und gebastelt, gebastelt und gespielt. Was erfährt das Kind dort? Während seine Altersgenossen im Mittelalter mit dem Akt der Erstkommunion religiös überführt waren in den Status der Erwachsenen, der ihnen aufgrund ihrer Arbeit ohnedies schon teilweise zukam, muß ein Sieben- bis Zehnjähriger heute auf all das verzichten. Er kann sich weder religiös reproduzieren, weil er, wenn nicht gemeinschaftslos, dann als Protestant ein ‹Opfer› der Reformation ist oder als Katholik kaum noch begreifen wird, was Eucharistie heißt, noch kann er es ökonomisch. Die Welt der Schule ist nicht mehr der Ernst des Lebens, sondern allenfalls sind es Bilder, Kopien vom Ernst des Lebens, und es sind viele Bilder und bunte Bilder, auch dort, wo unser Erstkommunikant ein einziges bekam, das Bild eines auferstandenen Menschen.
Das ist kein Votum für eine religiöse Erziehung, nicht für die Wiederbelebung der Kinderarbeit oder gegen einen anschaulichen Grundschulunterricht. Nur eine Feststellung: Im sonntäglichen Kommunionunterricht des 15. Jahrhunderts wurde ein Siebenjähriger veranlaßt, die Bilder seiner Phantasie verblassen zu lassen zugunsten einer kontrollierten Wirklichkeitserfahrung auf der Waage zwischen sündigem

und sündlosem Handeln. Der siebenjährige Grundschüler unserer Tage wird von der Wirklichkeit isoliert und mit Bildern von ihr gefüttert, mit ihrer Simulation. Im Mathematikunterricht teilt er nicht wirklich eine Torte unter vier Kindern auf und geht leer aus, wenn er jedem ein Drittel davon gibt, im Deutschunterricht soll er sich vorstellen, in «Ausdenkia» (Essen 1968, S. 39 ff) zu leben, und eine Phantasiegeschichte erzählen, im Verkehrsunterricht fließt gerade kein Blut, wenn er die Papierautos auf seinem Verkehrsbilderbogen bei Rot über die Ampel schickt, und wenn er einen sensiblen Lehrer hat, darf er in der Pause nicht mit dem Lineal Gewehr spielen. Selbst die Simulation der Wirklichkeit ist also bereits reglementiert. Dafür, daß die Schule in keiner Weise transformierend wirkt von jener Kindheit in die *anni discretionis*, steht auch der tägliche Schulweg. Die Exilation aus der Familienumgebung wird entgegen jedem anderen Transitionsritus nicht ein für allemal vollzogen, sondern auf Dauer gestellt, so als ob es jeden Morgen noch einmal versucht würde.

Man könnte dieser Sicht entgegenhalten, daß sie die Transformationsleistungen der Familie übersieht. Zu denken wäre an die besondere Bedeutung des Kinderspiels, dem ja gelegentlich, ähnlich wie der Schule, prädiziert wird, eine Vorbereitung auf die Lebenswirklichkeit zu sein. In diesem Sinne argumentieren nicht nur Lern- und Kognitionspsychologie (vgl. zusammenfassend Flitner 1982b, S. 39 ff), sondern insbesondere die Spielzeugindustrie beansprucht diesbezügliche Leistungen (vgl. Abb. 49).

Schaut man sich indessen das Spielzeug an, das Eltern heute für ihre Kinder auswählen können, so läßt sich eine deutliche Tendenz in Richtung eines Verzichts auf Wirklichkeitsnähe feststellen. Das klassische wirklichkeitsgetreue Spielzeug steht eher im Ruf, von ‹Erwachsenen› bevorzugt zu werden, die elektrische Eisenbahn. Dieses Spielzeug kann es sich noch leisten, mit seiner Originalgetreue zu werben: «Wir kennen nur ein Vorbild. Die Bahn.» (vgl. Abb. 50). Das tun zwar andere auch, aber zu Unrecht; denn bei «Struxi, der Kinderbahn von Carrera», wird die Wirklichkeit schon kindertümelnd verstellt, indem die Lokomotive von vorn wie ein Gesicht aussieht oder ein Eisenbahnwaggon ganze zwei Personen fassen kann. «Die Welt der Großen für unsere Kleinen ab 3» heißt dementsprechend der Werbeslogan (vgl. Abb. 51). Legos «Fabuland» setzt demgegenüber ausdrücklich auf die Kreativität der Kinder; mit Hilfe von «Edward Elefant», «Zenzie Ziege» und «Kalle Krokodil» sind «Geschichten zu erfinden». Ziel dieses Spielzeugs ist es, sich von der

Abb. 49: Titelblatt einer Werbebroschüre für Playmobil-Spielzeug

Abb. 50: Titelblatt einer Werbebroschüre für Fleischmann-Modelleisenbahnen

Abb. 51: Titelblatt einer Werbebroschüre für Struxi-Spielzeug

Wirklichkeit zu entfernen, nur noch übertroffen von einem anderen Produkt, den «Advanced dungeons and dragons», die auch eine klare moralische Entscheidung erleichtern, weil die Plastikdrachen, -ritter, -zauberer und -räuber im Prospekt gleich mit der Aufschrift «böse» bzw. «gut» versehen sind (vgl. Abb. 52).

Die Erwachsenen, die dieses Spielzeug produzieren und verbreiten, geben sich nicht mehr damit zufrieden, daß Spielen ohnedies nur ein Typ der Simulation von Wirklichkeit ist, sondern sie bieten genaugenommen eine Verdopplung an: Das Kind, das mit den ‹advanced dungeons and dragons› spielt, unterscheidet sich grundlegend von dem Modelleisenbahner. Dieser simuliert die Wirklichkeit, jenes simuliert

NORTHLORD™ der Große Barbar

Der Große Barbar ist kühn, gewandt und bärenstark. Denn die Wildnis, in der er lebt, prägt ihn von klein auf zum Draufgänger. Sein Langschwert ist von allen Bösen gefürchtet. Und wenn er seine Streitaxt schwingt, geraten sie in Panik. Kräfte des Bösen. Wenn Ihr auf NORTHLORD trefft, seid Ihr bald besiegt!

14 cm; beweglich

YOUNG MALE TITAN™ der Junge Titan

Der Junge Titan ist eine Gestalt, die allen Bösen Furcht einjagt. Denn er besitzt magische Waffen, wie Zauberlanze, Zauberschwert und Zauberschild. Und er hat magische Kräfte, durch die er sich unsichtbar machen und fliegen kann. Ihr Hexenmeister, Halblinge, Menschenfresser und bösen Kämpfer: Wenn er sich mit Euch mißt, dann gibt es kein Entkommen!

14 cm; beweglich

GOOD DESTRIER™ das Kampfroß

Dieses mächtige Kampfroß trägt STRONGHI ART und seine Freunde in die Schlacht gegen alles Böse. Dafür ist es speziell ausgebildet. Es ist anderen Pferden an Größe und Stärke überlegen. Und gegen seinen gepanzerten Sattel, seine gepanzerte Stirn und seine rasiermesserscharfen Hufe ist erst recht wenig auszurichten. Darum, Ihr Mächte des Bösen, Gnade Euch, wenn das Kampfroß eingreift!

20 cm; beweglich (ohne Figur)

NIGHTMARE™ der Alptraum in Pferdegestalt

Als pferdeähnliche Kreatur, die ihre Existenz der Schwarzen Magie verdankt, ist NIGHTMARE das unheimliche Reitpferd von WARDUKE und anderer finsterer Gesellen. Seine Fangzähne sind rasiermesserscharf, seine Hufe glühen und sein Feuerhauch verbrennt die Gegner. Dieses Monster ist besonders gefährlich, weil es fliegen und auch ohne Reiter angreifen kann. Wappnet Euch alle gegen diesen Alptraum!

20 cm; beweglich (ohne Figur)

Abb. 52: Ausschnitt aus einer Werbebroschüre für «Aktionsfiguren» (Matchbox Spielwaren)

die Simulation, die Drachen und Ritter immer nur sein können. Manche Telespiele treiben diesen Regreß weiter: Ein Computerspiel, bei dem die Kunstfertigkeit des Spielers darin besteht, einen Affen Bierfässer auf einen Bären schleudern zu lassen, der die Treppe hinaufgehen möchte, stellt als Computer bereits die Simulation von Tieren dar, welche als treppensteigende und bierfaßwerfende selbst wiederum Menschen simulieren – ein Spiel, mit dem das Kind simuliert, daß Menschen simulierende Tiere Bierfaßwürfe simulieren.

8.4 Spielen ohne Ende

In ihren aus dem Zusammenhang der Schizophrenieforschung gewonnenen kommunikationstheoretischen Überlegungen haben Watzlawick u. a. (1972, S. 216 f) die Struktur des «Spieles ohne Ende» untersucht, dem eine bestimmte psychische Kommunikationsstörung entspricht, die der Therapie bedarf. Wenn z. B. zwei Spieler vereinbaren, statt der wirklichen Bedeutung des Wortes «ja» ihm spielerisch eine andere, nämlich «nein», zu geben und umgekehrt, dann begeben sie sich bei Spielbeginn in eine nicht mehr auflösbare Spielsituation; denn immer wenn einer von beiden oder beide das Spiel beenden wollen, müßten sie sagen, daß sie weiterspielen wollen. Der jeweils andere würde aber nicht wissen, ob diese Äußerung noch zu dem Spiel gehört und deshalb als Aufforderung zum Abbruch des Spiels zu deuten ist oder ob sie nicht mehr dazu gehört und deshalb wörtlich zu nehmen ist, so daß also weiterzuspielen wäre. Denkt der Empfänger sich die Äußerung als zu dem Spiel gehörig, so bedeutet sie zwar, man solle mit dem Spiel aufhören; da sie aber im Rahmen des Spiels gemacht wird, gehört sie zu dem Spiel und ist deshalb nicht ‹wirklich›.

Der Simulationszusammenhang, in dem sich die Spieler befinden, kann auf drei Weisen verlassen werden: erstens dadurch, daß die Spieler vor Spielbeginn vereinbart haben, sie würden sich für die Mitteilungen innerhalb des Spiels in der einen, z. B. französischen, für Mitteilungen außerhalb des Spiels in deutscher Sprache verständigen. Diese Möglichkeit ist für die spielenden Kinder ebensowenig wie für unsere Schulkinder gegeben. Das schulische Sprachspiel ist total. Kein Schüler kann aussteigen und die Schulstunde für beendet erklären, um sich dem Ernst des Lebens zuzuwenden. Die Schule beansprucht gerade für sich, genau dieser Ernst des Lebens zu sein. Indem sie ihn aber nur simuliert, ist sie es nicht.

Die zweite Möglichkeit besteht in der Vereinbarung vor Spielbeginn, das Spiel zeitlich zu begrenzen. Das mag im Spiel mit Gleichaltrigen noch angehen. Der schulische Lernprozeß, also der durch die Schule gegebene Simulationszusammenhang, ist von seinem Anspruch her auf Dauer gestellt worden. Mit dem Gedanken, die Schüler sollen in der Schule das «Leben lernen» (Aebli 1969, S. 163), wirkt der Simulationszusammenhang weiter, außerhalb der institutionellen Schule wird weiter simuliert.

Die dritte Möglichkeit besteht in der Anrufung einer therapeutischen Person, zu der die Spieler in keinem spielerischen Verhältnis stehen, sondern zu der sie wirklichkeitsadäquate Beziehungen unterhalten. Was aber für Watzlawick u. a. (1972) im Rahmen therapeutischer Arbeit noch als geeignete Lösung erscheint, gilt nur so lange, als es noch Personen gibt, die dem Simulationszusammenhang nicht angehören. In dem Augenblick, in dem es niemanden mehr gibt, der nicht im schulischen, sondern im ‹wirklichen› Zusammenhang aufgewachsen ist, in dem Augenblick, in dem es also keinen «savage man» mehr gibt, wie Aldous Huxley (1964) ihn in «Brave New World» nennt, ist diese Option verloren.

Man wird einwenden wollen, daß dieser Zeitpunkt noch nicht gekommen sei, daß es immer noch Erwachsene gebe, die die sprachliche Grenze zwischen sich und den Kindern klar zu ziehen vermögen, was man als Erwachsener ja beurteilen kann. Diese Hoffnung wäre nur berechtigt, wenn die Spieler, die Simulierer, also die Kinder, sicher sein können, daß die erwachsenen ‹Wirklichkeitler› im wirklichen Sprachspiel stecken und nicht wie sie im spielerischen. Da es zur Teilnahme an der Simulation keiner Zugangsberechtigung, anders als bei Watzlawick u. a. (1972), also keiner Vereinbarung bedarf, ist dem ‹Therapeuten› als erwachsenem Wirklichkeitler nicht anzusehen, ob er nicht nur Mitspieler ist. Als Appellationsinstanz eignet sich der Erwachsene also nicht, um dem Spiel zu entkommen, abgesehen davon, daß auch dieser, etwa als Lehrer, die sogenannte Wirklichkeit, die er lehrt, allenfalls aus zweiter Hand kennt und nicht sicher sein kann, ob die Bücher und die anderen Unterrichtsmedien Wirklichkeit abbilden oder nur simulieren. So haben diese Medien längst den Unterricht erfaßt und wirken bereits in ihrer notwendigen Selektion (das Erdkundebuch bildet nicht ‹die› Antarktis ab, sondern erzeugt eine Vision von ihr) simulativ.

Wirklichkeitsadäquatheit ist als Kriterium der Differenzierung zwischen Kindern und Erwachsenen nicht mehr einsetzbar. Wenn angesichts einer nach dem Mittelalter zunächst langsam, dann schneller um sich greifenden Exkommunikation der Kinder aus der Wirklichkeit der Erwachsenen diese Kinder nur noch mit einer Simulation der Wirklichkeit konfrontiert werden und der Lebenszeitraum, in dem dies geschieht, immer größer wird, dann diffundieren die Grenzen zwischen Kindheit und Erwachsensein in dem Augenblick, in dem die Kinder nicht mehr wissen, ob die Erwachsenen ihnen als Repräsentanten der Wirklichkeit begegnen oder ob sie selbst schon Mitspieler, also Kinder, Simulanten, geworden sind. Die wichtige Erfahrung des Kommunionkindes, zwischen Phantasie und Wirklichkeit (gleich Erwachsenenwelt) unterscheiden zu können und damit zu letzterer zu gehören, kann von Kindern in unserer Kultur nicht mehr gemacht werden, weil die wirklichkeitelnden Erwachsenen alles tun, um sie zu isolieren, ihre Isolation auf Dauer zu stellen und vor allem sich selbst in das Spiel einzubeziehen. Längst wird verlangt, ‹den› Lehrer für einen guten Lehrer zu halten, ‹den› Vater für einen guten Vater, der ein Kamerad der Kinder ist, der nicht autoritär ist, der mit ihnen spielt, der sich nicht über sie stellt, der sich mit ihnen also gleichmacht. Die antipädagogische Kampagne der «Freundschaft mit Kindern» (v. Schoenebeck 1980, 1982) exemplifiziert diese hartnäckige Tendenz. Der Preis dieser Gleichheit ist der Verlust der Wirklichkeit, weil Kinder zu Simulanten gemacht wurden. Ob jemand ein Kind ist oder ein Erwachsener, ist also für ein Kind und einen Erwachsenen auf der Folie der Wirklichkeitsadäquatheit nicht mehr sagbar.

9 Von der Knabenliebe zur Feminisierung des Erzieherischen

Familie, Schule und Jugendorganisation als defiziente Exile sexueller Transition

9.1 Komponenten sexueller Transitionsriten in der Pubertät

Der Verzögerung, wenn nicht dem Verlust der ökonomischen und religiösen Reproduktionsfähigkeit des Kindes korrespondiert eine Verfrühung der dritten, der genetischen Reproduktionsfähigkeit, ein Phänomen, das unter dem Terminus *Akzeleration* diskutiert wird (vgl. Oerter 1983). Nach Garn (1980) ist in den westlichen Industrieländern von einer Akzeleration der Geschlechtsreife auszugehen, die bei 0,3 Jahren pro Dekade liegt. Dementsprechend ist heute von einem sexuellen Reifungsalter auszugehen, das, bei Mädchen und Knaben unterschiedlich, zwischen zehn und dreizehn Jahren liegt. Nachdem eine ökonomische bzw. religiöse Transition des Kindes im Alter von sechs bis acht Jahren rituell nicht mehr gewährleistet ist, erhält die Schwelle zur genetischen Reproduktionsfähigkeit einen besonderen Stellenwert. Um so wichtiger wäre deshalb die Funktion eines rituellen Übergangs, wie er aus den Pubertätsriten der sogenannten Naturvölker bekannt ist. Deutliche Bestimmungsstücke einer sexuellen Initiation, wie wir sie aus anderen Kulturen kennen, fehlen jedoch.

Wenn wir uns die Strukturelemente eines Transitionsritus noch einmal vor Augen führen, wie wir ihn, mehr oder minder gelingend, bereits in den verschiedensten Lebensphasen betrachtet haben, dann gehören (u. a.) dazu:
— die dramatische Entfernung eines Initianden aus seiner gewohnten Umgebung;
— die Verrichtung initiierender Praktiken durch Dritte an ihm;
— die Rückführung des Initianden als eines anderen in die Gemeinschaft, wo eine neue Lebensphase beginnt.

Übertragen auf sexuelle Transitionen, würde das heißen: Entführung eines Kindes durch einen Erwachsenen zum Zwecke der Durchführung sexueller Praktiken an ihm und Rückkehr als geschlechtsreifer Erwachsener. Der Erwachsene, der in der Bundesrepublik Deutschland eine solche Transition an einem Pubertierenden vornehmen wollte, würde, auch ohne jede erpresserische Absicht, mit Freiheitsstrafe zu rechnen haben. Zusätzlich fänden die §§ 174 und 176 des Strafgesetzbuches auf ihn Anwendung:

«§ 174(1) Wer sexuelle Handlungen

1. an einer Person unter 16 Jahren, die ihm zur Erziehung, zur Ausbildung oder zur Betreuung in der Lebensführung anvertraut ist,

2. an einer Person unter 18 Jahren, die ihm zur Erziehung, zur Ausbildung oder zur Betreuung in der Lebensführung anvertraut oder im Rahmen eines Dienst- oder Arbeitsverhältnisses untergeordnet ist, unter Mißbrauch einer mit dem Erziehungs-, Ausbildungs-, Betreuungs-, Dienst- oder Arbeitsverhältnis verbundenen Abhängigkeit oder

3. an seinem noch nicht 18 Jahre alten leiblichen oder angenommenen Kind vornimmt oder an sich von dem Schutzbefohlenen vornehmen läßt, wird mit Freiheitsstrafe bis zu 5 Jahren oder mit Geldstrafe bestraft.

(2) Wer unter den Voraussetzungen des Absatzes 1, Nr. 1–3

1. sexuelle Handlungen vor dem Schutzbefohlenen vornimmt oder

2. den Schutzbefohlenen dazu bestimmt, daß er sexuelle Handlungen vor ihm vornimmt, um sich oder den Schutzbefohlenen hierdurch sexuell zu erregen, wird mit Freiheitsstrafe bis zu 3 Jahren oder mit Geldstrafe bestraft.

(3) Der Versuch ist strafbar.

(4) In den Fällen des Absatzes 1, Nr. 1 oder des Absatzes 2 in Verbindung mit Absatz 1, Nr. 1 kann das Gericht von einer Bestrafung nach dieser Vorschrift absehen, wenn bei Berücksichtigung des Verhaltens des Schutzbefohlenen das Unrecht der Tat gering ist.»

«§ 176 (1). Wer sexuelle Handlungen an einer Person unter 14 Jahren (Kind) vornimmt oder an sich von dem Kind vornehmen läßt, wird mit Freiheitsstrafe von 6 Monaten bis zu 10 Jahren, in minderschweren Fällen mit Freiheitsstrafe bis zu 5 Jahren oder mit Geldstrafe bestraft.

(2) Ebenso wird bestraft, wer ein Kind dazu bestimmt, daß es sexuelle Handlungen an einem Dritten vornimmt oder von einem Dritten an sich vornehmen läßt.
(3) In besonders schweren Fällen ist die Strafe Freiheitsstrafe von 1 Jahr bis zu 10 Jahren. Ein besonders schwerer Fall liegt in der Regel vor, wenn der Täter
1. mit dem Kind den Beischlaf vollzieht ...»

Zwischen dieser Kriminalisierung sexueller Verbindungen aus sogenannten Kindern und sogenannten Erwachsenen und der absolut gleichgerichteten Tätigkeit eines Vaters, beispielsweise von den Marshall-Inseln, der seine Töchter selbst deflorierte oder durch vornehme Männer deflorieren ließ (vgl. Ploss 1912, S. 719), oder den dorischen Päderasten, für die der Koitus mit Knaben eine gesellschaftliche Pflicht war, besteht eine Differenz, die der Beschreibung und Erklärung bedarf.

Daß der Status der sexuellen Initiation bzw. Transition in unserer Kultur oder ihre mögliche Abwesenheit unser Interesse verdient, dürfte unmittelbar einsichtig sein, wenn wir daran denken, daß ein Strafgesetzbuch, wie es das Leben zwischen Kindern und Erwachsenen in den §§ 174 und 176 regelt, eigentlich wie keine zweite Bestimmung in der Lage sein müßte, die schärfste Differenzierung von Kindern und Erwachsenen in unserer Kultur zu ermöglichen. So könnte man formulieren: Erwachsene unterscheiden sich im Medium der Sexualität von Kindern dadurch, daß sie, beginnend mit dem 16. bzw. 14. Lebensjahr, zu sexuellen Handlungen aneinander berechtigt sind, nicht jedoch zu solchen Aktivitäten gegenüber Menschen unter 16 bzw. 14 Jahren. Umgekehrt dürfen Menschen unter 14 Jahren aneinander sexuelle Praktiken nach freier Wahl vollziehen. Vollziehen sie sie gegenüber Erwachsenen, so gehen sie straffrei aus, nicht jedoch die Erwachsenen; sind sie beim Vollzug dieser Akte initiativ, so geht der Erwachsene straffrei aus (§ 174, Abs. 4), weil implizit unterstellt wird, das Kind habe durch sein Verhalten bewiesen, daß es nicht mehr den Kindern zuzurechnen ist (vgl. hierzu den Strafrechtskommentar von Schönke 1982, S. 832, 4.12). Damit verschiebt sich also das Kriterium der sexuellen Differenzierung zwischen Kindern und Erwachsenen auf die Frage der Initiative: Eine sexuelle Handlung ist demnach die eines Erwachsenen, wenn sie durch ihn initiiert wird. Das ist für die vorliegende Fragestellung ein wichtiger Aspekt, weil nämlich unterstellt wird, daß namentlich sexuelle Initiative, die aber zu sexuellen Transitionen konstitutiv ist, unter das Verdikt der Strafbarkeit fällt.

Werfen wir zunächst einen Blick auf die Transitionspraktiken bei sogenannten Naturvölkern. Schon Ploss (1912, S. 715) schrieb, daß «der Übergang vom Kind zum reifen Weib oder Mann im Völkerleben als ein hochwichtiges, ja bei vielen Völkern allem Anschein nach das wichtigste Ereignis im Leben des einzelnen aufgefaßt (wird)». Ploss identifizierte noch nicht den sexuellen Gehalt der meisten von ihm berichteten rituellen Handlungen, weil er ihn nicht erkannte oder möglicherweise die Moral des Wilhelminischen Deutschland gar nicht zuließ, einen solchen Gedanken vorzutragen; denn er zögert nicht, sexuell von der bürgerlichen Moral abweichende Praktiken auch sofort zu verurteilen.

Zu den von Ploss berichteten Elementen der sexuellen Transition gehört sehr oft eine Unterrichtung im Sexuellen einschließlich des Vollzugs durch Erwachsene, insbesondere vornehme und alte Männer oder Frauen. Sodann ist ein großer Teil der Beispiele einer zweiten Klasse sadomasochistischer Handlungen zuzuordnen wie Auspeitschung der Initianden, die Tortur durch Wespenstiche, das wochenlange Tätowieren (vgl. Abb. 53), eine Verstümmelung der Zähne durch Abfeilen oder Ausschlagen (vgl. Abb. 54), eine zwangsweise durchgeführte Diät oder ein Fasten, die Verabreichung von Brechmitteln und die Beseitigung von Haaren (vgl. Abb. 55).

Eine dritte Gruppe von Transitionsriten ist durch die Herbeiführung von halluzinatorischen Bewußtseinszuständen gekennzeichnet, die durch Folter oder durch Rauschmittelgenuß bzw. durch Fasten und Tänze erreicht werden. Viertens sind Praktiken zu nennen, die einen Wandel der Erscheinung des Initianden bewirken; dazu gehört wieder die Tätowierung, die Färbung von Zähnen und anderen Körperteilen, wobei die Farben Rot, Blau und vor allem Schwarz eine große Rolle spielen. Waschungen können zu dieser Gruppe gleichfalls gerechnet werden, aber auch die Praxis des Kleiderwechsels, wie sie historisch auch aus Rom mit dem Anlegen der *toga virilis* überliefert ist. Die meisten der dargestellten Transitionsriten enthalten Elemente aus mehreren dieser Klassen bzw. lassen sich einzelne Handlungen mehreren Klassen zuordnen.

Schaut man sich diese Typen von Transitionsriten hinsichtlich ihrer gegenwärtigen Verbreitung an, so findet man auch kaum etwas von solchen Praktiken wieder, die nicht notwendigerweise mit sexuellen Aktivitäten im Sinne eines Koitus verknüpft sind. Zwar kennen wir eine Fülle von Verhaltensformen Jugendlicher während der Pubertät,

Abb. 53: Knabeninitiation bei den Iatmul (Palimbei, Ost-Sepik-Provinz, Neuguinea, Papua Niugini)

Abb. 54: Zahnfeil-Zeremonie (Sempidi, Badung, Bali, Indonesien)

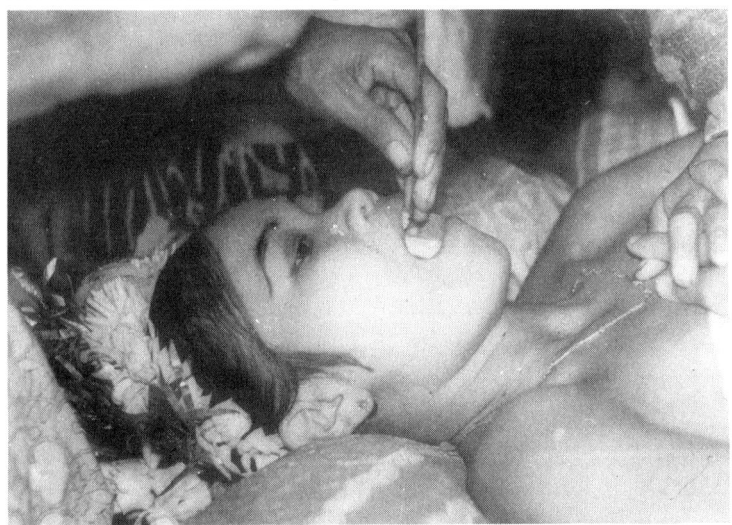

Abb. 55: Mädcheninitiation bei den Tukuna (Oberer Solimões, Brasilien)

die eine entfernte Assoziation an die dargestellten Riten zulassen wie eine bewußt provozierende Kleidung, die extreme Färbung von Haaren oder Fingernägeln, selbst auferlegte Nahrungsverweigerung als pathologisches Syndrom sowie den Rauschmittelgenuß; aber auch diese Phänomene unterscheiden sich in zweierlei Hinsicht nachhaltig von den archaischen Pubertätsinitiationen: Die Zeichen des Andersseins gegenüber der Kindheit werden Pubertierenden erstens nicht von Erwachsenen beigebracht, sondern die Jugendlichen vollziehen diese Veränderungen ihrer Erscheinung an sich selber. Zweitens ist das Produkt dieser Akte nicht der Eintritt in eine neue Lebensphase, die der Erwachsenen, deren Insignien man fortan etwa trüge, sondern das Anderssein ist ein doppeltes: Man sieht nicht mehr aus wie ein Kind, aber auch nicht wie ein Erwachsener im Sinne der vorangegangenen Generation. Die Zeichen der Initiation werden vielmehr auf Dauer gestellt, und sie selbst sind keine ewigen Riten, sondern unterliegen offenbar periodischen Innovationen. Das Zeichen ‹lange Haare› zum Beispiel, mit dem ein Pubertierender sich Ende der 60er Jahre von der Kindheit und der

Generation vor ihm differenzierte, erfüllt nicht mehr diese Funktion. Im Gegenteil, langer Haarschmuck signalisiert für den Pubertierenden der 80er Jahre eher die Zugehörigkeit des Betreffenden zu der Generation vor ihm, von der er sich vielleicht mit kurzem oder hennagefärbtem Haar abzusetzen versucht.

In den Elementen der *Selbstinitiation*, des *Wiederholungszwangs* und der *periodischen Innovation* der Riten zeigt sich, daß die jeweilige Erwachsenengeneration offenbar an den Initiationsvorgängen unbeteiligt bleibt, so daß eine Überführung in die Lebenswelt der Erwachsenen auch aus Anlaß der genetischen Reproduktionsfähigkeit gar nicht (mehr) stattfindet. Es scheint so, als verharre der Pubertierende in der Symbolwelt einer Initiation und trage diese Symbole über den Transitionsvorgang hinaus weit in das Erwachsenenleben mit sich, so daß er gewissermaßen alterslos wird.

9.2 Das päderastische Grundmodell der Knabeninitiation

Sexuelle Initiationen, in denen Erwachsene die Transitoren sind, finden sich nun nicht nur zahlreich bei sogenannten Naturvölkern, sondern auch in der Geschichte unserer Kultur. Diese Quellen sind für unsere Analyse demgemäß wichtiger. Der Diskurs über die Rolle der Erwachsenen (Männer) bei der Knabeninitiation ist dabei in doppelter Weise interessant, zum einen als Diskurs über die sexuelle Initiation selbst, zum anderen als Diskurs über den Diskurs, das heißt als Betrachtung der Geschichtsschreibung über das Phänomen der Päderastie. Altphilologen und Historiker haben bis in jüngste Zeit oftmals geleugnet, daß es Päderastie als eine verbreitete, gebilligte Praxis im antiken Griechenland überhaupt gegeben hat:

> «Möchte aber einmal von Philologen als beiläufige Hilfe für Deutungsprobleme eine mindestens knappe Rechenschaft über die Knabenliebe gegeben werden, galt die stillschweigende Übereinkunft, den ‹homosexuellen› Anteil zwar pflichtgemäß zu nennen, ihn aber doch unscheinbar und unbestimmt zu lassen oder (seltener, doch aufrichtiger) als ‹Sünde wider die Natur› (Wilamowitz 1910) zu verurteilen» (Patzer 1982, S. 8).

Vor dem Hintergrund einer wissenschaftlichen Beschäftigung mit der Päderastie, die diese als eine abnorme Verirrung entweder verschweigt oder mißversteht, verwundert die lange Fehlinterpretation der päderastischen Vorgänge im antiken Griechenland nicht. Als erster hat Bethe (1907) erkannt, daß der rituelle Scheinraub eines heranwachsenden Knaben durch einen erwachsenen Mann, mit dem er zwei Monate in einem Exil, etwa auf der Jagd, verbrachte, einen Transitionsvorgang darstellte. Er deutete den Coitus des erwachsenen Mannes, den dieser mit dem Knaben vollzog, als «eine Art Übertragung der männlichen Vollkraft (areté) ... die numinos am Sperma haftend (als mana) gedacht ist» (ebd., S. 11). Diese Deutung ist durch ethnologische Befunde bestätigt worden. Bleibtreu-Ehrenberg (1970, S. 99) berichtet, daß bei verschiedenen Stämmen in Neuguinea, Melanesien und West-Ceram die Auffassung existiert, daß das werdende Kind im Mutterleib der ständigen Kraftzufuhr durch Sperma bedarf, weshalb der Ehemann der Schwangeren und andere Männer ständig mit ihr koitieren müssen, um dieses zu gewährleisten.

Patzer hat im Anschluß an Dover (jetzt deutsch: 1983) dargelegt, daß in der griechischen Polis-Gemeinschaft zwischen der archaischen und der klassischen Periode für einen Knaben und Jüngling zwischen 12 und 18 Jahren eine «dauerhafte, enge, erotisch gestimmte Freundschaft mit einem älteren Mann (gewöhnlich einem Erwachsenen) nicht nur üblich, sondern gesellschaftlich anerkannt, ja hoch angesehen» war (ebd., S. 46). Er unterscheidet die dorische, stärker rituelle Form der Päderastie von der klassischen, späteren, die einen eher privaten Charakter hatte. Demnach sprechen für die rituelle Funktion der dorischen Päderastie fünf Merkmale:
1. Die so oft inkriminierte Form der Homosexualität findet zwischen einem erwachsenen Mann und einem Knaben nur in den Pubertätsjahren des Knaben, also zwischen 12 und 18, statt.
2. Die Initiation gibt es nur zwischen erwachsenem Mann und Knaben, also männlich-gleichgeschlechtlich.
3. Der erwachsene Mann war neben seiner Beziehung zu einem Knaben mit einer Frau verheiratet.
4. Initiator der Beziehung ist der Ältere.
5. Die Beziehung dient der Entwicklung geistig-körperlicher Qualitäten des Knaben.

Patzers Beschreibung des Szenarios (ebd., S. 69f) zeigt die Übereinstimmung mit den bekannten Riten der Naturvölker:

«Die Jugendlichen werden kurz vor dem Beginn der Geschlechtsreife ihren Familien entzogen und müssen eine Zeitlang in Gruppen Gleichaltriger nach Geschlechtern getrennt in freier Natur (d. h. fern von den übrigen Menschen) miteinander zubringen. Besonders die Berührung mit Personen des anderen Geschlechts wird streng ausgeschlossen. Die Initianden müssen strenges Stillschweigen über alles, was sie während dieser Zeit lernen oder erleben, besonders wieder dem anderen Geschlecht gegenüber wie auch Stammesfremden, bewahren.

Während dieser Abschließungszeit leisten sie unter Leitung älterer und erfahrener Geschlechtsgenossen eine intensive Lehre ab und haben sich bestimmten rituellen Handlungen zu unterziehen, die eine numinose Verwandlung ihrer Person aus dem kindlichen Zustand in den des Erwachsenen bewirken sollen. Zu beachten ist also der immer wiederkehrende Doppelaspekt der Einweisung und der Einweihung bei jeder Gesamtinitiation. In der Lehre werden sie in allem Wissen und allen Fertigkeiten unterwiesen und geübt, die ihre Erwachsenenrolle je nach der Besonderheit der Stammeskultur fordert. Dies sind bei Knaben etwa Waffengebrauch wie auch sonstige körperliche Geschicklichkeiten und Kraftleistungen, wie sie für Krieg und Jagd unerläßlich sind, dazu etwa auch handwerkliches Können, soweit es die Lebensbedürfnisse des Stammes für jeden nötig machen. Weiter müssen Regeln des Zusammenlebens mit Stammesgenossen und Stammesfremden gelernt und geübt werden. Auch das Wissen von den mythischen Ursprüngen der Welt und der Menschheit im ganzen wie besonders des Stammes und seiner Beziehungen zu den anderen Menschen, den Ahnen, Dämonen und Göttern wird als unentbehrlich angesehen. Dazu gehört auch Kenntnis und Beherrschung der Festritualien des Stammes, besonders der Tänze, Gesänge und Dichtungen. Es müssen wohl auch magische Praktiken, besonders für die Heilung von Krankheiten, beherrscht werden. Und nicht zum wenigsten erhalten die Knaben und Mädchen Unterweisung in allem, was für ihre künftige biologische Rolle gewußt werden muß. Dieses Wissen ist vor dem anderen Geschlecht besonders streng geheimzuhalten. All diese Aneignung von Wissen und Können ist oft mit harten Bewährungsproben verbunden, die bestanden werden müssen, wenn die Initiation zu einem gültigen Abschluß kommen soll.

Das feierliche Initiationsritual spielt meist (besonders in Pflanzerkulturen) ein symbolisches und zugleich numinos wirksames Sterben des bisherigen Menschen durch, z. B. die Entführung durch Ahnengeister oder das Verschlingen durch ein dämonisches Ungeheuer, mit Verweilen im Totenreich und der Wiedergeburt der neuen nun erwachsenen Person, die oft alle Erinnerung an das frühere Kind tilgen muß. Erst nach dem Abschluß von beiderlei Einwirkungen, der (profanen) Einweisung und der (numinosen) Einweihung, werden die nun Initiierten als vollwertiges Mitglied in den Kreis der Erwachsenen der jeweiligen Geschlechtsgruppe des Stammes aufgenommen, und sie haben erst damit die volle Ehefähigkeit erreicht. Leben die Erwachsenen, wie es oft der Fall ist, nach Geschlechtern getrennt in Männer- oder Frauenhäusern, so geschieht die Aufnahme in diese Lebensgemeinschaften. Durchweg gilt für diese das menschliche

Erwachsenwerden sichernden und unterstützenden Belehrungen, Übungen und Ritualhandlungen, daß die künftige Erwachsenenrolle in ihrem biologischen und sozialen Aspekt als Einheit angesehen wird.»

Patzer schildert (ebd., S. 72 f), daß es für einen Knaben aus gutem Hause als schimpflich galt, nicht von einem erwachsenen Mann geraubt zu werden. Deshalb wurde der ‹Räuber› auch nur zum Schein verfolgt, und nach dem zweimonatigen Pubertätsexil wurden beide festlich empfangen. Der Knabe wurde durch seinen ‹Liebhaber›, den Erastes, am Ende oftmals mit einer Waffenrüstung, einem Stier als Opfer an Zeus und einem Trinkbecher beschenkt. Das sexuell gelöste Verhältnis wirkt außersexuell weiter, indem der Initiierte dem erwachsenen Mann in der Schlacht zur Seite gestellt wird, sein ‹Nebenmann› ist. Aus dem Fall eines erwachsenen Manns, der nach Aelian dafür bestraft wurde, daß er keine Liebesbeziehung zu einem Knaben unterhielt, obwohl er zu den Vortrefflichen gehörte, schließt Patzer (ebd., S. 102), daß eine Deutung der Knabenliebe als bloßes Mittel der sexuellen Befriedigung im Interesse der Erwachsenen auszuschließen ist. Die Transitionsfunktion der homosexuellen, altersheteronomen Beziehung von Menschen männlichen Geschlechts weckt die Frage nach einem Pendant bei den Frauen und Mädchen. Plutarch berichtet davon, daß in Sparta etwas Ähnliches existierte; Platon bestätigt, allerdings kritisch, diesen Bericht.

Es wäre vermutlich eine arge Unterlassung, wollte man die Päderastie aus der Sicht des erwachsenen Manns als eine lästige Pflicht deuten, der er sich mit Widerwillen ergeben hätte. Dabei sei weniger an die Möglichkeit sexueller Befriedigung gedacht, die der Knabe, wohlgestaltet zumal, dem Liebhaber bot. Das Pubertätsexil des Knaben stellte an den Liebhaber weitaus größere Anforderungen. Es war ein Unterricht nicht nur in sexuellen Dingen, sondern in den Dingen des Lebens und vor allem der Jagd und des Kampfes. Der Erastes ist also Liebhaber und Erzieher gewesen (vgl. Koch-Harnack 1983, S. 38 ff). Gerade diese Erziehungsaufgabe, die Pflicht, den Knaben außer Sperma *etwas von sich* zu geben, dürfte eine Form der Erfüllung für den Erwachsenen impliziert haben. Im Pubertätsexil formt der erwachsene Mann einen Knaben nach seinem Bild; nur das bietet dem schönen, d. h. mit guten Anlagen versehenen, vornehmen Knaben die Gewähr für eine qualitätvolle Bildung. Platon (1979, S. 211) schreibt im Gastmahl:

«Denn was diejenigen in ihrem ganzen Leben leiten muß, welche schön und recht leben wollen, dieses vermag weder die Verwandtschaft ihnen so vollkommen zuzuwenden noch das Ansehen, noch der Reichtum, noch sonst irgend etwas wie die Liebe.»

Indem der vornehme Knabe schön ist und als solcher zu sexueller Betätigung animiert, neben der aber die Transition in das Jagd- und Kampfesleben existiert, verbindet sich für den Erastes, den Liebhaber, Erziehung und Leidenschaft. Erziehung, so könnte man überspitzt sagen, ist entweder auch sexuelle Betätigung, oder sie ist nicht einmal Erziehung. Eine christianisierte Pädagogik hat dieses Verhältnis hinter der Formulierung vom ‹pädagogischen Eros› versteckt, die aber dann merkwürdig leibfern geworden ist. – Hermann Nohl, der Nestor der geisteswissenschaftlichen Pädagogik, hat sich noch 1933 in seinem «Handbuch der Pädagogik» (S. 23) gegen jede körperlich-sexuelle Deutung des pädagogischen Verhältnisses verwahrt und es rein geistig gefaßt:

«Ein noch tieferer Grund liegt in dem ganz besonderen Verhältnis der pädagogischen Freundschaft junger Männer zu jüngeren Knaben. Man hat gemeint, durch das Bewußtmachen ihrer Sexualgrundlage den einzelnen von dem dunklen Druck solchen gleichgeschlechtlichen Verhältnisses zu befreien (Blüher). Das Gefährliche dabei ist aber doch, daß hier die wunderliche Täuschung des Geschlechtes in jenen Jahren durch eine Theorie der Inversion umgedeutet wird, damit aber auch der ganze Reichtum dieses Verhältnisses, in dem eben viel mehr als das sexuelle Moment enthalten ist, ausgeleert und nur noch der eine mißgeleitete Trieb übrig behalten wird, der sich jetzt gerechtfertigt glaubt. Und das gleiche gilt nun erst recht für den Pädagogen. Mag auch für ihn immer die Gefahr bestehen, daß sich die Sexualität unbewußt in sein Verhältnis zum Zögling mischt, er z. B. in der Klasse Lieblinge hat, die er aus sinnlichen Gründen bevorzugt, so wäre doch eine Theorie, die das pädagogische Verhältnis daraus deuten und womöglich darauf gründen wollte, unwahr, weil sie den selbständigen geistigen Zusammenhang verkennt und den Eigenwert dieses Verhältnisses, das immer ein gegenseitiges ist. Schon das genügt, um die Unwahrheit jener sexuellen Konstruktion zu beweisen, daß in ihr das Kind die Liebe des Lehrers anders auffaßt, als sie von ihm gemeint wäre. Die wahre Liebe des Lehrers ist die hebende und nicht die begehrende, und das pädagogische Verhältnis ist eine wirkliche Gemeinschaft, wo dem Gefühl der einen Seite das entsprechende auf der anderen gegenübersteht.»

René Schérer (1982, S. 173) hat demgegenüber gezeigt, daß gerade die Ausklammerung des kindlichen Körpers aus dem Prozeß der Erziehung und der Be-Handlung, die Übergabe der Verantwortung für die körperliche, sexuelle Bildung des Kindes an es selbst durch das Mittel der Selbstdisziplin vergessen macht, daß auch in jedem erwachsenen Körper Kindlichkeit repräsentiert ist, die danach verlangt, verführt zu werden:

«Dieses Vergessen scheint mir im wesentlichen eine Verleugnung der Kindheit zu sein, dessen, was im Körper, in jedem Körper an Kindheit vorhanden ist; dieser Körperlichkeit von nicht greifbarer Immanenz, deren leuchtende Manifestation das Kind ist. Im Gegensatz zu einer unter die Ägide der Persönlichkeitsentwicklung, der Achtbarkeit des ‹was-ihn-selbst-betrifft› gestellten wachsenden Verantwortlichkeit, ist dieser Körper des Kindes ‹unverantwortlich›, ebenso von personalistischen Darstellungen wie von Spiegelbildern gelöst. Und vielleicht, gewiß soll die sagenhafte kleine ‹sexuelle Befreiung›, die ‹Befreiung des Körpers›, über die man so daher schwatzt, aber deren illusorischen Charakter mancher kluge Kopf aufgezeigt hat, lediglich dazu dienen, diesen Teil der Kindheit zurückzuweisen, statt ihn einzutauschen, sich von ihm treiben und überrollen zu lassen.»

Es ist wahrscheinlich, daß in der Zeit der Christianisierung mit der Entsexualisierung der zwischengeschlechtlichen Beziehung in der Ehe auch die sexuell akzentuierte Beziehung zwischen Erzieher und Zögling verlorengegangen ist. Denn bereits in der mittelhochdeutschen Literatur wird der sexuelle Gehalt der Kinderminne heruntergespielt und allenfalls noch angedeutet, auch dort, wo ein Entführungsverhältnis vorliegt. So berichtet der Ritter Mabonagrin in Hartmann von Aues «Erec», daß er ein elfjähriges Mädchen aus dem Hause seines Vaters entführt hat, veranlaßt durch die Schönheit dieses Mädchens:

«dâ ich dise vrouwen vant
in ir muoter gewalt,
ein kint wol einlif jâr alt,
von edelem künne:
ouch ensach ich groezer wünne
nie an kindes lîbe
von manne noch von wîbe,
als mir mîn sin dô verjach.
und dô si mîn ouge ersach
sô edel und sô wünneclich,
dô nam si mîn herze an sich,
wan wir dô beidiu wâren
junc von gelîchen jâren.»
(Hartmann von Aue 1967, S. 245)

Auch dort, wo die beiden Liebenden nicht «gelîche» sind, ist die Beziehung kaum explizit sexuell. Im Gegenteil, die Geschichte des Ulrich von Lichtenstein zeigt den zwölfjährigen Ulrich als Pagen einer Herrin, die er in kindlicher Weise verehrt, eine Qualität der Beziehung, welche er beibehält, auch wenn er längst erwachsen geworden ist. Im «Parsifal» schildert Wolfram von Eschenbach die Liebe der kindlichen Obilot zum Ritter Gawan, der sich zum Schein auf das kindliche Spiel der Verehrung einläßt, indem er gegenüber der kleinen Obilot den Ritter spielt. Schließlich stellt das Bauernkind, welches im «Armen Heinrich» Hartmanns von Aue den aussätzigen Mann pflegt, der sie später zu seinem «gemahele» macht, bereits eine spirituelle Überhöhung des Kindlichen dar. Das Kind ist bereit, sein Leben für den erwachsenen Mann zu opfern, ein Motiv, das bei dem achtjährigen Kind sehr an die legendären Märtyrerkinder erinnert.

Der Unterschied zu der Struktur des Verhältnisses der antiken Päderastie liegt auf der Hand: Erstens schweigen sich die Verfasser über die sexuelle Dimension des Pubertätsexils schlicht aus bzw. spiritualisieren sie in einer immateriellen Verehrung von Schönheit, und zweitens stellen die geschilderten Beispiele heterosexuelle Beziehungen dar.

Das gilt übrigens auch für die Mehrzahl der Volksmärchen wie «Rapunzel» oder «Dornröschen», denen eine kleinere Zahl von Entführungsmärchen gegenübersteht wie «Der Eisenhans», die die Entfernung eines Knaben durch einen Mann schildern, jedoch ohne jede sexuelle Thematik (vgl. Bettelheim 1980, S. 169 und 171). Winterstein (1975, S. 64f) hat diese Märchen bereits 1928 im Anschluß an die Psychoanalyse als Geschichten über Pubertätsexile gedeutet, die dazu dienen, die Tochter vom Vater und wegen des Elektra-Komplexes von der Mutter abzusondern. Er schränkt dann ein:

«In den Bräuchen scheint allerdings die Absonderung vom Vater das Wesentliche zu sein; denn das Exil selber erinnert an den Aufenthalt im Uterus der Mutter, und die alte Frau, sozusagen die Beschließerin des Gefängnisses (manchmal auch in der Mehrzahl), die für die Ernährung und Erziehung (auch Züchtigung) der Novize sorgt, ist eine Mutterfigur. Das Exil der Tochter ist eben auch eine Einrichtung zugunsten der Mutter.»

9.3 ‹Emile› oder über die Päderastie

Für eine außerordentlich wichtige Station im Diskurs über die Entführung des Kindes durch einen Erwachsenen zum Zwecke seiner Transition müssen wir den Text halten, der wie kaum ein zweiter Eingang in die Erziehungstheorie gefunden hat, der Roman «Emile oder Über die Erziehung» von Jean-Jacques Rousseau (1980). Interessant ist daran die Rezeptionsgeschichte und die Unterdrückung der (heimlichen) Botschaft, die dieser Text enthielt. Es gibt keine zureichende erziehungsphilosophische, pädagogische Würdigung, die den Umstand für untersuchungswert gehalten hätte, daß dieser Roman das erzieherische Verhältnis zwischen einem Mann und einem Knaben thematisiert. Diese Tatsache wird in der Regel als selbstverständliche Folge der Hofmeister-Erziehung an den Höfen gewertet. Im Vordergrund der Betrachtungen stehen eher das Verhältnis der Erziehung zur Politik bei Rousseau (vgl. Rang 1979, S. 127 ff) oder, wenn die Sexualität, dann die gelungene Unterscheidung von Sexualität und Erotik durch Rousseau:

> «Die Entwicklung des Gefühlslebens, sowohl des religiösen wie des erotischen, gibt Emile nicht nur die Stärke, dem sexuellen Drang zu *widerstehen*, sondern soll auch diesen selbst auf eine höhere Stufe heben. Zunächst ist es das *religiöse* Erleben und das von Rousseau stets religiös verstandene *Gewissen*, dann die Hochachtung vor der Frau und deren Idealbild, die als Schutz vor der erwachenden Sinnlichkeit dienen. Hatte in der Kindheit die natürliche Erziehung, das Leben mit den ‹Dingen›, das Prinzip der Nützlichkeit Emiles Phantasie und Emotionalität *zurückgehalten*, so sollen diese nun in der Jugend gerade *geweckt* werden, um als Gegenkraft gegen den sinnlichen Trieb zu wirken. Das Idealbild der späteren Geliebten soll Emile vor vorzeitigen, niederen sexuellen Erlebnissen bewahren» (Rang 1979, S. 130).

Da steht es noch einmal: Der Mensch wird auf eine höhere Stufe gehoben, wenn er dem sexuellen Drang widerstrebt. Diese Auffassung verleitete Rousseau dazu, seine Romanfigur Emile über viele Jahre des Erziehungsprozesses von jedem Interesse am anderen Geschlecht abzusondern, den Erzieher die geeignete Partnerin aussuchen zu lassen und vor der Verehelichung seinen Zögling zunächst noch einmal dazu zu veranlassen, sich lange Zeit von seiner ihm zugedachten Sophie zu trennen.

Was da als kunstvoller pädagogischer Prozeß in die Geschichte der Pädagogik Eingang gefunden hat, ist für René Schérer nichts anderes als der Ausdruck dessen, daß der Erzieher, in dem wir Momente der Person des Autors wiederfinden, selbst ein Interesse an dem Knaben hat. Es gibt eine Unzahl von Textstellen, die diese Interpretation nahelegen. Schérer (1980, S. 93) erwähnt einige von ihnen:

> «Jean-Jacques im *Emile*: ‹Am liebsten wäre mir, er wäre selbst noch ein Kind – wenn das möglich wäre –, so daß er der Gefährte seines Zöglings und der Vertraute seiner Spiele werden kann› (I, S. 26). ‹Betrachten sie sich aber fürs Leben verbunden, so ist jedem an der Liebe des anderen gelegen; und schon dadurch werden sie einander wert› (I, S. 28). Und was ist mit dem Gebot für den Erzieher, im gleichen Zimmer zu schlafen? Zwar um zu sehen, zu überwachen; doch handelt es sich um ein zweideutiges Sehen, worauf wir bereits hingewiesen haben, dessen unausgesprochene päderastische Komponente wir hier herausschälen dürfen.»

Es ist belanglos zu erfahren, ob Rousseau mit seinem Text eine päderastische pubertäre Transition vor Augen gehabt hat oder eine päderastische Neigung gar am Ende selbst besessen hat. Für das erste spricht zumindest die auffallende Ähnlichkeit vieler Attribute, wenn man nur an den lebenslangen Freundschaftsweg denkt, in dem auch für den Erastes und seinen Knaben das zweimonatige Exil endete. Immerhin darf dabei nicht übersehen werden, daß Rousseau das Pubertätsexil auf Dauer stellt und bereits unmittelbar nach der Entwöhnung beginnen läßt – ein frühes Beispiel für die moderne Totalisierung des Pädagogischen. Für seine eigenen Neigungen in dieser Richtung spricht seine Autobiographie: Rousseaus Mutter starb kurz nach seiner Geburt, sein Vater war ihm ein zärtlich geliebter Lehrmeister, und in Verhältnissen zu Frauen spielen wesentlich ältere, reife, intellektuelle Frauen eine besondere Rolle.

All das wäre eine gesonderte Betrachtung wert. Für die Analyse des Diskurses über Kindheit ist jedoch frappierend, mit welcher Ignoranz all jene Elemente des «Emile» in der Folgezeit behandelt wurden, die eine sexuelle Dimension der Erziehungsbeziehung enthalten könnten. Der Roman entsteht am Ende des 18. Jahrhunderts und wirkt nachhaltig in das 19. hinein, er wird nicht zum Modell für die Sozialerziehung, wie Rang (1979, S. 129) richtig schreibt, und nicht für den öffentlichen Unterricht, sondern er wirkt auf die familiale Erziehung der einzelnen. Wer aber übernimmt im 19. Jahrhundert den familialen Erziehungsauftrag, nachdem die Männer ihren Arbeitsplatz außerhalb des Hauses zu finden beginnen? Die Mütter!

Ein Erziehungsroman, der ganz von dem getragen ist, was in dem

Bewußtsein der antiken Tradition als pädagogischer Eros bezeichnet worden ist, also von einem körperlich-sinnlichen und einem geistig-bildenden Verhältnis zwischen *Mann* und Knabe, wird zum Vexierbild der *Mutter*-Kind-Beziehung. Die Frau übernimmt die Rolle des Initiators, ohne daß das Szenario sich im übrigen ändert. Das kann nicht ohne Friktionen abgehen. Diese Brüche, von deren Wirksamkeit auf unsere Tage wir zumindest partiell noch ausgehen müssen, bestehen zunächst einmal darin, daß die Mutter als Initiatorin gewissermaßen überfordert ist. In den Gesellschaften, die einen Initiationsritus auf der Schwelle der Pubertät besitzen, ist es gerade die Mutter, der das Kind durch die Transition entzogen wird. Wenn dieselbe Mutter, deren Aufgabe gesellschaftlich zunächst darin besteht, das Kind zu hüten, zu pflegen und zu nähren, gewissermaßen von einem Augenblick auf den anderen in die Rolle des Initiators schlüpfen soll und das Kind von sich zu entfernen hat, dann wäre dieser Vorgang für den Pubertierenden selbst dann nicht als Transition erkennbar, wenn es der Mutter gelänge, sich so zu verändern, wie es eigentlich einer eigenen Initiation bei ihr bedürfte, damit sie Initiatorin werden kann. Ohne eine solche Transformation der Mutter zur Initiatorin ist sie genötigt, sich selbst zu transformieren – ein Vorgang, der, wie des öfteren gezeigt, in einem Dilemma versickert.

Der Pubertierende müßte außerdem sozusagen von ihr aus dem Hause geschickt werden, damit für ihn erkennbar eine neue Lebensphase anfängt, die nicht mehr durch die Gegenwart der Mutter gekennzeichnet ist. Die Mutter müßte eine andere geworden sein, aber sie ist es nicht, zumindest heute nicht mehr. Der Vorgang wird zusätzlich erschwert durch einen verspäteten Berufsanfang der Kinder. Diese sind dem Pubertätsalter in der Regel längst entwachsen, wenn sie eine Arbeit aufnehmen. Hinzu kommt, daß auch der Arbeitsbeginn oftmals so bruchlos vonstatten geht (etwa durch den Verzicht auf eine Aufnahmetransition oder durch die Fortsetzung der Beschulung in der Berufsschule), daß eine Unterstützung der sexuellen Transition von daher nicht mehr erwartet werden kann.

Wenn wir nicht vernachlässigen wollen, daß es sich auf der Schwelle zur genetischen Reproduktionsfähigkeit um eine sexuelle Transition handelt, dann müssen wir die Bedeutung dessen zuspitzen, daß die Mutter gewissermaßen die Aufgabe des Päderasten übernehmen soll. Der Akt der analen Penetration des Knaben durch den Päderasten oder des Schenkelverkehrs, wie Dover (1983, S. 86 ff) vermutet, stellt aus der Sicht des Knaben zuvörderst keine sexuelle Befriedigung für ihn dar, wie zahlreiche Vasenbilder belegen, die im Gegensatz zu dem Erastes den Knaben nicht mit dem Ausdruck der Lust zeigen. Für den Knaben ist der Coitus mit dem Erastes die symbolische Bekräftigung eines Vorgangs, in dem er etwas empfängt, areté, Kraft, wobei der pädagogische Prozeß des *Be*lehrens durch die *Be*samung unterstützt wird und nicht nur durch ihn, sondern zusätzlich durch aktbegleitende Tiergeschenke sowie die spätere Ausstattung durch den Erastes.

Eine Frau kann als Mutter mit sexuellen Mitteln den Akt des Belehrens durch die Abgabe von Körpereigenem in der Phase der Pubertät ihres Kindes aus biologischen Gründen grundsätzlich nicht symbolisch begleiten. Ihre leibgebundenen Ausdrucksformen eines solchen Vorgangs hat sie in der Stillzeit. Selbst wenn sie mit Geschenken, Küssen und Zärtlichkeiten versucht, die päderastische Symbolik zu ersetzen, ist ein solcher Akt für das Kind nichts anderes als eine Fortsetzung des Nährens mit anderen Mitteln, also gerade Symbol des Verbleibs in einer sehr frühen Lebensphase, weil es dieselbe Mutter ist, die diesen Akt vollzieht. Daraus erhellt, daß für das Gelingen einer pubertären Transition ein entscheidendes Element darin liegt, daß der Initiator ein anderer ist als die gewohnte Bezugsperson, im optimalen Fall also ihr Gegenteil, wie es mit der Figur des fremden Mannes gegeben ist.

Nun dürfen wir uns die Natur des Heranwachsenden nicht so vorstellen, daß mit dem Verschwinden der Väter, was im 19. Jahrhundert mit der Veränderung der Produktionsverhältnisse einherging, auch jeder mögliche Initiator aus dem Feld geschlagen worden sei. Wir können davon ausgehen, daß das Kind sich gewissermaßen selbst einen Ersatz ‹sucht›, der von seiner Rolle u.U. gar nicht weiß. Ein solcher Ersatz könnte auch im späteren 19. Jahrhundert schon in der Person des Lehrers bestanden haben. Aus der Sicht des Initianden könnte er insofern Initiator gewesen sein, als er etwas von sich, z.B. sein Wissen, als Äquivalent für die archaische Manneskraft an das empfangende Kind abgibt. Rousseaus Lehrmeister des Emile ist ja explizit immer dieses: einer, der etwas von sich abgibt.

Ausgerechnet der Pädagogenberuf steht aber sehr früh in dem Ruf, eine Angelegenheit zu sein, die entweder von Frauen oder von nur halben Männern ausgeübt wird. Der erste akademische Beruf, zu dem Frauen zugelassen werden, ist der der Lehrerin, womit die Mutter sich in die Schule verlängert. Ein Blick auf die Zahlen (vgl. Abb. 56) der

	Personal	davon	
		weiblich	männlich
Kindergärten u. ä.	4 251	3 893	358
Grund- und Hauptschulen	261 824	164 277	97 547
Realschulen	70 092	36 122	33 970
Gymnasien	140 265	51 681	88 584
Gesamtschulen	29 256	13 967	15 289

(*nach:* Statistisches Bundesamt 1983)
Abb. 56: Pädagogisches Personal nach Geschlechtszugehörigkeit

Beschäftigten in pädagogischen Berufen bestätigt die Feminisierung des Pädagogischen, was sich insbesondere in der Überzahl weiblichen Personals in den Bereichen spiegelt, in denen der erzieherische Anteil der Arbeit den Ausbildungsanteil übertrifft.

Von einer generellen, geschweige denn sexuellen Transition der Pubertierenden durch die Schule kann keine Rede mehr sein. Die im 19. Jahrhundert einsetzende Okkupation des Pädagogischen durch das Weibliche blieb nun schon sehr bald nicht ohne Folgen. Auf der Schwelle zur genetischen Reproduktionsfähigkeit suchten sich die erwartungsvollen Seelen Ersatz.

9.4 Die Verstaatlichung der Pubertätstransition: vom Wandervogel zur Hitlerjugend

Der Ersatz für die ausbleibende schulische Transitionsleistung wurde zu Beginn des 20. Jahrhunderts in der deutschen Wandervogelbewegung gefunden, die Jungen und Männer umfaßte. Die Bewegung ging auf eine 1896 an einem Steglitzer Gymnasium gegründete Schülerwandergruppe zurück, die sich nach 1908 verbreitete, teilweise auch Mädchen aufnahm und bis 1929 auf etwa 30 000 Mitglieder angewachsen war. Die Bewegung kam bald in den öffentlich vorgetragenen Verdacht, ein «Päderasten-Klub» zu sein (Blüher 1912, S. 13), die Knaben «vom Weibe zu entfremden» (ebd., S. 27) und den «Kulturverfall» zu befördern (vgl. Muckler 1924).

Der von Nohl inkriminierte Hans Blüher (1912, S. 44) hat sich sehr früh aus einer der Psychoanalyse nahestehenden Sicht mit dem Wandervogel befaßt und auch persönliche Kontakte mit den Gründern gehabt. Er schreibt:

«Aber es steckte in ihnen (den Wandervögeln; D. L.) ein unverkennbares Erastensystem, freilich, ohne daß es ihnen zu etwas Wichtigem und Dauerndem verholfen hätte, denn es war kein einziger wirklich großer Charakter darunter, der ihnen hätte Wege weisen können, und so verscholl und zerbrach das ganze Gebilde trotz aller glühenden Küsse, trotz allen Liebeswerbens, trotz allen Lebens-Treue-Schwüren und romantischen Nächten.»

Der Hinweis auf den fehlenden «großen Charakter» deutet auf den Kern der Angelegenheit. In der später zur Bewegung amplifizierten Vereinigung galt diese Analyse nicht mehr, zumal sich sehr junge Knaben und Männer bis zum Alter von 30 Jahren und darüber hinaus unter den Wandervögeln befanden. Ähnlich wie das Leben in Kadettenanstalten oder bei den Boy-Scouts war das Verhältnis der älteren Wandervögel zu den jüngeren oft von einer erotischen Dimension gekennzeichnet. Blüher hat damals schon diese Dimension gesehen und zahlreiche Belege dafür erbracht, darunter Briefe und Gedichte, die die Liebhaber und Geliebten, die «Erastes» und «Eromenoi», sich gegenseitig schickten. Hier ein paar Ausschnitte (Blüher 1912, S. 131 und 135 f):

«Doch nun zu etwas anderem, wie Du weißt, liebe ich Ernst W. schrecklich, vielleicht noch mehr wie Dich (Du nimmst mir's doch wohl nicht übel?). Vor ungefähr drei Wochen hatte ich ihn von der Rodelbahn nach Hause gebracht und wollte mit ihm noch ein bißchen arbeiten. Als wir da so nebeneinander standen, guckt er mich plötzlich sehr verliebt an, legt oder drückt seine Wange an die meine und küßt mich. Ich bin natürlich sehr angenehm überrascht und küsse ihn herzhaft wieder. Am selben Abend zeigt er mir noch Eure ... er Bilder und wir scheiden im besten Einvernehmen ...»

«Deinen Brief habe ich gestern abend gekriegt. Ja, und ... ich will mich mal recht zusammennehmen. Mir meinen Bengel vorstellen mit seinem Matrosenanzug, mit seinem Köpfchen und dem Blondhaar, das an der Stirn und im Nacken sich so niedlich ringelt, wie der liebe, liebe Junge mich anguckt und wie sich seine Erdbeerlippen öffnen beim Lächeln und die schneeig glitzernden Zähne zeigen. Vom Kopf bis zur Zeh ein Ganymed, ein Adonis. Ach, und nun ist er jetzt weg in die Ferien, und ich sitze hier, blase Trübsal und fluche.»

Das letzte Kapitel des Blüherschen Buches, in dem er für eine Freigabe der «Inversion» (sein Begriff für Homosexualität) votierte, verrät, daß er selber auch Betroffener war. Dieses Buch und ein anderes, «Die Rolle der Erotik in der männlichen Gesellschaft» (2 Bände, 1917/1919) hatten ihn bekannt gemacht. Magnus Hirschfeld fungierte als Vorwortautor. Obgleich Blüher selbst schwul war, blieb er während des Dritten Reiches unbehelligt, ein Umstand, den er in seinen Memoiren 1953 damit erklärte, daß Hitler seine Bücher als Anleitung zum Aufbau seiner Bewegung benutzt habe: «Hitler kannte meine Bücher natürlich sehr gut, und er wußte, daß seine Bewegung eine Männerbewegung war und auf denselben Grundkräften beruhte wie der Wandervogel» (Blüher 1953, S. 256 f). Es mag dahingestellt bleiben, ob die Erfolge der Nazibewegung, wie Blüher nahelegte, tatsächlich auf eine latente Homosexualität ihrer Mitglieder zurückzuführen ist (vgl. Herzer 1984, S. 45), dazu ist die Hypothese zu global. Immerhin zeigt die Entstehung der Jugendbewegung in der ersten Phase des 20. Jahrhunderts bis zur Hitlerjugend, daß solche Organisationen eine erotisch-päderastische Komponente gehabt haben, die sich allerdings vom griechischen Vorbild deutlich unterschied.

Zumindest die Wandervogelbewegung war eine Organisation, die nicht fremdgesteuert entstand, sie war keine Staatsjugendorganisation. Vielleicht ist die Deutung ihrer päderastischen Komponente als Produkt einer Suche der Pubertierenden nach einem Pubertätsexil nicht ganz falsch. Anfangs handelte es sich um eine Gleichaltrigen-Gruppe, die offenbar der Transition mangelte. Erst mit der Aufnahme von erwachsenen Männern in die Bewegung war eine Möglichkeit dafür gegeben, daß die Bewegung judifiziert werden konnte und zum Beispiel ein eingetragener Verein wurde. Ein zweites kommt hinzu: Der Wandervogel war eine Bewegung, eine Gemeinschaft von Menschen, im ‹Exil›, innerhalb derer sich Paarbeziehungen herausbilden konnten. Dies galt für das antike Vorbild der Päderastie vermutlich nicht, die eine zwar in den dorischen Staaten verbreitete, aber in jedem einzelnen Fall individualistische Erscheinung blieb.

Es ist das Moment der Massenorganisation, nicht die homo- oder pädophile Komponente, das die Überführung in eine total erfassende Staatsjugendorganisation erlaubte. Man darf nicht unterschätzen, was das im Dritten Reich bedeutete: Der Staat konnte sich die charakteristische Suche der Pubertierenden nach einem Exil und einer Beziehung mit einem Vorbild zunutze machen, indem er die Exilation selbst in die

Hand nahm, die Initiatoren ausbildete und bereitstellte und damit das Geschenk definierte, das der Initiator, der HJ-Führer, für den Pubertierenden bereithielt. Indem der Führer nicht mehr er selbst ist, sondern nur etwas repräsentiert, den Staat, wird die Staatsjugendorganisation völlig unvergleichbar mit der antiken Päderastie, die auf Individualität beruhte, wenn der Erastes dem Eromenos sein Eigenstes gab: seine Manneskraft. Vom antiken Modell zur Staatsjugendorganisation hatte also, was das Pubertätsexil betrifft, bei aller Ähnlichkeit ein gewaltiger Sprung stattgefunden: die *Transition als Massenvorgang* mit dem Produkt einer neuen Lebensphase für den einzelnen, die diese von den neuen Lebensphasen seiner Altersgenossen nicht mehr unterscheidbar machte.

Wenn man sich die rituellen Bedingungen noch einmal vergegenwärtigt, die an einen Transitionsvorgang geheftet sind, dann verdeutlicht sich auch der charakteristische Effekt einer staatlich gelenkten Transition: Der Initiand kann seine Transformation nur in dem Maße als gelungen erleben, indem er den Initiator als solchen akzeptieren kann – eine gewissermaßen selbstläufige Tendenz zur Idealisierung des Führers zeichnet sich ab. Etwas anderes, für die sexuelle Transition Wichtiges kommt hinzu: Wenn auch die Okkupation des Pädagogischen durch das Weibliche in der ersten Hälfte dieses Jahrhunderts durch die Funktion der Jugendbewegungen zumindest für die Knaben neutralisiert schien, so leisteten diese auf dem Felde der sexuellen Initiation kaum einen Ersatz; denn sowohl in der Wandervogelbewegung als auch später in der HJ war explizite Homosexualität schärfstens geächtet. Schon der Wandervogel unterhielt Tribunale, die Homosexuelle identifizierten und ausschlossen, und im Hitlerdeutschland gab es 15000 KZ-Häftlinge, die wegen Homosexualität einsaßen.

Wir müssen also davon ausgehen, daß die Staatsjugendorganisation als Pubertätsexil sexuell durch das Gegenteil einer Einführung in das Geschlechtsleben funktionierte, durch sexuelle Sublimation. Wenn die bürgerliche Familie im 19. Jahrhundert die sexuelle Transition in den Erwachsenenstatus wegen der pädagogischen Tätigkeit der Mutter zumindest erschwerte bzw. auf den Hängeboden des Dienstmädchens verlegte, so wurde durch die staatliche Exilation die sexuelle Energie wohl eher auf jenen Teil des ursprünglich päderastischen Gesamtzusammenhangs verlagert, der die Waffenübung und die ideologische Schulung betraf.

9.5 Der Zusammenbruch der Pubertätstransition nach 1945

Vor diesem Hintergrund wird die Enthaltsamkeit verständlich, mit der nach 1945 Pubertätstransitionen organisiert wurden. Es gab auch vor dem Hitlerreich keine Tradition, an die man ohne weiteres hätte anknüpfen können, weil auch die Jugendbewegungen der Weimarer Zeit und des Kaiserreiches im Verdacht standen, staatliche Überführungsleistungen vornehmen zu wollen. Wenn wir uns nur auf den Sektor der Sexualität beschränken, so finden wir die Heranwachsenden der 50er, 60er Jahre alleingelassen. Eine konservative Politik reklamierte die sexuelle Transition zunächst einmal für die Familie. Dort hieß das ‹Aufklärung›. Diese Aufgabe wurde der Familie in der Folgezeit aber weniger durch den Staat als durch eine andere Massenorganisation streitig gemacht: die Presse. Erst sehr spät konnte das Bundesverfassungsgericht den Weg für eine staatliche Unterweisung, den Sexualkundeunterricht, freimachen (vgl. Entscheidungen des BVG 1978, S. 46 ff). Nach 1956 verabschiedete der Deutsche Ausschuß für das Erziehungs- und Bildungswesen ein «Gutachten über Selbstkontrolle illustrierter Zeitschriften», in denen schärfste gesetzgeberische Maßnahmen gegen Zeitschriften verlangt werden, die «Fotografien nackter oder halbnackter Körper» in der Absicht abbilden, «geschlechtlich anzureizen». Man befürchtete eine nicht näher begründete «Gefahr für die Erziehung der Jugend» (Deutscher Ausschuß 1966, S. 848) und «Reizüberflutung» (S. 850).

Was die Rolle der Familie als Sexualaufklärer und damit als Initiator betrifft, so kann die Politik der Nachkriegszeit partiell als gelungen bezeichnet werden. In der von Sigusch/Schmidt (1973, S. 36) 1970 durchgeführten Befragung von Schülern und Schülerinnen der Geburtsjahrgänge 1953 und 1954 gaben Mädchen mit 50 Prozent und Jungen mit drei Zehnteln Familienangehörige als die *wichtigste* Aufklärungsquelle an. Fragte man die Jugendlichen indessen nach ihrer *bevorzugten* Aufklärungsquelle, dann nannte nur noch jeder 6. die Familie. Davor rangieren – in dieser Reihenfolge – Bücher, Fachleute (insbesondere Ärzte einschließlich ‹erfahrener Leute›), und nur jeder 10. Junge und nur jedes 30. Mädchen möchte von der Schule bzw. vom Lehrer aufgeklärt werden.

Vor diesem Hintergrund erfahren wir die völlige Bedeutungslosigkeit der Schule als Ort pubertärer Initiation. Offenbar können Schüler und Schülerinnen sich nicht die Figur des Lehrers als Initiator vorstellen. Damit ist das sexuelle Moment vom Pädagogischen abgespalten worden. Da auch die Rolle der Eltern relativ bedeutungslos zu werden scheint, muß davon ausgegangen werden, daß neben dem wirklichen Fremden, dem Arzt (wobei wieder an den Gynäkologen zu denken sein wird), ein apersonales Medium an die erste Stelle als Initiator gerückt zu sein scheint.

Dieses Medium erlaubt natürlich keine interaktive körperliche Erfahrung. Dementsprechend konstatieren Sigusch/Schmidt (1973, S. 9) nicht ohne Erstaunen, daß die faktischen sexuellen Erfahrungen der Befragten gering sind und vor allem sehr spät erfolgen:

«*Der sexuelle Lernprozeß wird künstlich verlängert und erschwert*: Zwischen der ersten Verabredung und dem ersten Coitus liegen heute beim Jungen durchschnittlich 3⅓ und beim Mädchen durchschnittlich 4 Jahre. Mit der biologischen und sozialen Aktivierung der Sexualität in der Pubertätszeit werden selbstverständlich viele Lernprozesse erforderlich: So ist z. B. zu lernen, wie man neue soziale Erfahrungen (z. B. Verabredungen, feste Freundschaften) macht, wie man mit neuartigen emotionalen Erlebnissen (z. B. sexuelle Erregung, Liebe, Eifersucht) umgeht, wie man seine eigenen sexuellen Wünsche und Bedürfnisse dem Partner mitteilt und wie man auf die Wünsche des Partners eingeht und sie überhaupt erkennt, wie man dem Partner lustvolle Empfindungen verschafft, wie man neue soziale, emotionale und sexuelle Erfahrungen integriert usw. Bei diesem Lernen werden Jugendliche in aller Regel nicht unterstützt und vernünftig beraten, sondern behindert, verunsichert, entmutigt und bestraft. Die soziosexuellen Lernprozesse werden ständig gestört und unterbrochen und damit künstlich prolongiert.»

Diese Ergebnisse, die übrigens eine relativ geringe Bedeutung homosexueller Kontakte ergaben (18 Prozent der Jungen und sechs Prozent der Mädchen haben mindestens einmal homosexuellen Kontakt gehabt mit zehn bzw. einem Prozent Orgasmusbegleitung), zeigen eine Implikation der ausgebliebenen ‹praktischen› Aufklärung in Form pubertärer Transitionsriten.

Zwei weitere Datenbereiche müssen hinzugezogen werden, um das Bild abzurunden:

«Mit 14 Jahren hatten acht Zehntel der Jungen und vier Zehntel der Mädchen schon einmal Selbstbefriedigung gemacht, und mit 15 Jahren hatten sich neun Zehntel, also fast alle Jungen und die Hälfte der Mädchen zumindest gelegentlich selbst befriedigt» (ebd., S. 18).

Interessant ist, daß die coituserfahrenen Mädchen im Gegensatz zu den Jungen die Masturbation nach der Aufnahme coitaler Beziehungen nicht reduzierten. Es gibt mithin eine im Vergleich zum Coitus sehr ausgeprägte Masturbationspraxis.

Der zweite Bereich betrifft die Äußerung über «Voraussetzungen für die Aufnahme von Coitusbeziehungen im Jugendalter» (ebd., S. 182). Die überwältigende Mehrheit aller Befragten wünscht Geschlechtsverkehr nur mit Personen, die sie «richtig lieben», nur 17 Prozent der Jungen und nur drei Prozent der Mädchen wollen «mit jedem Mädchen (Jungen) Geschlechtsverkehr haben, das (der) mir gefällt und das (der) dazu bereit ist, ob ich sie (ihn) nun liebe oder nicht».

Man kann diese Daten dahingehend interpretieren, daß der Diskurs über sexuelle Initiation in den Köpfen von Betroffenen eine sexuelle Transition primär apersonal wünschbar sein läßt (Bücher) und die häufigste sexuelle Betätigung in der Pubertät und Nachpubertät solipsistisch sieht: Man befriedigt sich selbst, wobei wegen des Fehlens einschlägiger Zahlen aus früherer Zeit ein historischer Vergleich nicht möglich ist. Immerhin wurde der Autoerotismus als ernsthaftes pädagogisches Problem traktiert (vgl. Gügler 1941; Rein 1905, Bd. 3, S. 526 ff).

Der erste personale sexuelle Kontakt wird, was die ‹Aufklärung› betrifft, mit dem Arzt, dem Gynäkologen, gewünscht, der erste faktische Coitus mit einem Partner, den man «wirklich liebt», also in der Regel einem Gleichaltrigen, wie die Befragung zeigt. Das bedeutet, daß der ältere, erwachsene Mensch als sexueller Initiator des Transitionsvorgangs nur noch als Theoretiker (Arzt), nicht mehr praktisch in Betracht kommt. Als aktvollziehender Initiator wird ein Partner gesucht, der selbst Initiand ist. Da der Initiand Gleichaltriger ist, entbehrt das Verhältnis endgültig jeder pädagogischen Dimension. Die sexuelle Initiation ist enthierarchisiert. Hier schenkt nicht einer, ein Erwachsener, etwas von sich, von seinem Körper, seiner Erfahrung an den Initianden, sondern es stehen sich zwei gegenüber, die nichts zu verschenken haben, weil sie nichts besitzen, was sie in den Transitionsritus des ersten Coitus einbringen können, nichts außer ihrer Erfahrung mit den Medien, den Büchern, Bildern und Filmen, durch die sie ‹aufgeklärt› wurden. So ist nicht nur die Masturbation bloße Simulation des ‹eigentlichen› Aktes, sondern der Akt selbst verkommt zu einer Imitation des Gelesenen, Gesehenen und Gehörten.

Das mag für die sexuelle Erfüllung keine Beeinträchtigung darstellen, und es werden wohl die meisten Initiatoren-Initianden in der Lage sein, experimentell zu entdecken, was sie nicht wissen. Gelegentlich wird das ja auch zum Ausgangspunkt ihrer Gemeinsamkeit und zu einer Hoffnung, die die Jugendlichen aneinander haben. Wenn aber der Transitionsritus nicht abrupt vollzogen wird, wie es nur durch einen fremden Erwachsenen vorstellbar ist, dann ist jeder Coitus, jede sexuelle Aktivität, Initiation oder nicht, Wiederholung und Perpetuierung der Transition, die als solche nur Simulation ist.

Daneben existiert eine Schule, die Schule der Kopffüßler, die den abgesonderten Teil, den pädagogischen, auf Dauer gestellt hat und unablässig Informationen produziert. Was Wunder dann, wenn sie von ihren Schülern nicht als Schenkende erfahren wird, sondern als das Gegenteil davon, als das, was der Eromenos dem Erastes war, als ein gewaltiger Anus, der unablässig das Sperma ‹Leistung› von ihm verschlingt. Wenn die belehrenden Pädagogen ihnen ihren Körper vorenthalten, glauben die Initianden nicht mehr daran, daß ihnen etwas geschenkt wird; sie können es nicht sehen und nicht fühlen.

Das Verhältnis von Schenkenden (Erwachsenen) und Beschenkten (Kindern) scheint sich zu verkehren. Warum wollen die Erwachsenen der nachwachsenden Generation nichts mehr schenken von sich und der Erfahrung ihrer Generation? Geizen sie mit ihrem Status? Oder könnte es am Ende sein, daß sie gar nichts zu verschenken haben, nichts von sich selbst, keine Erfahrungen, nur Nacherzähltes aus den Medien, Nachgelebtes aus der Pornographie, nichts, was die Initianden nicht schon wüßten, keinen eigenen Sinn? Möchten sie nicht daran erinnert werden, daß sie erwachsen sind? Sind sie deshalb keine ‹Autoritäten› mehr?

Daß es keine Autorität (der Erwachsenen) mehr gebe, ist eine Klage, die so alt ist wie das Reden über Erziehung. Immer wenn sie artikuliert wurde, konnte man sicher sein, daß ein Erziehungskonzept sich in der Krise befand. Das galt auch für das Aufkommen eines pädagogischen Diskurses, der pädagogische Autorität als solche bestimmten Grenzen unterwerfen wollte und den wir mit der Aufklärung beginnen sehen. Niemals zuvor ist aber das Problem des Gefälles zwischen Kindern und Erwachsenen so losgelöst von Erziehungsinhalten diskutiert worden wie in der Debatte über die sogenannte antiautoritäre Erziehung, die schließlich nicht von Kindern, sondern von Erwachsenen angezettelt wurde. Spätestens an der Stelle dürfte deutlich geworden sein, daß von jener pädagogischen Beziehung nur noch ein Fossil geblieben war, die rein formale Herrschaftshierarchie, deren Rechtfertigungskapazität nicht mehr ausreiche.

Daß der Staat Professoren und Lehrer 15 Jahre lang dafür bezahlt hat, diese Einsicht in tausend Vorlesungen zu wiederholen und auf tausend Konferenzen zu bekräftigen, ist ein sicheres Indiz dafür, daß diese Herrschaft dysfunktional geworden war. Es gab längst funktionale Äquivalente für den erwachsenen Pädagogen: die staatstragenden Medien. Wie konnte man die individualistische Autorität von am Ende gar humanistisch gebildeten Lehrern besser ausschalten als dadurch, daß man sie dafür bezahlte zu verkünden, sie seien nichts weiter als Papiertiger? – Es ist fraglich, ob es den verbliebenen Dauerinitianden, Kindern wie Erwachsenen, gelingt, dieser Gewalt noch einmal zu entkommen, ob ihnen der Wiederaufbau von rituellen Transitionen, die Überführung von einer Lebensphase in die andere, noch einmal möglich sein wird oder ob das Leben am Ende nur eine Phase kennt: das Leben.

10 Identitätsbalance als Dauerpubertät
Über den Verlust von Pubertätsexilen und das Streben nach Metaidentität

10.1 Bettina K.

Daß das Modell der päderastischen Knabeninitiation in der 2000jährigen Rezeptionsgeschichte um seine sexuelle Dimension verkürzt wurde, ist eine Feststellung, die nicht zu der falschen Auffassung verleiten darf, es hätte nur diese Dimension gehabt. Die besondere Qualität der mit dieser Initiationsform verbundenen Akte des Schenkens bestand darin, daß der Erastes, der Initiator, etwas von sich gab, wozu auch Erfahrung und Wissen des Erwachsenen gehörte. Welche ‹bildenden› Wirkungen dieses Pubertätsexil für den Eromenos faktisch gehabt hat, läßt sich heute kaum sagen, insbesondere nicht, ob der Initiand das herausbildete, was seit den Ablösungsversuchen der Bildungstheorie durch die Sozialisationstheorie mit ‹Ich-Identität› bezeichnet wird.

Weil das päderastische Konzept sich auf die Initiation männlicher Kinder bezog, rückt für die Betrachtung des Identitätskonzepts das Dokument eines weiblichen Kindes in den Mittelpunkt, ohne daß die daraus zu ziehenden Schlüsse jedoch – ebensowenig wie im Falle der Päderastie – auf ein Geschlecht zu beschränken wären.

Es handelt sich um ein Brieffragment, das aus dem Jahre 1982 datiert. Der Brief wurde von einem damals 17jährigen Mädchen geschrieben. Es ist drittes Kind einer Medizinerfamilie, hat einen Bruder, der damals 19, und eine Schwester, die 21 Jahre alt war. Die Eltern des

Mädchens hatten sich getrennt, als Bettina K. 15 Jahre alt war. Fortan lebten sie mit der berufstätigen Mutter zusammen. Die Elterntrennung geht auf eine Beziehung des Vaters zurück, die dieser seit dem elften Lebensjahr Bettinas heimlich mit einer anderen Frau unterhielt.

Von diesem Zeitpunkt an verlief die Entwicklung Bettinas akzeleriert. Das Mädchen hatte im elften Lebensjahr eine sexuelle Beziehung zu einem 28jährigen Mann, der sich als Dealer seinen Lebensunterhalt verdiente und selber heroinsüchtig war. Durch ihn machte es erste Erfahrungen mit Drogen. Es mußte das Gymnasium verlassen, weil seine Leistungen nachließen, und fand Aufnahme in einer Realschule. Es hatte zahlreiche Beziehungen zu ausschließlich gleichaltrigen Jungen, nachdem es den Kontakt mit dem 28jährigen Mann im Alter von 13 Jahren abgebrochen hatte. Das Mädchen ist musisch und, wie der Brief verrät, auch sprachlich nicht unbegabt. Es spielt schwierige Instrumente, schreibt kleine Librettos für ein Marionettentheater. Es baut seine Marionetten selbst. Gelegentlich hat es Theater gespielt im Jugendtheater von S.-Stadt, einem Ort mit 80 000 Einwohnern, in dem es lebt.

«... Aus dem, was Du geschrieben hast, kann ich sehr gut auf meine Stimmung und Vorstellungen der letzten Wochen und Monate zurückblicken, und ich muß sagen, es hat sich viel geändert. Vielleicht hältst Du mich für eine ‹Memme›, ich meine es ja fast selbst, wenn ich Dir mitteile, daß ich meinen Auszug nun doch noch verschoben habe, und zwar voraussichtlich bis Sommer nächsten Jahres. Da ich finde, daß es sehr schön ist, Vertrauen zu Dir zu haben, erzähle ich Dir jetzt ganz grob, wie es überhaupt dazu kam, daß ich solche Pläne hatte und nun nicht mehr.

Wie in einem Drei-Groschen-Liebesroman beginnt es damit, daß die Freundschaft zwischen Thomas und mir scheiterte, und zwar daran, daß ich ihm sagte, ich käme an meine eigenen Grenzen und hätte Angst, mir selbst den Laufpaß zu geben. Das müsse erst aus der Welt sein, um ‹normalen Sinnes› zu werden.

Das ist sicher sehr unverständlich für Dich, für mich auch, aber später habe ich erst erfahren, was es mit diesem Schwachsinn auf sich hat, d. h. ganz genau weiß ich es eigentlich noch nicht. Es begann ganz plötzlich, und zwar spürte ich in mir ein riesiges schwarzes Feld, um das ich herumlaufe wie ein irres Kind, und wußte nicht so recht etwas damit anzufangen. Zuerst trat dieses Gefühl nur auf, wenn ich ‹etwas› geraucht hatte, doch das sollte sich bald ändern, und es wurde zu einer täglichen Vorstellung selbst im nüchternsten Zustand. Bald darauf merkte ich, was es war, und zwar mein Inneres, natürlich nicht das ganze, sondern eigentlich spürte ich es, es war die Traurigkeit. Eine Traurigkeit, die wohl schon lange in mir war, die ich jedoch nie zuvor gespürt hatte. Immer wieder gingen mir viele Bilder durch den Kopf. Das dunkle Feld, das ich zu jeder Zeit genau orten konnte, und ich selbst, am Rande dieses Feldes, ich verfiel in solchen Momenten in eine Art Wahn, war nicht ansprechbar und völlig mit dem Gedanken beschäftigt, du bist allein, nun wirklich ganz allein, also darfst du auch einen Schritt in dieses dunkle Feld tun, um zu erfahren, was es wirklich ist. Ich hatte ein Gefühl, das ich lange nicht verstand und zu deuten wußte. Ich habe mir eingebildet, ich hätte Schweigepflicht, und erkannte im gleichen Moment, daß ich sehr unehrlich gewesen bin und zwar, so denke ich, mein ganzes Leben lang. Aber nicht in dem Sinne unehrlich (wohl auch), daß ich mir selbst und auch anderen, solange ich mir über einiges Klarheit verschafft hatte und etwas bewußter anfing zu leben, nur Theater vorgespielt habe, nein, dieses Gefühl des Nicht-ehrlich-Seins war es nicht, es war eine ganz andere Unehrlichkeit, doch wußte ich nicht, wie sie zu erklären ist. Dieses Feld entfernte sich von mir, und immer wenn ich es finden wollte, um die Grenzen zu durchbrechen, mußte ich durch ein bißchen mehr meines Inneren. Das hat mir gut gefallen in den Momenten, jedoch wenn ich dann dort angelangt war, beschlich mich eine Art Enttäuschung, denn ich konnte einfach nichts ausrichten. So ging es lange Zeit. Um mich abzulenken, stellte ich mir vor, mein ganzer Körper sei aus Eis, und er wurde wirklich zu Eis. Ich konnte mich nicht mehr bewegen, und ich spürte, wie das Blut in meinen Adern fror und bewegungslos stehen blieb. Ich glaube, ausschließlich in diesen Momenten habe ich diese ‹Traurigkeit› (?) ganz vergessen, ansonsten ging sie mir bei jedem Schritt bewußt oder unterbewußt durch den Kopf.

Zur gleichen Zeit lernte ich einige Leute kennen, mit denen ich dann ab und zu ‹verkehrte›. Unter ihnen war ein Junge, der sehr still und in sich gekehrt war. Nach langen Gesprächen mit ihm merkte ich, daß er ein wunderbarer Mensch ist, der in sich viele Charaktere enthielt. Ich mochte ihn sehr gerne, ja, auf ganz gewisse Art und Weise liebte ich ihn auch. Ich wußte, wonach ich mich sehnte, und zwar Verständnis. Der Junge war homosexuell, und ich glaube, das war der Grund, daß ich ihm so viel Zuneigungen entgegenbringen konnte, ohne das Gefühl zu haben, mißverstanden zu werden, obwohl ich über dieses Gefühl, das ich Dir vorhin geschildert habe, nie mit ihm sprach, dachte ich, daß es ihm auf eine Art genauso geht, denn er erhielt nur sehr wenig Verständnis für die ganz normale Tatsache des Homosexuellseins.

Dies waren die ‹äußeren› Verhältnisse, jedoch grundlegend änderte sich in mir herzlich wenig. Langsam bekam ich Angst vor diesem dunklen Feld da irgendwo in mir drin. Die Zeiten, zu denen ich direkt immerzu um dieses Feld zu laufen schien, nahmen so rapide zu, daß ich bald ziemlich genau vorherbestimmen konnte, wann ich in diesen abwesenden Zustand verfalle, ohne vorher irgend etwas zu spüren. Das erschreckte mich so, daß ich mich völlig zurückzog, um mir endlich Klarheit zu verschaffen, denn so konnte es nicht weitergehen. Freunde maulten mich an, ich sei so komisch und verändert, und ließen mich schließlich in Ruh', was mir nur recht war. Einige Zeit spielte sich nun Tag für Tag das gleiche ab. Ich bekam große Wut auf meine Kindheit und schmiß alles weg, was mich daran erinnern konnte. Es waren ganze Kisten voll Spielzeug und Kram, die ich sonst immer ganz reizvoll fand. Nach ‹getaner Tat› fragte ich mich etwas traurig, warum ich das gemacht habe?! Bis heute weiß ich es nicht. Wieder und wieder erschienen die Bilder des Feldes und ich selbst darin vor mir, und ich hatte das Gefühl, wahnsinnig zu werden. Ich schlug mit Fäusten (in Gedanken) vor die Grenzen und war hinterher im wahrsten Sinne körperlich und geistig geschafft von der Anstrengung.

Doch dann geschah es, es war ein ganz ‹normaler› Tag, daß mir ein wenig bewußter wurde, was los ist. Ich war gerade in meinem ‹Element›, da schmolzen die Grenzen, die das Feld umgaben, völlig dahin, und ich wurde von mir selbst vor halbwegs vollendete Tatsachen gestellt. Nun fällt es mir in jeder Hinsicht recht schwer, Dir zu erklären, was ich sah, ich weiß nicht, ich ‹mußte› es noch nie in Worte fassen, und ich weiß nicht, ob es überhaupt geht, ich will es jedoch versuchen, soweit es möglich ist, auch wenn wahrscheinlich nur ein riesiges Durcheinander dabei herauskommt. Also, dieses irre Kind stand nun vor niedergerissenen Mauern, und in dem Moment hörte ich erst einmal eine wahnsinnig schwere Melodie (natürlich nicht wirklich), und ich sah nichts, jedoch merkte ich, wie die angestauten Empfindungen, die in diesem Feld verborgen lagen, auf einmal ein völliger Bestandteil meiner selbst wurden. Das irre Kind wurde zu einem Menschen, das allerdings nur für Sekunden. Im ersten Moment wollte ich mir selbst kündigen, mich entlassen, doch drang dann plötzlich etwas Wunderbares in mich, und ich empfand, daß sich in diesem Feld die wirkliche Traurigkeit verborgen gehalten hatte. Die Traurigkeit überhaupt, die Traurigkeit, die man keinem Menschen erklären kann und die nur jeder in sich hält. In diesem Moment, wo ich an diese Traurigkeit dachte, war ich überglücklich, nein, überglücklich klingt viel zu sehr nur so daher gesagt, ich empfand, glaube ich, wirkliche Freude, obwohl mit dieser Freude keine Zufriedenheit verbunden war. Ich habe mich in diesen Augenblicken schlicht *selbst erfahren*. Ich habe mich selbst wahrgenommen, mein Leben von oben gesehen, und um zu wissen, daß ich überhaupt noch lebe, schickte ich von anderen Orten aus Eiswellen durch Kopf und Körper, und ich war froh, als ich sie wie ausgesendet empfangen habe. Auf einmal wurde mir alles klar, und hätte mich in dem Moment jemand gefragt, welchen Wesens und welchen Charakters ist dieser Mensch, der du bist, ich glaube, ich hätte alles bis ins kleinste schildern können. Ich empfand ebenfalls eine riesige Weite in mir, einfach mich selbst und ganz besonders diese Traurigkeit. Es war phänomenal. Ich ‹badete› in dieser Traurigkeit. Sie ist wirklich etwas so Herrliches.

Du denkst bestimmt, ich wäre jetzt oder damals nicht klaren Verstandes, sondern betrunken o. ä. gewesen. Das ist nicht wahr, ob Du es mir glaubst oder nicht, sei dahingestellt.

Es gäbe noch so viel über diese Gefühle zu sagen, doch bin ich gar nicht imstande dazu. Ich stelle gerade fest, wie sehr ich mich gedanklich in das Gefühl damals hineingesteigert habe und daß mein Herz am Jagen ist. Mündlich hätte ich Dir sicher vieles besser sagen können. Nun muß ich zum Abschluß dennoch sagen, daß mir viel von der Klarheit, die ich hatte, verlorengegangen ist. Ich spüre, wie sich neue Mauern bilden, doch ich lasse es geschehen, warum weiß ich nicht. Es war alles im wahrsten Sinne des Wortes ein Wahnsinn ...»

10.2 Zwischen Schizophrenie und Identität

Der erste Eindruck, den dieser Brief hinterläßt, ist der einer – im Alltagsverstand formulierten – typischen pubertären Verwirrung. Der Alltagsmensch fühlt sich durch den Brief in dem bestätigt, was er im Konversationslexikon über Pubertät lesen kann:

«Sie ist durch Längenwachstumsschub und Unausgeglichenheit von Körpergestalt und nervlichen Funktionen gekennzeichnet. Das seelische Leben erfährt eine Umgestaltung, die mit dem Beginn psycho-sexueller Strebungen und einer Unsicherheit des sozialen Verhaltens einhergeht» (dtv-Lexikon 1968, Bd. 14, S. 302)

Die Unausgeglichenheit, von der hier die Rede ist, glauben wir in einer Reihe von Merkmalen dieses Briefes wiederzuentdecken: Das Mädchen schreibt davon, daß es seinen Auszug aus dem Elternhaus verschoben hat, daß eine Freundschaft mit Thomas zerbrach, von dem wir im späteren Verlauf des Briefes erfahren, daß sie nun doch wieder besteht. Sodann fallen uns Passagen auf, in denen von einer Art Lähmung die Rede ist. Dazu gehören die Stellen, in denen es über das «schwarze Feld» schreibt, welches in ihm ist, etwas Unheimliches, Unbekanntes, die wiederholt erwähnte Traurigkeit gehört dazu, das Gefühl des vereisten Körpers, das Gefühl der Abwesenheit. Diese teilweise länger ausgemalten Stellen werden unterbrochen von Aufwallungen wie dem Wutausbruch über die Kindheit, verbunden mit der Vernichtung des Spielzeugs, ein nachdrückliches Beispiel für den Versuch, in eine neue Lebensphase zu gelangen.

Plötzlich lesen wir: «Doch da geschah es, es war ein ganz ‹normaler› Tag, daß mir ein wenig bewußter wurde, was los ist...» «Das irre Kind wurde zu einem Menschen...» Es empfindet Freude, Glück darüber. Es schreibt: «Ich habe mich in diesen Augenblicken schlicht *selbst erfahren*.»

Der Kenner psychischer Zustände während der Pubertät wird gern beipflichten, daß dieser Brief in jeder Hinsicht ein selten dichtes Beispiel für die psychischen Vorgänge während der Pubertät darstellen kann. Er entspricht also nicht nur dem landläufigen Alltagsverstand von Pubertät, sondern auch einer elaborierten, wissenschaftlichen Beschreibung:

«Sehr entgegengesetzte Symptome können nebeneinander hergehen; so steht zeitweilige große Erregbarkeit neben lang andauernder Gleichgültigkeit. Konkretistischer Wortgebrauch wechselt mit unverständlichen Metaphern.

Die Wahrnehmung wird durch die Halluzinationen, die alle Sinne betreffen können, verändert. Dies geht mit wahnhaften Vorstellungen und Zwangsideen Hand in Hand, die das, was die soziale Umwelt als Realität anerkennt, mehr oder weniger umfassend, oft in sich außerordentlich stringent, uminterpretieren. Dem entspricht ein in seiner Logik nicht nachvollziehbares und daher irrational oder paralogisch genanntes Denken. Es erscheint sprunghaft, zerfahren, zirkulär und voller Widersprüche. Die Sprache des Pubertierenden spiegelt seine Art, Gedanken zu führen, wider. Sie schwankt zwischen dem Gebrauch von Begriffen im allerwörtlichsten Sinne und nicht mehr durchschaubaren Metaphern. Wörter werden neu gebildet, um bislang angeblich nicht ausdrückbare Erfahrungen vermitteln zu können. Aber es gibt auch zusammenhanglosen ‹Wortsalat›, Stammeln, Sprachträgheit und monatelanges völliges Verstummen.

Auch im affektiv-motivationalen Bereich reagieren die Pubertierenden nicht normal. Sie sind oft sehr sensibel und reizempfänglich, daneben aber interesselos, stumpf und gleichgültig. Ihre Stimmung ist labil. Plötzliche Ausbrüche wechseln mit dumpfem Vor-sich-Hinbrüten ab. Alle Kontakte zu anderen sind schwierig, zumal der Pubertierende vielen Personen extrem ambivalent gegenübersteht. Er vermag sie nicht abwägend zu beurteilen und kann sich nicht auf sie einstellen.»

Diese Beschreibung aus Krappmanns «Soziologischen Dimensionen der Identität» (1975, S. 176) bezieht sich aber gar nicht auf Pubertierende. An den drei Textstellen, an denen von den Pubertierenden die Rede war, steht bei Krappmann im Original «die Schizophrenen». Die Übereinstimmung zwischen den Symptomen, die wir dem Brief einer Pubertierenden entnehmen, und dem Spaltungsirresein, der Schizophrenie, sind verblüffend. Wenn die psychische Situation in der Pubertät an der Oberfläche eine solche Verwandtschaft mit den Symptomen der Schizophrenie aufweist, bedarf es einer genaueren Betrachtung dieser Krankheit. Wir lesen bei Krappmann (ebd., S. 177 f):

«Der Schizophrene ist offenbar unfähig, komplementäre Rollenbeziehungen zu unterhalten, da er seine Absichten, Erfahrungen und Bedürfnisse nicht unter Berücksichtigung der Erwartungen seiner Interaktionspartner zu artikulieren vermag. Gleichgültig, ob er sich von den anderen zurückzieht oder ob er erregt auf sie einzuwirken versucht, in jedem Fall ist sein Verhältnis zur sozialen Umwelt unangemessen und für Interaktionsbeziehungen nicht förderlich. Er definiert die Situation anders als sein Partner; er läßt sich nicht auf Diskussion und Revision seiner Interpretationen ein; er weigert sich, seine Interpretationen und Definitionen mit Hilfe allgemeiner Sprachmittel den anderen zu übersetzen...

Auf eine kurze Formel gebracht: Dem Schizophrenen gelingt es nicht, in seinen Interaktionen eine balancierende Ich-Identität zu errichten, in der über divergierende Rollensysteme hinweg Erwartungen und Bedürfnisse interpretierend integriert und den Interaktionspartnern übersetzt werden. Seine Krankheitssymptome entsprechen in krasser Ausprägung den beiden Möglichkeiten, Ich-Identität zu verfehlen, sei es aus bewußter oder unbewußter Absicht, sei es aus Unfähigkeit.»

Es stellt sich die Frage, wie es zur Schizophrenie kommt, wie dazu, daß ein Mensch keine Ich-Identität herausbildet. Eine der entscheidenden Ursachen scheint darin zu liegen, daß in ‹schizophrenogenen› Familien eine starke Abschirmung der gesamten Familie nach außen beobachtet werden kann. Die Interaktion in der Familie unterliegt starren Regeln, verbunden mit einer Umdefinition der Realität (vgl. ebd., S. 180), kurz, in der Sprache unseres Transitionskonzepts: Die Familie hindert den Pubertierenden daran, durch außerhalb der Familie stehende Dritte transformiert zu werden. Es kommt offenbar der Pubertätsphase zu, die Ausbildung von Identität, von Ich-Identität zu leisten, «die den veränderten Verhältnissen der Triebreifung und der Objektfindung entspricht, also in der Ausgestaltung der Erwachsenenidentität» (Eckensberger 1983, S. 57).

«Insofern die Pubertät zu einer Auflösung der in der Kindheit gebildeten Identität führt, stellt sie eine ‹Krise› dar, mit Äußerungsformen, denen man im Erwachsenenalter häufig Krankheitswert zuerkennen würde. Da jedoch die pubertätsbedingte Strukturauflösung die Chance zu einer Persönlichkeitsumbildung enthält, gilt die Adoleszenz im Unterschied zu neurotischen oder psychotischen Prozessen als ‹produktive Krise›» (ebd., S. 58).

10.3 Archaische und antike Gesellschaft: Identität mit Natur und Polis

Welche Bedeutung hat dieses Konzept der Ich-Identität, deren Balance dem Schizophrenen auf Dauer und dem Pubertierenden zeitweise nicht zu gelingen scheint? – Die Begrifflichkeit geht im wesentlichen auf Eriksons «Identität und Lebenszyklus» (1970) zurück, wo er Ich-Identität definiert als die «Überzeugung..., daß ICH wesentliche Schritte in Richtung auf eine greifbare kollektive Zukunft zu machen lernt und sich zu einem definierten Ich innerhalb einer sozialen Realität entwickelt» (ebd., S. 17).

Ein wichtiges Merkmal dieser Identität scheint also die Balance zwischen der Sozialität mit ihren Ansprüchen auf der einen und der eigenen Person auf der anderen Seite zu sein. Entsprechend heißt bei George Herbert Mead (1968) der amerikanische Terminus, der im Deutschen mit Identität übersetzt wird, «self». Er bezeichnet die Fähigkeit eines Subjekts, sich zu sich selbst zu verhalten wie zu einem anderen Subjekt.

In den letzten 30 Jahren sind zahlreiche Nuancen der unterschiedlichen Identitätskonzepte entstanden (vgl. dazu Geulen 1977, S. 108 ff), unter denen eine gesellschaftstheoretische Weiterführung des Ansatzes von Interesse ist, weil von dort aus ein Rückgang auf die Geschichte der Identitätsvorstellung möglich wird. Jürgen Habermas (1973, S. 118 ff) hat auf das dialektische Verhältnis hingewiesen, in dem wir uns in einer Interaktion mit anderen befinden: Dort müssen wir nämlich zum einen die uns angesonnene Identität vertreten, wir müssen der sein, als der wir anderen erscheinen, ohne aber zum anderen dieses auf Kosten unserer persönlichen Identität tun zu dürfen, wie wir umgekehrt nicht unsere persönliche Identität ohne Rücksicht auf das aktualisieren dürfen, was man von uns erwartet.

Habermas erblickt in dieser Balance die Einheit einer unverwechselbaren Lebensgeschichte. Mit dieser Konstruktion stellt er sich und ein wichtiges Stück des Diskurses über Identität in den Horizont aufklärerischen Denkens. Er bezieht seine Unterscheidung zwischen persönlicher und sozialer Identität über seine Dilthey-Interpretation letztlich aus der Philosophie Hegels. Für Hegel ist das Individuum ursprüngliche Bestimmung seiner selbst und eben damit auch seines Gegenstandes und hat als Selbstbewußtsein *freie* Individualität.

In seinem Vortrag «Können komplexe Gesellschaften eine vernünftige Identität ausbilden?» hat Habermas (1976, S. 96) die Fragestellung zu einer normativen Forderung an den Bildungsprozeß zugespitzt:

«Wir sind, mit anderen Worten, überzeugt: Nur eine universalistische Moral, die allgemeine Normen (und verallgemeinerungsfähige Interessen) als vernünftig auszeichnet, kann mit guten Gründen verteidigt werden; und nur der Begriff einer Ich-Identität, die zugleich Freiheit und Individuierung des einzelnen in komplexen Rollensystemen sichert, kann heute eine zustimmungsfähige Orientierung für Bildungsprozesse angeben.»

Die Tragweite dieser Formulierung kann kaum überschätzt werden: Auf eine Beurteilung des pubertären Prozesses bezogen, heißt sie nämlich, die Pubertät nicht mehr als einen naturwüchsigen Prozeß sich vollziehen zu lassen, sondern sie bedeutet, daß dem Erwachsenen als Pflicht die Unterstützung der Herausbildung von Ich-Identität an dem Jugendlichen zukommt.

Nun interessiert nicht so sehr die normative Beurteilung einer Erwachsenengeneration, die diese Leistung offenkundig nicht mehr erbringt, sondern vielmehr die Frage nach der historischen Herkunft und vor allem der Legitimität des Identitätskonzepts. Das ist durchaus ernst zu nehmen, denn es ist wohl davon auszugehen, daß die Identität als Balance zwischen objektiven und subjektiven Ansprüchen nicht ohne Leidensdruck hergestellt werden kann, wie bereits dem Brief der Bettina K. entnehmbar ist. Das mag zwar auch für die Alternative der blanken Hingabe an die objektiven Ansprüche gelten, möglicherweise aber nicht für die dritte Möglichkeit, die Höherbewertung der persönlichen Ansprüche. Wie kommt es dazu, daß spätestens mit der Aufklärung diese schwere Last auf den Menschen ruht? Wie ist es geschehen, daß die Menschheit aus der Ruhe und Selbstverständlichkeit der Vorzeit gerissen wurde?

In archaischen Gesellschaften, deren ‹Wirklichkeit› wir uns in ethnologischen Studien vergegenwärtigen können, existierte, so Habermas, ein Identitätsproblem nicht, weil es keine Trennung zwischen einzelnen, dem Besonderen und dem Allgemeinen gab, sondern das Individuum sich in Übereinstimmung mit der Welt *sub specie naturae* befand. Übersetzt: Der Mensch ist ein Bestandteil der Natur und lebt in und mit ihr. Man muß sich als spezifisch anderer nicht gegenüber anderen Mitgliedern seiner Gemeinschaft profilieren. Dieses ist die Zeit, die Jaspers (1955, S. 15) mit ihrer «Ruhe und Selbstverständlichkeit» als das mythische Zeitalter bezeichnet.

Es ist jener Kulturtypus, dem sich 1928 Margaret Mead in «Jugend und Sexualität in primitiven Gesellschaften» zugewendet hat. In der gegenüberstellenden Schilderung der Sozialisationsbedingungen auf Samoa und in Manus/Neuguinea stellte sie fest:

«Dadurch, daß kleine Kinder von nur wenig größeren gehütet werden, die selbst noch keine Persönlichkeit besitzen, bleibt die Entwicklung der gesellschaftlichen Individualität auf weit niedrigerem Niveau stehen» (Mead 1970, Bd. 2, S. 110).

Gerade diese Lebenswelt der Einheit mit der Natur ist seit dem Erscheinen ihres Buches 1928 für viele zum Inbegriff des Paradieses geworden. Sie selbst hatte die Gründe dafür erkannt:

«Wer die amerikanische Gesellschaft der zwanziger Jahre als raubgieriges, gefräßiges Ungeheuer empfand, begrüßte mein Buch als Zuflucht: als geistige Zuflucht, die einer körperlichen Flucht auf eine Südseeinsel, wo Liebe und Behagen auf der Tagesordnung stehen, gleichkommt» («Die Zeit» vom 6.5.1983, S. 33).

Schon in diesen Sätzen aus dem Jahre 1961 spiegelt sich, was durch die Entzauberung der sogenannten Beobachtungen Meads offenkundig geworden ist, der inzwischen schlicht vorgeworfen wird, jene Gesellschaft erfunden zu haben: Die Darstellung der archaischen Gesellschaften als Gesellschaften ohne Identitätsproblem ist, zumindest auch, das Produkt eines Diskurses, der mit der Identität seine Schwierigkeiten hat. Die zukunftsraubende Wirkung solcher Analysen, die die Spannungslosigkeit und Ausgeglichenheit als ‹nur› historisch ausweisen, ist das eigentlich Tragische, nicht der Umstand, daß sie erfunden wurden: Unabhängig davon, ob archaische Gesellschaften ‹wirklich› durch eine Einheit des Individuums mit der Natur gekennzeichnet waren oder sind, ist die Fähigkeit der Menschen unserer Kultur, sich einen solchen Zustand vorzustellen, das Wesentliche – sie wünschen ihn sich offenbar. Indem man ihn aber, auch noch unter dem Banner der aufgeklärten fortschrittlichen Vernünftigkeit, für ‹nur historisch› oder sogar für gefälscht erklärt, tötet man die Möglichkeit seiner (Wieder-)Herstellung. Man kann die Geschichte schließlich nicht zurückdrehen. Insofern wird Meads Buch durch die Entdeckung ihrer Fälschung zu viel mehr als bloßer anthropologischer Feldarbeit: Es ist die Poesie einer damals 23jährigen, die noch unverdorben genug war, sich zu erlauben, die Grenzen zwischen wissenschaftlicher Wahrheit und paradiesischem Wunschdenken zu ignorieren, die Grenzen zwischen Sehen und Wünschen, zwischen Wissenschaft und Ästhetik.

Die Geschichte der Identität kann also streckenweise, zumindest was die Zeit nach der Aufklärung betrifft, als Geschichte der ideologischen Begründung für die Notwendigkeit von Identität gelesen werden.

Was jenseits der archaischen Kultur die frühen Hochkulturen betrifft, zu denen Habermas die Antike zählt, so diagnostiziert er hier das Auftauchen einer eigenen Identität der einzelnen in der und durch die Kommunikation mit den Göttern, die selbst menschliche Gestalt annehmen. Mit Hegel sieht er in Athen den einzelnen eine Identität ausgebildet haben, «die ihm erlaubt, sich mit dem Lebenszusammenhang der Polis auf eine ungezwungene Weise eins zu fühlen» (Habermas 1976, S. 99). Habermas schildert die Geschichte so, daß nach einer Abwesenheit jeder Identitätsproblematik in den archaischen Kulturen in der Antike die Identitätsfrage zugunsten des Allgemeinen entschieden worden sei, mit dem sich das einzelne identifiziert, allerdings wohl ohne Reflexion der subjektiven Kosten. – Vergessen wir nicht, daß Sokrates den Schierlingsbecher aus Respekt vor den Gesetzen der Polis trank.

Wir müssen uns auch hier wieder fragen, ob nicht diese Sicht auf die Antike mehr über die Aufklärer aussagt, die sie hegten und hegen, als über die Entwicklung des Identitätskonzepts. Ob beispielsweise die Einheit des Individuums mit dem Staat wirklich so ungezwungen gedacht wurde, ließe sich durchaus problematisieren. Platons «Staat» zumindest ist, dort wo über Erziehung geredet wird, durchsetzt von einer schon zwanghaften Kontrolltechnik, die eher ein Mißtrauen in die ungezwungene Einheit der Individuen mit der Polis verrät.

10.4 Der christliche Identitätsmythos

«Einen allgemeinen oder universalistischen Geltungsanspruch stellten erst die großen Weltreligionen, unter denen das Christentum vielleicht am vollständigsten rational durchgebildet ist. Der eine, jenseitige, allwissende, vollkommen gerechte und gnädige Gott des Christentums ermöglicht die Ausbildung einer von allen konkreten Rollen und Normen losgelösten Identität des Ich. Dieses Ich kann sich als ein vollständig individuiertes Wesen begreifen. Die Idee einer vor Gott unsterblichen Seele eröffnet der Idee der Freiheit, nach welcher ‹das Individuum einen unendlichen Wert hat› [Hegel], den Weg» (Habermas 1976, S. 99).

Diesem christlichen Identitätsdenken korrespondiert eine Entwicklungstheorie, die, ähnlich wie der Mythos von der göttlichen Unschuld des Kindes, zu einer Vergöttlichung der Kinder geführt hat. Für die Jugendzeit im heutigen Verständnis als der Phase der Identitätsgewinnung kann ein Mythos verantwortlich gemacht werden, der auf das göttliche Vorbild der Lebensgeschichte des Jesus von Nazareth zurückführt. Gemeint ist die Szene aus Lukas 2, 41–52, die den 12jährigen Jesus im Tempel zeigt:

«Und seine Eltern zogen jährlich am Passahfest nach Jerusalem. Und als er 12 Jahre alt geworden war, gingen sie nach der Gewohnheit des Festes hinauf. Und als sie die Tage vollendet hatten und wieder heimkehrten, blieb der Knabe Jesus in Jerusalem; und seine Eltern wußten es nicht. Weil sie aber meinten, er sei unter der Reisegesellschaft, zogen sie eine Tagereise weit und suchten ihn unter den Verwandten und Bekannten. Und da sie ihn nicht fanden, kehrten sie nach Jerusalem zurück und suchten ihn. Und es begab sich, nach drei Tagen fanden sie ihn im Tempel, wie er mitten unter den Lehrern saß, ihnen zuhörte und sie fragte. Es erstaunten aber alle, die ihn hörten, über seine Einsicht und seine Antworten. Und als sie ihn sahen, wurden sie bestürzt, seine Mutter sagte zu ihm: Kind, warum hast du uns das getan? Siehe, dein Vater und ich suchen dich mit Schmerzen. Und er sprach zu ihnen: Warum habt ihr mich gesucht? Wußtet ihr nicht, daß ich sein muß in dem, was meines Vaters ist? Und sie verstanden das Wort nicht, das er zu ihnen sagte. Und er ging mit ihnen hinab und kam nach Nazareth und war ihnen untertan. Und seine Mutter behielt alle die Worte in ihrem Herzen. Und Jesus nahm zu an Weisheit und Alter und Gnade bei Gott und Menschen.»

Diese Erzählung dürfte das abendländische Konzept der Pubertät wie keine zweite geprägt haben. Denn zum einen wird in dieser Geschichte selbst von einer Pubertätstransition berichtet. Jesus nimmt erstmalig an dem Passahfest teil, was für alle Juden mit dem 13. Lebensjahr obligatorisch war. Er begibt sich zu diesem Zweck in ein Exil, welches die Stadt Jerusalem als Ort des Festes darstellt (vgl. Bornhäuser 1930, S. 125). Zum anderen teilt die Geschichte mit, daß ein Kind, ein Jugendlicher sich in diesem Festvollzug dann als göttlich erweist, wenn er
– seinen Eltern davonläuft,
– sich mit schweren, grundlegenden Gedanken des Lebens befaßt,
– die geltenden Autoritäten hinterfragt (die Schriftgelehrten),
– die Eltern für unfähig hält, ihn zu verstehen, und
– von den Eltern tatsächlich nicht (mehr) verstanden wird.

Die Attribuierung von Merkmalen der Göttlichkeit wie das Lächeln an weltliche Kinder vergöttlicht diese in den Augen der Erwachsenen ebenso wie die Attribuierung der Merkmale an den Jugendlichen, die den 12jährigen Jesus auszeichnen. Ein solches Konzept der Pubertät wird geradezu gebraucht, um die Gottähnlichkeit der irdischen Jugendlichen unter Beweis zu stellen. Denn das ist das Resultat einer solchen Transition: «Und Jesus nahm zu an Weisheit und Alter und Gnade bei Gott und Menschen.» – Kurz: er wurde erwachsen und bildete Identität heraus.

Habermas irrt also, wenn er dem Gott der Christen prädiziert, daß er die «Ausbildung ... einer Identität des Ich» (Habermas 1976, S. 99) erlaubt habe. Wichtig ist, daß das Christentum mit seiner Vorstellung der Gottähnlichkeit des Menschen die Herausbildung eines Konzeptes der Identität und damit der Pubertät als Transitionsphase zu ihr erlaubte. Der christliche Mensch hat im Laufe der Geschichte entdeckt, daß er zu seiner Gottesnähe der Überführung dorthin bedarf. Die Pubertät ist der Transitionsritus dazu und das Ziel die Identität. Die Identität erweist sich dann als ein Mythos, zu dem die Pubertät gewissermaßen den Ritus darstellt.

Mit dieser These soll nicht zum Ausdruck gebracht werden, diesem Konzept der Identität und der zu ihr hinführenden Pubertät habe in der sogenannten Wirklichkeit nichts entsprochen. Ganz im Gegenteil: Klaus Mollenhauer (vgl. 1984) hat darauf aufmerksam gemacht, daß das Identitätsproblem spätestens mit Thomas und Felix Platter beginnt. Von beiden, Thomas und Felix, existieren aus der Zeit des frühen bzw. späten 16. Jahrhunderts Tagebuchaufzeichnungen über beider Jugendzeit (vgl. Platter, Th. 1980; Platter, F. 1976; Fischer 1911). Beide Autobiographien zeigen, daß die Autoren in der Lage waren, einen Entwurf von sich selbst zu machen, sei es tatsächlich in ihrer Jugend oder ex post als Biographen.

In einer anderen Autobiographie der Zeit, derjenigen des 1552 in St. Maury bei Pons geborenen Agrippa d'Aubignés (vgl. Fischer 1911) finden wir sogar eine rudimentäre Beschreibung der pubertären Verwirrung, die der Autor ausgerechnet in seinem Kapitel über «erste Liebe» als «Quartalsfieber» diagnostiziert, also nicht erklären kann. Der Tod scheint für ihn der einzige Ausweg, in Fieberanfällen stößt er wüste Drohungen gegen seine Verwandten aus, und erst als er Diana Salviati kennenlernt, noch vor seinem 20. Lebensjahr, lichtet sich alles (vgl. a.a.O., S. 313f.).

Wenn man solche Biographien liest, stellt man schnell fest, daß hier nun wichtige Momente eines Transitionsvorganges im Verhältnis von Tod und Wiedergeburt aufzufinden sind. Aber vergessen wir nicht: Die Autobiographien sind kein Beleg dafür, daß in der beginnenden Neuzeit Pubertät und Identität ‹wirklich› existiert haben. Sie belegen vielmehr, daß den Schreibern eine Idee davon existierte, die sie aufschreiben und möglicherweise in ihr eigenes Leben hineinprojizieren konnten. Oder noch nüchterner: Ihre Existenz ist Anlaß für den sozialisationstheoretisch geschulten Leser, in ihnen nachgängig einen Prozeß der Identitätsgewinnung zu entdecken.

Nikolaus v. Cues hatte den zitierten Autobiographen im Jahrhundert davor den Weg auch philosophisch gewiesen. Er betont als erster, daß «ein jedes sich über seine Einzigartigkeit freut», nach dem «jegliches mit jeglichem übereinstimmt und differiert», wobei «in den Individuen das Allgemeine in Kontraktion verwirklicht ist»: «Individua vero sunt actu, in quibus sunt contracte universa» (Cusanus 1932, S. 80).

Habermas hält es, wiederum mit Hegel, für das Charakteristikum der Moderne, «daß damit die Spaltung zwischen einer in universalistischen Strukturen gebildeten Ich-Identität und der an Volk oder Staat haftenden kollektiven Identität unausweichlich wird» (Habermas a. a. O., S. 101). Vor diesem Hintergrund sieht er die Aufgabe der Identitätsfindung nun auf einer neuen Ebene, der der Balance zwischen personaler und sozialer Identität.

Unter dem Eindruck der Einsicht in den mythischen Charakter der Identität und des pubertierenden Übergangs zu ihr bedeutet das: Die Aufgabe der Pubertät in der modernen Kultur besteht darin, auf der Ebene einer Metaidentität wirksam zu werden. Da die personale Identität, zu deren Ausbildung die Pubertät ehedem noch den geeigneten Ritus abzugeben vermochte, durch die objektiven Ansprüche ständig bedroht wird, bedarf es einer Metaidentität, die in der Balance zwischen personaler und sozialer Identität besteht. Wenn wir daran denken, was Balance heißt, nämlich ein stetiges Balancieren, dann ist der Zustand dieser Metaidentität grundsätzlich nie endgültig zu erwerben, er muß stetig herzustellen bzw. beizubehalten versucht werden. Damit ist die Pubertät per definitionem keine Status-Passage zum Erwachsenenleben mehr, sondern der Ritus der Überführung zur Metaidentität, der seinen Platz in der Pubertätszeit hat, muß auf Dauer gestellt werden, genauer noch: Der Transitionsritus fällt mit dem Ziel der Transition, Balance zu halten, zusammen. Das Ziel ist das Mittel zu ihm.

Der Mythos von der Identität und der Vergöttlichung der Jugend als Status-Passage zur Gottähnlichkeit wird also durch eine solche Philosophie entscheidend modifiziert, ergänzt um eine permanente Enttäuschung, nämlich durch die Einsicht, daß diese Gottähnlichkeit nicht realisierbar ist, weil sie von den sozialen Ansprüchen bedroht wird. Für das Konzept von Jugend und Pubertät bedeutet dieses, daß die Gottähnlichkeit des Jugendlichen und seine gleichzeitige Gottferne, dieses Paradox, sich in der Veränderung des Konzepts Jugend von einer Status-Passage zu einem Dauerzustand des Pubertierens erweist.

10.5 Statuspassage – Narziß – Jugendbiographie: ein neuer Sozialisationstyp?

Vor der Untersuchung dessen, ob die Jugendlichen dieses neue Konzept von Pubertät und Jugend bereits nachahmen, ob der wissenschaftliche Diskurs über Identität, Jugend und Pubertät in der Art derjenigen, die ihn unter der Flagge der einzigen Möglichkeit zur Freiheit führen, bereits in das alltägliche Reden über Pubertät abgesickert ist, muß gefragt werden, wie die jüngste Jugendforschung dem Konzept Pubertät gegenübersteht.

Dieser Frage sei anhand zweier sehr unterschiedlicher Untersuchungen nachgegangen, einer eher spekulativen und einer erfahrungswissenschaftlichen. Die erste ist die Arbeit Thomas Ziehes zum jugendlichen Narzißmus (vgl. Ziehe 1981), die zweite die sogenannte Shell-Studie, die vom Jugendwerk der Deutschen Shell AG in Auftrag gegebene Untersuchung «Jugend 81. Lebensentwürfe, Alltagskulturen, Zukunftsbilder» (vgl. Jugendwerk der Deutschen Shell AG 1981).

Ziehes «Pubertät und Narzißmus» ist ein Symptom für die neue Mystifizierung des Gedankens der Identitäts-Balance. Nur vor dem Hintergrund des mythischen Glaubens an die Notwendigkeit und Möglichkeit einer permanenten Identitätsbalance wird die Klage verständlich, mit der Ziehe nicht als einziger die Entpolitisierungstendenz der Jugendlichen dieser Tage begleitet (vgl. auch Hübschen 1981). Ausgehend von einer sicherlich nicht unzutreffenden Analyse einer verbreiteten Mutter-Kind-Symbiose, diagnostiziert er mit dem Werkzeug, das ihm die Psychoanalyse für die Rekonstruktion narzißtischer Störungen des einzelnen an die Hand gibt, einen frühkindlichen Narzißmus in einer gesamten Generation. Eine «neue Parallelität» elterlicher und jugendlicher Erfahrungen wächst aus dem Schnittpunkt von Mutter-

Dominanz und Vater-Abwesenheit (vgl. Ziehe 1981, S. 138), ein «Untergang des Ödipuskomplexes» (ebd., S. 133), kurz: Narziß als «neuer Sozialisationstyp» (ebd., S. 144) mit einer «narzißtisch-passiven Rückzugstendenz» (ebd.):

«Nun wird sich allerdings erweisen, daß sich beim ‹neuen Sozialisationstyp› keine Charakterstruktur im strengen Sinne des Wortes ausbildet; die herangebildete psychische Struktur hat keine hohe Konsistenz, und narzißtische und libidinöse Strebungen werden nicht als Ich-synton erlebt; sie besitzt ein derart hohes Maß an Flexibilität, daß der ‹neue Sozialisationstyp› außerordentlich anpassungsfähig, aber auch anpassungsbedürftig innerhalb bestimmter (...) Objektbeziehungen ist» (ebd., S. 145).

Angesichts des Verlustes einer elterlichen Identifikationshilfe für den Jugendlichen kommt nun sozialisatorisch der Peer-Group, also der Gleichaltrigen-Gruppe, nach Ziehe eine besondere Bedeutung zu:

«Die Bedeutung der Subkultur dürfte durch die obige Skizzierung des Zusammenspiels von neuen Subkultur-Qualitäten und psychischer Struktur des ‹neuen Sozialisationstyps› unterstrichen worden sein. In weit höherem Maße als bei Erwachsenen ist ‹Freizeit› nicht nur als vergleichsweise peripherer, die Versagungen anderer Lebensbereiche kompensierender Teil des Alltagslebens aufzufassen: Im Gegenteil, in vielerlei Hinsicht repräsentiert er das Leben überhaupt und rückt bezüglich der subjektiven Interessen die anderen Bereiche an die Peripherie. Der Subkultur kommt damit ein Eigenwert zu, der sich nicht mehr nur aus dem Vergleich mit den Auswirkungen und Erfahrungen aus anderen Lebensbereichen explizieren läßt» (ebd., S. 192).

Ziehe deutet dann weiter die Vielzahl optischer und akustischer Signale, mit der sich eine jugendliche Subkultur umgibt («Schmuck, Kosmetik, Kleidung, ‹Stil›, Beat, Schreigesang, psychedelische Effekte usw.») als Mittel des eigenen «Auftritts» gleichermaßen wie als narzißtische Spiegelung. Dazu gehören nach Ziehe auch subkulturelle Kommunikationsmuster, die «direkter» und «intimer» zu sein versprechen. Das Verhältnis der Jugendlichen gegenüber dem Konsum charakterisiert Ziehe als eines der Sucht (ebd., S. 196), und die heterosexuellen Beziehungen erhalten den Charakter eheähnlicher Verbindungen (ebd., S. 149 ff). Kurz: Die Peer-Group sieht der Jugendliche als «sozialen Uterus».

Ungeachtet aller im Detail gelungenen Beobachtungen ist diese Analyse Ziehes eine Provokation für die Jugendlichen, Narziß zum Schimpfwort geworden. Der Grund: Der Autor, Jahrgang 1947, also

Veteran der Studentenbewegung, sucht nach den Gründen für das Scheitern der Bewegung, für die sich darin manifestierende Entpolitisierungstendenz der jungen Generation, für ihre Neigung, die Identitätsbalance nicht herstellen zu wollen, sondern sich mit der personalen Identität zu begnügen. Mit dem Signet des Narziß zerstört er jede Verständigungsmöglichkeit in einer historischen Dimension. Denn was ist auf dem Hintergrund der Mythengeschichte geschehen? – Wenn die Beobachtungen Ziehes richtig sind, dann ist der Versuch von Habermas u. a. mißglückt, mit dem normativen Theorem der Identitätsbalance einen neuen Metamythos zu erzeugen. Eine Generation hätte sich der ursprünglichen Struktur des Mythos erinnert, wie er am Ausgang des Mittelalters von Cusanus formuliert worden ist: Das Individuum erfreut sich seiner Einzigartigkeit, indem in ihm das Allgemeine verwirklicht ist. Nicht erst sollte das Personale und das Allgemeine durch einen neurotisierenden Dauerbalanceakt zusammengebracht werden. Fazit: Der Narziß als neuer Sozialisationstyp ist nicht ein Mythos, sondern eher eine Ideologie, mit der die normative Lehre von der Metaidentität und der Pubertät gestützt werden soll, die zu ihr hinzuführen hat. Die Analyse ist ahistorisch.

Einen von seinem Ansatz her ganz anderen Versuch stellt die Studie «Jugend 1981» vom Jugendwerk der Deutschen Shell AG dar. Sie ist nicht wie das Narzißmus-Konzept von Ziehe auf dem Boden psychoanalytischer Theorie entstanden, sondern eine qualitativ-empirische Arbeit.

Werner Fuchs (1983), einer der Mitarbeiter dieser Studie, hat in einer weiterführenden Interpretation ihrer Ergebnisse die Frage gestellt, ob man noch von einer jugendlichen Statuspassage sprechen kann, wie dieses für die Pubertät bis dato galt, oder ob es sich nicht vielmehr um eine individualisierte Jugendbiographie handelt. Seine These lautet:

«Jugend als Vorbereitungszeit zum Erwachsenendasein wird überlagert und durchsetzt von Formen, mindestens: Möglichkeiten eines Lebens aus eigener Verantwortung und eigenem Recht» (ebd., S. 341).

Als Belege für seine These wertet er eine ganze Reihe von Erscheinungen:
— Immer mehr Jugendliche bringen immer mehr Lebensjahre in einer Schulsituation zu. Befanden sich z. B. 1952 nur 28,3 % aller 18- bis 19jährigen in Vollzeit- oder Berufsschulen, so waren es 1975 bereits 60,3 %.

- Die Verlängerung der Schulzeit bietet die von Fuchs positiv eingeschätzte Möglichkeit «für eine offenere, auch durch Experimente bestimmte Selbstsozialisation, für eine reichere und stabilere Ausbildung der Persönlichkeit vor dem Beginn der Arbeitsbiographie» (ebd., S. 344).
- Die Schulbiographie wird stärker als früher durch die Wünsche der Schüler mitbestimmt (ebd., S. 345).
- Die Schule bietet heute eine größere Flexibilität und Individualisierung des Lernens (vgl. ebd., S. 346).
- Durch die sukzessive Verkleinerung der Familie können sich die Jugendlichen stärker als eigene Personen gegenüber den Eltern interpretieren. Eine auch mentale Ablösung vom Elternhaus fällt leichter. Das könne man auch daran sehen, daß der Anteil der Jugendlichen, die ihre eigenen Kinder «genauso wie ihre Eltern» erziehen wollen, von 1953 mit 32% auf 14% im Jahre 1975 gesunken sei (ebd., S. 349).
- Die Jugendlichen haben durch eine Steigerung der ökonomischen Mittel in ihren Händen einen größeren «Spielraum bei Kaufentscheidungen» (vgl. ebd., S. 351).
- Die Jugendlichen können ein musikalisch-kulturelles Privatleben selbst gestalten (vgl. ebd., S. 352).
- Die Verfügung über ein Motorfahrzeug (1981 besitzen 75% aller 20- bis 24jährigen ein Auto) ermöglicht breitere Raumerfahrungen (vgl. ebd., S. 353).
- Die Jugendsexualität ist enttabuisiert worden (vgl. ebd., S. 354).
- Die Steigerung der Wehrdienstverweigerung von einigen tausend pro Jahr (1967) auf 70000 (1977) signalisiert eine hohe Bereitschaft, sich mit grundlegenden Wertfragen auseinanderzusetzen (vgl. ebd., S. 355).
- Der Auszug aus dem Elternhaus ist sichtbar vorverlagert worden, noch vor den Abschluß einer Berufsausbildung (vgl. ebd., S. 356f).
- Die Ausdifferenzierung der Gruppenstile erzeugt einen Druck zu persönlicher Wahl (ebd., S. 359).
- Die Neigung zu Selbstreflexion und Selbsterfahrung steht für eine gezielte Suche nach Identität als Kontrapunkt zu gesellschaftlicher Reglementierung (vgl. ebd., S. 359).
- In zahlreichen Bewegungen wie der Friedensbewegung beweist sich die Neigung der Jugendlichen, sich die gesellschaftliche Zukunft zu vergegenwärtigen (vgl. ebd., S. 366f.).

Diese Analyse läuft auf das Gegenteil der Ergebnisse von Thomas Ziehe hinaus. Zusammenfassend schreibt Fuchs dann auch:

«Gegen die kulturkritischen Klagen über die neuere Veräußerlichung der Subjektivität und ihrer hilflosen Selbststilisierungen läßt sich begründet vermuten: Es handelt sich nicht um Abwendung von der Zukunft, um planungsfeindliches Ausweichen, um Rückzug, sondern um eine Erweiterung der gegenwärtigen Existenzform, um einen *Möglichkeitsraum*, der zukünftige Möglichkeiten offenhalten könnte. In diesem Sinne verlöre Biographie den Charakter des roten Fadens, der fest und identisch durchs Leben führt, würde diskontinuierlicher, auf Chancen und Opportunität bezogen, erhielte neue Ressourcen aus einem Möglichkeitsbereich des Ich, der für die Selbstauffassung zunehmend zentral wird» (ebd., S. 371).

10.6 Ein alter Sozialisationstyp: Jugend im Versteck

Was ist mit diesem eklatanten Widerspruch in der Interpretation nun anzufangen? Die naheliegende Vermutung, hier lägen zwei verschiedene Jugendgenerationen zugrunde, ist abwegig. Die Studien sind zwar in einem Zeitabstand von fünf Jahren entstanden, aber die geschilderten Phänomene unterscheiden sich in beiden voneinander kaum. Man könnte nun erwarten, daß die Kontroverse lösbar wäre. Die Frage ist jedoch falsch gestellt. Sie muß heißen: Was ist von einem theoretischen Identitätskonzept zu halten, auf das sich beide Autoren beziehen, wenn es zwei widersprüchliche Interpretationen ein und desselben Phänomens erlaubt?

Das sogenannte Jugendproblem ist eine Invention. Die Frage, ob Jugendliche eine Identität herausbilden oder narzißtisch in sich versakken, stellt sich für die, die es angeht, überhaupt nicht. Es erscheint als das Problem sogenannter Erwachsener, die eines offenbar schwer ertragen können: die Perspektive, daß die nachwachsenden Generationen jeweils anders sein könnten als sie selbst. Deshalb ist der Diskurs über Jugend, Pubertät und Identität auch ein Diskurs in den Köpfen Erwachsener, dieses allerdings nicht erst seit der Erfindung des Identitätskonzepts. Schon lange hat die jeweils ältere Generation befürchtet, sie möchte die letzte anständige gewesen sein, und mit verschiedenen Mitteln darum gekämpft, die nachfolgende einzupassen. Prügel, Enterbung und Liebesentzug sind drei von den tausend Werkzeugen, die dazu, mehr oder minder erfolgreich, gedient haben.

Die archaischen Gesellschaften begnügten sich damit, dem Pubertierenden im Transitionsritus seine Einbindung in das Weltganze aus Geburt, Tod und Wiedergeburt sinnlich erfahrbar zu machen. Die Antike, so hören wir, scheint zumindest noch in der Identifikation mit der Polis über eine Möglichkeit verfügt zu haben, Selbstverständlichkeit zu erfahren, und selbst noch der Individualitätsgedanke sensu Cusanus verspricht Freude an der Individualität, daran, in sich selbst zu ruhen, obgleich die Orientierungsfigur des Jesus von Nazareth ein Unruhestifter war. Wenn man jene wirren Jahre hinter sich gelassen hatte, dann war man wer: Anatom oder Wundergläubiger, wie wir bei Felix Platter lesen.

Besonders der deutsche Idealismus und seine Epigonen erzeugen jene endlose Verstörung, aus der die Menschen sich noch nicht wieder erholt haben: die Verpflichtung eines jeden auf einen fortdauernden Prozeß der Höherbildung der Menschheit, den sogenannten Fortschritt. Das ist das Gegenteil von Ruhe und Selbstverständlichkeit, wie Jaspers sie noch für die mythische Zeit sehen konnte. Das erlaubt keine persönliche Identität mehr, sondern endloses, mühevolles Fort-Schreiten: Wohin? Das kann niemand mehr sagen, nur: fort. Das Konzept der Metaidentität spricht mit der Metapher der Balance alles unmißverständlich aus: Der Tänzer auf dem Seil schreitet, so er die Balance hält, nicht fort, sondern zum Ende (des Seils).

Es ist nötig zu schauen, was dieses Erwachsenen-Identitäts-Konzept, das der Angst vor dem Tode entspringt, wenn die Erwachsenen sich in den Jugendlichen unsterblich machen wollen, bei diesen anrichtet. Es ist vielleicht deshalb sinnvoll, sich noch einmal Bettina K. zuzuwenden und ihrem Brief. Wenn man ihre Sensationen nacheinander aufreiht, so ergibt sich diese Folge: «Scheitern, Angst, mir selbst den Laufpaß geben, normalen Sinnes werden wollen, Schwachsinn, riesiges, schwarzes Feld, Traurigkeit, allein, wirklich ganz allein, Schweigepflicht, unehrlich, Theater gespielt, Enttäuschung, Körper aus Eis, bewegungslos, Wut, das Gefühl, wahnsinnig zu werden, schmolzen die Grenzen, ein riesiges Durcheinander, dieses irre Kind, wahnsinnig schwere Melodie, das irre Kind wurde zu einem Menschen, das allerdings nur für Sekunden, ich wollte mir selbst kündigen, Traurigkeit, Traurigkeit, Traurigkeit, Traurigkeit, überglücklich, überglücklich, wirkliche Freude, froh, alles klar.»

Bis hierhin gelesen, wird jeder Psychoanalytiker, jeder Pubertätsfachmann, jeder Identitätler seine Freude haben: Der Brief ist eine Delikatesse für den, der den Vorgang der Identitätsbildung intrapsychisch beschreiben und belegen möchte. Das Mädchen ist ein Kind seiner Zeit. Es spricht die Erwartungen nach, die es gelernt hat von den Erwachsenen. Aber der Brief geht weiter. Sein Schluß zeigt, daß der Prozeß der Selbstwerdung, auf den manche Sozialisationsexperten sogar buchstäblich ein «Glaubensbekenntnis» (Bittner 1984, S. 338) ablegen, endlos ist:

«Nun muß ich zum Abschluß dennoch sagen, daß mir viel von der Klarheit, die ich hatte, verlorengegangen ist. Ich spüre, wie sich neue Mauern bilden, doch ich lasse es geschehen, warum weiß ich nicht. Es war alles im wahrsten Sinne des Wortes ein *Wahnsinn*...»

Auch die Lebensgeschichte von Bettina ging weiter. Etwa drei Monate nach diesem Brief wurde sie von Thomas schwanger, verheimlichte allen, ihren Eltern, Geschwistern und dem Kindesvater, ihre Schwangerschaft bis zum Ende des achten Schwangerschaftsmonats und wurde von einem kleinen Mädchen entbunden. Sie verließ mit Thomas das Elternhaus und bezog auf dem Lande zwei Zimmer in einer kleinen Kate, die sich die Schwester von Thomas mit ihrem Partner hergerichtet hatte. Dort lebte sie ein Bild nach, das sie in einem Buch gefunden hatte, welches sich, unter «pubertierenden» Mädchen zumal, großer Beliebtheit erfreute: Rapunzel, ein Fotoband mit dem Untertitel «Liebeslieder aus Hansens Haus» (Schulz o. J.). Es enthält zahlreiche Fotos von 13- bis 16jährigen Mädchen, die eine Zeitlang «im Pubertätsexil» mit einem erwachsenen Mann, dem Autor, in dessen altem Haus an der Küste verleben und dort offenkundig initiiert werden (siehe Abb. 57).

Hier ist der Ort für Gedichte der Mädchen von der Art der personalen, nicht balancierenden Identität:

«Denn ich bin ich!
Denn ich bin ich!
Und ich kann schließlich alles machen,
was ich kann!
Und wenn ich mich liebe –
was geht's euch an?!»
(Schulz, o. J.)

Abb. 57: Jugend im Versteck

11 Bewährung in der Adoleszenz
Über den Verlust der Tötungserfahrung und die Erhaltung kindlicher Unschuld

11.1 Der Adoleszente als antiker Held: Leben lernen durch Töten

Den Lebensphasen zwischen einem Ende der Kindheit und dem Beginn des Erwachsenenalters einen weiteren Zugang zu widmen ist nicht selbstverständlich, weil er dem durch diese Lebensphasen gekennzeichneten Altersraum eine besondere Bedeutung beimißt. Daß die Identifikation einer weiteren Lebensphase in diesem Sektor möglich und nötig ist, ergibt sich als Resultat der mehrfach diagnostizierten Verlängerung von Kindheit (und Jugend) selbst. War einmal ein erster Schritt in Richtung auf das Erwachsenenalter durch den Erwerb ökonomischer und religiöser Reproduktionsfähigkeit gekennzeichnet gewesen (vgl. Kap. 8), ein weiterer durch die Erlangung sexueller Reife (vgl. Kap. 9), so zögerte sich der kulturelle (nicht physiologische) Prozeß der Selbstwerdung historisch immer weiter hinaus, indem neue Lebensphasen der späten Kindheit bzw. der Jugend sich etablierten, die zuvor eher den Charakter eines relativ kurzen (Pubertäts-)Zeremoniells gehabt haben (vgl. Kap. 10). Auf diese Weise ragt die als ‹Jugend› nur unzureichend gekennzeichnete Lebensphase heute in die Zeit der Adoleszenz hinein und gewissermaßen durch sie hindurch bzw. verschiebt sich diese Lebensphase, wenn sie überhaupt noch durchlebt wird, im Lebenslauf weiter nach hinten. Es ist deshalb außerordentlich schwierig, einen Altersraum zu fixieren, der als Adoleszenz bezeichnet werden kann.

In römischer Zeit, in der die Bezeichnung ‹Adoleszenz› entstand, markierte sie – je nachdem, welche Phasenkonzeption des Lebens zugrunde gelegt wurde – eine Lebensphase vom 16. bis zum 30. (fünfstufige Modelle) bzw. bis zum 28. Lebensjahr (sechsstufige Modelle) (vgl. Lenhart/Strohner 1983, S. 23). Neben dieser frühen historischen Festlegung existieren zahlreiche andere Phasendatierungen, die je nach ihrer Herkunft unterschiedliche Altersangaben machen. So changieren die Altersangaben der Helden in mittelalterlichen Epen für den Zeitpunkt, in dem diese die Schwertleite erfuhren, also zum Ritter geschlagen wurden, erheblich (vgl. Abb. 58).

Zur gleichen Zeit existierte die urbane Handwerkslehre mit einem mittleren Eintrittsalter von 14 bis 15 Jahren, die bei einer Dauer von drei bis vier Jahren, also zwischen dem 17. und 19. Lebensjahr, mit der Lossprechung abgeschlossen wurde (vgl. Feilzer 1971, S. 206). Die dann beginnende Wanderschaft von ein bis drei und mehr Jahren markierte etwa den Anfang der Adoleszenz im Sinne einer Bewährungszeit, die durch die sogenannte Muthzeit ergänzt wurde, einen Wartestand von unbestimmter, im Durchschnitt aber etwa ein- bis zweijähriger Dauer,

Abb. 58: Das Alter der Kandidaten bei Ritterpromotionen

Name	Alter	Zeit
1 Erec	11 J.	um 1190
2 Mabonagrin	11 J.	um 1190
3 Orendel	13 J.	um 1190
4 Wolfdietrich	13 J.	1220–30
5 Alexander	15 J.	1220–30
6 Flore	15 J.	um 1220
7 Lanzelet	15 J.	1194
8 Partonopier	16 J.	1277
9 Tristan	18 J.	1210
10 Gregorius	18 J.	1195
11 Albrecht von Braunschweig	18 J.	1245
12 Cayphas	19 J.	um 1300
13 Wigalois	20 J.	1212
14 Ulrich v. Lichtenstein	24 J.	1255
15 Reinfried v. Braunschweig	24 J.	1300
16 Dietwart	30 J.	1280
17 Seifried Helbling	30 J.	1283–99

(*nach:* Feilzer 1971, S. 163)

die seitens der Zunft für eine sorgfältige Prüfung des Kandidaten vor seiner Aufnahme in den Meisterstand kaum vor dem 23. Lebensjahr (vgl. ebd., S. 211) genutzt wurde.

Diese mittelalterliche Phasierung in der Welt des Handwerks hat sich offenbar auch in psychologischen Konzeptionen zum Beginn des 20. Jahrhunderts halten können. So nennt noch Charlotte Bühler (1967) 1921 das Alter von 14/15 bis 24 Jahren als Adoleszenzzeit und kennzeichnet es durch «Beruhigung», «Stabilisierung» und «Extraversion» nach der «Erregung» und «Introversion» der Pubertät.

Da sowohl die Altersangaben historisch schwanken als auch die inhaltlichen Füllungen dieser Lebensphasen wissenschaftlich zur Disposition stehen (vgl. Baacke 1983, S. 457), bietet es sich an, die Aufmerksamkeit auf ein relativ äußerliches Ereignis zu lenken, das den Beginn der Adoleszenz markiert: die Ablösung vom Elternhaus und den Eintritt in eine Phase der Bewährung. Dieses Selbständigwerden ist immer von einer erheblichen Unsicherheit und Belastung begleitet gewesen: Es war eine Phase der Bewährung als Erwachsener, die in der Geschichte unterschiedliche Formen gehabt hat. Diese Phase der Adoleszenz ist mythischen Ursprungs. Ihr entsprechen die legendären Fahrten der antiken Helden. Die Odyssee ist gewissermaßen ihr Synonym. Wenn wir verstehen wollen, welche Funktion diese Phase der Bewährung einmal gehabt hat und was daraus geworden ist, müssen wir mit einer Analyse der alten Heldenlieder und -legenden einsetzen.

Jan de Vries (1961b) hat das Modell eines Heldenlebens vorgelegt, an dem wir wichtige Merkmale für den Übergang von der Jugend zum Erwachsenendasein studieren können. Das Modell stellt eine idealtypische Rekonstruktion dar, die aus der Analyse vieler Heldenepen und -legenden gewonnen wurde, wobei wichtig ist, daß diese Rekonstruktion ausnahmslos auf vorchristliche, d. h. archaische, antike und auch indische, persische, russische sowie germanische und nordische Heldensagen zurückgeht.

Das erste Kapitel einer Heldengeschichte ist die Zeugung des Helden, dessen Mutter oftmals eine *Jungfrau* ist. Dies gilt auch für die Mutter des Herakles, Alkmene, deren Geschichte gewissermaßen als Muster herangezogen werden kann. Der Vater des Helden ist ein Gott, im Fall des Herakles Zeus. (Gelegentlich ist der Vater auch ein Tier, in dessen Gestalt sich allerdings ein Gott verwandelt hat.) Dieser Aspekt ist wichtig, weil sich in der Rezeption der Heldenepen im Alltagsverstand wiederum ein ähnlicher Vergöttlichungsmechanismus anbahnt wie im Fall der Dispositive Unschuld und Identität. Diesem ist das Dispositiv Heldentum zuzuordnen, das allerdings eine große Verwandtschaft mit dem Identitätsdispositiv hat. Auch hier erfahren durch die Attribuierung von Merkmalen des Heldenhaften an alltägliche Adoleszente diese wie Jugendliche und Kinder eine Vergöttlichung.

Der Jungfernschaft der Mutter des Helden (denken wir auch hier wieder an die Umkehrung: Eine Mutter, die einen Helden zum Sohn hat, muß zur Stützung seiner Vergöttlichung sexuell enthaltsam sein) korrespondiert oftmals eine unnatürliche Geburt des Helden, die seine Göttlichkeit noch unterstreicht. Ein Beispiel dafür ist die Geburt des Dionysos aus dem Schenkel des Zeus, aber auch das Motiv des Kaiserschnittes.

Die Jugend des Helden ist die Etappe im Heldenleben, die uns besonders interessiert. Der Held ist oft schon von früher Jugend bedroht, ein Motiv, das wir aus der Lebensgeschichte des Moses kennen, der in einem Korb ausgesetzt wurde. Auch Herakles wird verfolgt, und zwar von einer Frau, Hera, die ihm schon als Knaben Schlangen und später einen Wahnsinnsanfall schickt, in welchem er seine Kinder (aus der Ehe mit Megara) tötet (vgl. Der Kleine Pauly 1979, Bd. 2, Sp. 1049). Wenn der Held ausgesetzt wird, überlebt er dadurch, daß Tiere ihn säugen, daß einfache Leute sich des Kindes annehmen oder mythische Persönlichkeiten.

Sodann gelangt der Held in die entscheidende Lebensphase, in der sich sein Heldentum herauszustellen beginnt. Er zeigt schon früh seine Kraft – wie Herakles, der die Schlangen erwürgt; gelegentlich ist er auch das, was eine einfältige Psychologie als ‹Spätentwickler› bezeichnet hat, sehr zum Trost der Eltern des Zurückgebliebenen, wenn sie erfahren, daß auch Parzival und Hamlet in ihrer Jugend zu keiner besonderen Hoffnung Anlaß gaben. Gelegentlich erwirbt der Held, wie Siegfried oder Achilles, eine fast vollständige Unverwundbarkeit, so daß er, so gerüstet, in die entscheidende Phase des Lebens eintritt. Dieses ist der Kampf mit einem Ungeheuer.

Auch Herakles besteht zahlreiche *athloi*, zahlreiche Kämpfe, die schon in frühklassischer Zeit auf die Zahl zwölf genormt wurden (vgl. Brommer 1979). Dazu gehört der Kampf mit dem Nemeischen Löwen, die Tötung der Lernäischen Hydra, der immer neue Köpfe nachwachsen, die Jagd auf den Erymanthischen Eber, der Streit mit den Kentauren, der Fang der Kerynitischen Hirschkuh, die Vertreibung der Stymphalidischen Vögel. Herakles reinigte die Augiasställe, fing den kretischen Stier, bändigte die Rosse des Diomedes, bei der Suche nach dem Gürtel der Hippolyte tötete er ein weiteres Ungetüm, danach die Rinder des Geryoneus. Auf der Suche nach den Äpfeln der Hesperiden macht er ein neuerliches Ungetüm nieder, und als zwölfte Tat wird das Heraufholen des Höllenhundes Kerberos überliefert, den er seinem Herrn Eurysthenes zurückgibt, womit er aus dessen Dienstbarkeit befreit ist.

Insbesondere die Fahrt in die Unterwelt war ein wichtiger Bestandteil vieler Heldensagen. Dazu gehört auch das Motiv des Verschlungenwerdens durch ein Ungeheuer, was Herakles in seinen späteren Abenteuern noch widerfährt (vgl. Brommer 1984). Er springt bewaffnet in den Schlund eines Meeresungeheuers, das Hesione zu verschlingen droht, hält sich darin drei Tage auf und kehrt als Sieger zurück. Dieses Eintauchen in die tiefe Finsternis ist es, was die Dechiffrierung vieler Heldensagen erlaubt. Wie wir am Beispiel des Jona-Motivs gesehen haben, symbolisiert dieser Vorgang die Tötung des alten Menschen in einem Exil, des Kindes zum Beispiel, und die Wiedergeburt als ein anderer, etwa als erwachsener Mann. Lindsay (1952, S. 370) hat den Initialcharakter dieser Komponente der Heldensagen anhand des neugriechischen Epos von Digenis Akritas entdeckt:

«Digenis, der zweimal Geborene, denn das bedeutet sein Name, ist im Grunde eine Bezeichnung, die zu den Zeremonien der Initiation gehört. Wir dürfen den Helden also eigentlich als den Vertreter eines Initiationsrituals betrachten: Den Jüngling, der im Augenblick der höchsten Krisis die dunklen Mächte überwindet und eben dadurch das ganze Volk im ewigen Prozeß von Tod und Erneuerung vertritt.»

An diesen uns bekannten Zusammenhängen interessieren uns in dieser Lebensphase nun aber nicht die Implikationen der sexuellen Initiation, die sich darin spiegeln, daß die Helden nach ihrer Bewährung zumeist mit einer schönen Jungfrau belohnt werden. Auch ist vorderhand nicht wichtig, daß der Held in der Initiation mit den «heiligen Überlieferungen» des Stammes bekannt gemacht wird (vgl. de Vries 1961 b, S. 295), sondern daß eine solche Überlieferung stattfindet und worin sie besteht. De Vries sieht in den Ungeheuern, die die heldenhaften Götter oder die göttergleichen Helden überwinden, die «Mächte des Chaos, die vernichtet werden müssen, damit der Kosmos erschaffen» werden kann (ebd., S. 296). Das drückt sich auch darin aus, daß die Unterwelt, in die der Held hinabsteigt, oft die unendliche

Fülle des Kosmos verborgen hält, indem ein Ungeheuer sie bewacht und sie sich erst nach dessen Vernichtung entfalten kann (ebd., S. 299).

Im Rückgriff auf Eliades Theorie von der Wiederholung eines Urmythos im Ritus zeigt de Vries, welche Bedeutung das Töten im Transitionsvorgang des adoleszenten Helden bekommt. Das Tier muß vom Menschen getötet werden, damit er selber leben kann. Insofern impliziert die menschliche Existenz immer eine Sünde, die des Tötens. Dieser Urvorgang des Tötens muß wiederholt werden, damit seine segensreiche, lebenssichernde Wirkung erhalten bleibt (ebd., S. 303). Das ist die Leistung, die der Mythos, der Heldenmythos, für die Gemeinschaft erbringt, die mit ihm lebt.

Für den Adoleszenten aber, für den göttlichen Nicht-Gott, müssen wir die Leistung des Mythos anders deuten. Der Held auf seiner Bewährungsfahrt lernt das Töten, und zwar zum einen dessen Technik; zum anderen aber, und das ist entscheidend, lernt er, an welche Bedingungen das Recht des Tötens gebunden ist: Das Töten ist nämlich nur erlaubt, insoweit das sonst bedrohte Leben des Helden und das seiner Gemeinschaft (nicht selten bedrohen die Ungeheuer einen ganzen Stamm) dadurch gerettet werden kann. Der Held erfährt im Töten also etwas Doppeltes: die Gesetzmäßigkeit eines Lebens, das grundsätzlich nur durch das Töten anderen Lebens gesichert werden kann, und umgekehrt eine Tötungshemmung, die die Liquidation des Lebens aus anderen als den Gründen der Selbsterhaltung verbietet. Der Held erweist sich als solcher dadurch, daß er nicht wie ein Amokläufer alles niedermacht, was sich bewegt, sondern dadurch, daß er abwägen kann zwischen gerechtfertigtem und ungerechtfertigtem Töten. Wie man auf den ersten Blick vielleicht denken möchte, impliziert aber das gerechtfertigte Töten keine Lehre vom Recht des Stärkeren, sondern der Held lernt zugleich immer, daß das ‹legale› Töten und damit auch das dadurch möglich gewordene Leben grundsätzlich sündhaft ist und bleibt.

Damit verfolgt der Heldenmythos eine bestimmte Lerntheorie: Die Lehre vom sündhaften, gerechten und ungerechten Töten muß nicht abstrakt mitgeteilt, vermittelt werden, sondern im Vollzug des Tötens erfährt der Mensch sich selbst als sündhaft, wenngleich als notwendig sündhaft. Wenn der Mensch leben will, muß er sündigen, töten, heißt die Botschaft, wobei zwischen dem Tod eines Tieres, eines Ungeheuers sogar, und dem eines Menschen nur ein gradueller Unterschied besteht. Was den Übergang zwischen Kind/Jugendlichem und Adoleszentem/ Erwachsenem betrifft, so ist auch dieses zu sagen: Der Adoleszente lernt zu sündigen, was das Kind nur rituell, nicht tatsächlich kann. Dadurch leistet der Adoleszente/Erwachsene einen Beitrag zur Konzeption des Kindes: Dieses ist sündlos noch, unschuldig durch die bloße, auf Töten basierende Existenz Erwachsener. Überträgt man diese Einsicht auf die diagnostizierte Tendenz zur Verewigung der Kindheit, dann lernen wir etwas anderes: Die Verlängerung der Jugend und Kindheit, die Weigerung des Erwachsenwerdens impliziert offenbar eine Weigerung, sich zu versündigen. Man will nicht töten lernen, man will aber trotzdem leben. Es stellt sich also die Frage, ob die alten Implikationen noch gelten: Wer leben will, muß töten. Gilt diese Implikation – und davon ist auszugehen, wenn wegen der Ernährungsnotwendigkeit unter ‹Leben› Fauna und Flora begriffen werden –, so ist die Weigerung des Erwachsenwerdens nur um den Preis des Lebens möglich oder durch eine Technik des Marktes: Man bezahlt einen anderen Menschen, der tötet, damit man selber lebt. Das ist das Modell des Berufssoldatentums, des Schlachthofs und der Polizei. Gälte die alte Implikation nicht mehr, könnten die Menschen also leben, ohne zu töten oder töten zu lassen, dann wäre der Mensch aber auch nicht von Grund auf mehr sündhaft. Er müßte also nicht um den Verlust der Unschuld bangen.

In dieser logischen Falle befindet sich jeder Pazifist, ein Gesichtspunkt, der wegen der besonderen Repräsentanz des Pazifismus unter Adoleszenten besondere Beachtung verdient: Argumentiert er mit der moralischen Unzulässigkeit des Tötens generell, dann impliziert das Argument entweder die Akzeptanz des Zusammenhangs von Leben und Töten und damit einen Verzicht auf das eigene Leben und dasjenige anderer, weil sein Pazifismus nicht universell ist und andere von der Tötungsmöglichkeit Gebrauch machen, oder das Argument impliziert die These von der Unnötigkeit des Tötens, weil das Leben gar nicht bedroht sei. In diesem Fall straft er sich selbst Lügen; denn die Bedrohung, gegen die er argumentiert, ist nach seiner Auffassung ja eine Bedrohung des Lebens. Strukturell impliziert also die Aufforderung zum generellen Nicht-Töten in jedem Fall die Zulassung des Tötens, im Fall ‹a› an den Friedfertigen, im Fall ‹b› an den Aggressoren oder an beiden.

Überspitzt formuliert heißt die Alternative vor dem Argumentationshorizont des Pazifisten also gar nicht ‹lieber rot als tot›, sondern ‹entweder du oder ich›. Das ist der Argumentationshintergrund, von dem aus der Friedensbewegung Kriegstreiberei vorgeworfen wurde.

Daran wird weniger die Richtigkeit der Logik interessieren als die Frage, ob eine Jugendbewegung, die sich kritisch zum Töten verhält, nicht als funktionales Äquivalent für die Heldenbewährung gesehen werden kann.

11.2 Der Adoleszente als verlorener Sohn: Sparen lernen durch Verschwendung

Wenn der antike Held im Erlernen des Tötens eine Tötungshemmung erfährt, Moral erwirbt und so letztlich leben lernt, dann müssen wir untersuchen, ob diese transitorische Erfahrung, der in den antiken Erzählungen alle Komponenten eines Überführungsvorgangs anhaften, im Christentum noch gemacht werden kann. Eine Philosophie, die auf die Stärke des Schwachen baut, welcher dem anderen eher die zweite Wange zum Schlag darbietet, als selber zu schlagen, ist in einem gewissen Sinn die konsequente Fortführung des antiken Modells bis zu seinem Zusammenbruch.

Der Christ rechnete in der Konfrontation mit der antiken Moral auf die Funktionalität der Moral des Helden: daß dieser nämlich gelernt hat, nur dann zu töten, wenn sein Leben bedroht wird. Der Gegner (und nichts anderes waren die Christen) entwaffnet den so sozialisierten Helden mit den Mitteln seiner eigenen Moral und wird auf diese Weise, ohne daß Blut fließt, zum Sieger.

Für das christliche Neue Testament stellt sich der Übergang zur Adoleszenz dementsprechend ganz anders dar. Da steht nicht mehr ein unerschrockener Jüngling in dem Kampf zum Wohle des Lebens der Gemeinschaft und eines eigenen Lebens, sondern Lukas läßt Jesus aus Nazareth eine merkwürdige Geschichte von einem Bewährungsexil erzählen:

«Er sprach aber: Ein Mann hatte zwei Söhne. Und der jüngere von ihnen sagte zum Vater: Vater, gib mir den Teil des Vermögens, der mir zukommt! Der aber verteilte seine Habe unter sie. Und nicht viele Tage danach nahm der jüngere Sohn alles mit sich und zog hinweg in ein fernes Land, und dort vergeudete er sein Vermögen durch ein zügelloses Leben. Nachdem er aber alles durchgebracht hatte, kam eine gewaltige Hungersnot über jenes Land, und er fing an,

Mangel zu leiden. Und er ging hin und hängte sich an einen der Bürger jenes Landes; der schickte ihn auf seine Felder, Schweine zu hüten. Und er begehrte, seinen Bauch mit den Schoten zu füllen, die die Schweine fraßen; und niemand gab sie ihm. Da ging er in sich und sprach: Wie viele Tagelöhner meines Vaters haben Brot im Überfluß, ich aber komme hier vor Hunger um! Ich will mich aufmachen und zu meinem Vater gehen und zu ihm sagen: Vater, ich habe gesündigt gegen den Himmel und vor dir; ich bin nicht mehr wert, dein Sohn zu heißen; stelle mich wie einen deiner Tagelöhner! Und er machte sich auf und ging zu seinem Vater. Als er aber noch fern war, sah ihn sein Vater und fühlte Erbarmen, lief hin, fiel ihm um den Hals und küßte ihn. Der Sohn aber sprach zu ihm: Vater, ich habe gesündigt gegen den Himmel und vor dir; ich bin nicht mehr wert, dein Sohn zu heißen. Doch der Vater sagte zu seinen Knechten: Bringet schnell das beste Kleid heraus und ziehet es ihm an und gebet ihm einen Ring an die Hand und Schuhe an die Füße, und holet das gemästete Kalb, schlachtet es und lasset uns essen und fröhlich sein! Denn dieser mein Sohn war tot und ist wieder lebendig geworden, er war verloren und ist wiedergefunden worden. Und sie fingen an, fröhlich zu sein.

Sein älterer Sohn aber war auf dem Felde; und als er kam und sich dem Hause näherte, hörte er Musik und Reigentanz. Und er rief einen der Knechte herbei und erkundigte sich, was das sei. Der aber sagte ihm: Dein Bruder ist gekommen, und dein Vater hat das gemästete Kalb geschlachtet, weil er ihn gesund wiedererhalten hat. Da wurde er zornig und wollte nicht hineingehen. Doch sein Vater kam heraus und redete ihm zu. Er aber antwortete und sagte zum Vater: Siehe, so viele Jahre diene ich dir und habe nie ein Gebot von dir übertreten; und mir hast du nie einen Bock gegeben, damit ich mit meinen Freunden fröhlich wäre. Nun aber dieser dein Sohn gekommen ist, der deine Habe mit Dirnen aufgezehrt hat, hast du ihm das gemästete Kalb geschlachtet. Da sagte er zu ihm: Kind, du bist allezeit bei mir, und alles, was mein ist, ist dein. Du solltest aber fröhlich sein und dich freuen; denn dieser dein Bruder war tot und ist lebendig geworden, und war verloren und ist wiedergefunden worden» (Lukas 15, 11–32).

Die Bewährung des Adoleszenten besteht in dieser Geschichte, die ja ausdrücklich prototypischen Charakter haben soll, darin, daß jemand nicht ins Bewährungsexil geht, um im Töten das Leben zu lernen, sondern darin, daß jemand das Leben durch Spielen, Saufen und Huren lernt. Die Grundstruktur ist dieselbe: Wie der antike Held die Sündhaftigkeit des Tötens durch das Töten lernt, so erfährt der verlorene Sohn die Sündhaftigkeit der Verschwendung durch Verschwendung. Das ist allerdings eine bemerkenswerte Verschiebung: Aus der Sicht des Jesus von Nazareth, so scheint es, muß die Gemeinschaft nicht daran interessiert sein, daß jemand eine reflektierte Einstellung zum Töten erhält, um dadurch leben zu lernen, sondern er bedarf einer Kunst des Geldausgebens, genauer des Sparens. Das Sparen, die Kapitalakkumulation, tritt als Lebenslehre für die Adoleszenten an die Stelle der Verteidigung. In beiden Fällen geht es darum, dem Menschen etwas zu sichern: Für den antiken Helden geht es um die Bewahrung der Unversehrtheit seines Körpers, für den Christen um die Bewahrung materiellen Eigentums. In der Heldengeschichte ist Leben demnach auch auf die innere Natur des Menschen bezogen, in der Geschichte vom verlorenen Sohn gewissermaßen auf die äußere, soziale, die im Medium Geld in einzigartiger Weise repräsentiert ist.

Dieses hat eine wichtige sozialisatorische Implikation. Wenn der verlorene Sohn des Christen etwas weggibt, das gar nicht von ihm selbst ist, sondern von anderen, hier von seinem Vater, der ihm sein Erbe aushändigt, dann ist er nicht bei sich. Im Gegensatz dazu steht der antike Held, der im Tötungsakt gleichfalls etwas abgibt, sich veräußert. Aber die ausgebrachte areté ist die männliche Kraft, die durch die Knabeninitiation bereits bei ihm ist. Weil der verlorene Sohn durch die Äußerlichkeit des Mediums der Bewährung ‹Geld› also nicht «bei sich» ist, muß er erst zu sich kommen. Entsprechend lesen wir im Vers 17: «Er aber kam zu sich und sprach ...»

Für die Beurteilung der Differenz, die sich hinsichtlich der Grunderfahrung in der Adoleszenz einstellen soll, ist es wichtig, das Neue Testament darauf zu überprüfen, ob sich irgendwo ein funktionales Äquivalent für die Moral der Heldenlegende findet. Der einzige Abschnitt, der sich explizit mit einer Moral des Tötens befaßt, steht im Matthäus-Evangelium (5, 21–26):

«Vom Töten
Ihr habt gehört, daß zu den Alten gesagt ist (2. Mose 20,13; 21,12): ‹Du sollst nicht töten; wer aber tötet, der soll des Gerichts schuldig sein.› Ich aber sage Euch: Wer mit seinem Bruder zürnt, der ist des Gerichts schuldig; wer aber zu seinem Bruder sagt: Du Nichtsnutz! Der ist des Hohen Rats schuldig; wer aber sagt: Du gottloser Narr! Der ist des höllischen Feuers schuldig. Darum: Wenn Du Deine Gabe auf dem Altar opferst und wirst allda eingedenk, daß Dein Bruder etwas wider Dich habe, so laß allda vor dem Altar Deine Gabe und gehe zuvor hin und versöhne Dich mit Deinem Bruder und alsdann komm und opfere Deine Gabe. Sei willfährig Deinem Widersacher bald, solange Du noch mit ihm auf dem Wege bist, auf daß Dich der Widersacher nicht überantworte dem Richter und der Richter dem Diener und werdest in den Kerker geworfen. Wahrlich, ich sage Dir: Du wirst nicht von dannen herauskommen, bis Du auch den letzten Heller bezahlest.»

Dieser Abschnitt ist frappierend. Er bestätigt nicht das mythische Tötungsgebot, nicht einmal aus Gründen der Selbstverteidigung, sondern fängt den Konflikt bereits weit vor der Möglichkeit einer lebensbedrohenden Auseinandersetzung ab, und zwar mit der bereits erwähnten Unterwerfungstechnik. Bemerkenswert ist, daß der Schlußsatz wieder auf das Medium Geld abhebt. Offenbar ist, metaphorische oder wörtliche Exegese vorausgesetzt, die Eigentumsauseinandersetzung der Musterfall, an den der Evangelist den Jesus von Nazareth denken läßt.

11.3 Der Adoleszente ohne Bewährung: vom Meier Helmbrecht zu Kafka

Verfolgt man die Rezeptionsgeschichte des Motivs vom verlorenen Sohn weiter, so ist zunächst festzuhalten, daß von einer Ablösung der Heldenlegende durch das Motiv vom verlorenen Sohn in der Folgezeit keine Rede mehr sein kann. Noch die mittelhochdeutschen Epen sind vielfach Heldenliteratur, Aventiurenromane. Schon in althochdeutscher Zeit beginnt dies mit Überlieferungen wie dem Hildebrandslied. Die Christianisierung bewirkt allerdings auch eine Veränderung in wichtigen Motiven dieser Epen. Oft geht, wie in Hartmann von Aues «Gregorius», ein Sündenfall der Bewährungsfahrt voran. Nicht ist also die Reise des Helden der Anlaß, im Töten die Sündhaftigkeit des Lebens zu erfahren.

Daneben wird das Motiv des verlorenen Sohnes weiter kultiviert. Die mittelhochdeutsche Verserzählung «Meier Helmbrecht», die Wernher dem Gartenære zugeschrieben wird, ist ein Beispiel dafür. Die Geschichte nimmt indessen einen anderen Verlauf als im Lukas-Evangelium. Meier Helmbrecht verläßt gegen den Willen des Vaters den Hof und wird Raubritter. Als solcher kehrt er eines Tages für kurze Zeit zu seiner Familie zurück, bezichtigt seine Mutter des Ehebruchs und verführt seine Schwester, ihm zu folgen. Während der Hochzeitsfeier der Schwester mit einem der Raubritter wird die Bande ausgehoben und gehenkt. Meier Helmbrecht wird dazu begnadigt, daß man ihm die Augen aussticht und einen Fuß sowie eine Hand abhackt. Der Geblendete kehrt ein zweites Mal zum Hofe des Vaters zurück, der ihn aber verflucht und verjagt, woraufhin er von Bauern ergriffen und totgeschlagen wird.

In dieser Verserzählung hat sich die Erinnerung an den Transitionsvorgang, den die Fahrt des Helden und die des verlorenen Sohnes einmal enthielt, fast völlig verbraucht. Meier Helmbrecht kommt nicht wie der verlorene Sohn zu sich, lernt nicht wie der Held durch die Kampfestat etwas über die Sündhaftigkeit des Lebens, sondern es sind Dritte, die den Lehrmeister darstellen müssen, das Gericht und später die Gemeinschaft derer, denen der Vater des Meier Helmbrecht selber zugehört, Bauern. Wir sehen daran, daß der Erzähler nicht mehr dem lernenden Vermögen des Protagonisten glaubt, denn schließlich läßt er ihn auch ein erstes Mal unbelehrt zurückkehren. Aber noch mehr: Die entscheidende Funktion der Bewährungsfahrt, des Adoleszenzexils, ist vergessen.

Die Ablösung vom Elternhaus ist kein Bestandteil des Bildungsprozesses mehr, der gleichsam selbstgesteuert erfolgreich verläuft. Sie ist nur noch Verfall der Sitten, denen mit einer anderen Belehrungsagentur entgegengewirkt werden muß, der Polizei, dem Henker und dem Dichter, der diese Geschichte erzählt. Das Töten wird in dieser Geschichte gewissermaßen professionalisiert, dem Adoleszenten kommt es, auch im Sinne der Verteidigung seines Lebens, nicht mehr zu.

Die Verschiebung des Moralerwerbs von der ‹selbsttätigen› Bildung des einzelnen in die Richtung auf eine Be-lehrung setzt sich in der Folgezeit fort. Im 16. Jahrhundert gibt es keinen Stoff, der so häufig bearbeitet wurde wie der vom verlorenen Sohn (vgl. Brettschneider 1978, S. 27), eng verwandt mit dem Jedermannmotiv (vgl. van Stockum 1958), wobei die moralisierende Tendenz dominiert.

Am Beginn dieses Jahrhunderts scheint jemand die alte Botschaft von der selbsttätigen Erfahrung zu reaktivieren, die der Adoleszente in der Bewährungsfahrt macht: Rainer Maria Rilke. In den «Aufzeichnungen des Malte Laurids Brigge» (1910) wird, nicht unbeeinflußt von der zu herrschen beginnenden Psychoanalyse, manifest, daß das Ziel, sich selbst zu finden, nur auf dem Wege erreicht werden kann, daß man seine Kindheit bewußt wieder in sich hineinnimmt. Hier ist erneut ein weitreichender Schritt unternommen worden. Lernte der antike Held etwas von der Sündhaftigkeit des Lebens im Töten, kam der verlorene Sohn des Lukas-Evangeliums zu sich, weil er in einer Welt der Eigentums-Dominanz außer sich war, und wurde der verlorene Sohn des Meier Helmbrecht gewaltsam zu sich gebracht durch die Lynchjustiz der Bauern an ihm, so zeigt der Rilke-Text am Beginn des ‹Jahrhunderts des Kindes› offenbar ein regressives Motiv. Der Adoleszente findet nicht in der Bewährung zu sich, sondern durch den Rückzug auf den Status der Unschuld, des Kindlichen.

Der Vorgang der Bewährung im Vollzug dessen, was für eine Gemeinschaft wichtig ist, scheint bedeutungslos geworden zu sein. In «Heimkehr» hat Franz Kafka 1920 (vgl. Kafka 1961) die literarische Konsequenz daraus gezogen, indem er die Legende vom verlorenen Sohn auf dessen Heimkehr verkürzt. Exilation des Adoleszenten, Bewährung und ‹Rehabilitation› haben keine Bedeutung mehr. An die Möglichkeit, sich heldenhaft auch nur noch rudimentär zu bewähren und sich dadurch zu bilden, wird nicht mehr geglaubt, der Erste Weltkrieg geht gerade zu Ende. Wenn er eine Lehre enthalten hat vor Verdun, dann die, daß das jahrelange Halten einer Stellung, eines Bunkers, eines ‹Forts› an der Gewalt des gegnerischen Materials zerbrechen muß. Der heldenhafteste Kämpfer mag während der monatelangen Belagerung seines Bunkers eine Menge gelernt haben, gewiß auch dieses, daß er töten darf, töten muß, um zu überleben, wenn man ihn erst einmal dorthin gestellt hat. Für einen bildenden Prozeß am Helden fehlte indessen eine wichtige Voraussetzung: eine hinreichende Gewißheit, danach als Sieger heimzukehren und der gelernten Moral entsprechend leben zu können. Diese verätzte sich in den Nebeln der gegnerischen Senfgasangriffe. Die Botschaft von der Notwendigkeit des Tötens zum Zwecke des Lebens wurde in dem Maße, in dem sie fühlbar wurde, pervertiert. Sie hieß sodann: Töten, um zu sterben.

Es ist zu vermuten, daß diese Erfahrung, nicht für die Betroffenen, sondern für die Überlebenden und die Gestaltung ihres Lebenslaufes sowie dessen ihrer Kinder, eine tiefgreifende Implikation hatte. Wenn man so existentiell erfahren konnte, daß die heldenhafte Bemühung des Adoleszenten im Töten die Lehre enthielt, sterben zu müssen, konnte man sich dieser Logik nur entziehen, wenn man die anthropologische Einsicht der Alten leugnete und die Notwendigkeit des Tötens zum Zwecke des eigenen Lebens bestritt. Aber offenbar genügte das nicht. Auch der naheliegende Gedanke, der nicht zuletzt in der pädagogischen Reformbewegung der 20er Jahre eine wichtige Rolle spielte, man könne die Bewährung des Adoleszenten auch in einem anderen Medium als dem des Tötens in gleicher Weise sich vollziehen lassen, ist falsch. Die Erfahrung der eigenen grundlegenden Versündigung durch das Töten kann kaum ohne Veränderung der Lerneffekte durch die bloße verbale Belehrung darüber abgelöst werden, daß Töten nicht sein solle, daß der Mensch durch sein Leben sündhaft ist.

11.4 Adoleszenz als Simulation: John Wayne, Humphrey Bogart und die reine Indifferenz

In den zwanziger, dreißiger Jahren des 20. Jahrhunderts tritt ein neues Element des Diskurses über die heldenhafte Bewährung auf, der jedem eine Nacharbeit ausbleibender Heldenerfahrung zu bieten scheint, der Film. Wir denken dabei zunächst besonders an das Genre des Western. Hier ließ sich zwanglos an eine historische Erscheinung, die Besiedlung des amerikanischen Westens, anknüpfen und dieser Vorgang zu zahllosen kleinen Odysseen umstilisieren, die es den lebenden Adoleszenten (und nicht nur ihnen) erlaubte, sich mit den Protagonisten zu identifizieren, die Fahrt also mit- oder besser nachzuerleben. Die Struktur dieses Angebotes an Identifikationsmöglichkeit war bereits durch zahlreiche Beispiele aus der Trivialliteratur vorgegeben. Karl May ist ein frühes Exemplar dieser Gattung. Durch die Technik der Ich-Erzählung, die selbst dem Autor im Verlauf seines Lebens die Grenze zwischen Wirklichkeit und Simulation zerstörte, indem er sich selbst für Old Shatterhand und Kara Ben Nemsi hielt, zog er, wie auch zahlreiche andere Autoren von Abenteuerromanen, den Leser so in die Handlung hinein, daß dieser zum Nachhelden werden konnte.

«Im Western ist jeder, der auf der Seite des Guten steht, auf seine Art ein Held, ein ganzer, von keinem Selbstzweifel befallener Mensch, der eine Aufgabe erfüllt, die niemand ihm zu befehlen braucht» (Seeßlen 1973a, S. 47). In der Erfüllung seiner Aufgabe bringt der Westernheld sich auf die Seite des Guten. Er kämpft gegen die, die die gerechte Sache, sein Streben nach Lebensraum und das seiner ‹Leute› bedrohen. Die Kugel aus der Fünfundvierziger fällt selten den Protagonisten, sondern on the long run fallen die anderen. Im Töten lernt der Adoleszente, wann er töten darf. Nicht selten sind die Geschichten so gewirkt, daß ein ‹entarteter› Sohn auf den rechten Weg gerät, tötet, um das Leben zu lernen. – Wenn man mit jemandem reitet, von Colorado nach Texas, von Nevada nach New Mexiko, dann ist das ein Bildungsprozeß.

Einer von denen, die reiten und mit denen man reitet, wenn man jung ist und das Töten lernen will wie das Leben, ist John Wayne. Dieser (alias Marion Michael Morrison), geboren 1907, abgelehnter Bewerber bei der US Naval Academy und abgebrochener Student, ist, wie Karl May, ein Beispiel dafür, wie die Wirklichkeit des Helden und die Simulation ineinander verfließen.

1938 mit dem Film «Stage Coach» unter John Ford berühmt geworden, löste ein Erfolg den anderen ab, bis er selbst Produzent wurde. Er unterstützte aktiv die Verfolgung der politischen Linken in Hollywood während der McCarthy-Ära und den Wahlkampf von Barry Goldwater. Seine Gegnerschaft galt dem Kommunismus und jedem liberalen Arrangement mit ihm. Seinen selbstproduzierten Film «The Alamo» nutzte Wayne dazu, dem darin auftretenden feindlichen General Santa Anna Züge von John F. Kennedy zu geben (vgl. Seesslen 1973a, S. 109f.).

Vor dem Hintergrund der Überlegungen zur Funktion der heldenhaften Bewährung kann man die Sache natürlich auch anders sehen: John Wayne verkörperte, er war der Mythos von dem einsamen Adoleszenten auf der Bewährungsfahrt, auf dem Ritt zur Selbstwerdung in Übereinstimmung mit den gesellschaftlichen Normen. Indem er aber nach dem Gesetz des Wachstums Film an Film reihen mußte, indem, auch ohne ihn, sich Western an Western reiht (bereits zwischen 1950 und 1960 wurden allein in den Vereinigten Staaten 989 Fernsehstunden Wildwest-Filme produziert), beobachten wir die schon wiederholt dargestellte Erscheinung, daß eine Lebensphase prolongiert, mental auf Dauer gestellt wird. Sie trifft auf die Zuschauer ebenso zu, die diese Tausende von Stunden konsumieren und auf den ‹großen Ritt› der Adoleszenz gehen, wie auf den Schauspieler, den Westernhelden, dessen Beruf darin besteht, ein Dauer-Adoleszenter zu sein. Darin liegt die eigentliche Gefährlichkeit eines Politikers, der einmal Western-Held war: wie John Wayne nicht mehr unterscheiden zu können zwischen seiner Adoleszenz und der der Figuren, die er spielt. Oder umgekehrt: Wenn er erfahren hat, daß der Bösewicht immer wieder aufsteht, nachdem er abgeknallt wurde, wenn er erfahren hat, daß er 30-, 40mal auf ihn schießen muß, bis die Einstellung ‹stimmt›, muß es für ihn eine

Erleichterung sein, wenn der Gegner endlich getroffen ist und am Boden bleibt, wenn er endlich wirklich lernt, was es heißt zu töten. Denn wenn das Töten immer nur Simulation war für ihn, war auch die alte, damit verbundene Erfahrung für ihn immer nur Simulacrum: Es scheint nur so, als ob er lebt, weil er das Töten nur gespielt hat.

Die wichtigen Merkmale unserer, durch die Simulation der Odyssee gekennzeichneten Kultur der Adoleszenz werden in diesen Beispielen deutlich. Es dürfte keinen Zweifel daran geben, für welch großen Teil der Bevölkerung diese Simulation via Fernsehen tägliche Erfahrung ihrer Dauer-Adoleszenz ist oder vielleicht doch besser war. Denn was der Western leistet, tun auch zahlreiche Abenteuer-, Science-fiction- und Kriminalfilme. Zu ihnen gehört ein Film, der, obgleich Abenteuerfilm, für viele der Inbegriff einer besseren Alternative zu der Dauer-Adoleszenz der Western-Helden und ihrer Zuschauer sein könnte, «Casablanca».

In diesem Film ist alles anders und doch gleich: In Casablanca, dem Ort der Emigration für Verfolgte der Naziherrschaft, betätigt sich Humphrey Bogart in der Rolle des Nachtclubbesitzers als professioneller Menschenschmuggler, der im Verlauf des Films zu einer freien, moralischen Entscheidung kommt und dadurch so etwas wie ‹Identität› erwirbt, «zu sich kommt», wie das Lukas-Evangelium sagt. Er ist zu Beginn des Films also noch nicht bei sich, er ist Adoleszenter, wenngleich nicht im Alter des Jünglings. Und indem er Leben gibt oder wenigstens doch rettet, stellt er die antike Lehre auf den Kopf und verändert sie, nicht ohne Anklänge an die ökonomisch akzentuierte Geschichte vom verlorenen Sohn, denn bei der Fluchthilfe ist Geld im Spiel. Er lernt leben durch die Verhinderung des Tötens, nicht durch den Vollzug.

Auch bei diesem Film spielt die Differenz von Wirklichkeit und Simulation eine wichtige Rolle. Der Film beschäftigt eine Reihe emigrierter Schauspieler und wird während der Dreharbeiten teilweise erst geschrieben (vgl. Seeßlen 1973b, S. 32). Und auch Humphrey Bogart gelingt es nicht, zwischen seiner Wirklichkeit und der seiner simulierten Helden zu unterscheiden, er gerät durch sein Engagement für den gegen Eisenhower unterlegenen Wahlgegner Stevenson in Schwierigkeiten und schließlich, für längere Zeit, in Vergessenheit. Dave Chasen hat das Problem des unausweichlichen Simulationszusammenhangs, in dem der Schauspieler Bogart steckte, treffend formuliert: «The trouble with Bogart is that he thinks he is Bogart» (Heinzlmeier u. a. 1984,

S. 7). Indem er «tat, was zu tun ist, bleiben die Motive seines Handelns undeutlich» (Seeßlen 1973b, S. 254). Abgesehen von Casablanca ist das auch der verbreitetste Eindruck, den Bogart in seinen Rollen hinterläßt. Die, wenn man so will, in Casablanca erworbene Identität ist eben auch nur eine gespielte, simulierte, ja nicht einmal die des Schauspielers scheint gefestigt.

Die gegenwärtige kulturelle Situation ist kaum treffend erfaßt, wenn wir sie als Verlängerung des Diskurses über die Bewährungsfahrt des Adoleszenten oder über das Motiv des verlorenen Sohns auffassen. Wenn Kafka von der Geschichte des verlorenen Sohnes nur noch die Rückkehr übrigließ und dieses nach den Kriegen sicher auch einer breiten Erfahrung entsprach, dann konstatieren wir heute, daß von der alten Geschichte nichts übriggeblieben ist. Die Erfahrung des verlorenen Sohnes, Eigentum zu sichern, Eigentum der äußeren Natur, vermittelt heute die Stadtsparkasse mit dem Sparelefanten und dem Jugendsparbuch. Die Bewährungsfahrt des Adoleszenten hat ein ähnliches Schicksal ereilt. Niemand lernt heute noch das Töten und dadurch das Leben. Auch der Hinweis auf die Wehrpflicht ändert daran nichts. Es gibt kaum einen Absolventen dieser soldatischen Monate, der nicht als beherrschende Erfahrung die endlose Langeweile des täglichen Dienstes genannt hätte. Die Professionalisierung des Tötens, die Delegation dieser bildenden Aufgabe an Metzger, Ärzte, Soldaten und Polizisten, impliziert nicht nur eine Zivilisierung des täglichen Lebens, sondern auch seine sozialisatorische Verödung, ja sogar eine unüberschätzbare Gefahr für die Adoleszenten und späteren ‹Erwachsenen›, keinen selbst erfahrenen Begriff mehr zu haben vom illegitimen Töten und von der grundsätzlichen moralischen Belastung des eigenen Lebens, welches nur um den Preis anderen Lebens erhalten werden kann.

Bruckner und Finkielkraut schreiben in ihrem «Kleinen Handbuch der Alltagsüberlebenskunst» mit dem Titel «Das Abenteuer gleich um die Ecke» (1981, S. 22):

«Früher sorgte die Lebensgefahr, die explosive Berührung mit der Ewigkeit, die den Menschen jederzeit fortreißen konnte, für den Unterschied zwischen Heldentat und alltäglicher Pflicht. Doch heute, da die Gefahr mit dem dummen Gesicht des Unfalls herumläuft, ist das Abenteuer, das auf keine Herausforderung mehr antwortet, unbeweisbar geworden. Der in Kauf genommene Tod war der Konsens, der aller Welt Respekt abverlangte. Fortan fehlte uns dieser Konsens. Die banal gewordene Gefahr hat das Unterscheidungsprinzip ausgelöscht, das den Abenteurer aus der großen Masse heraushob. Ohne den Heldentod wissen wir nicht mehr so recht, woran wir das Ereignis erkennen sollen, und werden abwechselnd dazu gebracht, diese Unentschiedenheit zu preisen und zu verfluchen, so sehr gleichen sich schließlich Karikatur und echte Tat.»

Dieses Zitat enthält einen wichtigen Gedanken. Die Erfahrung des Lebens, seiner Sündhaftigkeit im Töten hatte ursprünglich eine Implikation, an die noch einmal zu erinnern ist, daß nämlich der Held selbst vom Tode bedroht wurde und sich im *Sieg* als Lebender erfuhr.

Diese Verhältnisse haben sich in doppelter Weise gewandelt: Die panische Angst vor dem Tode, die unsere Jugendkultur ergriffen hat, schließt bereits den bloßen Gedanken aus jenem alten Diskurs über Adoleszenz aus, das Leben könnte erst im ‹Auf-das-Spiel-Setzen› des eigenen Lebens gewonnen werden. Und zweitens: Es gehört zu den wahrscheinlich richtigen Analyseresultaten, die innerhalb der Friedensbewegung vorgetragen werden, daß es ‹danach› keine Sieger mehr geben wird. Der Krieg kann also mit den zur Verfügung stehenden Waffen die Funktion eines Adoleszenzexils nicht mehr erfüllen, weil er allenfalls noch Überlebende, keine Sieger mehr hinterläßt. Insofern kann der Hinweis auf die globale Todesangst, die die potentiellen Abenteurer hemmt, nicht als Aufforderung zum Krieg mißverstanden werden.

Es geht nur um eine Benennung der Implikationen für eine Mythologie der Kindheit: Die Angst vor dem Tode mit der Folge der Weigerung, das Leben zu wagen (in diesem doppelten Sinne des ‹Auf-das-Spiel-Setzens› und des ‹bewußten Lebens›), mündet heute nicht einmal mehr in der Perpetuierung der Adoleszenz, wie wir es bei der Verewigung des Kindlichen und der Prolongation der Pubertät konstatieren konnten. Es kommt nach der Pubertät schon wegen ihrer Persistenz kaum noch zu einer entfalteten Adoleszenz, deren Kennzeichen das Bewährungsexil wäre. Die eingangs gestellte Frage, ob eine pazifistische Jugendbewegung nicht als funktionales Äquivalent für das Bewährungsexil des Adoleszenten gesehen werden kann, ist jetzt zu verneinen, und zwar nicht aus dem Grunde, daß eine Friedensbewegung ihre ungewollten kriegerischen Nebenfolgen nicht steuern könnte.

Während die sozialisatorische Wirkung der Bewährungszeit des Helden in der Erfahrung bestand, wegen der unhintergehbaren Tötungstatsache ein sündhaftes Leben führen zu müssen, versucht der jugendliche Kriegsgegner etwas gleichsam Übermenschliches: Er will sich durch die Verweigerung rein halten, sein Leben nicht auf der Tötung anderen Lebens basieren lassen, und er bringt sich um die Einsicht des universalen Tod-Leben-Zusammenhangs, indem er Leben auf menschliches Leben reduziert. Vor allem weigert er sich, erwachsen zu werden. Das ist nicht zu kritisieren, sondern die Feststellung einer strukturalen Implikation, derjenigen nämlich, daß ein weiteres Mal Kindheit auf Dauer gestellt zu werden scheint.

12 Abtreibung und Kindesmord
Die Sicherung der Kindlichkeit Erwachsener durch Infantizid

12.1 Halbheit des Daseins durch Abwesenheit des Todes

Daß das Leben weder im Töten noch in dessen Simulation mehr gelernt werden kann, läßt die Frage entstehen, ob es auf andere Weise begriffen wird. Weil das Leben grundsätzlich nur in seiner Polarität zum Tode, seinem absoluten Gegenteil, erfaßt werden kann, wäre nach Riten und Mythen zu suchen, die in der Gestaltung der letzten Transition das leisten, was auch andere Transitionsriten einmal geleistet haben, die Akzeptanz der neuen Lebensphase durch den Initianden über den Weg der rituellen Tätigkeit seiner Umwelt. Begriffe man den Tod als die letzte Phase eines Lebens oder besser eines ‹Seins›, dann erhellt, daß ein Mensch sich darin nur dann wird einrichten können, wenn er die Transition dahin erlebt bzw. als noch Lebender an der Transition anderer, Verstorbener, erfährt und deshalb antizipieren kann, wie auch er eine solche Überführung erfahren wird. Dasselbe gilt für die ihn umgebende Gemeinschaft: Nur dann wird sie ihn als den nehmen können, der sich in der letzten Phase befindet, wenn seine Transition dieses offenkundig gemacht hat.

Berücksichtigt man, daß noch immer ein sehr hoher Anteil von etwa

89 Prozent aller Gestorbenen eine kirchliche Bestattung erfährt, wobei der Anteil wegen der Nichtberücksichtigung von Angehörigen anderer Religionen und von Ausländern noch höher sein dürfte (vgl. Statistisches Bundesamt 1984, S. 70 und 92 f.), dann kann von einer hohen Repräsentanz des letzten Transitionsritus ausgegangen werden. Vergleicht man indessen die Präsenz des Initianden im Totenkult für die ihn umgebende Gemeinschaft mit der Präsenz des Initianden für seine Umwelt in den Phasen des biologischen Lebens, dann tut sich eine grundlegende Differenz auf. Wohl wird der Tote ‹überführt›, doch ähnelt dieser Vorgang eher einer Beseitigung als einer Initiation. Es ist schließlich nicht selbstverständlich, daß der Körper eines Toten durch seine Verbrennung oder sein Begraben den Sinnen entzogen wird. Andere Kulturen haben es verstanden, durch Mumifizierung der Leichen ihre Präsenz zu sichern. Das gilt im übrigen nicht nur für eine Führungselite wie im alten Ägypten, sondern, wie die Bestattungspraxis der Tiahuanaco und Huarikultur in Peru aus der Zeit von 100 bis 1000 n. Chr. zeigt, auch für gewöhnliche Mitglieder der Gesellschaft (vgl. Abb. 59).

Abb. 59: Von Grabräubern (Huaqueros) freigelegte Mumien auf einem Gräberfeld bei Nazca/Peru

Angesichts der technischen Möglichkeiten der Tierpräparation böte eine vergleichbare Praxis heute keinerlei Schwierigkeiten, jedoch ist die Aufbewahrung menschlicher Leichen oberhalb der Erde in vielen Ländern verboten. Das Testament einer 1984 verstorbenen Erblasserin, die die Erbschaft eines beträchtlichen Vermögens von der Bedingung abhängig machte, daß die Erbin ihre präparierte Leiche in einem Sessel ihrer Wohnung aufstellen müsse, wurde gerichtlich für ungültig erklärt. Auch die im 19. Jahrhundert verbreitete Praxis der Anfertigung von lebensgroßen Steinstatuen und Reliefs, die die Toten abbilden und vergegenwärtigen, ist weitgehend verlorengegangen (vgl. Abb. 60).

Die bildliche Erinnerung an die Toten ist in die Familienalben verbannt worden, über deren Öffnung die Lebenden entscheiden.

Diese «Verdrängung des Todes aus dem Bereich des öffentlichen ‹Gesichts›kreises» (Ariès 1984, S. 280) hat aber auch im Außersinnlichen, im «Übersinnlichen» stattgehabt. Carlo Ginzburg (1983, S. 58 f.) hat am Beispiel des Mythos von der «Wilden Jagd» gezeigt, wie noch im Spätmittelalter und in der Frühneuzeit eine sinnliche Beziehung zu den Toten aufrechterhalten wurde:

«Für uns heute existieren einzelne Tote, mit denen wir im Leben (direkt oder über vertraute Erinnerungen) verbunden gewesen sind; oder es existiert ein abstrakter Begriff wie ‹der Tod›. Damals fühlten sich die Lebenden durch eine Reihe von Beziehungen, die von Solidarität bis zur Drohung reichten, mit einer wahrhaften Gemeinschaft von Toten verbunden. Die Wahrnehmung dieses Verbundenseins fand ihren dauerhaften Ausdruck im vielgestaltigen Mythos der ‹Wilden Jagd›. Durch ihn äußerte sich der angstbesetzte Schrecken, in den Schlund der Nicht-Lebenden hinabgezogen zu werden – und wurde so in gewisser Weise gezähmt. Gegen diese Auffassung des Todes, die dem Christentum zutiefst fremd war, focht die Kirche einen langen Kampf: Die Schar der unbefriedeten Toten wurde durch die mahnende Schar der sich läuternden Seelen ersetzt (und parallel dazu wurde die Totenklage von den christlichen Tränen aufgeweicht). Aber vor allem in den ländlichen Gebieten zog die Kirche lange Zeit den kürzeren. Der Mythos der ‹Wilden Jagd› nährte weiterhin in seinen verschiedenen Fassungen die Vorstellungen und Träume von Männern und Frauen. Und dann nahm die Strategie der Kirche (bewußt oder unbewußt) eine andere Form an. Der Christianisierung der ‹Wilden Jagd› wurde nach und nach deren Verteufelung an die Seite gestellt. In einem langen Verarbeitungsprozeß durch Theologen, Dämonologen und Inquisitoren wurden die Scharen der umherirrenden Toten umgestaltet und entstellt, bis sie das monströse Aussehen des Hexensabbats annahmen. In diese Form wurde der sehr alte Mythos der ‹Wilden Jagd› zuerst hineingepreßt und dann blutig von den ländlichen Gebieten Europas hinweggefegt.»

Abb. 60: Grabmal des F. G. Casella (1884), von G. Benetti, Cimitero di Staglieno, Genua

Wir sehen daran, daß das konstatierte Ausbleiben der Lebenserfahrung im Töten-Lernen während der Adoleszenz nur ein Teil eines größeren Gefüges ist. Es ist gekennzeichnet durch die Liquidierung jeder Art der Beziehung Lebender zum Tode, und zwar in der Form der Beziehung zum Töten und in der Form der Beziehung zu den Toten sowie in beiden zum eigenen Sterben. Denn wenn ich das Leben nicht im Töten und im Bezug zu meinen Toten nicht lerne, lerne ich auch das Sterben nicht. Oder umgekehrt: Wer über Töten und Tote keinen Begriff vom Sterben erwirbt, erfährt auch nicht, was Leben als Erwachsener heißt, weil sich die «Ganzheit des Daseins» erst im Sterben konstituiert (Heidegger 1979, S. 239). Wer die Ganzheit des Daseins nicht erfahren hat, ist ein Kind. Noch im Tode scheinen sich daher unsere ‹Erwachsenen› als Kinder zu erweisen. So ist der Tod eines Menschen genaugenommen immer auch der Tod eines Kindes. Aus diesem Grund ist dem Tod von Menschen, die aufgrund ihres Alters traditionell als Kinder (oder Jugendliche) begriffen werden, besondere Aufmerksamkeit zu schenken. Im ‹erwachsenen› Diskurs über den Kindestod müßte sich die Einschätzung der ‹Erwachsenen›, ihrem Tode und ihrem Lebensstatus gegenüber, spiegeln.

Führen wir uns zunächst einige grundlegende Klassen des Kindestodes vor Augen:
– die tödlich verlaufende Krankheit eines sogenannten Kindes bzw. der tödliche (Verkehrs-)Unfall;
– der Suizid eines Kindes;
– der vorsätzliche Kindesmord bzw. die Kindesmißhandlung mit Todesfolge;
– die Abtreibung.

Diese Todesarten stehen in einem Kontinuum, was die Haltung der ‹Erwachsenen› zu ihnen betrifft, so daß die erste und die letzte der genannten Todesarten bezüglich ihrer Bewertung durch Erwachsene außerordentlich widersprüchlich einzuschätzen sind.

Beginnen wir mit der tödlich verlaufenden Krankheit eines Kindes. – 1982 erschien ein nicht besonders beachtetes und literarisch auch nicht beachtenswertes kleines Buch mit dem Titel «Nachtblende» (vgl. Kruppa 1982), in dem eine Mutter öffentlich um den Tod ihres Kindes trauert, das, siebenjährig, bei einem Autounfall ums Leben kam. Das Kind wurde eine Zeitlang auf der Intensivstation eines Krankenhauses behandelt und verstarb dann. Die Mutter schildert in ihrem Buch die in der langen Folgezeit immer wieder aufflackernden Erinnerungen und

Gedanken an das kleine Mädchen. Verallgemeinerungsfähig sind daran sicher einige Elemente der Trauer: Die Autorin wünscht sich unmittelbar nach der Todesnachricht selbst den Tod, sie spricht von der Nachricht als von ‹ihrem› Todesurteil. Sie leidet unter einer «grauenhaften, selbstvernichtenden Sehnsucht» (ebd., S. 12); die Autorin rekonstruiert ihre eigene, glücklose Kindheit; sie möchte in einen anderen Ort ziehen, um nicht erinnert zu werden. Gleichzeitig will sie den Ort aber nicht einmal für eine Reise verlassen, weil sie das Kind dann nicht auf dem Friedhof allein lassen will. Ihre Aufmerksamkeit widmet sie jetzt (offenbar wieder) ihrem Ehemann Johannes («... er ist für mich das Leben, das unser Kind für mich nicht mehr sein kann»; ebd., S. 43). Das tote Kind wird idealisiert. Schon vor Schulbeginn kann es fließend lesen.

Der wichtigste Satz steht gleich auf der ersten Seite und heißt: «Sie war doch erst sieben» (ebd., S. 7). Das – im alltäglichen Verstande – Tragische des Falles liegt offenbar darin, daß es noch ein Kind ist und doch schon sterben muß. Es wird oft unterstellt, daß die besondere Tragik des kindlichen Todes darin zu erblicken sei, daß es noch «kein Werk hinterlassen» habe, daß es nur genommen, aber nicht gegeben habe (Rosemeier 1984, S. 291). Das scheint eher eine mittelschichtorientierte Interpretation zu sein. Wir hören vielleicht öfter Formulierungen der Art, daß ‹das Kind doch noch das ganze Leben vor sich hatte›, und bedauern darin, daß es dieses nicht genießen konnte. Wenn man zusätzlich berücksichtigt, daß im Gegensatz noch zum 18. Jahrhundert die Wahrscheinlichkeit, als Kind zu sterben, ungleich kleiner ist als im hohen Alter, dann vergrößert der Tod, der plötzliche, unvermutete Tod eines Kindes die Dramatik.

Es ließe sich auch sagen, daß dem sterbenden Kind etwas gefehlt hat, nämlich etliche Lebensphasen und die Übergänge zwischen ihnen. Das Regelwidrige am Tod eines Kindes ist in einem gewissen Sinne genau dieses: Es tritt vorzeitig in eine Lebensphase ein, den Tod, für die es eigentlich noch nicht reif ist. Wir haben diese Erscheinung schon zu Beginn der Betrachtung des Lebenszyklus kennengelernt: daß nämlich der Übergang in eine je neue Lebensphase nur in dem Maße zu gelingen scheint, indem die je vorangehende auch wirklich erreicht wurde. Beim Tod eines Kindes ist diese Störung des Lebenszyklus so augenfällig, daß auch die letzte Phase des Kindeslebens, der Tod, nicht zu gelingen scheint. Die Erwachsenen weigern sich, wie wir am Beispiel der Mutter aus der «Nachtblende» sehen, die erforderlichen transitorischen Riten an einem Kind zu vollziehen, weil es «doch noch so jung ist». Wenn wir berücksichtigen, daß der Transitionsritus immer eine doppelte Funktion hat, nämlich dem Initianden zu zeigen, daß er einen neuen Status erlangt hat, und der ihn umgebenden Gemeinschaft, daß der Initiand jetzt ein anderer ist, dann ist die Weigerung der Erwachsenen, den unausweichlichen Tod eines todkranken Kindes rituell zu begleiten, in doppelter Weise problematisch. Die Gemeinschaft möchte den Eintritt in die neue Lebensphase, den Tod des Kindes, leugnen, und das sterbende Kind wird um einen humanen Übergang in die letzte Lebensphase gebracht – in dem Maße, in dem die Erwachsenen die Möglichkeit seines Todes nicht akzeptieren. Wie groß die Unsicherheit Erwachsener mit diesem Ereignis ist, zeigt der Erfolg einer umfangreichen Literatur gerade zu diesem Thema in den letzten Jahren (vgl. z. B. Braun 1983; Brocher 1980; Bürgin 1978; Engelke u. a. 1979; Kübler-Ross 1984; Leist 1982; Parker/Manger 1982; Reed 1972; Wunderlich 1972). Daß todkranke Kinder eine Art Transformationswunsch und eine klare Vorstellung von dem haben, was ihnen bevorsteht, ist kaum zu bezweifeln. Einige Äußerungen von sterbenden Kindern zeigen das recht deutlich:

«Camille ist acht Jahre alt. Seit seiner frühen Kindheit ist er krank, er spricht oft vom Tod: ‹Weißt du, Mama, eines Tages werde ich ganz weit weggehen, und ich werde dich nicht mehr wiedersehen ... Beim nächsten Mal wirst du mir ein ganz heißes Bad einlaufen lassen, damit ich sterbe.›»
«Jeanette ist elf Jahre alt. Sie ist an einem Hirntumor erkrankt, sie beklagt sich über das Schweigen der Erwachsenen: ‹Die sagen mir nichts, aber ich weiß, ich habe einen Tumor. Man stirbt ... Kinder sterben, auch ich werde sterben›» (Rimbault 1977, S. 12).

Diese Beispiele zeigen den Wunsch des Überführtwerdens ebenso wie das Beispiel von der vierjährigen Katharina, das Riehm berichtet. Sie verschenkte am Vortage ihres Todes ihre Spielsachen an die Geschwister mit dem Hinweis darauf, daß sie diese nun nicht mehr brauche (vgl. Riehm 1984, S. 316). Das Kind mußte die Transition gewissermaßen selbst in die Hand nehmen wie ein 70jähriger, der sein Testament schreibt.

Für den Diskurs über das Sterben der Kinder läßt sich also sagen, daß es heute überwiegend als ein zu frühes Sterben interpretiert wird. Das war durchaus nicht immer so. Zu Zeiten der großen Kindersterblichkeit lagen die Verhältnisse weitaus anders: Besonders bedauernswert schien der Tod eines Jugendlichen, in den schon viel Kraft und Zeit investiert worden war, ohne daß diese sich gewissermaßen amortisierte. Diese Auffassung galt sowohl für die erzieherische Theorie, wenn Rousseau (1978) beispielsweise schrieb, daß das Kind mit zunehmendem Alter immer kostbarer werde und daß es nicht lohne, «jemanden leben (zu) lehren, der nur daran denkt, wie er dem Tode entgeht» (ebd., S. 28), als auch für den Alltag noch des 19. Jahrhunderts:

«Starben die Kinder klein, dann war selten großes Leid. ‹Ist a schöner Engel im Himmel; wir haben noch genug von den übrigen!› hieß es. Verlor man aber ein Kind, das schon bei der Arbeit helfen konnte, dann war das Bedauern allgemein: ‹Es hat schon so viel Arbeit und Mühe gekostet; nun ist alles umsonst; lieber hätte eines von den Kleinen gehimmelt›» (Ploss 1911, S. 565).

An dieser älteren Einstellung wird die heutige gegenüber dem Tode eines Kindes recht deutlich. Wurde es früher als Verlust eines eigenen, durchaus auch ökonomischen Besitzes bedauert, so ist inzwischen eine neue Orientierung hervorgetreten: die Trauer über die Unvollständigkeit des anderen Lebenszyklus, den man auch selbst durchläuft. Vielleicht läßt sich das in diesem Sinne Regelwidrige des Kindestodes dissonanztheoretisch erklären (vgl. Festinger 1978). Ein Lebenslauf ist um so ‹unrichtiger›, je mehr er sich von dem eigenen unterscheidet. Wenn das eigene Leben als unvermeidliches aushaltbar sein soll, dann muß das mit dem Kindestod endende für falsch erklärt werden. Und noch weiter: In dem Maße, in dem Kindheit nur zur bestimmenden Kategorie auch des Erwachsenenlebens wird, stellt der Tod des Kindes sogar eine vehemente Erinnerung an den eigenen Tod dar. Ein gestorbenes Kind unterscheidet sich nicht mehr nennenswert von mir selber als einem Erwachsenen, der darauf aus ist, möglichst jung zu sein oder zu scheinen. Eine Kultur, die den Tod wie die unsere extrem verdrängt, die Möglichkeit des eigenen Todes, muß alles vermeiden, was daran erinnert. Die Toten, das sind immer die anderen. – Ich bin noch ein Kind. – Hierin zeigt sich noch einmal als eine Art Rückkoppelungseffekt, daß die Propagierung des Kindlichen als des Normalen nicht nur die Verdrängung der Todestatsache bewirkt, sondern daß es umgekehrt auch dieser Verdrängung zu ihrer Wirksamkeit bei der Infantilisierung der Gesellschaft bedarf.

Diese Verdrängung der Todestatsache dürfte dem Menschen ein wichtiges, wenn nicht das wichtigste Moment dafür sein, daß so viele der ehedem selbstverständlichen Transitionen von einer Lebensphase in die andere nicht mehr fungibel sind. Von Lebensphase zu Lebensphase geführt zu werden heißt auch, sich der letzten großen Transformation zu nähern, was unter allen Umständen vermieden werden muß. Der Verdrängungsprozeß ist schon in der Erziehung der kleinen Kinder wirksam. Psychologen berichten im Umgang mit sterbenden Kindern immer wieder von der Schwierigkeit, der sie dadurch begegnen, daß die Eltern diesen Kindern falsche Vorstellungen vom Tode vermittelt haben. Entweder haben sie ihn als einen schönen Schlaf dargestellt und erzeugen damit im Krisenfall einen Todeswunsch mit deutlich suizidalen Komponenten, oder sie haben das Thema tabuisiert.

12.2 Nähe und Ferne zu den kindlichen Opfern

Die kollektive Unterdrückung des Todesgedankens steht in einem extremen Widerspruch zu dem Umgang Erwachsener mit zwei anderen Arten des Todes, denen Kinder heute erliegen, mit der Abtreibung und der tödlichen Kindesmißhandlung. Es ist zwar unbestritten, daß es auch bezüglich dieser Todesarten einen durchaus nennenswerten Teil der Bevölkerung gibt, der darauf ähnlich reagiert wie auf den nicht zu verhindernden Tod eines Kindes im Falle der Krankheit oder des Unfalls, aber jene Todesarten unterscheiden sich von diesen doch deutlich. Ist die tödliche Krankheit ein kaum beeinflußbares Schicksal, der Unfalltod zwar durch Menschen verursacht, oftmals durch Fahrlässigkeit oder wie der Suizid durch einen Mangel an Zuwendung, so haben wir es im Fall der Abtreibung und der tödlichen Kindesmißhandlung mit Vorsatz zu tun. Genaugenommen müßten beide Arten auf dem eingangs genannten Kontinuum umgekehrt hierarchisiert werden; denn die Abtreibung ist darauf angelegt, das Kind vorsätzlich zu töten, während die Mißhandlung eines Kindes nicht in jedem Fall einen Mord am Kinde intendiert.

Bei beiden Gruppen interessieren weniger die sogenannten Erwachsenen, die betrachtend neben diesen Vorgängen stehen, die den Kopf des Kindesmörders fordern oder gegen die Freigabe der Abtreibung opponieren. Im Vordergrund stehen die anderen, die tötenden Erwachsenen. Deren Zahl ist nicht in jedem Fall leicht zu eruieren. So werden nach Trube-Becker (1982, S. 7) in der Bundesrepublik Deutschland jährlich zwischen 30 000 und 80 000 Kinder mißhandelt, bis zu 1000 sterben durch die Hand der eigenen Eltern.

Aber diese hohen Zahlen resultieren aus Schätzungen, die mit sogenannten Dunkelziffern operieren und gern publizistisch aufgewertet werden. Dabei wird häufig von einer Dunkelziffer von 95 Prozent unentdeckt gebliebener Mißhandlungen ausgegangen. Sucht man nach der empirischen Grundlage für diesen hohen Prozentanteil, so stellt sich heraus, daß diese Angabe einer Falschinterpretation der tatsächlichen Verhältnisse entspringt. Faktisch ist es nämlich zunächst so, daß nur fünf Prozent aller der von der Polizei und der Staatsanwaltschaft vorgetragenen ‹Fälle› durch ein Gericht bestätigt werden, daß also 95 Prozent aller erkannten Fälle nicht einen strafrechtlich relevanten Tatbestand erfüllen. Aus dieser Prozentzahl wurde dann fälschlich eine Dunkelziffer unerkannter Fälle erhoben, so daß sich etwa folgende Zahlenverhältnisse ergeben:

1 mal × = Zahl strafrechtlich relevanter, bekannter Fälle,
19 mal × = Zahl aller strafrechtlich irrelevanten, bekannten Fälle,
20 mal × = Zahl aller gemeldeten Fälle;
19 mal 20 mal × = 380 × = Zahl der angeblich unerkannten Fälle.

Elke Heinsen (1982, S. 106f), die diese Manipulation aufgedeckt hat, zeigt, daß zahlreiche Untersuchungen mit solchen und anderen Extrapolationen arbeiten und dadurch zu Zahlen von bis zu 1 628 000 Mißhandlungsfällen in der Bundesrepublik Deutschland gelangen.

Sieht man von solcher Literatur ab, die mit solchen Zahlen die zwangsläufigen Folgen des Kapitalismus unter Beweis stellen will, weil in dieser Gesellschaftsformation die familiale Sozialisation unter die «direkte Kommandogewalt des Kapitals» gestellt wird (Wolff 1975, S. 33), und der Sache damit eher ein Bärendienst erweist, so bleibt doch nicht zu leugnen, daß der Diskurs über Kindheit einen deutlichen Trend zu einer Dramatisierung und Überthematisierung der Kindestötung aufweist. So enthält die Bibliographie des Bandes «Kindesmißhandlung und Kindesrechte» (Zenz 1979) über 400 neuerer Titel zu diesem Thema.

Gleichzeitig trägt dieser Diskurs deutliche Züge der ‹aufgeklärten› Mittelschicht. So gehörte lange Zeit die Kennzeichnung der Kindesmißhandlung als Unterschichtphänomen zu den Selbstverständlichkeiten dieses Diskurses – nicht ohne pharisäerhafte Gebärden. Es wird inzwischen allerdings deutlich, daß die Täter keineswegs eine homogene Gruppe darstellen. Steale und Pollock (1978, S. 168) stellten bei ihrer in der eigenen psychologischen Praxis eines großen Krankenhauses über etliche Jahre durchgeführten Untersuchung vielmehr fest:

«Sie stammten aus allen sozio-ökonomischen Schichten – ungelernte Arbeiter, Farmer, Facharbeiter, Angestellte und Angehörige von Spitzenberufen. Einige lebten in Armut, einigen ging es vergleichsweise gut, die meisten lagen irgendwo dazwischen. Sie wohnten in Großstadtgebieten, kleinen Städten und in ländlichen Gemeinden. Ihre Wohnungen reichten von einer elenden Hütte bis zu erstklassigen Vorortvillen, und sie konnten unabhängig davon gut gepflegt oder auch unsauber sein. Was die Schulbildung angeht, so gab es einige Personen, die nur unregelmäßig die Hauptschule besucht, während die qualifiziertesten unter ihnen sogar akademische Grade erworben hatten. Dementsprechend gab der durchgeführte Intelligenztest IQ-Werte, die zwischen 70 und 130 lagen.»

Die Fallgruppe war übrigens auch hinsichtlich der Lebensalter nicht auffällig. Mißhandelt und gemordet wurde von 18- bis 40jährigen Eltern, sogar ein elfjähriger weiblicher Babysitter befand sich darunter. Die Familienverhältnisse waren stabil, und unter den Untersuchten befanden sich Katholiken, Juden und Protestanten.

Die hohe, seit zwei, drei Dekaden anhaltende Aufmerksamkeit und Hyperthematisierung der Kindesmißhandlung und Kindestötung könnte nun den Gedanken aufkommen lassen, hierin manifestiere sich eine besondere pädagogische Sorge der Erwachsenen gegenüber den Kindern und damit eine deutliche Demarkationslinie zwischen diesen beiden. Der Sachverhalt kann jedoch auch anders gedeutet werden: Im Sterben der Kinder, gleichgültig ob ‹natürlich› oder gewaltsam erfolgt, sehen die Erwachsenen ihren eigenen Tod, ihren kindlichen Tod. Die Kinder erinnern sie viel mehr an sie selbst als die Alten. Aus diesem Grunde unterscheidet sich der Kindesmord für die Nichtmörder nur graduell vom Kindestod aus anderer Ursache, und deshalb sind die mentalen Strukturen der Mörder ungleich wichtiger.

Es sieht so aus, daß es sich bei den Tätern um denkbar normale Leute verschiedenster Herkunft handelt. Allerdings gab es unter ihnen eine auffällige Gemeinsamkeit: «Die Eltern behandeln das Kind, als wäre es einige Jahre älter, als es eigentlich ist» (Steale/Pollock 1978, S. 173). Außerdem beobachteten Morris und Gould (1963) eine Rollenumkehrung von der Art, daß Eltern von den Kindern eine Zuwendung erwarteten, die sie eigentlich ihren Kindern geben sollten. Auch Kaufman (1962) hat diesen Vorgang beobachtet und dadurch beschrieben, daß die betreffenden Eltern das Kind nicht als solches wahrnehmen, sondern als eine «symbolische oder wahnhafte Figur», was mit einer extremen Infantilisierung der Eltern einhergeht.

Diese Kennzeichnung ist für eine Mythologie der Kindheit bedeutsam, weil sie eine bis hierhin des öfteren entdeckte Erscheinung bestätigt: Gerade wenn die Grenzen zwischen Kindheit und Erwachsenenstatus zu diffundieren beginnen, wenn also Erwachsene Kinder als ihresgleichen wahrnehmen, sei es, daß sie die Kinder gewissermaßen ‹adultieren› oder sich selbst infantilisieren, verliert die Kindesmißhandlung und -tötung ihren besonderen Status, der für gewöhnlich ja im Gegenteil in dem Macht*gefälle* zwischen Kindern und Erwachsenen gesehen wird. Vergleichen wir vor dem bei den anderen Todesursachen herangezogenen Kriterium der Erfüllung des Lebenszyklus die Einstellung der Erwachsenen gegenüber dem unverschuldeten Tod eines Kindes mit derjenigen der Erwachsenen gegenüber dem selbst herbeigeführten Kindestod, dann löst sich der denkbare Widerspruch zwischen dem Diskurs der Nicht-Mörder und der Mörder plötzlich auf. Auch die Eltern, die ihre Kinder mißhandeln, halten die Erfüllung des Lebenszyklus für wichtig. Die im übrigen augenfällige Differenz zwischen dem Kind und ihrer eigenen Position im Lebenszyklus wird intrapsychisch derart überwunden, daß kontrafaktisch davon ausgegangen wird, die Kinder befänden sich bereits in einer fortgeschrittenen Phase des Lebenszyklus, so daß ihr Sterben keine Regelwidrigkeit darstellt. Umgekehrt befinden sich die Täter selbst auf einer früheren Stufe des Lebensprozesses, so daß ihr Handeln in ihren eigenen Augen das von Kindern ist, also frei von der Verantwortung für die Zukunft der Opfer.

Mit einer genau umgekehrten Denkoperation wird im Diskurs über die Legitimität der Abtreibung operiert, der schon angesichts der Zahl von etwa 400 000 Kindestötungen im Jahr in der Bundesrepublik Deutschland erheblich wichtiger ist. Kluge (1975, S. 40) hat in einer logischen Rekonstruktion der moralischen Argumente von Abtreibungsbefürwortern gezeigt, daß die positiven Argumente letztlich in für niemanden akzeptable Konsequenzen münden. So bedeutet die Verallgemeinerung des Argumentes, eine Abtreibung sei zur Vermeidung von Überbevölkerung sozial wünschenswert, folgende Konsequenz:

«It is morally better to kill someone rather than let that person live, just so long as by killing that person we save it from a life of misery, disease, and so on.»

Ähnliches gilt für das *psychologische* Argument, ein Kind könnte unter bestimmten Umständen in eine psychisch unerträgliche Lage geraten:

«If the psychological situation to be faced by someone is likely to be unbearable, it is better to kill that individual than to let him endure it» (ebd., S. 44).

Auch die Argumentation, die auf die unveräußerlichen Glücksansprüche der Mutter abhebt, welche durch eine zwangsläufige Veränderung ihres Lebensstils berührt würden («Mein Bauch gehört mir»), führt zu unannehmbaren Folgerungen:

«Sometimes the only way of preventing such a state of affairs from occurring is to abort the pregnancy. For, carrying the child to term would in fact result in such a disruption of the life-style of the woman that the instability mentioned above would in fact obtain. Therefore, once more, abortion is the only solution» (ebd., S. 51f).

Die moralische Inakzeptabilität dieser Tötungslegitimationen resultiert daraus, daß die verallgemeinerte Form der Argumente den zur Rede stehenden Fötus mit einem Erwachsenen identifiziert: «Killing a person, killing an individual.» Während also die Infantilisierung des potentiellen Kindesmörders diesen, wie gezeigt, legitimiert, delegitimiert ihn die Nivellierung des Opfers mit ihm. Der einzige, in der Abtreibungsauseinandersetzung dann ja auch tatsächlich begangene Weg ist der, die Opfer als Nicht-Menschen zu kennzeichnen. So hat der Bundesgerichtshof (BGH) in seinem Urteil vom 7. Dezember 1983 festgestellt, daß ein Fötus erst mit dem Einsetzen der Eröffnungswehen ein Mensch ist (Az: 1 Str. 665/83; vgl. «Frankfurter Rundschau» vom 8.12.1983, S. 24).

Betrachtet man die beiden polaren Typen der Kindestötung, den zumeist affektiven Kindesmord als Folge der Mißhandlung und die vorsätzliche Tötung durch Abortus, im Zusammenhang, dann läßt sich sagen, daß die große Zahl der Kindestötungen durch Abortus und die Hyperthematisierung der Kindesmißhandlungen mit Todesfolge logische Implikationen einer Veränderung des Konzeptes Kind sind.

In zwei Fällen wird die mentale Annäherung der kindlichen Opfer an die ‹kindlichen› Täter vermieden, sei es, daß die Kinder wie im Fall der Abtreibungsopfer als Nicht-Menschen begriffen werden, oder sei es, daß die Psychologie des Kindesmörders bei diesem die fälschliche Wahrnehmung der Kinder als Erwachsene entdeckt. In zwei anderen Falltypen ist die Nähe der Opfer zu den Erwachsenen im Medium

Kindlichkeit nicht vermeidbar. In diesen wird entweder der Kindesmord durch die Nicht-Täter in unangemessener Weise thematisiert bzw. sanktioniert, oder es werden die Täter selbst zu Kindern und damit ihre Tat zu einer ‹unter Kindern› erklärt. – In allen vier Erscheinungsformen leistet das Bewußtsein in seiner Haltung zum Tod der Kinder eine Sicherung des eigenen Kindheitsstatus der ‹Erwachsenen›.

12.3 Vergöttlichung der Kindheit durch Kindestötung

Die gegenüber dem Tod Erwachsener besondere Rolle des Kindestodes erbringt nicht nur eine Leistung für die Infantilisierung der Erwachsenen, sondern im Sinne der Vergöttlichung ein weiteres Mal eine herausgehobene Charakterisierung des Kindlichen. Diese funktionale Kapazität läßt sich an der Geschichte des Infantizids erläutern. Damit ist die Tötung der Leibesfrucht nicht *ante partum*, sondern *in statu nascendi* bzw. *post partum* gemeint, allerdings nicht der Kindestod als Folge der Kindesmißhandlung. Auch wenn man gegenüber allen Schätzungen die gebotene Vorsicht walten läßt, sind Zahlen benennbar, die weit unter den Extrapolationen für Kindesmißhandlungen liegen.

Jährlich werden nur etwa 100 Frauen wegen dieses Delikts verurteilt. Dieter Blank (1967, S. 109) geht aufgrund präzisen Aktenstudiums davon aus, daß die Dunkelziffer erheblich höher ist, daß auf eine erkannte Kindestötung zehn bis fünfundzwanzig heimliche unerkannte Tötungen erfolgen. Danach wäre von 1000 bis 2500 Kindestötungen im obengenannten Sinne pro Jahr auszugehen. Da auch zu früheren historischen Zeitpunkten eine hohe Dunkelziffer bestanden haben dürfte, lassen sich nur die Fälle von Verurteilungen vergleichen. Für die Neuzeit liegen nur spärliche, zufällige Zahlen vor, etwa die, daß im Stadtgebiet Nürnberg von 1510 bis 1777 insgesamt 94 Todesurteile wegen des Infantizids ausgesprochen wurden (vgl. Wächtershäuser 1973, S. 113). Vergleichbar ist in gewisser Hinsicht das tabellarische Verzeichnis der im Jahre 1789 in Preußen durchgeführten Criminal-Prozesse (vgl. ebd., S. 120); es enthält 84 Verurteilungen wegen Kindestötung allein auf dem preußischen Territorium. Immerhin dürfte sicher sein, daß die Kindestötung ein sehr häufig auftretendes Delikt war. Anders ist kaum erklärlich, daß Pestalozzi darüber noch im 19. Jahrhundert eine Abhandlung mit dem Titel «Über Gesetzgebung und Kindesmord» verfaßte und nicht ohne Pathos schreiben konnte (1821, S. 269):

«Kindermord! – Träum' ich oder wach' ich? Ist sie möglich, die That? Geschieht sie? ... Verhülle dein Antlitz Jahrhundert! beug' dich nieder, Europa! von deinen Richterstühlen erschallt die Antwort: zu Tausenden werden meine Kinder von der Hand der Gebärenden erschlagen.»

Vergleicht man die verschiedenen Formen der Bestrafungspraxis des Kindermords, dem zeitweise auch die Aussetzung, Abtreibung und Verheimlichung der Schwangerschaft zugeordnet wurden, so stellt sich eine interessante Bewegung heraus, die in solchen Versuchen zur Geschichte der Kindheit gern übersehen wird, welche die Kindheitsgeschichte als Fortschrittsgeschichte interpretieren wie de Mause (1977). Entgegen anderslautenden Vermutungen hat die inzwischen erfolgte Liberalisierung der Abtreibung nämlich eine Vorgängerin in der Liberalisierung der Strafe für die Kindestötung, nachdem diese Tat zunächst einige Jahrhunderte lang empfindlich geahndet wurde.

Nach dem Recht der Tötung des Kindes durch den Kindesvater bei den Römern und Germanen (die Frau hatte das Recht nicht!) und einer verbreiteten Praxis dieser Art über eineinhalb Jahrtausende nachchristlicher Kultur stellte sich ungefähr zeitgleich mit der Reformation eine strenge Bestrafungspraxis der Kindesmörder(in) ein. Die Todesstrafe war besonders qualifiziert für Kindesmord und Notzucht. Die Täter wurden für gewöhnlich lebendig begraben und gepfählt:

«Dabei verfuhr man folgender Weise: Man bettete die Verurteilte in einer Grube, deren Boden mit Dornen bedeckt war, überschüttete sie leicht mit Erde und trieb einen spitzen Pfahl in die Erde, der der Unglücklichen das Herz durchbohrte» (Ramecker 1927, S. 28).

Die «Carolina», die «peinliche Gerichtsordnung» Kaiser Karls V. von 1532, qualifizierte die Kindestötung als «delictum carnis», als Verbrechen gegen das Fleisch, und enthält im Artikel 131 folgende Regelung:

«CXXXI item welches weib jre kind, das leben und glidmaß empfangen hett, heymlicher boßhafftiger williger weiß ertödtet, die werden gewonlich lebendig begraben unnd gepfelt, Aber darinnen verzweiffelung zuverhütten, mögen dieselben übelthätterin inn welchem gericht die bequemlicheit des wassers dazu vorhanden ist, ertrenckt werden. Wo aber solche übel offt geschehe, wollen wir die gemelten gewonheyt des vergrabens unnd pfelens, umb mer forcht willen, solcher boßhafftigen weiber auch zulassen, oder aber daß vor dem erdrencken die übelthätterin mit glüenden Zangen gerissen werde, alles nach radt der rechtverstendigen» (Ramecker 1927, S. 28 f).

Zu Beginn der Aufklärungszeit setzte dann insofern eine Liberalisierung ein, als die Todesstrafe mit dem Schwert exekutiert wurde, dieses aber nur dann noch, wenn die Lebensfähigkeit des (getöteten) Kindes überzeugend erwiesen werden konnte.

Diese Bedingung, nicht die kontinuierliche Senkung des Strafmaßes bis zur Privilegierung der Gebärenden, der im Gebärakt ein psychotischer Schub zugebilligt wird (schon im Strafgesetzbuch für die preußischen Staaten von 1851; vgl. v. Pfeil 1979, S. 233), ist das eigentlich Bedeutsame an dieser Entwicklung. Wenn, wie v. Pfeil berichtet (ebd., S. 236), in Spanien und Portugal eine Grenze zwischen Kindestötung und Mord am Lebensalter des Kindes festgemacht wird, die in Spanien bei drei, in Portugal bei acht Tagen liegt, dann verdeutlicht sich, daß mit der aufklärerischen Liberalisierung eine heimliche Entwicklungstheorie in den Sachverhalt der Tötung eingebracht wird, daß, ähnlich wie am Urteil des BGH sichtbar, also eine Grenze dafür gesucht (und gefunden) wird, ab wann ein Kind Mensch ist und wann noch nicht.

In der Frage der Festlegung eines Lebensalters, ab welchem ein Wesen als menschliches und damit schutzwürdiges zu beurteilen ist, steckt auch die eigentliche Problematik der sogenannten Fristenlösung bei der Liberalisierung des sogenannten Schwangerschaftsabbruchs. Während das Bürgerliche Gesetzbuch im § 1 bestimmt, daß die Rechtsfähigkeit eines Menschen mit dem Abschluß der Geburt beginnt, und während, wie gezeigt, die Grenze zwischen Abtreibung und Mord durch den Bundesgerichtshof auf den Beginn der Eröffnungswehen festgelegt wird, liegt die Grenze zwischen zugelassener und unzulässiger Abtreibung bekanntlich früher. Ein Fötus darf nur bis zu einer bestimmten Schwangerschaftswoche beseitigt werden, wobei im Zusammenhang der Auseinandersetzung um die Liberalisierung des § 218 der Zeitpunkt dafür lange umstritten war und ist. Man kann sich dabei auf den

Standpunkt stellen, daß das menschliche Leben mit dem Eindringen des Samens in die Eizelle beginnt (vgl. Döring 1967), der sogenannten Imprägnation; man kann auch die Auffassung vertreten, daß, vom Standpunkt der Schwangeren aus betrachtet, erst der Zeitpunkt der Nidation, der Einnistung des befruchteten Eis, relevant ist, also der 10. bis 13. Tag nach der Ovulation (vgl. Blechschmidt 1969, S. 35). Sodann werden die kindlichen Herzaktionspotentiale mit Beginn des fünften Schwangerschaftsmonats genannt (vgl. Bolte 1969, S. 109) oder die Registrierbarkeit eines Elektroenzephalogramms zwischen dem fünften und sechsten Monat. Zieht man allerdings das Elektroenzephalogramm heran, dann kann man auch die Position vertreten, daß Kinder bis zum zweiten Lebensjahr getötet werden dürfen, weil die Struktur ihrer Hirnströme bis dahin weitgehend mit derjenigen von Fröschen identisch ist, die schließlich zu Dutzenden in einer ordentlichen Sezierstunde getötet werden (vgl. Kluge 1975, S. 195). Man könnte noch weitergehen und Kinder als das qualifizieren, was sie unter der Kategorie der Moralität sind. Sie haben erst mit 16, 18 Jahren eine moralische Agentur erworben und wären bis dorthin also keine Menschen. Diese Liste der Rechtfertigungsmöglichkeiten von Kindestötung ließe sich fast beliebig fortsetzen, wenn man zum Beispiel als Kriterien an die Erreichung bestimmter Niveaus von Moralität denkt, die nach Kohlberg (1977, S. 233) teilweise erst mit über 30 Jahren erreichbar sind, von etlichen Menschen allerdings überhaupt nicht erreicht werden. Zwar behauptet Kohlberg keineswegs, daß eine Grenze zwischen Menschen und Noch-nicht-Menschen bei der Erreichung der höchsten Stufe der Moralentwicklung liege; jedoch zeigt die unverhohlene Werthierarchisierung der Moralstufen, daß mit ihrer Hilfe zumindest eine Verschiebung auf dem neuen Kontinuum moralisch akzentuierter Kindheit bzw. Erwachsensein vorgenommen wird. Letztlich kann man die Argumentation, wie Kluge (1975, S. 203) zeigt, auch mit dem Hinweis darauf ad absurdum führen, daß man die Tötung generell freigeben müsse, weil Leben unstreitig auch Leiden heiße, wodurch die Tötung eines Menschen also Erlösung vom Leid bedeute, mithin ein deutlich privilegierter Akt wäre.

Da es nun aber keine sittliche Orientierung gibt, die allen heute noch zweifelsfrei diktieren könnte, daß ein medizinisches, biologisches, neurophysiologisches oder entwicklungspsychologisches Kriterium für die Grenzziehung zwischen Kind und Erwachsenem, zwischen Mensch und Noch-nicht-Mensch zu bevorzugen wäre, ist jede derartige Festlegung willkürlich, ihre wissenschaftliche Begründung eine elende Erschleichung. Auf dem Hintergrund eines fließenden Entwicklungskontinuums des Menschen ist jede Abtreibung mit dem Mord an einem Menschen identisch. Das bedeutet übrigens nicht, daß man deswegen gegen Abtreibung optieren muß. Man hat im Falle der Befürwortung nur keine kategoriale Möglichkeit mehr, gleichzeitig gegen Mord zu votieren, bzw. man bedarf einer Hilfskonstruktion wie der des Tatmotivs, wodurch eine Werthierarchisierung der Handlungsgründe vorgenommen wird.

Die moralische Diskussion führt jedoch auf ein Nebengleis. Es geht vielmehr darum zu zeigen, daß selbst die Befürwortung der vorsätzlichsten aller Kindestötungen, der Abtreibung, die einen Menschen beseitigen will, weil er im Wege ist, nicht im Widerspruch steht zu dem Entsetzen, welches Menschen derselben Kultur über den Tod eines krebskranken Kindes empfinden können. Beide Haltungen sind Produkte der langsam entstandenen Schwierigkeit, zwischen Kindern und Erwachsenen unterscheiden zu können.

Im ersten Fall betrauert der Erwachsene im Tod seines Kindes sich selbst. Die Mutter des überfahrenen Kindes aus der «Nachtblende» schreibt:

«Als ich seinen Schritt (den des behandelnden Arztes, D. L.) hörte, kribbelte mir der Magen, und als ich sein Gesicht sah, las ich darin mein Todesurteil» (Kruppa 1982, S. 18).

Im zweiten Falle der Kindestötung hält der Mörder das Kind entweder fälschlich für einen Erwachsenen bzw. sich selbst für ein Kind, oder die Kindesmörderin wie der Befürworter der Abtreibung erzeugt per definitionem eine neue Klasse von Lebewesen: Submenschen, die (noch) getötet werden dürfen, und solche, die man nicht töten darf: Menschen. In dem Maße, in dem Kindheit eine Erosion erfährt, immer mehr Erwachsene zu Kindern erklärt werden und gleichzeitig junge Menschen («Kinder») ja am Beginn des Lebenszyklus stehen, also eher zu den Submenschen gehören, dehnt sich die Berechtigung aus, Menschen in wachsender Zahl zu töten, weil sie eigentlich (noch) keine sind, je nach Definition. Es scheint so, daß der besondere Schutz des kindlichen Lebens in dem Maße schwindet, in dem sich die Kindheit ausdehnt. Genaugenommen wird im Diskurs über Kindestötung die Differenz zwischen Erwachsenen und Kindern durch eine Unterscheidung zwischen Menschen und Submenschen ersetzt.

Diese Tendenz erweckt den Eindruck, in einem auffälligen Widerspruch zu der wiederholt konstatierten Vergöttlichung der Kinder zu stehen. Denn des öfteren war eine Vergöttlichung der Kinder in ihrer Unschuld, eine Vergöttlichung der Jugendlichen in ihrer Identitätssuche zu erblicken. Tatsächlich ist jedoch diese neue Tendenz nur eine Wiederaufnahme eines sehr alten Mythos der Tötung von Kindern durch ihren göttlichen Vater. Douglas Milburn (1982) hat in seiner ideengeschichtlichen Untersuchung des Kindesmordes die Auffassung vertreten, daß die christlich-abendländische Kultur sowohl in ihrer griechischen als auch in ihrer jüdisch-christlichen Tradition eine filizidale sei, also eine, die durch das Moment des Mordes an den eigenen Kindern geradezu definiert ist.

An dieser Stelle sind nicht die Stationen nachzuzeichnen, die Milburn für seine These benennt, weil er den entscheidenden Fehler macht, antike Mythen (Ödipus, Orest, Iphigenie) ebenso wie die von Adam, Abraham und Isaak sowie von Jesus aus Nazareth, aber auch Hamlet, Faust und Frankenstein ausschließlich auf der Ebene der Phänomene zu untersuchen. Auf dieser Ebene sind solche Erzählungen durch den Mord der Eltern an ihren Kindern und die Rechtfertigung dieser Tat bestimmt.

Nimmt man aber nur zwei konstitutive Möglichkeiten heraus, die des Abraham, der bereit ist, seinen Sohn Isaak auf Gottes Befehl zu opfern, es aber nicht tut, und Jesus, der durch Gott-‹Vater› de facto geopfert wird, dann zeigt sich eine erhebliche Differenz zwischen Altem und Neuem Testament.

Milburn deutet beide Mythen in dem (gleichen) Sinne, daß sie filizidales Verhalten bekräftigen sollen. In beiden Fällen werde der Mord an den Söhnen positiv verbucht, und zwar der Mord durch den Vater. Er übersieht dabei aber, daß der erste Filizid oder Infantizid *in actu* durch den eigentlichen Vater, Gott, verhindert wird, d. h. die Botschaft also lautet: Der wirkliche, große Vater rettet seine Kinder (neben allen weiteren Informationen, z. B. der des unbedingten Gehorsams gegenüber Gott):

«Da rief ihm vom Himmel her der Engel des Herrn zu: Abraham! Abraham! Er antwortete: Hier bin ich! Er sprach: Lege deine Hand nicht an den Knaben und tue ihm nichts…» (Genesis 22, 1 ff).

Demgegenüber lesen wir im Johannes-Evangelium:

«Denn so sehr hat Gott die Welt geliebt, daß er seinen einzigen Sohn gab, damit jeder, der an ihn glaubt, nicht verloren gehe, sondern ewiges Leben habe» (Johannes 3,16).

Neben der theologischen Deutung enthält im Alltagsverstand und gerade in ihm der Heilsweg des Jesus aus Nazareth eine nachhaltige Rechtfertigung für den infantizidalen Umgang mit den eigenen Kindern. Und es darf nicht vergessen werden, woran Milburn (1982, S. 110) erinnert, daß der «zentrale Ritus der im westlichen Kulturkreis vorherrschenden Religion ... eine kannibalische Feier des Filizid (ist)».

Mit dem Hinweis auf den legitimatorischen Charakter des Lebens- und Sterbensweges jenes Jesus läßt sich nun aber der Widerspruch zwischen der Vergöttlichung der Kinder im Medium von Unschuld und Identität und der gleichzeitigen lebens- und leidverachtenden Umgangsweise mit dem kindlichen Körper auflösen. Der infantizidale Umgang mit den Kindern entspringt demselben Mythos, dem ihre Idealisierung entstammt. Deutlich und kraß ausgedrückt: Die zwanzig Millionen Kinder, die seit Kriegsende in der Bundesrepublik Deutschland durch Abtreibung, Mord, Mißhandlung usw. umgebracht wurden (vgl. v. Pfeil 1979, S. 18), gehören demselben mythischen Zusammenhang an wie die Überlebenden: Sie werden vergöttlicht, indem ihrem Sein das göttliche Attribut schlechthin beigegeben wird, das des Vom-eigenen-Vater-getötet-Seins. Daß etwas davon im Alltagsbewußtsein repräsentiert ist, zeigt sinnfällig die alte Bezeichnung der Abtreiberin im Volksmund: Engelmacherin. Den Menschen war mithin durchaus bewußt, daß sie mit der Abtreibung menschliche Wesen töten.

Auf den ersten Blick existiert ein eklatanter Widerspruch zwischen zwei Tendenzen: Zum einen gibt es in den westlichen Gesellschaften eine Neigung zur Liberalisierung der Kindestötung im Sinne der Abtreibung, neuerdings auch wieder der Euthanasie und der aktiven Sterbehilfe, wie das Urteil des Obersten Gerichts im Bundesstaat New Jersey im Fall der Karen Ann Quinlan zeigt, welches den Ärzten erlaubte, das Beatmungsgerät der Patientin abzuschalten, die seit längerer Zeit im Koma lag. Diese Entwicklung scheint die Opfer, wie gesagt, zu einem Typus von Submenschen umzudefinieren und daraus eine Legitimation für deren Status abzuleiten.

Zum anderen läßt sich dieselbe kulturelle Tendenz als Fortschreibung des alten Mythos vom göttlichen Filizid und von der Vergöttlichung der Opfer durch ihn lesen. Begreift man beide Kodierungsformen zusammen, die das Opfer auf- bzw. abwerten, dann zeigt sich, daß der Vergöttlichungsmechanismus nicht nur die potentiellen Opfer im nachhinein ihrer göttlichen Mission versichert, sondern daß durch ihn die scheinbar widersprüchliche Form der faschistoiden Abwertung der Opfer als Submenschen neutralisiert wird. Die Opfer sind eben beides: Unter- und Übermenschen, d. h. sie sind nichts Besonderes. Ihr Tod wird zur Normalität.

13 Verewigte Kindheit – Entdifferenzierung der Lebensformen

13.1 Entritualisierte Transitionen – Lebensläufe ohne Übergang

Zu den interkulturell verbreitetsten Elementen zyklischer Lebensläufe gehört ein Kern von Charakteristika, der für das Gelingen eines Lebenszyklus konstitutiv ist. Es beginnt mit der Vorstellung, daß der Lebenslauf eine Kette von aufeinanderfolgenden Lebensphasen ist, deren Abfolge einer bestimmten Ordnung unterliegt, welche nicht verändert werden kann. Der Eintritt in eine neue Lebensphase ist nicht abhängig von der Entscheidung des Individuums, sondern ist das Produkt einer rituellen Überführung (Transition) durch Angehörige oder Delegierte der Gemeinschaft, zu der das Individuum gehört. Diese Personen, die Initiatoren, vollziehen den Transitionsritus aufgrund einer besonderen Berechtigung bzw. Eignung, zu der in der Regel mindestens die Tatsache gehört, daß der Initiator nicht selbst Initiand ist, daß also der Initiator wenigstens der Lebensphase zugehört, in die das Individuum eintreten soll.

Häufig sind die Initiatoren hinsichtlich des ‹normalen› Lebenslaufs auch inkommensurabel, insofern für sie wie im Falle des Priesters der katholischen Kirche durch den Zölibat eine separate Lebenslaufkonzeption vorliegt. Der Transitionsritus dient dem symbolischen Vollzug des Übergangs, in dem nach dem Muster von Tod und Wiedergeburt eine Lebensphase zugunsten der folgenden eliminiert wird. Der Mensch der Lebensphase m wird ‹getötet› und als Mensch der Lebensphase $m+1$ wiedergeboren. Um die Veränderung des Initianden, der nach dem Transitionsakt ein anderer ist, augenfällig zu machen, wird das Individuum oftmals unter dramatischen Umständen aus der Umgebung der ersten Lebensphase disloziert, in ein ‹Exil› verbracht, wo an seinem Körper Verrichtungen vollzogen werden, die, wie die Beschneidung, eine ‹Tötung› unterstreichen bzw. dem Körper an der Schwelle zur neuen Lebensphase ein verändertes Aussehen geben. Die Rückführung des Initianden in seine Gemeinschaft ist dann ein Akt der Wiedergeburt als anderer, der nicht selten unter begleitenden Feierlichkeiten als freudenvolles Ereignis vollzogen wird. Der Abschluß des Transitionsritus leistet immer ein Doppeltes: die mentale Akzeptanz der neuen Lebensphase durch den Initianden, der die Wiedergeburt an sich erfahren hat, und die soziale Akzeptanz des Wiedergeborenen durch seine gesellschaftliche Umgebung, die ihm die Rechte der Menschen in dieser neuen Lebensphase zubilligt, aber auch die Erfüllung der damit verbundenen Pflichten durch ihn erwartet. Individuell und kulturell impliziert das Prozedere in dieser Art des Lebenslaufs aber noch mehr, nämlich die frühe und immer wiederholte Erfahrung der Todestatsache, der Erfahrung des eigenen Endes als unhintergehbarer Teleologie, verbunden mit der Zuversicht der Wiedergeburt, die ein zweifaches Versprechen ist: Die Zyklizität des Lebenslaufs gewährleistet die Rückführung des Individuums in den Status des Neugeborenen nach seinem Tod, insofern nichts von ihm verlorengeht; gleichzeitig verheißt die sichtbare Kette der Wiedergeburten jedem Gesellschaftsmitglied, daß das menschliche Leben als solches, das Überleben der Gattung, gesichert ist. Je vielfältiger Zahl und Arten der Lebenphasen in einer Kultur sind, womöglich erweitert um die Existenz subkultureller Lebenslaufmodelle, desto differenzierter ist die Struktur dieser Kultur bzw. Gesellschaft.

Vor diesem, in das Gedächtnis zurückgeholten strukturellen Hintergrund außerordentlich verbreiteter Lebenslaufvorstellungen, die auch der jüdisch-christlichen Kultur zugrunde liegen, ist das Ergebnis des Durchgangs durch die einzelnen Phasen des typisierten Lebenszyklus zu werten, um eine Beurteilung historischer Veränderungen des Kindheitskonzepts und mit ihm der Lebenslaufvorstellungen leisten zu können.

Auffällig ist zunächst der Umstand, daß gegenüber der Initiationspraxis in Stammeskulturen die *Zahl der Lebensphasen in dem zugrunde gelegten idealtypischen Lebenslauf sehr groß* ist. Dabei ist zu berücksichtigen, daß die vorgenommene Typisierung keineswegs vollständig sein muß. Bei einer detaillierteren Betrachtung wird man weitere Phasen, besonders subkultureller Art, einschließlich rudimentärer Transitionsformen finden. Die ausgewählten Phasen stellen allerdings ausnahmslos solche dar, die in der traditionellen christlichen Gesellschaft bereits bekannt waren und an deren Ein- bzw. Ausgang die christliche Kirche ausgeprägte Transitionsriten wenigstens in der Form von Benediktionen entwickelt hatte. Insofern läßt die in den vorangegangenen Kapiteln vorgenommene Suche nach der Repräsentanz dieser Phasen in der gegenwärtigen Kultur sehr deutlich Entwicklungsrichtungen des Lebenslaufkonzepts und mit ihm der Kindheitsvorstellung sichtbar werden.

Diese Veränderungen scheinen an insgesamt drei Momenten festgemacht werden zu können, durch die die Transitionen heute gekennzeichnet sind. Besonders häufig ist die *Unterlassung bzw. das Mißlingen eines Transitionsritus*. Diese Erscheinung begegnete bei der mißlingenden Transition der Braut zur Frau, der Frau zur Empfangenden, des Mannes zum Vater und der Frau zur Mutter und selbst bei dem am häufigsten praktizierten Ritus der Taufe, dessen Folgenlosigkeit durch den Übergang von der Erwachsenen- zur Säuglingstaufe angesichts der Vorbewußtheit des Säuglings auffällt. Gleiches gilt für die heilige Ersteucharistie und die Einschulung sowie für den Verlust von Pubertäts- und Bewährungsexilen, um nur einige zu nennen. In all diesen Fällen war entweder der rituelle Gehalt des Übergangs sehr gering, wenn ein Ritus nicht sogar völlig unterblieb, oder die Wirkung des Ritus wurde durch andere Randbedingungen neutralisiert.

In weiteren Fällen ließ sich von dem vergeblichen Versuch einer *Selbsttransition* reden, so im Fall der notwendigen ‹Verkündigung› einer Schwangerschaft, die die Frau an sich selbst vornahm, sowie im Fall der sexuellen Initiation in der Pubertät, welche die jungen Paare aneinander vollziehen müssen. Weil eine Transformation ihre doppelte Leistung der Wiedergeburt in einer neuen Lebensphase für das Individuum und die es umgebende Gemeinschaft aber nur erbringen kann, wenn die Gemeinschaft das Individuum durch einen Beauftragten zu dem Mitglied einer neuen Lebensphasen-Gruppe macht, war von einer Dysfunktionalität dieser Selbstversuche der Transition auszugehen.

Daß schließlich das Verschwinden von Übergängen durchaus nicht einer mentalen Willensstruktur der Kulturangehörigen entspricht, spiegelt sich darin, daß auch eine Art *Wiederholungswunsch* bezüglich des Ritus durch die Initianden beobachtet werden konnte, beispielsweise im Fall der Hausgebärenden, die sich eine Wiederholung des Geburtsvorgangs erhoffte, und im Fall des Transitionsmodells, welches für unsere Kultur wie kein zweites charakteristisch zu sein scheint, das der Herstellung von Identitätsbalance mit der Folge der *Perpetuierung* des Transitionsvorgangs bzw. der *Prozessualisierung* des gesamten Lebens, in dem es dann gar keine Lebensphasen mehr gibt, in welchen der Mensch sich einrichten kann. Auch der Rückzug der adoleszenten Bewährung in die Simulationswelt des Films gehört hierher.

Mit diesem Zerbrechen konstitutiver Elemente von Transitionsriten gehen wiederum drei weitere Erscheinungen einher, die, wenn nicht als Folge, so doch als Implikationen jener Prozesse zu deuten sind. Die erste bezieht sich auf das Verhältnis der Geschlechter in der Wahrnehmung der Elternschaft. Es ist eine *Überdetermination des Mütterlichen* gegenüber dem Väterlichen zu konstatieren, die sich durch fast alle Lebensphasen erstreckt: Das Mädchen ist hinsichtlich seiner Transformation zur Braut und zur Frau von seinem Vater unabhängig geworden, dieses allerdings nicht ohne eine neue Abhängigkeit von der Figur des Gynäkologen, eine Erscheinung, die übrigens bereits Rousseau (1980, S. 122) konstatiert hat. Der (potentielle) Vater ist im Rahmen einer Entscheidung für oder gegen eine Schwangerschaft bedeutungslos geworden. Konsequenterweise scheidet er als Hauptsorgerechtsträger gegenüber den Kindern aus; nachdem zuerst der Staat ihn mit einer erheblichen paternalen Kompetenz ausgestattet hatte, ist er über die neuere Eherechtsgesetzgebung wieder entrechtet worden. Tritt der Vater indessen in der jüngsten Bewegung ‹neuer Väterlichkeit› dennoch in Erscheinung, dann in völlig veränderter Form als männliche Mutter, als Karikatur des traditionellen Vaters – eine Entwicklung zum ‹Mappi›, die übrigens Ganneau (1832) bereits in einem seiner Flugblätter prognostiziert hatte, als er den Terminus «Mapah» begründete (vgl. Benjamin 1983, S. 1296). Das eigentliche Strukturmoment dieser unter den Frauenbewegungen des 19. und 20. Jahrhunderts entfalteten Modifikation des Väterlichen ist indessen nicht nur die Überlagerung klassischer Erwachsenen-Kind-Beziehungen wie der Mann-Knabe-Relation in der Pädcrastie durch eine Überdetermination des Mütterlichen bei gleichzeitiger Liquidierung des Vaters, sondern die Nivellierung der Mutter-Vater-Polarität in der Familienkonstellation.

Das Strukturmoment der Nivellierung kennzeichnet auch eine zweite Implikation der Lebenslaufveränderungen, die sich in der Deifizierung ausdrückt. So erfuhr die Frau bereits in der Romantik eine Vergöttlichung in den Augen des Mannes durch ihre Mutterschaft. Anhand der Heiligung des Kindes im Tauftabu ließ sich ferner zeigen, wie die Mutter durch ihre energisch verteidigte Nähe zum geheiligten Kind sich selbst deifizierte. Das Kind erfährt nicht nur im Medium der Taufe solcherart Heiligung, sondern ein zweites Mal in der Pubertät als Ritus der Überführung zur Gottähnlichkeit verleihenden Ich-Identität sowie paradoxerweise auf dem Wege der Kindestötung (‹Engelmacherei›). Die konstatierte Nivellierung besteht mithin in einer *Deifizierung* des Kindes und – durch dessen Mediatisierung – auch der mit ihm verbundenen Mutter. Dieser Vorgang stellt eine Nivellierung der Differenz Mensch – Gott dar.

Genaugenommen sind beide Nivellierungsformen in der vorgenommenen Kulturanalyse der Kindheit ein Nebenprodukt des die Relation zwischen Kindern und Erwachsenen betreffenden Analyseergebnisses. Es ist dieses Verhältnis, welches über die Modifikation des Lebenslaufkonzepts in unserer Kultur grundlegend verändert wird. Denn wenn die Transitionen von einer Lebensphase in die andere mißlingen, weil sie entweder rituell nicht mehr oder falsch vollzogen werden wie im Fall der versuchten Selbstinitiation, dann unterbleibt ein Fortschreiten des Individuums im Sinne des Erwachsenwerdens, es bleibt mehr oder weniger in der Phase des Kindes. Damit ist natürlich nicht seine physische Existenzweise gemeint, sondern, wie es für die gesamte Analyse gilt, sein Konzept im gesellschaftlichen Diskurs. Bereits im grundlegenden Ritus der Taufe wirkte dieser Mechanismus, wenn wir feststellen, daß die Taufe genaugenommen die Funktion erhalten hat, den Typus Kind zu konstituieren und auf Dauer zu stellen. Die dort angelegte Statik wird in der *Infantilisierung der Erwachsenenwelt* befestigt, zu der der Sozial- und Versorgungsstaat einen ebensolchen Beitrag leistet wie das Warenangebot einer Spielwelt, welche Kinder und Erwachsene auf der Ebene des Infantilen vereint. Das – letztlich aufklärerische – Konzept der Ich-Identität, deren Erwerb bzw. Herausbildung Ziel insbesondere der Pubertät als Statuspassage ist, stellt dann des weiteren einen Zustand des Nicht-Erwachsenseins auf Dauer, indem Ich-Identität als Identitätsbalance und damit als persistenter Zustand des Balancierens konzipiert wird. Wenn schließlich Eltern, die ihre Kinder mißhandeln, oftmals dadurch gekennzeichnet sind, daß sie Zuwendung von ihren Kindern suchen, sich also in eine Position der Inferiorität begeben, dann rundet sich das Bild einer Verkindlichung und damit *Äquilibration* zwischen Kindern und Erwachsenen sogar in einem Fall abweichenden Verhaltens.

Die Verkindlichung, besser die Expansion der Kindheit als ein Ergebnis der Analyse des gegenwärtigen Diskurses über Kindheit, stellt auf den ersten Blick das Gegenteil dessen dar, was im Zusammenhang der These Postmans vom «Verschwinden der Kindheit» diskutiert wird. Gleichzeitig ist die Beobachtung einer Expansion der Kindheit in unserer Kultur nicht gänzlich neu. Bereits 1956 stellte der niederländische Psychologe J. H. van den Berg in seinem Buch «Metabletica» (1960) die Akkumulation bestimmter Neurosen und «Soziosen» in den Kontext einer Erosion des Kindlichen. Er konstatierte – für die niederländische Gesellschaft, für die das zweifellos eher zutraf – eine Verspätung des Beginns der Erwachsenenwelt dadurch, daß diese Erwachsenenwelt offenkundig zwischen sich und der Kindheit immer neue Lebensphasen des Noch-nicht-erwachsen-Seins situierte, was er insbesondere auf zwei Ursachen zurückführte, den «polyvalenten» Pluralismus der Erwachsenheit, also die fehlende Werteinheit, und die Unsichtbarkeit der Erwachsenenwelt mit ihren beiden wichtigen Momenten Beruf und Sexualität (vgl. ebd., S. 45).

Gerade diese Unsichtbarkeit des Erwachsenenlebens werden wir heute mit Postman nicht mehr annehmen wollen. Sowohl der Bereich der Sexualität als auch der des übrigen Erwachsenenlebens ist über die Medien längst in den Alltag der Kinder eingezogen. Insofern haben sie, wie Postman feststellt, in der Tat keine Geheimnisse mehr. Aber die Erwachsenenwelt mag nicht mehr unsichtbar sein, und doch ist sie dadurch nicht sichtbar – sie ist eine Simulation. Das bedeutet also, daß die Kinder über die Medien keineswegs in die Erwachsenenwelt hineingezogen werden, sondern in eine Simulation von Wirklichkeit, die beiden gleichermaßen angeboten wird, Kindern und Erwachsenen. Diese Äquilibration von Kindheit und Erwachsenenstatus auf dem Plateau der Kindheit ist der Kulminationspunkt einer Entwicklung des *modernen* Verhältnisses von Kindern und Erwachsenen. Ich nenne dieses äquilibrierte Verhältnis *hypermodern* und spiele damit auf eine Dialektik aus pädagogischer Theorie und erzieherischer Wirklichkeit an, die, ausgehend vom 18. Jahrhundert, zunächst zu einer Differenzierung von Kindheit und Erwachsensein und dann zu einer Überbewertung des Kindlichen geführt hat, die jetzt zu der besagten Äquilibration leitet.

13.2 Moderne und hypermoderne Kindheit

Rousseau wird im theoretischen Diskurs über Kindheit – kaum bestritten – das ‹Verdienst› prädiziert (vgl. z.B. Rang 1959), die Kindheit ‹entdeckt› zu haben, d.h. genauer, in einer Kritik der herrschenden Verhältnisse eine Differenzierung zwischen Kindern und Erwachsenen gefordert zu haben:

«Die Kindheit ist etwas uns vollkommen Unbekanntes – mit den falschen Vorstellungen, die wir davon haben, gehen wir mehr und mehr in die Irre. Die vernünftigsten Leute halten sich an das, was der Mensch wissen muß, ohne zu überlegen, was zu lernen die Kinder imstande sind. Immer suchen sie im Kind den Erwachsenen, ohne zu bedenken, was ein Kind vorher ist.»

Ungeachtet der Frage, ob nicht diese Differenzierung bereits durch John Locke (1980) vorgenommen wird, darf davon ausgegangen werden, daß die grundlegende Unterscheidung von Kindern und Erwachsenen sich im 19. Jahrhundert in der Lebenswelt durchsetzt, und zwar einhergehend mit der Entfaltung der *Moderne* in der zweiten Hälfte des 19. Jahrhunderts. Damit ist der Niederschlag der epochalen Veränderung der Produktionsverhältnisse in der europäischen Kultur gemeint, wie er sehr früh in Baudelaires «Peintre de la vie moderne» (1954) seinen Niederschlag gefunden hat. An dem Gedicht «Allégorie» aus den «Fleurs du Mal» läßt sich sehen, wie Baudelaire (1965, S. 134) die romantische Konjunktion von Mutter und Kind in das *moderne* Denken transferiert, wenn er der Frau und dem (neugeborenen) Kind das Wissen über das Verhältnis von Leben und Tod zuschreibt (vgl. auch Buci-Glucksmann 1984, S. 76):

«... Et quand l'heure viendra d'entrer dans la nuit noire,
Elle regardera la face de la Mort,
Ainsi qu'un nous nouveau-né, – sans haine et sans remord» (Baudelaire 1965, S. 134).»

Diese Verbindung zwischen Kind und Frau bzw. Mutter, die sich auch in der Schopenhauerschen Figur der Frau als «großem Kind» spiegelt (vgl. Simmel 1983, S. 66), wird gleichfalls im Kontext des zweiten großen ‹Theorieschubs› an der Schwelle zum 20. Jahrhundert konserviert und ausgebaut. Während noch Rousseau in seinem «Emile» das Modell einer Erziehung durch den Vater vor Augen hat, dessen Stellvertreter der Hofmeister ist, haben sich die realen Verhältnisse im Verlauf des 19. Jahrhunderts so verkehrt, daß die Erziehungslehre Rousseaus paradoxerweise zu einer Theorie der Erziehung durch Mütter wird. Diese Mütter stehen allerdings ihren Kindern in der bürgerlichen Familie zunächst nicht als Erwachsene gegenüber, wie Rousseau es für die Väter postuliert, sondern die Kultur des 19. Jahrhunderts sieht nicht nur im theoretischen, sondern auch im alltäglichen Diskurs die erwachsenen Väter auf der einen, die Kinder und kindlichen Mütter auf der anderen Seite.

Das Eindringen der Frauen in die öffentliche Berufswelt der Männer führt in der Moderne indessen zu einer Revision dieser Bezüge. Die durch den männlichen (!) Theoretiker Rousseau und seine Geschlechtsgenossen von Pestalozzi bis Schleiermacher und Herbart postulierte Differenzierung zwischen Kindern und Erwachsenen wird durch zwei weibliche Theoretikerinnen, Ellen Key und Maria Montessori, im Gefolge der Frauenbewegung dahingehend modifiziert, daß der Primat der Kindheit gefordert wird, eine Entwicklung, die vor dem Hintergrund der Identifikation von Kindern und Frauen begriffen werden muß. Mit der Propagierung eines «Jahrhunderts des Kindes» (vgl. Key 1903) geht eine explizite Deifizierung des Kindes einher, wie sie sich in Maria Montessoris (1982, S. 77) Paraphrase eines Diktums von Emerson ungeschminkt darbietet:

«Das Kind ist der einzige Messias, der immer wieder unter die gefallenen Menschen zurückkehrt, um sie ins Himmelreich zu führen.»

Diese Sicht enthält neben der sattsam bekannten populistischen Interpretation der Kinderperikope eine heilsgeschichtliche Attitüde, durch die auch das Buch Ellen Keys (1903, S. 181) gekennzeichnet ist:

«Bevor nicht Vater und Mutter ihre Stirne vor der Hoheit des Kindes in den Staub beugen, bevor sie nicht einsehen, daß das Wort Kind nur ein anderer Ausdruck für den Begriff Majestät ist; bevor sie nicht fühlen, daß es die Zukunft ist, die in Gestalt des Kindes in ihren Armen schlummert, die Geschichte, die zu ihren Füßen spielt – werden sie auch nicht begreifen, daß sie ebensowenig die

Macht oder das Recht haben, diesem neuen Wesen Gesetze vorzuschreiben, wie sie die Macht oder das Recht besitzen, sie den Bahnen der Sterne aufzuerlegen.»

Keys normative Basis nährt sich aus einer Mischung altaufklärerischer mit nietzscheanischen Vorstellungen von einer Höherbildung der Menschheit, zu der das Kind berufen sei. Die Inferiorität von Vater und Mutter gegenüber dem Kind wird jedoch als Opposition ‹Kinder – Erwachsene› keineswegs durchgehalten. Die heimliche Botschaft des epochalen Buches von Ellen Key war eine feministische. Sie prognostizierte eine Deifizierung von Kind und Mutter, die im hypermodernen Bild der Kindheit inzwischen tatsächlich eingetreten ist:

«Die Zeit wird kommen, in der das Kind als heilig angesehen werden wird, selbst wenn die Eltern mit profanen Gefühlen dem Mysterium des Lebens genaht sind; die Zeit, in der jede Mutterschaft als heilig betrachtet werden wird, wenn sie durch ein tiefes Liebesgefühl veranlaßt war und tiefe Pflichtgefühle hervorgerufen hat» (ebd., S. 42).

Key opponiert gleichzeitig gegen eine Folge der Industrialisierung, die Frauenarbeit, die den Zusammenhang von Müttern und Kindern zu zerreißen droht, und optiert sogar für das Modell der alleinerziehenden Mutter (ebd., S. 37).

Der zunächst theoretische, im Verlauf des 20. Jahrhunderts auf dem Felde auch männlicher Pädagogik praktisch werdende Primat der Kindheit gegenüber der Erwachsenenwelt ist also schon an seiner Quelle mit dem Primat der Mutter unlösbar verbunden – nicht nur mit dem Primat der Mutter, sondern mit einem solchen der Frau schlechthin.

Zu diesem Dispositiv-Konnex leisteten auch Männer ihren Beitrag. Georg Simmel (1983, S. 56) schrieb dem «Weibtum» im Gegensatz zum Männlichen eine «absolute Wesenssubstanz» zu, und Walter Benjamin (1978, S. 65) trieb – analytisch-prognostisch – die Figuration der Frau noch ein Stück weiter. Er registrierte bereits als dominantes Merkmal der zweiten Hälfte des 19. Jahrhunderts eine «Feminisierung der Kultur», dieses aber nicht nur als Okkupation des Männlichen durch das Weibliche, sondern als Durchdringung der beiden Geschlechter. Christine Buci-Glucksmann (1984, S. 28) hat in einer Interpretation des «Passagen»-Werks von Benjamin herausgearbeitet, daß er die Entwicklung der Geschlechter in die Richtung einer Bisexualität auf der Grundlage der Lesbierin und der göttlichen Androgynen sah, mit der eine Verweiblichung des Religiösen einhergehen werde. Sie sieht in diesen Figuren den «heroischen Protest gegen diese Moderne» (ebd., S. 26), und doch geht diese Entwicklung zur Äquilibration der Geschlechter aus der Moderne als ihre Dialektik selbst hervor. Ich nenne auch diese Entdifferenzierung der Geschlechter ebenso wie die der Generationen (Kind–Erwachsener) und diejenige zwischen Mensch und Gott hypermodern.

Im Verlauf der ersten 80 Jahre des 20. Jahrhunderts hat sich der hypermoderne ‹theoretische› Diskurs über Gott und den Menschen, über die Geschlechter und über die Generationen im alltäglichen Diskurs durchgesetzt. Beschränkt man sich für den Rahmen einer Mythologie der Kindheit auf eine Betrachtung der uferlosen Bemühungen um eine Optimierung des Kindeslebens, so erhellt das Gemeinte sehr schnell. Es hat bereits in den letzten 20 Jahren kaum einen Sektor der Kultur gegeben, der nicht kindspezifisch modifiziert worden wäre. Die Vereinten Nationen haben am 20. November 1959 «Menschenrechte für Kinder» formuliert (vgl. Dammin 1963); der «United Nations Children's Fund» mit einem unübersehbaren Etat erstattet jährlich Berichte «Zur Situation der Kinder in der Welt» (vgl. Grant 1984); gegen gleichfalls im Interesse der Kinder vorgetragene Vorstellungen eines Rechts auf Arbeit für Kinder (vgl. Holt 1978) werden von der Bundesanstalt für Arbeitsschutz staatliche Schriften veröffentlicht (vgl. Sadi-Varchim/Varchim 1984); die «Lebensbedingungen und Lebensqualität von Kindern» sind Forschungsgegenstand des Sonderforschungsbereichs 3 der Deutschen Forschungsgemeinschaft (vgl. Lang 1985), und zahllose Organisationen treten in der Bundesrepublik Deutschland für die Rechte von Kindern ein und suchen ihnen zu helfen. Dabei wird immer wieder eine grauenvolle Wirklichkeit der Kinder gezeichnet (vgl. Doormann 1979). Als 1985 der «Kinderschutzbund» in Berlin enttäuscht bilanzierte, daß ein an 233 Tagen des Jahres besetztes «Sorgentelefon» für Kinder nur insgesamt 304mal angewählt worden war, wurde über die mangelnde Bekanntheit der Telefonnummer gemutmaßt; auf den Gedanken, daß die Zahl der von den Kindern für mitteilenswert gehaltenen Sorgen gering sein möchte, kam niemand. Das ist gewiß nur ein Aperçu; dennoch verdeutlicht es die hypermoderne Konzentration auf das Kind.

Daß im übrigen auch die Konnotation Frau–Kind auf der banalsten Ebene der Werbung für eine Hautcreme angelangt ist, zeigt Abbildung 61, eine Anzeige mit einem Mädchengesicht, das die Diffusion des Kindlichen und des Weiblichen veranschaulicht:

Wir haben das altbewährte Pflegeprogramm für die Haut.

Unsere Haut hat eine altbewährte Beschützerin: die Nivea Creme. Sie pflegt die Haut, schützt sie und gibt ihr Feuchtigkeit.

Und mehr noch: Nivea ist zum kompletten Pflegeprogramm von Kopf bis Fuß geworden. Und zum Inbegriff für moderne Hautpflege. Trotz des stolzen Alters von 72 Jahren. Das Geheimnis der ewigen Jugend von Nivea hat jedoch einen einfachen Grund: Von der ersten Dose bis zur neuesten Produktion garantieren wir altbewährte Qualität. Und mit modernsten Forschungsmethoden sorgen wir dafür, daß sie unübertroffen bleibt. Zum Beispiel mit Hautprofil-Messungen:

Dafür fertigen wir mit einem hautfreundlichen Kautschukmaterial, das auch in der Zahnmedizin verwendet wird, Hautabdrücke vom Unterarm an.

Abb. 61: Werbeanzeige für eine Hautcreme

Betrachtet man neben den Strukturmomenten der Entdifferenzierung der Geschlechter und der Generationen noch die in den einzelnen Lebensphasen des hypermodernen Menschen durchscheinende Entdifferenzierung des Göttlichen sowie des Menschlichen und zieht man dazu neuere feministische Arbeiten zur Theologie heran, so erfährt man, daß die schwärmerische Deifizierung der Frau durch die Männer in der Romantik und am Fin de siècle jetzt auch von Frauen aufgegriffen und zugespitzt wird. Nach Auffassung dieser Autorinnen (vgl. z. B. Daly 1980; Greely 1977; Hauschildt 1983; Mulack 1983; Mollenkott 1985) ist Gott – zumindest auch – weiblich. Diese Position ist nicht deshalb interessant, weil sie dem Göttlichen eine neue Dimension des ‹anderen› Geschlechts abgewönne, sondern weil sie, jenseits der Geschlechterdifferenzierung, ein Beitrag zur Entdifferenzierung des Göttlichen und des Menschlichen ist. Denn wenn sich die Frage der Geschlechtlichkeit Gottes stellt, dann wird Gott allein durch diese Frage vermenschlicht, und umgekehrt werden die Frauen, die ihm weibliche Attribute zuweisen, in gewisser Weise deifiziert.

Wertet man die beiden großen Entwicklungsschritte zum Kindheitsverständnis der Moderne und zum Kindheitsverständnis der Hypermoderne jeweils als alltägliche Kulminationen eines zunächst theoretisch-diskursiven Trends, dann zeigt sich, daß die beiden großen Denkschritte des kollektiven Diskurses dieser Kultur jeweils zu einem Kollaps grundlegender Lebensformen geführt haben bzw. von ihm begleitet waren: Die Differenzierung zwischen Kindern und Erwachsenen implizierte in ihrem Höhepunkt eine Neuschneidung der Grenzlinie zwischen Mann und Frau, indem nur ersterer noch als Erwachsener erschien und letztere als Kind; sie implizierte also, daß beide, Frauen und Kinder, deifiziert wurden. Auf diesem Entwicklungsplateau des Diskurses setzte offenbar die Zuspitzung der modernen Differenzierung zwischen Erwachsenen (Männern) und Kindern sowie (kindlichen) Frauen in Richtung auf einen Primat des Kindlichen und mit ihm des Weiblichen ein, so wie er an der Wende zum 20. Jahrhundert gefordert wurde. Seine alltägliche Durchsetzung implizierte aber dann den Zusammenbruch von grundlegenden traditionellen Differenzierungsformen, derjenigen zwischen den Geschlechtern durch die Tendenz zur Androgynie, derjenigen zwischen den Generationen durch die Infantilisierung der Erwachsenenwelt, worin auch die Männer eingeschlossen sind, und derjenigen zwischen Mensch und Gott durch die Deifizierung von Kindern und Frauen. Alle drei Prozesse sind vielfältig miteinander verknüpft, wobei die Rolle des Weiblichen in dieser Dynamik offenbar zentral ist. Es scheint aber nicht sinnvoll zu sein, hier nach Kausalitäten zu suchen. Ich werte diese drei Entdifferenzierungsformen vielmehr als Bestandteil eines globalen Prozesses, der spätestens im 16. Jahrhundert seinen Anfang genommen hat.

13.3 Postmoderne als Epoche des Pararealen

Man kann diesen Entdifferenzierungsprozeß auch positiv begreifen als Prozeß der Äquilibration oder der Angleichung, der Akkomodation, der Erzeugung von Gleichheit. Walter Benjamin (1977, S. 210) hat in seinen Überlegungen über das «mimetische Vergnügen» die Praxis der Astrologie untersucht und sie als Beispiel für die menschliche Fähigkeit und Neigung gedeutet, Ähnlichkeiten zu sehen, in diesem Falle Ähnlichkeiten zwischen dem Schicksal eines Menschen und der Gestalt ‹seiner› Gestirne. Die Fähigkeit, Ähnlichkeiten zu sehen, ist aber nur «ein schwaches Rudiment des ehemals gewaltigen Zwanges, ähnlich zu werden und sich zu verhalten».

Michel Foucault hat diesen Gedanken, ohne sich auf Benjamin zu beziehen, in «Die Ordnung der Dinge» (1980) wieder aufgegriffen und zur organisierenden Kategorie seiner historischen Rekonstruktion gemacht. Er zeigt, daß die Geschichte als Geschichte der Ähnlichkeit durch mehrere Modelle gekennzeichnet ist, in denen das Moment der Ähnlichkeit eine je andere Form annimmt, die der *convenientia*, der *aemulatio*, der Analogie und Sympathie/Antipathie.

Übertrüge man diese Modellierung auf die Geschichte des Diskurses über Kindheit, so ließe sich zeigen, daß die *convenientia* in der beginnenden Neuzeit sich in der erstmals aufscheinenden Nähe zwischen Erwachsenen und Kindern findet und die *aemulatio* möglicherweise als Spiegelung des Erwachsenen im Kinde, wie sie sich im 18. Jahrhundert etabliert. Die Analogie, die sich durch das Konstituens der Reversibilität hervorhebt, dürfte in der Moderne dadurch erfüllt werden, daß das Verhältnis Erwachsener – Kind dem Verhältnis Mensch – Gott analog gedacht wird, und die «Sympathie», eine «Instanz des Gleichen

(Même)» (Foucault 1980, S. 54), bezeichnet den hypermodernen Kulminationspunkt der Entdifferenzierung von Kindern und Erwachsenen, der Entdifferenzierung der Geschlechter und der Beziehung zwischen Gott und den Menschen.

Diese Andeutung bedürfte für die Geschichte der Kindheit einer historischen Weiterung, wenn man sie nach dem Muster der Foucaultschen Geschichte des Wahnsinns oder der Geschichte des Gefängnisses rekonstruieren wollte. Sie zeigt als Andeutung indessen bereits, unabhängig von der Geschichte der Kindheit, daß elementare Strukturen des lebensweltlichen wie des theoretischen Diskurses, die durch Polaritäten wie männlich – weiblich, menschlich – göttlich, arm – reich, Herr – Knecht und eben Kind – Erwachsener markiert sind, auf dem Kontinuum der Zeit *diskursiv* dazu tendieren, vereinfacht, d. h. entdifferenziert zu werden in Richtung *Gleichheit*.

Deutet man die Brüderlichkeit und die Freiheit (Herr – Knecht) selbst als Momente der Gleichheit (Egalité), so mag man in der Französichen Revolution einen geschichtlichen Angelpunkt für die politische Umsetzung des Gleichheits-Diskurses in die Diskursivität des Alltags sehen. Die hypermoderne Akkommodation der Differenzen als Folge der Französischen Revolution zu deuten griffe indessen zu kurz, weil die mentalen Motive der Individuen bzw. die kollektiven Antriebe keineswegs rationaler Natur im Gefolge der Aufklärung sind, sondern einen mythischen Ursprung haben.

Für den Diskurs über Kindheit und die darin festgestellte Tendenz der Entdifferenzierung läßt sich diese Hypothese zumindest begründen, weil die Analyse der dysfunktionalen Lebensphasen bereits einige Gesichtspunkte freigelegt hat, die weit hinter das Zeitalter der Aufklärung zurückweisen. In verschiedenen Phasen der mythologischen Rekonstruktion des idealtypischen, traditionellen Lebenszyklus wurde der Verdacht geäußert, daß die Unterdrückung bestimmter Transitionen durch die sogenannten Erwachsenen einer Verdrängung der Todestatsache diente, so im Fall der Unterdrückung sexueller Transitionen oder im Fall der Maskierung der letzten großen Transformation vom Leben zum Tode, exemplifiziert am Beispiel des Kindestodes. Diese Entdeckung ist gewiß nicht zufällig; denn genaugenommen kann die gesamte Entritualisierung des Lebenslaufs in mehrfacher Hinsicht als *Unterdrückung des Gedankens an den Tod* gewertet werden:

– Der Wegfall von Dislokationen (Exilen) bei den noch vorfindbaren rituellen Rudimenten hilft das Fortschreiten der Zeit und damit die

Annäherung an das Lebensende vergessen. Denn weil die Zeit nach der allgemeinen Relativitätstheorie eine Funktion der Bewegung ist, erinnert die mit der Dislokation verbundene Bewegung an das Verstreichen der Zeit.
— Lebensphasen sind irreversibel. Der Transitionsritus bekräftigt das Ende einer früheren zugunsten des Beginns einer späteren Phase, die eo ipso der letzten Phase nähersteht. Der Verbleib in der Phase der Kindheit sichert also scheinbar eine Verewigung des Lebens!
— Transitionsriten erinnern durch ihr Arrangement an das für sie konstitutive Verhältnis von Tod und Wiedergeburt, es ist gerade eine ihrer Aufgaben, die Todestatsache begreifbar und erfahrbar zu machen. Eine Entritualisierung löscht diese Erfahrungsmöglichkeit aus.
— Das in den Transitionsriten zum Ausdruck kommende Verhältnis von Tod und Wiedergeburt wiederholt sich in der Zyklizität des Lebenslaufs, der sich aus den Lebensphasen konstituiert. In diesem Zyklus folgt dem Tode unmittelbar die Geburt (eines anderen). Da dieser andere sich im Kinde repräsentiert, ist das Kind geradezu ein ‹Mahnmal› des eigenen Todes, es treibt ihn näher.

Aus diesem Grund muß der symbolische Gehalt der Kindheit transformiert werden. Bei einer gelingenden Entdifferenzierung auf dem Plateau des Kindlichen wird dieses mit dem ewigen Leben synonym. Wir sehen daran, daß die hypermoderne Persistenz des Kindlichen als Akkommodation aus Kindheit und Erwachsenheit den alten Mythos von Tod und Wiedergeburt, wie er sich im Lebenszyklus manifestiert hatte, durch einen neuen ablöst, durch den Mythos vom ewigen Leben zu Lebzeiten, durch den *Mythos vom Paradies auf Erden*.

Die Aufklärung, die auch auf dem Feld des Erzieherischen mit dem Erwachsenenanspruch des ernsthaften Gebrauchs der Vernunft gegenüber den Kindern auftrat, ist in der pädagogischen Provinz in die Erfüllung der irrationalen Paradiessehnsucht durch eine kulturelle Verkindlichung umgeschlagen. Auch das ist, neben der Entstehung der positiven Wissenschaften, ein Bestandteil der Dialektik der Aufklärung, die sich an der elementarsten Stelle des menschlichen Lebensentwurfs gegen sie wendet, an der Frage des Verhältnisses von Leben und Sterben, indem sie mit einem hypermodernen, gleichzeitig archaischen Mythos antwortet.

Es wird die Aufgabe gesonderter Untersuchungen sein herauszufinden, ob die anderen genannten und ungenannten Entdifferenzierungsprozesse einer ähnlichen Dynamik folgen, ob sie jeweils andere Mythen in die Erinnerung zurückholen oder ob sie, zusammen mit der Akkommodation der Generationen, Bestandteil eines globalen Diskurses nicht nur der Gleichheit, sondern auch der Vereinfachung sind, in dem alle vollständigen kulturellen Systeme zerstört werden bis hin zu den alltäglichsten Bereichen, wenn zum Beispiel ein ehedem vollständiges System der differenzierten Bekleidungsregeln mit einer Grammatik der Anlaßkleidung sich dergestalt simplifiziert, daß heute faktisch jedes Kleidungsstück zu jedem Anlaß getragen werden kann. Eine historisch-generative Grammatik der Lebensformen dürfte der theoretische Rahmen sein, innerhalb dessen globale Prozesse der Veränderung elementarer Strukturen der Kultur buchstabiert werden können. Immerhin spricht analog der Ökonomisierung der Phonetik einiges dafür, daß die Vereinfachung der Lautformen nicht ein auf die Sprache beschränkter Vorgang ist. Ein solches Unternehmen wäre allerdings nur von Interesse, wenn von seinem Terrain aus Projektionen in eine Zukunft vorgenommen werden könnten, die sich als neue Phase unter dem Signet der *Postmoderne* jetzt zu etablieren beginnt.

Auf der Folie der mit der wissenschaftstheoretischen Diskussion einhergehenden Skepsis gegenüber dem theoretischen Genre sind allerdings Zweifel bezüglich der Möglichkeit angebracht, mit rein wissenschaftlichen Mitteln den Aporien zu entgehen, in die wissenschaftliche Zugriffe auf die sogenannte Wirklichkeit sich als Momente der Aufklärung zwangsläufig verstricken. Das postmoderne Wissen wird, wie Lyotard (1982b) zeigt, auf zwei bislang konstitutive Bestimmungsstücke der Theorie verzichten müssen, auf den Anspruch der Emanzipation und den der Performativität, d.h. der unmittelbaren technischen Relevanz des Wissens für die ‹Wirklichkeit›, weil die Zeichensysteme, zu denen auch Wissenschaft gehört, aufgrund der Tätigkeit der Medien jeden Bezug zur Wirklichkeit verloren haben, weil die Medien nur noch «Hyperrealität» erzeugen (vgl. Baudrillard 1978b). Daher ist das Problem der Irrelevanz wissenschaftlicher Arbeit weniger in der Struktur des wissenschaftlichen Tuns als in der Grammatik des Verhältnisses der Zeichen zu einer wie auch immer gearteten Wirklichkeit zu suchen. Da Wissenschaft aber in ihrer aufklärerischen Tradition auf Emanzipation und Performativität unlösbar verpflichtet scheint, verlangt Lyotard (1979, S. 92f) eine radikale Kur:

> «Heute geht es darum, die Theorie zu zerstören ... Die Rekonstruktion der Theorie kann nur am Leitfaden einer solchen Parodie erfolgen; sie besteht keineswegs in einer Kritik der Theorie, da die Kritik selbst ein theoretisches Mo-

ment ist, von dem man nicht die Destruktion der Theorie erwarten kann. Die Theorie destruieren heißt, eine oder mehrere Pseudotheorien zu machen. Das theoretische Verbrechen liegt in der Erstellung von Theorie-Fiktionen.»

Diese Forderung enthüllt, daß die jetzt an der Schwelle zur Postmoderne vorgetragenen Lösungen für eine Theorie künftiger Kindheit und künftiger Erziehung kaum epochalen Charakter gewinnen dürften. Dieses Urteil gilt zunächst für *prämoderne* Konzepte, die jetzt eine Rückkehr hinter die Linie der Entdeckung der Kindheit verlangen wie Hermann Giesecke (1985), indem sie fordern, «Kinder wieder wie kleine, aber ständig größer werdende Erwachsene zu behandeln». Auch die Position Postmans gehört, was ihren analytischen Teil betrifft, hierhin, während sein Verlangen nach einer Rekonstruktion der Kindheit eher *modernistisch* ist. Das gilt auch für die konservative Rezeptur einer «Verteidigung der bürgerlichen Familie» (vgl. Berger/Berger 1984) wie für die progressivistische Verdächtigung der Familie als Apparat des Staates (vgl. Meyer 1981). Schließlich sind auch *antimoderne* Konzepte wenig geeignet, zu einer Theorie postmoderner Kindheit zu leiten, weil sie den missionarischen Anspruch einer Veränderung des Umgangs mit Kindern nicht dispensieren, seien sie nun antiautoritärer und damit eher noch hypermoderner (vgl. Neill 1969) oder antipädagogischer Herkunft.

Das Problem ist nicht die Methode, sondern der imperialistische Anspruch der Theorie gegenüber der ‹Wirklichkeit› in dem Sinne, daß in allen diesen Konzepten nach aufklärerischer Manier eine Modifikation der Wirklichkeit vom Boden der Theorie aus erwartet wird. Wenn wir aber berücksichtigen, daß eine nachhaltige kulturelle Tendenz zur Infantilisierung der Erwachsenenwelt (immer im nichtpejorativen Sinne!) zu konstatieren ist, dann mutet der Versuch, dieser Tendenz mit dem Mittel der Erwachsenenwelt schlechthin, der Wissenschaft, begegnen zu wollen, aporetisch an. Er kann nur zur Erzeugung immer neuer Phantasmagorien über Kindheit führen, denen sich jede Wirklichkeit entzieht. Abgesehen davon dürfte die Intention, den Simulationszusammenhang der expandierenden (elektronischen) Medien mit Büchern zu konterkarieren, nicht nur aus methodischen, sondern auch aus legitimationstheoretischen Erwägungen eher Rührung hervorrufen als Wirkungen.

Es ist deshalb auf eine Dimension aufmerksam zu machen, an die auch Habermas, wenngleich in eher technologischem Sinne, und vor allem Feyerabend (1984) sowie Lyotard erinnert haben, auf die Dimension der

Ästhetik bzw. der Kunst. Die Relativierung der Wissenschaft impliziert nämlich eine Relativierung des Wahrheitskriteriums in bezug auf Wirklichkeit zugunsten einer Rehabilitierung der Kreativität. Im Hinblick auf Wirklichkeit hieße das, Erkenntnis der Wirklichkeit in Erfindung von Wirklichkeit zu überführen, also die zentrale Erscheinung der Hypermoderne, die Simulation der Wirklichkeit, vom Standpunkt der Wissenschaft aus auf die Spitze zu treiben, Theorien zu erfinden, denen (noch) keine Wirklichkeit entspricht. Die Aufgabe postmoderner Theorie wäre es dann, Regeln für die Erzählung von Geschichten einer fiktiven Wirklichkeit zu bestimmen, «die Regel dessen erstellen, was gemacht worden sein wird» (Lyotard 1982a, S. 142).

Im Rahmen der Regeln für solche Geschichten wäre an eine Rehabilitation des Archaischen in seiner mythischen und rituellen Gestaltung zu denken, also auch hier theoretisch jene Tendenz verstärkend und kulminierend aufzugreifen, die sich auf einer Tiefenebene gegen den herrschenden aufklärerischen Diskurs ohnedies erhielt und durchsetzte.

Was schließlich den postmodernen Diskurs über Kindheit angeht, so wird sich auch hier das Denken dem kollektiven Strom einer Expansion des Kindlichen kaum entziehen können. Für ein postmodernes Denken über Kindheit sei deshalb an eine kurze Phase der modernen Kunstgeschichte, des Expressionismus, erinnert, in der das Schaffen einen Augenblick lang versprach, postmodern zu werden, insofern es ein Versprechen der Moderne ernst zu nehmen versuchte. Ich meine die frühen Arbeiten von Klee.

Paul Klee setzte zu Beginn seines Schaffens gewissermaßen die Definition «Genie ist nur bewußt wiedergefundene Kindheit» aus Baudelaires «Peintre de la vie moderne» (1954, S. 888): «Mais le génie n'est que l'enfance retrouvée à volonté» in Bilder um. Er schloß sich theoretisch, künstlerisch und in der Rekonstruktion seines eigenen Lebens durch die Aufnahme von Kinderzeichnungen in sein Werkverzeichnis sehr früh Kandinskys Auffassung (1965, S. 168 f) an, derzufolge sich «in jeder Kinderzeichnung ohne Ausnahme der Klang des Gegenstandes von selbst entblößt». Bereits 1905 notierte Klee (1957, S. 200, Nr. 714) in seinem Tagebuch die Erfahrung eines «guten Moments», den er als den «ersten nicht zwiespältigen Augenblick meines Lebens» empfand: «Kein Intellekt, kein Ethos ... im Weltganzen ein Kind».

Klee stand damit, wie Werckmeister (1981, S. 142) zeigt, der Auffassung Kerschensteiners gegenüber, der die Ansicht vertrat, «daß das

Zeichentalent des normalen Kindes sich naturgemäß in Richtung auf die Darstellung der sichtbaren Wirklichkeit im Raum hin entwickelt.» Klee verstand Kindlichkeit gerade als «Negation der visuellen Wirklichkeit» (ebd., S. 147) und vertrat damit ein Verständnis von Kindlichkeit, welches einen modernen Begriff davon längst hinter sich gelassen hatte. In der schöpferischen Tätigkeit des Kindes erblickte er – mit den Worten postmoderner Theorie – eine Möglichkeit der Simulation von Wirklichkeit, allerdings ohne jeden pejorativen Nebenklang. Als sich Klee nach der Aufnahme als Bauhauslehrer einer breiten Rezeption seines Schaffens gegenübersah, änderte er seine Auffassung und verfiel einem hypermodernen Denken, indem er einerseits «die Sage von dem Infantilismus meiner Zeichnungen» (ebd., S. 157) zurückwies, andererseits den Künstler als jemanden sah, der die Wirklichkeit hinter sich hat und sie per Erinnerung in autonome Formkonstellationen übersetzt (ebd., S. 166).

Präzise betrachtet, hatte er sich damit von der Position der Kinder gar nicht so weit entfernt, nur daß deren Verhältnis zur Wirklichkeit eines vor und seines eines nach dieser Wirklichkeit zu sein beanspruchte. Aber eben dieser Unterschied trennte den Klee des Bauhauses von dem ‹kindlichen› Maler. Eine wie sehr auch immer abstrahierende nachträgliche Umformung der Wirklichkeit ist nicht mehr als eine Ekstase des Modernen, soweit das Moderne in der Reproduzierbarkeit der Wirklichkeit erblickt werden kann. Demgegenüber ist die kindliche Abstraktion von der Wirklichkeit prä- oder parareal, und sie könnte die strukturelle Chiffre für ein Denken werden, das postmodern ist.

Dadurch würde die kulturelle Infantilisierung beim Wort ihrer futurischen Möglichkeit genommen, und beide, das Kind als Gegenstand des Diskurses und der Diskurs als Weg des Denkens, würden bewußt und gewollt aus dem Kollaps ihrer hypermodernen Ekstase zu einer postmodernen Epoche der Erzählungen und Bilder über Kindheit aufgerichtet, die irgendwann vergessen lassen, daß es so etwas wie Erwachsene (und Kinder) einmal gegeben hat.

Anhang

Literaturhinweise

Aebli, H.: Die geistige Entwicklung als Funktion von Anlage, Reifung, Umwelt- und Erziehungsbedingungen. In: Roth, H. (Hg.): Begabung und Lernen, Stuttgart ⁴1969, S. 151–192.

Aland, K.: Die Säuglingstaufe im Neuen Testament und in der alten Kirche. Eine Antwort an J. Jeremias. In: Theologische Existenz heute, N.F. 86 (1961).

Ariès, Ph.: Geschichte der Kindheit. München 1975.

–: Bilder zur Geschichte des Todes. München/Wien 1984.

Aristoteles: Physikvorlesung. In: Werke, hg. v. E. Grumach, Bd. 11, Berlin 1967, S. 58–125.

Augustinus: Vom Gottesstaat. In: Werke, Bd. 4. Zürich 1955.

–: Confessiones – Bekenntnisse, eingeleitet, übersetzt und erläutert von Joseph Bernhart. München ⁴1980.

Auwärter, M.: «Die Kinder sind meistens traurig». Interviews mit Vier- bis Zehnjährigen. In: Kursbuch (1983), 72, S. 113–129.

Baacke, D.: Kindheit – Jugend – Adoleszenz. In: Enzyklopädie Erziehungswissenschaft, hg. v. D. Lenzen, Bd. 1. Stuttgart 1983, S. 452–457.

Baader, F. v.: Sämtliche Werke, Bd. 2. Leipzig 1851.

[Bachofen, J.J.:] Der Mythus von Orient und Occident. Eine Metaphysik der alten Welt. Aus den Werken von J.J. Bachofen, hg. v. M. Schroeter. München 1926.

Bächtold, H.: Die Gebräuche bei Verlobung und Hochzeit, Bd. 1. Straßburg 1914.

Badinter, E.: Die Mutterliebe. Geschichte eines Gefühls vom 17. Jahrhundert bis heute. München 1981.

Ballauff, Th./Schaller, K.: Pädagogik. Eine Geschichte der Bildung und Erziehung, 3 Bde. Freiburg 1969–73.

Barthes, R.: Mythen des Alltags. Frankfurt/M. 1964.
–: Sade, Fourier, Loyala. Frankfurt/M. 1974.
Bataille, G.: Die Tränen des Eros. München 1981.
Baudelaire, C.: Le peintre de la vie moderne. In: Ders.: Oeuvre complète. Paris 1954, S. 881–920.
–: Les Fleurs du Mal. Présenté par Jean-Paul Sartre. Texte établi et annoté par Claude Pickais. Paris 1965.
Baudrillard, J.: Kool Killer oder Der Aufstand der Zeichen. Berlin 1978a.
–: Agonie des Realen. Berlin 1978b.
–: Der Schlankheitswahn: die ‹Linie›. In: Gehrke, C. (Hg.): Ich habe einen Körper. München 1981, S. 112–117.
–: Der symbolische Tausch und der Tod. München 1982.
–: Laßt euch nicht verführen! Berlin 1983.
Baumgärtler, J.: Die Erstkommunion der Kinder. München 1929.
Beach, L. R. u. a.: Wollen Sie ein Kind? In: Psychologie heute 4(1977), H. 10, S. 14–19.
Beitl, R.: Der Kinderbaum. Brauchtum und Glauben um Mutter und Kind. Berlin 1942.
Béjin, A.: Ehen ohne Trauschein heute. In: Ariès, Ph. u. a. (Hg.): Die Masken des Begehrens und die Metamorphosen der Sinnlichkeit. Zur Geschichte der Sexualität im Abendland. Frankfurt/M. 1984, S. 197–208.
Benjamin, W.: Über das mimetische Vermögen. In: ders.: Schriften, Bd. II. 1. Frankfurt/M. 1977a, S. 210–213.
–: Lehre vom Ähnlichen. In: ders.: Schriften, Bd. II. 1. Frankfurt/M. 1977b, S. 204–210.
–: Briefe, Bd. 1. Frankfurt/M. 1978.
–: Das Passagen-Werk, 2 Bde. Frankfurt/M. 1983.
Berg, J. H. van den: Metabletica. Über die Wandlung des Menschen. Grundlinien einer historischen Psychologie. Göttingen 1960.
Berger, B./Berger, P. L.: In Verteidigung der bürgerlichen Familie. Frankfurt/M. 1984.
Berninghausen, J.: Der Traum vom Kind. Geburt eines Klischees. Frankfurt/Berlin/Wien 1980.
Bernoulli, D.: Specimen theoriae novae de mensura sortis. Comm. Acad. Sci. imper. Retropolitanae 5 (1738), S. 175–192.
Bethe, E.: Die dorische Knabenliebe. Rheinisches Museum o. O. 1907.
Bettelheim, B.: Die symbolischen Wunden. München 1975.
–: Kinder brauchen Märchen. München 1980.
Biasio, E./Münzer, V.: Übergänge im menschlichen Leben. Zürich 1980.
Bing, G.: Aby M. Warburg. In: Warburg, A.: La rinascita del paganesimo antico. Florenz 1966.
Bittner, G.: Das Jugendalter und die «Geburt des Selbst». In: Neue Sammlung, 24 (1984), S. 331–344.
Blank, D.: Die Kindestötung in rechtlicher und kriminologischer Hinsicht. Diss. jur. Kiel 1967.

Blankertz, H.: Bildung im Zeitalter der großen Industrie. Hannover 1969.
—: Die Geschichte der Pädagogik. Von der Aufklärung bis zur Gegenwart. Wetzlar 1982.
Blechschmidt, E.: Vom Ei zum Embryo. Reinbek bei Hamburg 1969.
Bleibtreu-Ehrenberg, G.: Homosexualität und Transvestition im Schamanismus. In: Anthropos, Bd. 65. St. Augustin 1970, S. 99 ff.
Blüher, H.: Die deutsche Wandervogelbewegung als erotisches Phänomen. Ein Beitrag zur Erkenntnis der sexuellen Inversion. Berlin-Lichtenrade 1912.
—: Die Rolle der Erotik in der männlichen Gesellschaft. Eine Theorie der menschlichen Staatsbildung nach Wesen und Wert, 2 Bde. Jena 1917/19.
—: Werke und Tage. München 1953.
Blumenberg, H.: Wirklichkeitsbegriff und Wirkungspotential des Mythos. In: Fuhrmann, M. (Hg.): Terror und Spiel. Probleme der Mythenrezeption. München 1971, S. 11–66.
—: Arbeit am Mythos. Frankfurt/M. 1979.
Bolte, A.: Der Nachweis des kindlichen Lebens. In: Gynäkologie und Geburtshilfe, Bd. I. Stuttgart 1969, S. 106–113.
Bolte, K. M.: Bestimmungsgründe der Geburtenentwicklung und Überlegungen zu einer möglichen Beeinflußbarkeit. In: Der Bundesminister für Jugend, Familie und Gesundheit (Hg.): Bevölkerungsentwicklung und nachwachsende Generation. Stuttgart/Berlin/Köln/Mainz 1980, S. 64–91.
Borgmeier, Ch. M. u. a.: Situation Schulanfang. Stuttgart/Berlin/Köln/Mainz 1980.
Bornhäuser, K.: Die Geburts- und Kindheitsgeschichte Jesu. Gütersloh 1930.
Bourdieu, P.: Zur Soziologie der symbolischen Formen. Frankfurt/M. 1974.
Braun, O. H. (Hg.): Seelsorge am kranken Kind. Was Ärzte, Psychologen und Seelsorger dazu sagen. Stuttgart 1983.
Braunmühl, E. v.: Antipädagogik. Weinheim/Basel 1975.
— u. a.: Die Gleichberechtigung des Kindes. Frankfurt/M. 1976.
—: Zeit für Kinder. Frankfurt/M. 1978.
Brettschneider, W.: Die Parabel vom verlorenen Sohn. Berlin 1978.
Brocher, T.: Wenn Kinder trauern. Wie sprechen wir über den Tod? Zürich 1980.
Broekman, J. M.: Strukturalismus. München 1971.
Brommer, F.: Herakles. Die zwölf Taten des Helden in antiker Kunst und Literatur. Darmstadt ^{4}1979.
—: Herakles II. Die unkanonischen Taten des Helden. Darmstadt 1984.
Brownmiller, S.: Weiblichkeit. Frankfurt/M. 1984.
Bruckner, P/Finkielkraut, A.: Das Abenteuer gleich um die Ecke. Kleines Handbuch der Alltagsüberlebenskunst. München/Wien 1981.
Buci-Glucksmann, Ch.: Walter Benjamin und die Utopie des Weiblichen. Hamburg 1984.
Bühler, Ch.: Der menschliche Lebenslauf als psychologisches Problem. Göttingen 1959.
—: Das Seelenleben des Jugendlichen. Stuttgart 1967.

–: Die allgemeine Struktur des menschlichen Lebenslaufs. In: Bühler, Ch./Massarik, F. (Hg.): Lebenslauf und Lebensziele. Stuttgart 1969, S. 10–22.
–/Massarik, F. (Hg.): Lebenslauf und Lebensziele. Stuttgart 1969.
Bürgin, D.: Das Kind, die lebensbedrohende Krankheit und der Tod. Bern/Stuttgart/Wien 1978.
Canitz, H.-L. v.: Väter. Die neue Rolle des Mannes in der Familie. Frankfurt/Berlin/Wien 1982.
Carter, A.: Sexualität ist Macht. Reinbek bei Hamburg 1983.
Castoriadis, C.: Durchs Labyrinth. Seele, Vernunft, Gesellschaft. Frankfurt/M. 1981.
Chomsky, N.: Aspekte der Syntax-Theorie. Frankfurt/M. 1969.
Claussen, C.: Einschulung und Erstunterricht. Freiburg 1977.
Creuzer, F.: Symbolik und Mythologie der alten Völker. Leipzig/Darmstadt ³1836.
Cusanus: De docta ignorantia. In: Opera omnia, Bd. 1. Leipzig 1932, S. 79–81.
Daly, M.: Jenseits von Gottvater, Sohn und Co. München 1980.
Dammin, S.: Die «Erklärung der Rechte des Kindes der Vereinten Nationen vom 20. November 1959 und die Berücksichtigung der darin niedergelegten Grundsätze in der deutschen Gesetzgebung». Diss. jur. Hamburg 1963.
Dane, E./Collin, H.: Trennung vom Partner. Ende ohne Schrecken. In: Psychologie heute, 12 (1985), H. 1, S. 20–31.
Deleuze, G./Guattari, F.: Rhizom. Berlin 1977.
Denz, H.: Analyse latenter Strukturen. München 1982.
Der Bundesminister für Jugend, Familie und Gesundheit (Hg.): Bevölkerungsentwicklung und nachwachsende Generation. Bd. 93 der Schriftenreihe des Bundesministers für Jugend, Familie und Gesundheit. Stuttgart/Berlin/Köln/Mainz 1980.
Der Kleine Pauly. Lexikon der Antike in fünf Bänden. München 1979.
Der Tod der Moderne. Eine Diskussion. Tübingen 1983.
Deutscher Ausschuß für das Erziehungs- und Bildungswesen: Empfehlungen und Gutachten. Stuttgart 1966.
Deutscher Bundestag: Unterrichtung durch die Bundesregierung. Bericht über die Lage der Familie in der Bundesrepublik Deutschland. Drucksache 7/3502 v. 15. 4. 1975. Bonn 1975.
Devereux, G.: Baubo. Die mythische Vulva. Frankfurt/M. 1981.
Dickmeis, F.: Die Umgangsbefugnis im Spiegel elterlicher Verantwortung – Versuch einer interdisziplinären Betrachtung. In: Zentralblatt für Jugendrecht und Jugendwohlfahrt 69 (1982), H. 5, S. 271–282.
Diederich, W.: Strukturalistische Rekonstruktionen. Braunschweig/Wiesbaden 1981.
Die Rückkehr des Imaginären. Märchen, Magie, Mystik, Mythos, Anfänge einer anderen Politik. München 1981.
Die Schöpfungsmythen. Ägypter, Sumerer, Hurriter, Hethiter, Kanaaniter und Israeliten. Mit einem Vorwort von Mircea Eliade. Darmstadt 1980.

Dietrich, Th. (Hg.): Die pädagogische Bewegung ‹Vom Kinde aus›. Bad Heilbrunn 1982.

Dilthey, W.: Die geistige Welt. Einleitung in die Philosophie des Lebens. Gesammelte Schriften. Stuttgart 1961.

Dolch, J.: Lehrplan des Abendlandes. Zweieinhalb Jahrtausende seiner Geschichte. Ratingen ²1965.

Doormann, L. (Hg.): Kinder in der Bundesrepublik. Materialien, Initiativen, Alternativen. Köln 1979.

Döring, G. K.: Normale Tragezeit. In: Gynäkologie und Geburtshilfe, Bd. I. Stuttgart 1967, S. 522–533.

Dover, K. J.: Homosexualität in der griechischen Antike. München 1983.

Dreßen, W.: Die pädagogische Maschine. Zur Geschichte des industrialisierten Bewußtseins in Preußen/Deutschland. Berlin 1982.

dtv-Lexikon. Ein Konversationslexikon in 20 Bänden. München 1966 ff.

Duerr, H. P.: Der Wissenschaftler und das Irrationale, 2 Bde. Frankfurt/M. 1981.

Eckensberger, D.: Pubertät. Aspekte der Biologie, Psychologie und Soziologie. In: Enzyklopädie Erziehungswissenschaft, hg. v. D. Lenzen, Bd. 8. Stuttgart 1983, S. 49–61.

Eliade, M.: Der Mythos der ewigen Wiederkehr. Düsseldorf 1953.

–: Mythen, Träume und Mysterien. Salzburg 1961.

–: Kosmos und Geschichte. Der Mythos von der ewigen Wiederkehr. Reinbek bei Hamburg 1966.

–: Die Sehnsucht nach dem Ursprung. Von den Quellen der Humanität. Wien 1973.

–: Mythen und Mythologien. In: Eliot, A. (Hg.): Mythen der Welt. Luzern/Frankfurt 1976, S. 12–29.

Engelke, E. u. a.: Sterbebeistand bei Kindern und Erwachsenen. Stuttgart 1979.

Entscheidungen des Bundesverfassungsgerichts, Bd. 47. Tübingen 1978.

Erich, O. A./Beitl, R. (Hg.): Wörterbuch der Deutschen Volkskunde. Stuttgart 1974.

Erikson, E. H.: Identität und Lebenszyklus. Frankfurt/M. ²1970 und ⁵1979.

Essen, E.: Methodik des Deutschunterrichts. Heidelberg ⁶1968.

Evard, J.-L.: Die Sexualität des Mannequins. In: Kamper, D./Wulf, Ch. (Hg.): Der andere Körper. Berlin 1984, S. 217–221.

Feilzer, H.: Jugend in der mittelalterlichen Ständegesellschaft. Ein Beitrag zum Problem der Generationen. Wien 1971.

Festinger, L.: Theorie der kognitiven Dissonanz. Bern/Stuttgart/Wien 1978.

Feyerabend, P.: Irrationalität oder: Wer hat Angst vorm schwarzen Mann? In: Duerr, H. P. (Hg.): Der Wissenschaftler und das Irrationale, Bd. 2. Frankfurt/M. 1981, S. 37–59.

–: Wissenschaft als Kunst. Frankfurt/M. 1984.

Fichte, J. G.: Grundlage des Naturrechts nach Principien der Wissenschaftslehre, 1, Anh.: Familienrecht. Hamburg 1970.

[Fischer, O. 1911] Thomas und Felix Platters und Theodor Agrippa d'Aubignés Lebensbeschreibungen, hg. v. O. Fischer. München 1911.

Flitner, A.: Konrad, sprach die Frau Mama... Über Erziehung und Nicht-Erziehung. Berlin 1982a.

–: Spielen – Lernen. Praxis und Deutung des Kinderspiels. München ^{7}1982b.

Flügge, S.: Von väterlicher Gewalt und elterlicher Sorge. Eine Gesetzesdokumentation 1900–1982. In: Streit, Feministische Rechtszeitschrift 1 (1983), H. 1, S. 20–24.

Foucault, M.: Archäologie des Wissens. Frankfurt/M. 1973.

–: Sexualität und Wahrheit. Der Wille zum Wissen. Frankfurt/M. 1977a.

–: Die Ordnung des Diskurses. Berlin 1977b.

–: Die Ordnung der Dinge. Frankfurt/M. ^{3}1980.

–: Der Kampf um die Keuschheit. In: Ariès, Ph. u. a. (Hg.): Die Masken des Begehrens und die Metamorphosen der Sinnlichkeit. Frankfurt/M. 1984, S. 25–50.

Frank, M.: Der kommende Gott. Vorlesungen über die Neue Mythologie. Frankfurt/M. 1982.

–: Die Dichtung als «Neue Mythologie». In: Bohrer, K. H. (Hg.): Mythos und Moderne. Frankfurt/M. 1983, S. 15–40.

Franz, A.: Die kirchlichen Benedictionen im Mittelalter, Bd. 2. Graz 1960.

Freericks, H.: Die Taufe im heutigen Protestantismus Deutschlands. Münster i. W. 1925.

Freud, S.: Die Sexualität in der Ätiologie der Neurosen. In: Sammlung kleiner Schriften zur Neurosenlehre, Gesammelte Werke, Bd. 1. Frankfurt/M. 1952, S. 489–516.

Fromm, E.: Psychoanalyse und Ethik. Frankfurt/Berlin/Wien 1978.

–: Märchen, Mythen, Träume. Reinbek bei Hamburg 1982.

Fthenakis, W. E. u. a.: Ehescheidung. Konsequenzen für Eltern und Kinder. München/Wien/Baltimore 1982.

Fuchs, W.: «Jugendliche Statuspassage oder individualisierte Jugendbiographie.» In: Soziale Welt 34 (1983), H. 3, S. 341–371.

Fuhrmann, M. (Hg.): Terror und Spiel. Probleme der Mythenrezeption. München 1971.

Gäfgen, G.: Theorie der wirtschaftlichen Entscheidung. Untersuchungen zur Logik und ökonomischen Bedeutung des rationalen Handelns. Tübingen 1968.

Garn, S. M.: Continuities and Change in Maturational Timing. In: Brim, O. G./Kagan, J. (Hg.): Constancy and Change in Human Development. Cambridge (Mass.) 1980, S. 113–162.

Gennep, A. van: Manuel de Folklore Français Contemporain, Bd. 1. Paris 1943.

–: The Rites of Passage. London 1965.

Geulen, D.: Das vergesellschaftete Subjekt. Frankfurt/M. 1977.

Giesecke, H.: Das Ende der Erziehung. Stuttgart 1985.

Ginzburg, C.: Charivari, Jugendbünde und Wilde Jagd. Über die Gegenwart der Toten. In: ders.: Spurensicherungen. Über verborgene Geschichte, Kunst und soziales Gedächtnis. Berlin 1983, S. 47–60.

Goodman, P.: Das Verhängnis der Schule. Frankfurt/M. 1975.

Gorion, E. bin u. a. (Hg.): Philo-Lexikon. Handbuch des jüdischen Wissens. Königstein/Ts. 1982.

Görres, J.: Wachstum der Historie. In: Gesammelte Schriften, Bd. 3. Köln 1926, S. 363–440.

Gottfried von Straßburg: Tristan und Isold, hg. v. Friedrich Ranke. Dublin/Zürich ^{14}1969.

Grant, J. P.: Zur Situation der Kinder in der Welt. Wuppertal 1984.

Greely, A.: Maria. Über die weibliche Dimension Gottes. Graz 1977.

Gregor von Nyssa: Über das Wesen des christlichen Bekenntnisses. Über die Vollkommenheit. Über die Jungfräulichkeit, eingeleitet, übersetzt und mit Anmerkungen versehen von Wilhelm Blum. Stuttgart 1977.

Grimm, H.-U.: Die Bedeutung des Zeitbegriffs für die historische Genese der heutigen Vorstellungen über ‹Kindheit›, ‹Erziehung› und ‹Persönlichkeitsentwicklung›. In: Kindheit 4 (1982), 4, S. 55–64.

Grimm, J. und W.: Deutsches Wörterbuch, 33 Bde. München 1984.

Grützmacher, C.: Novalis und Philipp Otto Runge. Drei Zentralmotive und ihre Bedeutungssphäre. Die Blume – Das Kind – Das Licht. München 1964.

Gstettner, P.: Die Eroberung des Kindes durch die Wissenschaft. Aus der Geschichte der Disziplinierung. Reinbek bei Hamburg 1981.

Guardini, R.: Die Lebensalter. Würzburg 1959.

Gügler, A.: Die erziehliche Behandlung jugendlicher männlicher Onanisten. Diss. phil. (Freiburg/Schweiz), Solothurn 1941.

Habermas, J.: Stichworte zur Theorie der Sozialisation. In: ders. (Hg.): Kultur und Kritik. Verstreute Aufsätze. Frankfurt/M. 1973, S. 118–195.

–: Können komplexe Gesellschaften eine vernünftige Identität ausbilden? In: ders. (Hg.): Zur Rekonstruktion des Historischen Materialismus. Frankfurt/M. 1976, S. 92–129.

–: Die Neue Unübersichtlichkeit. In: Merkur 39 (1985), H. 431, S. 1-14.

Haller, H. D./Lenzen, D. (Hg.): Lehrjahre in der Bildungsreform. Resignation oder Rekonstruktion? 1. Jahrbuch für Erziehungswissenschaft. Stuttgart 1976.

Hardach-Pinke, I./Hardach, G. (Hg.): Deutsche Kindheiten. Autobiographische Zeugnisse 1700–1900. Kronberg/Ts. 1978.

Hartmann von Aue: Erec, hg. v. A. Leitzmann. Tübingen ^{4}1967.

Hassauer, W.: Die Geburt der Individualität. Menschwerdung und moderne Geburtshilfe. Stuttgart 1984.

Hastenteufel, P.: Fallstudien aus dem Erziehungsalltag. Bad Heilbrunn 1980.

Hauschildt, J.: Gott eine Frau? Weg und Irrweg der feministischen Theologie. Wuppertal 1983.

Hefele, C. J.: Conciliengeschichte, 2. verm. und verb. Auflage, besorgt von Alois Knöpfler, Bd. 5. Freiburg i. Br. 1886.

Hegel, G. W. F.: Vorlesungen über die Ästhetik. In: Sämtliche Werke. Stuttgart 1928, S. 24 ff.
Heidegger, M.: Sein und Zeit. Tübingen ^{15}1979.
Heinsen, E.: Wie groß ist das Ausmaß von Gewalt gegen Kinder. Probleme mit Zählungen und Schätzungen zur Kindesmißhandlung. In: Honig, M.-S. (Hg.): Kindesmißhandlung. München 1982, S. 95–127.
Heinsohn, G./Knieper, R.: Theorie des Familienrechts. Geschlechtsrollenaufhebung, Kindesvernachlässigung, Geburtenrückgang. Frankfurt/M. 1976.
Heinzlmeier, A. u. a.: Das Humphrey Bogart Fan-Buch. Hamburg/Zürich 1984.
Hellpach, W.: Die geistigen Epidemien. Die Gesellschaft, hg. v. M. Buber. Frankfurt/M. 1906.
–: Die Physiognomie der Hysterischen. In: Universitas litterarum. Ges. Aufsätze von W. Hellpach, hg. v. G. Hess u. W. Witte. Stuttgart 1948, S. 236-241.
Hengst, H. u. a.: Kindheit als Fiktion. Frankfurt/M. 1982.
Hengst, H.: Kindheit als Fiktion oder Das Verschwinden der Flügelkleider. In: Die Zeit Nr. 41 v. 5. Oktober 1984, S. 38.
Hentig, H. v.: Logomythie. Über das Verhältnis von Anschauung und Abstraktion. In: ders.: Erkennen durch Handeln. Versuche über das Verhältnis von Pädagogik und Erziehungswissenschaft. Stuttgart 1982. S. 63–84.
Herrmann, U. u. a.: Bibliographie zur Geschichte der Kindheit, Jugend und Familie. München 1980.
Herzer, M.: Hinweise auf das schwule Berlin der Nazizeit. In: Eldorado. Homosexuelle Frauen und Männer in Berlin 1850–1930. Geschichte, Alltag und Kultur, Berlin Museum. Berlin 1984, S. 44–47.
Hitler, A.: Mein Kampf. München ^{19}1933.
Höllein, E.: Gegen den Gebärzwang. Der Kampf um die bewußte Kleinhaltung der Familie. Berlin-Charlottenburg 1928.
Hollenweger, W. J.: Umgang mit Mythen. München 1982.
Holt, J.: Zum Teufel mit der Kindheit. Über die Bedürfnisse und Rechte von Kindern. Wetzlar 1978.
Horkel, W.: Vor der Trauung. Hamburg 1982.
Horkheimer, M./Adorno, Th. W.: Dialektik der Aufklärung. Amsterdam 1947.
Horstmann, A.: Der Mythosbegriff vom frühen Christentum bis zur Gegenwart. In: Archiv für Begriffsgeschichte 23 (1979), S. 7–54 und 197–245.
Hory, E.: Die Taufe als Kindertaufe. Stuttgart 1872.
Hübner, K.: Mythische und wissenschaftliche Denkform. In: Poser, H. (Hg.): Philosophie und Mythos. Berlin/New York 1979, S. 75–92.
Hübschen, J.: Die Entpolitisierungstendenzen in der jungen Generation. In: Frankfurter Hefte 36 (1981), H. 5, S. 39–48.
Huxley, A.: Brave New World. Harmondsworth 1964.
Illich, I.: Entschulung der Gesellschaft. München 1972.
Insistor, H./Sprenger, J.: Malleus Maleficarum. Straßburg 1484.
Jaeger, W.: Paideia. Die Formung des griechischen Menschen, 3 Bde. Berlin 1934–47.

Jaeggi, U.: Ordnung und Chaos. Strukturalismus als Methode und Mode. Frankfurt/M. 1968.
Jaspers, K.: Vom Ursprung und Ziel der Geschichte. Frankfurt/Hamburg 1955.
–/Bultmann, R.: Die Frage der Entmythologisierung. München 1981.
Jensen, A. E.: Das religiöse Weltbild einer frühen Kultur. Stuttgart 1948.
Jeremias, J.: Die Kindertaufe in den ersten vier Jahrhunderten. Göttingen 1958.
Joerissen, P.: Die Lebensalter des Menschen. Bildprogramm und Bildform im Jahrhundert der Reformation. In: Die Lebenstreppe. Bilder der menschlichen Lebensalter. Schriften des Rheinischen Museumsamtes, Nr. 23. Köln/Bonn o. J., S. 39-60.
Jordan, B.: Birth in Four Cultures. Montreal 1978.
Josma, J. M.: Was jede Frau wissen muß. Hannover 1949.
Jugendwerk der Deutschen Shell-AG (Hg.): Jugend '81. Lebensentwürfe, Alltagskulturen, Zukunftsbilder. Hamburg 1981.
Jung, C. G.: Bewußtes und Unbewußtes. Beiträge zur Psychologie. Frankfurt/M. 1957.
–: Symbole der Wandlung. Analyse des Vorspiels zu einer Schizophrenie. Olten/Freiburg ^{2}1977.
–: Der Mensch und seine Symbole. Olten/Freiburg ^{2}1979.
Jürgens, H. W./Pieper, U.: Demographische und sozialmedizinische Auswirkungen der Reform des § 218, Bd. 30 der Schriftenreihe des Bundesministers für Jugend, Familie und Gesundheit. Stuttgart/Berlin/Köln/Mainz 1975.
Kafka, F.: Heimkehr. Die Erzählungen. Frankfurt/M. 1961.
Kamper, D./Wulf, Ch. (Hg.): Die Wiederkehr des Körpers. Frankfurt/M. 1982.
Kandinsky, W.: Über die Formfrage. In: Der blaue Reiter, Neuausgabe. München 1965, S. 132–188.
Kaufman, I.: Psychiatric implications of physical abuse of children. In: Protecting the battered child. Denver 1962, S. 17–22.
Kaufmann, F.-X. (Hg.): Bevölkerungsbewegung zwischen Quantität und Qualität. Stuttgart 1975.
Kerényi, K. (Hg.): Die Eröffnung des Zugangs zum Mythos. Darmstadt 1976.
Key, E.: Das Jahrhundert des Kindes. Berlin 1903.
Khan, M. M. R.: Entfremdung bei Perversionen. Frankfurt/M. 1983.
Kinsey, A. C. u. a.: Das sexuelle Verhalten der Frau. Berlin/Frankfurt 1963.
Klee, P.: Tagebücher von Paul Klee 1898–1918, hg. v. F. Klee. Köln 1957.
Klencke, H.: Das Weib als Gattin. Leipzig 1875.
Klöckner, B.: Die wilde Ekstase des Paradieses. Der pornographische Film. Frankfurt 1984.
Kluge, E. H.: The Practice of Death. New Haven/London 1975.
Koch-Harnack, G.: Knabenliebe und Tiergeschenke. Ihre Bedeutung im päderastischen Erziehungssystem Athens. Berlin 1983.

Kohlberg, L.: Eine Neuinterpretation der Zusammenhänge zwischen der Moralentwicklung in der Kindheit und im Erwachsenenalter. In: Döbert, R. u. a. (Hg.): Entwicklung des Ichs. Köln 1977, S. 225–252.
Kolakowski, L.: Die Gegenwärtigkeit des Mythos. München 1973.
Kolb, H.: Der Begriff der Minne und das Entstehen der höfischen Lyrik. Tübingen 1958.
Kollar, A. F.: Analecta monumentorum omnis aevi Vindobonensis. Wien 1761/62.
Konjetzky, K./Westphalen, J. v. (Hg.): Die stillenden Väter. München 1983.
Könnecker, M.-L. (Hg.): Kinderschaukel, 2 Bde. Darmstadt/Neuwied 1976.
Kosiol, E.: Entscheidung, Information und Prognose. In: Kosiol, E./Sundhoff, E. (Hg.): Betriebswirtschaft und Marktpolitik. Festschrift für Rudolf Seyffert zum 75. Geburtstag. Köln/Opladen 1968, S. 275–290.
Kossak, M.: Die Vita sexualis der Hysterischen. In: Zeitschrift für Sexualwissenschaft 2 (1915), S. 162–171.
Kowalewsky, W.: Zwischen Chauvi und Softi. Düsseldorf 1984.
Kramer, F.: Verkehrte Welten. Zur imaginären Ethnographie. Frankfurt/M. 1981.
Krappmann, L.: Soziologische Dimensionen der Identität. Stuttgart [4]1975.
Krause, G. (Hg.): Die Kinder im Evangelium. Stuttgart/Göttingen 1973.
Kretschmer, E.: Hysterie, Reflex und Instinkt. Stuttgart 1958.
Kruppa, K.: Nachtblende. Frankfurt/M. 1982.
Kübler-Ross, E.: Kinder und Tod. Zürich 1984.
Kuczynski, J.: Geschichte der Kinderarbeit in Deutschland, 1750–1939, Bd. 1. Berlin 1958.
–: Studien zur Geschichte der Lage des arbeitenden Kindes in Deutschland von 1700 bis zur Gegenwart. Die Geschichte der Lage der Arbeiter unter dem Kapitalismus, Bd. 19. Berlin (DDR) 1968.
–: Geschichte des Alltags des Deutschen Volkes, Bd. 3. Köln 1981.
–: Geschichte des Alltags des Deutschen Volkes, Bd. 2. Köln 1982.
Künkel, H.: Das Gesetz des Lebens. Jena 1932.
Kupffer, H.: Erziehung – Angriff auf die Freiheit. Essays gegen Pädagogik, die den Lebensweg des Menschen mit Hinweisschildern umstellt. Weinheim/Basel 1980.
Lang, S.: Lebensbedingungen und Lebensqualität von Kindern. Frankfurt/New York 1985.
Lehr, U.: Kontinuität und Diskontinuität im Lebenslauf. In: Rosenmayr, L. (Hg.): Die menschlichen Lebensalter. Kontinuität und Krisen. München/Zürich 1978, S. 315–340.
Leipoldt, J.: Die urchristliche Taufe im Lichte der Religionsgeschichte. Leipzig 1928.
Leist, M.: Kinder begegnen dem Tod. Freiburg [3]1982.
Lenhart, V./Stohner, F.: Geschichte der Jugend. In: Enzyklopädie Erziehungswissenschaft, hg. v. D. Lenzen, Bd. 8. Stuttgart 1983, S. 21–48.
Lenzen, D.: Didaktik und Kommunikation. Frankfurt/M. 1973.

—: (Hg.): Pädagogik und Alltag. Stuttgart 1980.
Lenzen, K.-D.: Kinderkultur – die sanfte Anpassung. Frankfurt/M. 1978.
Leonard, D.: Sex and Generation. A Study of Courtship and Weddings. London/ New York 1980.
Leuenberger, R.: Taufe in der Krise. Feststellungen, Fragen, Konsequenzen, Modelle. Stuttgart 1973.
Levinson, D. J.: Das Leben des Mannes. Werdenskrisen, Wendepunkte, Entwicklungchancen. Köln 1979 (Orig.: 1978).
Lévi-Strauss, C.: Strukturale Anthropologie. Frankfurt/M. 1967.
—: Diskussion mit P. Ricoeur u. a. In: Reif, A. (Hg.): Antworten der Strukturalisten. Hamburg 1973, S. 111–142.
Lichtenberg, G. C.: Aphorismen und Schriften. Leipzig 1931.
Lindsay, J.: Byzantinum into Europe. London 1952.
Lingner, O.: Kirchenrechtliche Aspekte zur Trauung. In: Breit, H./Seitz, M. (Hg.): Trauung. Stuttgart 1975, S. 32–41.
Locke, J.: Gedanken über Erziehung. Stuttgart 1980.
Lyotard, J.-F.: Apathie in der Theorie. Berlin 1979.
—: Beantwortung der Frage: Was ist postmodern? In: Tumult, Nr. 4. Weinheim/ Basel 1982a, S. 131–142.
—: Das postmoderne Wissen. Bremen 1982b.
MacPherson, C. B.: Die politische Theorie des Besitzindividualismus. Frankfurt/M. 1973.
Malinowski, B.: Geschlecht und Verdrängung in primitiven Gesellschaften. Hamburg 1962.
Mann, U.: Schöpfungsmythen. Vom Ursprung und Sinn der Welt. Stuttgart/ Berlin 1982.
Marquard, O.: Lob des Polytheismus. Über Monomythie und Polymythie. In: Poser, H. (Hg.): Philosophie und Mythos. Berlin/New York 1979, S. 40–58.
Martin, L.: Brauchtum bei der Taufe. In: Zender, M. (Hg.): Atlas der deutschen Volkskunde, N. F. Marburg 1958, S. 673–752.
Masters, W. H./Johnson, U. E.: Die sexuelle Reaktion. Frankfurt/M. 1967.
Matthes, J.: Volkskirchliche Amtshandlungen, Lebenszyklen und Lebensgeschichte. In: Kohli, M. (Hg.): Soziologie des Lebenslaufs. Darmstadt/Neuwied 1978, S. 206–224.
Mause, L. de (Hg.): Hört ihr die Kinder weinen? Frankfurt/M. 1977.
Mead, G. H.: Geist, Identität und Gesellschaft. Frankfurt/M. 1968.
Mead, M.: Jugend und Sexualität in primitiven Gesellschaften, Bd. 2, Kindheit und Jugend in Neuguinea. München 1970.
Merkelbach, H.: Quaestiones Pastorales, Bd. 1, Quaestiones de Castitate et Luxuriae. Paderborn 1929.
Messerer, W.: Kinder ohne Alter. Putten in der Kunst der Barockzeit. Regensburg 1962.
Métral, M. O.: Die Ehe. Analyse einer Institution. Frankfurt/M. 1981.
Meves, Ch.: So ihr nicht werdet wie die Kinder. Stuttgart ²1979.
Meyer, Ph.: Das Kind und die Staatsräson. Reinbek bei Hamburg 1981.

Milburn, D.: Kindesmord. Berlin/Schlechtenwegen 1982.
Miller, A.: Das Drama des begabten Kindes und die Suche nach dem wahren Selbst. Frankfurt/M. 1979.
–: Du sollst nicht merken. Variationen über das Paradies-Thema. Frankfurt/M. 1981a.
–: Am Anfang war Erziehung. Frankfurt/M. 1981b.
Mitscherlich, A.: Auf dem Weg zur vaterlosen Gesellschaft. Ideen zur Sozialpsychologie. München/Zürich ^{15}1984.
Mollenhauer, K.: ‹Was Wunder dregst du in dir und wird der Metzger finden?› – Frühbürgerliche Jugend im 16. Jahrhundert, Mimeo. Göttingen 1984.
Mollenkott, V.: Gott eine Frau? Vergessene Gottesbilder der Bibel. München 1985.
Montagu, A.: Zum Kind reifen. Stuttgart 1984.
Montessori, M.: Kinder sind anders. Stuttgart ^{5}1958.
–: Die Rechte des Kindes. In: Dietrich, Th. (Hg.): Die pädagogische Bewegung ‹Vom Kinde aus›. Bad Heilbrunn 1982, S. 71–77.
Morris, M. G./Gould, R. W.: Role reversal: A concept in dealing with the neglected/battered child syndrome. In: Child welfare league of America (Hg.): The neglected/battered child syndrome. New York 1963, S. 29–49.
Muckler, F.: Gustav Wyneken. Ein Bild des Kulturverfalls der Zeit. Lauenburg/Elbe 1924.
Mulack, Ch.: Die Weiblichkeit Gottes. Stuttgart 1983.
Müller, K. O.: Prolegomena zu einer wissenschaftlichen Mythologie. Göttingen 1825, Nachdruck: Darmstadt 1970.
Müller, M.: Griechische Sagen. In: Essays, Bd. 2. Beiträge zur vergleichenden Mythologie und Ethnologie. Leipzig 1869, S. 139–152.
Naumann, H. (Hg.): Der moderne Strukturbegriff. Darmstadt 1973.
Neill, A. S.: Theorie und Praxis der antiautoritären Erziehung. Reinbek bei Hamburg 1969.
Neumann, F.: Hohe Minne. In: Fromm, H. (Hg.): Der deutsche Minnesang. Darmstadt 1966, S. 180–196.
Neumann, J. v./Morgenstern, O.: Theory of Games and Economic Behavior. Princeton ^{2}1947.
Noelle, E./Neumann, E. P.: Jahrbuch der öffentlichen Meinung 1968–1973. Allensbach/Bonn 1974.
Nohl, H.: Die Theorie der Bildung. In: Nohl, H./Pallat, L. (Hg.): Handbuch der Pädagogik, Bd. 1. Langensalza 1933, S. 3–80.
Norden, E.: Die Geburt des Kindes. Geschichte einer religiösen Idee (1924). Nachdruck: Darmstadt 1969.
Novalis: Heinrich von Ofterdingen. Frankfurt/M. 1982.
Oelkers, J./Lehmann, Th.: Antipädagogik. Herausforderung und Kritik. Braunschweig 1983.
Oerter, R.: Akzeleration. In: Enzyklopädie Erziehungswissenschaft, hg. v. D. Lenzen, Bd. 8. Stuttgart 1983, S. 377–379.
Oeter, K./Nohke, A.: Der Schwangerschaftsabbruch. Gründe, Legitimationen,

Alternativen, Bd. 123 der Schriftenreihe des Bundesministers für Jugend, Familie und Gesundheit. Stuttgart/Berlin/Köln/Mainz 1982.

Oppitz, G.: Kind oder Konsum? Eine ökonomisch-psychologische Studie zur Verhaltensrelevanz von Werthaltungen junger Ehepaare. Wiesbaden 1984.

Origines: Commentarius in Epistulam ad Romanos = Origenis opera omnia 6, hg. v. C. H. E. Lommatzsch. Berlin 1836.

–: Das Evangelium nach Johannes, übersetzt und eingeführt von Rolf Gügler. Zürich/Köln 1959.

Ortmann, E.: Mann ohne Brüste. In: Konjetzky, K./Westphalen, J. v. (Hg.): Die stillenden Väter. München 1983, S. 34–47.

Otto, W. F.: Die Gestalt und das Sein. Gesammelte Abhandlungen über den Mythos und seine Bedeutung für die Menschheit. Darmstadt 1954.

–: Das Wort der Antike. Darmstadt 1962a.

–: Mythos und Welt. Stuttgart 1962b.

Panofsky, E.: Ikonographie und Ikonologie. Eine Einführung in die Kunst der Renaissance. In: ders.: Sinn und Deutung in der bildenden Kunst. Köln 1975, S. 36–67.

Parke, R. D.: Erziehung durch den Vater. Stuttgart 1982.

Parker, M./Manger, D.: Das krebskranke Kind. Hilfen für Eltern und Erzieher. Ravensburg 1982.

Patzer, H.: Die griechische Knabenliebe. Wiesbaden 1982.

Paulsen, F.: Geschichte des gelehrten Unterrichts auf den deutschen Schulen und Universitäten vom Ausgang des Mittelalters bis zur Gegenwart, 2 Bde. Leipzig 1919.

Pearlin, L. I.: Discontinuities in the Study of Ageing. In: Hareven, T. K./Adams, K. J. (Hg.): Ageing and Life Course Transitions: An Interdisciplinary Perspective. London 1982, S. 55–74.

Pestalozzi, J. H.: Über Gesetzgebung und Kindesmord. In: Ders.: Sämtliche Schriften, Bd. 7. Stuttgart/Tübingen 1821, S. 263–408.

Peuckert, W.-E.: Ehe. Weiberzeit, Männerzeit, Saeterehe, Hofehe, Freie Ehe. Hamburg 1955.

Pfeil, S. v.: Das Kind als Objekt der Planung. Eine kulturhistorische Untersuchung über Abtreibung, Kindestötung und Aussetzung. Göttingen 1979.

Piaget, J.: Der Strukturalismus. Olten/Freiburg 1973.

Pickering, W. S. F.: The Persistence of Rites of Passage: Towards an Explanation. In: British Journal of Sociology 25 (1974), S. 63–78.

Platon: Theaitet. In: ders.: Hauptwerke, hg. v. W. Nestle. Stuttgart 1931, S. 255–261.

–: Symposion. In: ders.: Sämtliche Werke, Bd. 2. Reinbek bei Hamburg 1979, S. 203–250.

Platter, F.: Tagebuch (Lebensbeschreibung) 1536–1567, hg. v. V. Lötscher. Basel/Stuttgart 1976.

[Platter, Th.: 1890] Thomas Platters Briefe an seinen Sohn Felix, hg. v. A. Burckhardt. Basel 1980.

Ploss, H.: Das Weib in der Natur- und Völkerkunde, 2 Bde. Leipzig 1905.

–: Das Kind in Brauch und Sitte der Völker, hg. v. B. Renz, 2 Bde. Leipzig 1911 und 1912.
–: Das Weib in der Natur- und Völkerkunde, hg. v. F. Frhr. v. Reitzenstein, Bd. 1. Berlin 1927.
Plumpe, G.: Das Interesse am Mythos. Zur gegenwärtigen Konjunktur eines Begriffes. In: Archiv für Begriffsgeschichte 20 (1976), S. 236–253.
Praktischer Ratgeber für Verlobte. Stuttgart o. J.
Poser, H. (Hg.): Philosophie und Mythos. Berlin/New York 1979.
Postman, N.: Das Verschwinden der Kindheit. Frankfurt/M. 1983.
Rameckers, J. M.: Der Kindesmord in der Literatur der Sturm-und-Drang-Periode. Ein Beitrag zur Kultur- und Literaturgeschichte des 18. Jahrhunderts. Rotterdam 1927.
Rang, M.: Rousseaus Lehre vom Menschen. Göttingen 1959.
–: Jean Jacques Rousseau. In: Scheuerl, H. (Hg.): Klassiker der Pädagogik. München 1979, S. 116–134.
Reble, A.: Geschichte der Pädagogik. Stuttgart ²1955.
Reed, E. L.: Kinder fragen nach dem Tod. Stuttgart 1972.
Reimer, E.: Schafft die Schule ab! Befreiung aus der Lernmaschine. Reinbek bei Hamburg 1972.
Rein, W. (Hg.): Encyklopädisches Handbuch der Pädagogik, 10 Bde. und ein systematisches Inhaltsverzeichnis. Langensalza 1903–1911.
Reitzenstein, R.: Die Vorgeschichte der christlichen Taufe. Darmstadt 1967.
Riegel, K.: Versuch einer psychologischen Theorie der Zeit. In: Rosenmayr, L. (Hg.): Die menschlichen Lebensalter, Kontinuität und Krisen. München/Zürich 1978, S. 269–292.
Riehm, H.: Tod und Sterben von krebskranken Kindern. In: Winau, R./Rosemeier, H. P. (Hg.): Tod und Sterben. Berlin 1984, S. 310–316.
Rilke, R. M.: Die Aufzeichnungen des Malte Laurids Brigge. Leipzig 1910.
Rimbault, G.: Kinder sprechen vom Tod. Klinische Probleme der Trauer. Frankfurt/M. 1977.
Röbbelen, I.: Bemerkungen zur gegenwärtigen Diskussion über das Thema: Theologische Anthropologie des Kindes. In: Bastian, H.-D./Röbbelen, I.: Kind und Glaube. Heidelberg 1964, S. 27–43.
Röhl, K. R.: Die verteufelte Lust. Hamburg 1983.
Rosemeier, H. P.: Zur Psychologie der Begegnung des Kindes mit dem Tode. In: Winau, R./Rosemeier, H. P. (Hg.): Tod und Sterben. Berlin 1984, S. 291–309.
Rousseau, J.-J.: Emile oder über die Erziehung. Paderborn ⁴1978.
–: Emile oder über die Erziehung. Stuttgart 1980.
Roussel, L.: La cohabitation juvénile en France. In: Population 1 (1978), S. 15–42.
Rückert, G.-R.: Analysen und Kommentare zur gegenwärtigen Bevölkerungsentwicklung und ihren absehbaren Trends in der Bundesrepublik Deutschland. In: Kaufmann, F.-X. (Hg.): Bevölkerungsbewegung zwischen Quantität und Qualität. Stuttgart 1975, S. 1–19.

Rutschky, K. (Hg.): Schwarze Pädagogik. Frankfurt/Berlin/Wien 1977.
– (Hg.): Deutsche Kinderchronik. Köln 1983.
Saadi-Varchim, B./Varchim, J.: Kinderarbeit ist verboten! Wuppertal 1984.
Sade, Marquis de: Justine oder vom Mißgeschick der Tugend. Frankfurt/Berlin/ Wien 1967.
Saussure, F. de: Cours de Linguistique Générale. Paris 1962.
Sauter, E.: Familienfeste der Griechen und Römer. Berlin 1901.
Schaps, R.: Hysterie und Weiblichkeit. Wissenschaftsmythen über die Frau. Frankfurt/New York 1982.
Schauerte, H.: Volkskundliches zur Taufe. In: Zeitschrift für Volkskunde 53 (1956/57), S. 77–90.
Schelling, F. W. J.: Achte Vorlesung. In: Sämmtliche Werke, 2. Abtheilung, Bd. 1. Stuttgart 1856, S. 175–198.
–: Siebenzehnte Vorlesung. In: Sämmtliche Werke, 2. Abtheilung, Bd. 3. Stuttgart 1858, S. 355–381.
Schenda, R.: Die Alterstreppe – Geschichte einer Popularisierung. In: Die Lebenstreppe. Bilder der menschlichen Lebensalter. Schriften des Rheinischen Museumsamtes, Nr. 23. Köln/Bonn o. J. S. 11–24.
Schérer, R.: Das dressierte Kind. Sexualität und Erziehung: Über die Einführung der Unschuld. Berlin 1980.
–: Der Körper des Kindes. In: Kamper, D./Wulf, Ch. (Hg.): Die Wiederkehr des Körpers. Frankfurt/M. 1982, S. 109–124.
Schering Aktiengesellschaft (Hg.): Was ein Mann und eine Frau heute über Empfängnisregelung wissen möchten. Berlin [4] 1982.
Schiwy, G.: Der französische Strukturalismus. Reinbek bei Hamburg 1969 und 1985.
Schlegel, F.: Rede über die Mythologie. In: Athenaeum, Bd. III. Berlin 1800. Nachdruck. Darmstadt 1960, S. 101 ff.
–: Lucinde. Stuttgart 1964.
Schmid, Th.: Kein Kommentar. Zur Ethnographie des Alltags. In: Merkur 38 (1984), H. 5, S. 592 ff.
Schmidt, A.: Geschichte und Struktur. Fragen einer marxistischen Historik. München 1971.
Schmidt, W.: Gebräuche des Ehemannes bei Schwangerschaft und Geburt. Wien/München 1955.
Schmid-Tannwald, I./Urdze, A.: Sexualität und Kontrazeption aus der Sicht der Jugendlichen und ihrer Eltern. Schriftenreihe des Bundesministers für Jugend, Familie und Gesundheit, Bd. 132. Berlin/Köln/Mainz 1983.
Schneider, K.: Geistesgeschichte des antiken Christentums, Bd. 1.2. München 1954.
Schoenebeck, H. v.: Der Versuch, ein kinderfreundlicher Lehrer zu sein. Ein Tagebuch. Frankfurt/M. 1980.
–: Unterstützen statt erziehen. Die neue Eltern-Kind-Beziehung. München 1982.
Schönke, A.: Strafgesetzbuch, Kommentar. Begr. von Adolf Schönke, fortgef.

von Horst Schröder, 21. neubearb. Aufl. von Theodor Leuckner. München 1982.
Schopenhauer, A.: Über die vierfache Wurzel des Satzes vom zureichenden Grunde. In: ders.: Werke, hg. v. A. Hübscher, Bd. 5. Wiesbaden 1972, S. 7–179.
Schrübbers, Ch.: Regimen und Homo Primitivus. In: Institutum Historicum Augustinianum Lovanii (Hg.): Augustiniana 32/33 (1982/83), S. 1–127.
Schulz, P.-T.: Rapunzel. Liebeslieder aus Hansens Haus. Köln o. J.
Schwarz, K.: Die Haushalte der Unverheirateten und der verheiratet Getrenntlebenden. In: Zeitschrift für Bevölkerungswissenschaft 4 (1981), S. 447–473.
Sebald, H./Krauth, Ch.: Ich will ja nur dein Bestes: Fehlentwicklung durch Mütteregoismus. Wien/Düsseldorf 1981.
Seeßlen, G.: Der Western. In: Seeßlen, G./Kling, B.: Romantik und Gewalt, Bd. 1. München 1973a, S. 47–123.
–: Romantik und Gewalt. Ein Lexikon der Unterhaltungsindustrie, Bd. 2. München 1973b.
Seneca: Dialogues. Paris 1950.
Seuse, H.: Heinrich Seuses deutsche Schriften, Bd. 1. Jena 1911.
Sexualfragen. Was muß der Mann und die Frau vor und in der Ehe wissen? Berlin o. J.
Shorter, E.: Der weibliche Körper als Schicksal. München/Zürich 1984.
Siebenschön, L.: Der Mama-Mann. Frankfurt/M. 1983.
Sigusch, U./Schmidt, G.: Jugendsexualität. Stuttgart 1973.
Simitis, S. P./Zenz, G. (Hg.): Seminar: Familie und Familienrecht, 2 Bde. Frankfurt/M. 1975.
Simitis, S. P. u. a.: Kindeswohl. Eine interdisziplinäre Untersuchung über seine Verwirklichung in der vormundschaftsgerichtlichen Praxis. Frankfurt/M. 1979.
Simmel, G.: Philosophische Kultur. Über das Abenteuer, die Geschlechter und die Krise der Moderne. Gesammelte Essais. Mit einem Nachwort von Jürgen Habermas. Berlin 1983.
Spencer, H.: Principles of Sociology I. London 1876.
Spranger, E.: Lebensformen. Halle/Saale [7]1930.
Staël, Frau von: Über Deutschland. Leipzig 1882.
Statistisches Bundesamt: Fachserie 11. Bildung und Kultur, Reihe 1, Allgemeines Schulwesen. Wiesbaden 1983.
– (Hg.): Statistisches Jahrbuch 1984 für die Bundesrepublik Deutschland. Wiesbaden 1984.
Steale, B. F./Pollock, C. B.: Eine psychiatrische Untersuchung von Eltern, die Säuglinge und Kleinkinder mißhandelt haben. In: Helfer, R. E./Kempe, C. H. (Hg.): Das geschlagene Kind. Frankfurt/M. 1978, S. 161–243.
Steffen, U.: Jona und der Fisch. Der Mythos von Tod und Wiedergeburt. Stuttgart/Berlin 1982.

Steinen, K von den: Unter den Naturvölkern Zentralbrasiliens. Berlin 1897.
Stockum, Th. C. van: Das Jedermann-Motiv und das Motiv des verlorenen Sohnes im Niederländischen und im Niederdeutschen Drama. In: Mededelingen der Koninklijke Nederlandse Akademie van Wetenschappen, Afd. Letterkunde, Nieuwe Reeks, Deel 21, No. 7. Amsterdam 1958, S. 199–222.
Strobel, A.: Säuglings- und Kindertaufe in der ältesten Kirche. Eine kritische Untersuchung. In: Perels, O. (Hg.): Begründung und Gebrauch der heiligen Taufe. Berlin/Hamburg 1963, S. 7–69.
Tellenbach, H. (Hg.): Das Vaterbild, 4 Bde. Stuttgart/Berlin/Köln/Mainz 1976–1979.
Tellenbach, H.: Konturen künftigen Vaterseins. In: ders. (Hg.): Vaterbilder in Kulturen Asiens, Afrikas und Ozeaniens. Religionswissenschaft – Ethnologie. Stuttgart/Berlin/Köln/Mainz 1979, S. 153–165.
Tertullian: Über die Taufe. In: Tertullians private und katechetische Schriften, neu übersetzt von K. A. H. Kellner. Kempten/München 1912, S. 274–299.
The Boston Women's Health Book Collective: Unser Körper – unser Leben, 2 Bde. Reinbek bei Hamburg 1981.
Thomae, H.: Vergleichende Psychologie der Lebensalter. In: Rosenmayr, L. (Hg.): Die menschlichen Lebensalter. Kontinuität und Krisen. München/Zürich 1978, S. 293–314.
[Thomas:] S. Thomae opera, Bd. 12. Venetiis 1749.
Treder, U.: Von der Hexe zur Hysterikerin. Zur Verfestigungsgeschichte des «Ewig Weiblichen». Bonn 1984.
Trube-Becker, E.: Gewalt gegen das Kind. Vernachlässigung, Mißhandlung, sexueller Mißbrauch und Tötung von Kindern. Heidelberg 1982.
Velde, Th. H. van de: Die vollkommene Ehe. Zürich ^{7}1926.
Vergils Gedichte, bearbeitet von Paul Jahn, Bd. 1. Dublin/Zürich ^{10}1973.
Vries, J. de: Forschungsgeschichte der Mythologie. Freiburg 1961a.
–: Heldenlied und Heldensage. Bern 1961b.
Wächtershäuser, W.: Das Verbrechen des Kindesmordes im Zeitalter der Aufklärung. Eine rechtsgeschichtliche Untersuchung der dogmatischen, prozessualen und rechtssoziologischen Aspekte. Berlin 1973.
Watzlawick, P. u. a.: Menschliche Kommunikation – Formen, Störungen, Paradoxien. Bern/Stuttgart/Wien 1972.
– u. a.: Lösungen. Zur Theorie und Praxis menschlichen Wandels. Bern/Stuttgart/Wien 1974.
Weber-Kellermann, I.: Die Familie. Geschichte. Geschichten und Bilder. Frankfurt/M. 1976.
–: Die Kindheit. Kleidung und Wohnen. Arbeit und Spiel. Eine Kulturgeschichte. Frankfurt/M. 1979.
Werckmeister, O. K.: Versuche über Paul Klee. Frankfurt/M. 1981.
Wernher der Gartenære: Meier Helmbrecht, hg. v. F. Panzer. Tübingen 1968.
Wesel, U.: Der Mythos vom Matriarchat. Über Bachofens Mutterrecht und die Stellung von Frauen in frühen Gesellschaften. Frankfurt/M. ^{2}1981.

Windisch, H.: Taufe und Sünde im ältesten Christentum bis auf Origines. Tübingen 1908.
Winkler, M.: Stichworte zur Antipädagogik. Stuttgart 1982.
Winn, U.: Kinder ohne Kindheit. Reinbek bei Hamburg 1984.
Winterstein, A.: Die Pubertätsriten der Mädchen und ihre Spuren im Märchen. In: Laiblin, W. (Hg.): Märchenforschung und Tiefenpsychologie. Darmstadt 1975, S. 56–70.
Wolff, R.: Kindesmißhandlungen und ihre Ursachen. In: Bast, H. u. a. (Hg.): Gewalt gegen Kinder. Kindesmißhandlungen und ihre Ursachen. Reinbek bei Hamburg 1975, S. 13–45.
Wundt, W.: Völkerpsychologie. Eine Untersuchung der Entwicklungsgesetze von Sprache, Mythos und Sitte, Bd. 2, Mythos und Religion, Teil 2. Leipzig 1906.
–: Die Tabugebote. Das Heilige und das Unreine. In: Colpe, C. (Hg.): Die Diskussion um das «Heilige». Darmstadt 1977, S. 57–75.
Wunderlich, A.: Zur Psychologie der ausweglosen Situation. Die Bedeutung tödlich verlaufender Krankheiten bei Kindern, gezeigt am Beispiel der akuten Leukämie. Bern/Stuttgart/Wien 1972.
Wuttke, A.: Der deutsche Volksaberglaube der Gegenwart. Leipzig 1925.
Zapperi, R.: Der schwangere Mann. München 1984.
Zenz, G.: Kindesmißhandlung und Kindesrechte. Frankfurt/M. 1979.
Ziehe, Th.: Pubertät und Narzißmus. Frankfurt/M. ^{4}1981.
Zschau, M.: Sterilisation. In: Roos, P./Hassauer, F. (Hg.): Kinderwunsch. Reden und Gegenreden. Weinheim/Basel 1982, S. 105–108.

Sachregister

Abendmahl→ Erstkommunion
Ablösung (vom Elternhaus) 55, 56, 302
Abtreibung 319–339; → Schwangerschaftsabbruch, → Infantizid
administratio bonorum 241
Adoleszenz 56, 61, 284, 300–318, 323
aemulatio 352
Agape 166, → Liebe
Ähnlichkeit 352
Akzeleration 252, 279
Alltag 26, 31, 47, 345
Alter 58
Amazone 71f
Amphidromia 214
Analogie 352
Androgynie 348, 351
anni discretionis 239, 241f, 243f
Antikonzeptiva, hormonelle 128 bis 133
antimodern 356
Antipädagogik 19f, 251, 356
Apokalypse 93, 228
Äquilibration 345, 346, 349, 352
areté 259, 268, 309
Askese 131f, 134f, 137, 138
Ästhetik 357
Aufhebung (des Kindes) 188, 218; → humi positio infantium, → tollere, → suscipere
Aufklärung 36, 276, 286–288, 334, 348, 353f, 356f
Aufklärung, sexuelle 273–277
Aussetzung 333
Autochthonie 167, 176
Autoerotismus 275–277; → Masturbation
Autorität 276

Baubo-Mythos 84
Beichte 239
Benediktion 57, 118, 191, 342

Bernoullisches Theorem 119, 124
Bestattung 320f
Bewährung 60, 300–318, 342f
Bildung 311f, 314, 348
Braut 116, 342
Brautexamen 110f
Brautkauf/-raub 114, 115
Brautvater 112, 114, 115f
Bricolage 13, 35f
Brust, weibliche 71f, 74ff
Buße 239

convenientia 352
Coitus 80f, 110f, 151, 177, 259, 268, 274–276
Couvade→ Männerkindbett
Cunnilingus 79f

Dammschnitt 189–192
Defloration 70
Deifizierung 13, 344, 348, 351; → Vergöttlichung
Deutung 34
dextrarum conjunctio→ Handergreifung
dies lustricus 214
Diskurs 32, 58, 60, 62, 171, 353
Dislokation 55, 353f; → Exilation
Dispositiv 32
doli capacitas 239–241

Ehe 56, 57, 133, 135–137, 138, 163; → Konkubinat
Ehegüter 135, 163
Eigentum am Kind 161–165
Einschulung 56, 59, 232–251, 342
Elternrecht 147
Emanzipation 355
Empfängnis 56; → Zeugung
Empfängnisverhütung 94–110
Empfängnis, unbefleckte 70, 90, 197
Endogamie 112; → Exogamie

377

Entdifferenzierung 340–358
Entführung 59
Entpolitisierung 292, 294
Entritualisierung 354
Entscheidung 119–127
Episiotomie→ Dammschnitt
Erastes 261 f, 266, 268, 272, 276, 278
Erbsünde 228, 238, 239; → Sünde
Erdtaucher-Motiv 128
Eromenos 272, 276, 278
Eros, pädagogischer 262, 267
Ersteucharistie 342; → Erstkommunion
Erstkommunion 232–251
Erstpollution 236
Erwachsenentaufe 223–231, 342
Eschatologie 202, 228
Exilation 175, 178, 191, 220 f, 252 bis 298, 317, 341, 353; → Dislokation
Exogamie 111, 112; → Endogamie
Exorzismus 215 f
Expansion (der Kindheit) 345, 357

Familie 273 f, 284, 295
Falsifikationskonzept 40
Fellatio 79 f
Feminisierung 192, 252–277, 348
Feminismus 348
Fettsteiß→ Steatopygie
Filizid→ Infantizid
Frauenarzt 103 f, 108 f, 115; → Gynäkologe
Frauenbewegung 347
Friedensbewegung 317
Frigidität 78
Fruchtbarkeit 101–109, 133

Gebärstreik 106 f
Geburt 56, 58
Geburtenrückgang 94–101
Geburtsexil 175–179
Geburt und Tod 83 f, 175 ff, 179, 188, 221, 260, 291, 297, 304, 341, 354
Genesis 128–131
Gewalt, elterliche 166

Gewalt, väterliche 164 f
Glaube 215
Gleichaltrigengruppe→ Peer-Group
Gleichheit 353, 355
Gnade 216, 229
Gottähnlichkeit 230
Gotteskindschaft 203, 205–211;
  → Vergöttlichung
Gynäkologe 109–119, 138, 140, 141, 152, 155, 157, 177, 274 f, 343;
  → Frauenarzt

Habitus 29
Hainuwele 128
Handergreifung 112
Hausgeburt 58, 168–174, 177, 189, 343
Haustaufe 220
Heiligkeit 193–211, 230, 348;
  → Vergöttlichung
Held 60, 300–307
Hermeneutik 34
Hexe 77 f
Hitlerjugend 271
Hochzeit 56, 57
humi positio infantium 159; → Aufhebung (des Kindes)
Hypermodern 345–353
Hyperrealität 211, 355
Hysterikerin 77 f

Ideengeschichte 16
Identität 50, 194, 225, 278–298, 303, 338, 344
Identitätsbalance 278–298, 343, 345
Imagination 25
Indifferenz 93, 313–318
Initiationsritus 52; → Ritus, → Transitionsritus, → Rites of Passage
Infantilisierung 170, 234, 326, 331 f, 344, 351, 356, 358
Infantizid 319–339; → Kindesmord
Initiand 180, 253, 272, 275 f, 319 f, 325, 340 f
Innovation, periodische 258

Inversion 262, 271
Inzestangst 115
Isenheimer Altar 153 f

Jagd, wilde 321
Jahrhundert des Kindes 209, 312, 347
Jedermann 311
Jona-Mythos 179–185, 304
Jugendbewegung 269–277, 307
Jungfer, alte 77 f
Jungfräulchkeit 70 f, 85 f, 134, 138, 302 f

Kausalaussagen 36, 40
Keuschheit 79, 85 f, 132, 133–138
Kinderarbeit 232–251
Kinder-/Jugendorganisation 56, 59 f
Kinderkommunion→ Erstkommunion
Kinderperikope 204 f, 210, 218, 224, 347
Kinderkultur 56, 59, 60, 232–251
Kindesmißhandlung 327–332
Kindesmord 56, 319–339; → Kindestötung, → Infantizid
Kindestötung 163, 344
Kindeswohl 145
Kindheitsgeschichte 16–21
Kiltgang 80, 112; → Veillée, → Komm-Nächte
Kleiner Tod 82–93
Klimakterium 58
Klinikgeburt 168–174, 178, 189 f
Knabenliebe 252–277
Kohabitationsformen 64
Komm-Nächte 112; → Kiltgang
Konkubinat→ Ehe 56, 57
Kopulationsregeln 56, 57
Kosmos 304 f
Kreativität 357
Krise 52–54, 180, 284
Kulturanalyse 57
Kulturkritik 21
Kultus 41; → Ritus

Lachen 58, 200, 205–212, 290
Lachgrübchen 67 f
Lebenslauf 41, 42, 44, 50, 61, 194, 301, 340 f; →Lebenszyklus
Lebensphasen 42, 49, 52, 54–56, 314, 327, 341, 343, 345, 353 f
Lebensrad 42 f
Lebenstreppe 45–49
Lebenszyklus 36–62, 354; → Lebenslauf
Liebe 87 f, 135–140, 160 f, 166, 262, 290
Libido 182
life-long-learning 231
ligatio 118

Männerkindbett 185–189
Maskulinisierung 192
Masturbation 79 f, 275; → Onanie
Matriarchat 165, 178
Medien 275, 277
Menarche 236
Menschwerdung 22
Metaidentität 291
Michaelissche Raute 68, 72
Midlife-crisis 51, 58
Minne 87 f, 135
modern 345–352
moderne 346–352
modernistisch 356
Mumifizierung 320
Mutter-Kind-Beziehung 266–269, 293, 346
Muttermythos 89 f, 136 f, 141–167, 189, 197, 343, 348
Mysterien, eleusinische 227
Mythos 23–36

Nachtfreierei 111
Narziß 292–296; → Sozialisationstyp, narzißtischer
Natur 285–288

Odyssee 302, 313, 315
Oikos-Taufe 225, 229

Onanie 80
Orgasmus 64, 82–93

Päderastie 17, 258–276, 343; Knabenliebe
Paradies 200–205, 207, 354
Parareales 352–358
Patriarchat 141–167
Pazifismus 306; → Friedensbewegung
Peer-Group 56, 60, 293 f
Performativität 355
Phantasie 240, 251
Polis 288
Pornographie 63–116
Postmoderne 352–358
prämodern 356
Psychohistorie 17
pubertas 241; → Pubertät
Pubertät 252–299, 302, 317, 342, 344
Pubertätsexil 56, 60, 278–299

Rationalität 36, 117–140
Regression 180, 182, 184, 191
Reinheit 193–199, 210, 230
Rekonstruktion 28, 32, 35–62, 191
Reproduktion, genetische 236, 252–258, 267
Reproduktion, ökonomische 234–236
Reproduktion, religiöse 237 f, 243
Reproduktionsfähigkeit 232–238
Reformpädagogik 312
Rites of Passage→ Initiationsritus, → Transitionsritus, → Ritus
Ritus 27, 29 f, 31, 35, 59

Säuglingstaufe 223–231, 342
Scheidung 133, 141–147
Schizophrenie 282–284
Schöpfungsmythen 128–133, 177
Schule 56, 250, 276, 295
Schwangerschaft 56, 57, 141, 150–159

Schwangerschaftsabbruch 97–101, 334; →Abtreibung
Schwangerschaftsexil 56
Selbstinitiation 258 f, 275 ff, 325, 344; → Selbsttransition
Selbsttransition 342; → Selbstinitiation
Sexualität 56 f, 63–116, 193
Simulation 110, 211, 232–251, 313–318, 343, 345, 357
Sohn, verlorener 61, 307–313, 315 f
Sorgerecht, elterliches 141–147, 343
Sozialgeschichte 17 f
Sozialisationstyp, narzißtischer 60
Sozialstaat 233 f, 344
Sparen 307–310
Spätentwickler 303
Spiel 242–251, 344
Spielzeug 231, 244
Statuspassage 292–296
Steatopygie 66 f, 72
Strukturalismus 35
Subkultur 293, 342
Sünde 213 f, 219, 225–230, 239 f, 305 f, 308, 313, 317
Sündenfall 134
suscipere 214; → Aufhebung
Symbol, Symbolik 27, 31, 35
Sympathie/Antipathie 352

Tabu 197, 228–231
Taufe 56 f, 59 f, 197, 213–231, 238, 342, 344
Taufgottesdienst 217–220
Tauftabu 228–231, 344
Tiefenstruktur 35
Tod 58, 61, 63–116, 237 f, 297, 317 f, 319–339, 346, 353
toga virilis 255
tollere 214; → Aufhebung
Töten 300–318
Transformation 35, 61, 150
Transition 54, 55; → Transitionsritus
Transitionsritus 55
Trauung 112 f

Unbewußtes, Kollektives 30, 35
Unfruchtbarkeit 132, 138
Universalien 33
Unreinheit 193–198
Unschuld 200, 210, 226–231, 289, 300–318, 338
Ursprungsmythos 83 f

Vater 103, 108, 141–167, 185, 197, 218, 333, 337 f, 342 f, 347; → Brautvater
Vaterbindung 115
Väterlichkeit 159–167, 192, 343
Väterlichkeit, neue 29
Vaterlosigkeit 158, 167, 293
Vaterschaft 159–167, 185–189, 191 f
Vater Staat 165 f, 233
Veillée 80; → Kiltgang
Vergöttlichung 13, 59, 132, 161, 162, 192, 193–211, 222, 290, 292, 302 f, 332–339, 344; → Deifizierung
Verkindlichung 229, 345, 354; → Infantilisierung
Verkündigung 12, 56 f, 141, 152, 342
Verschwendung 307–310
Verunreinigung 186, 194 f
Vestalin 227
Vulva 70, 84

Wahrheit 28, 32, 357
Wandervogel 269–277
Wiedergeburt 58
Wiederholungszwang 258, 343
Wirklichkeit 25 f, 37 f, 60, 110, 171, 211, 242–251, 345, 355–358
Wirklichkeitsadäquanz 238–240, 251
Wissenschaft 28
Wochenbett 56, 58; → Wöchnerin
Wöchnerin 195; → Wochenbett

Zeit 44, 55, 353
Zeugung 56, 82–93, 117–140, 228; → Empfängnis

rowohlts enzyklopädie

Gerhard Hauck
Geschichte der soziologischen Theorie
Eine ideologiekritische Einführung (401)

Richard Huelsenbeck (Hg.)
Dada
Eine literarische Dokumentation (402)

Benjamin Lee Whorf
Sprache – Denken – Wirklichkeit
Beiträge zur Metalinguistik und Sprachphilosophie (403)

Robert von Ranke-Graves
Griechische Mythologie
Quellen und Deutung (404)

Günther Schiwy
Der französische Strukturalismus
Mode, Methode, Ideologie. Mit einem Textanhang (405)

Eberhard Braun/Felix Heine/Uwe Opolka
Politische Philosophie
Ein Lesebuch. Texte, Analysen, Kommentare (406)

Harald Kerber/Arnold Schmieder (Hg.)
Handbuch Soziologie
Zur Theorie und Praxis sozialer Beziehungen (407)

Ekkehard Martens/Herbert Schnädelbach
Philosophie
Ein Grundkurs (408)

José Ortega y Gasset
Der Aufstand der Massen (409)

Walter Hess
Dokumente zum Verständnis der modernen Malerei (410)

Joachim Israel
Der Begriff Entfremdung
Zur Verdinglichung des Menschen in der bürokratischen Gesellschaft (412)

Günther Schiwy
Poststrukturalismus und «Neue Philosophen» (413)

Martin Esslin
Das Theater des Absurden
Von Beckett bis Pinter (414)

Eugenio Barba
Jenseits der schwimmenden Inseln
Reflexionen mit dem Odin-Theater. Theorie und Praxis des Freien Theaters (415)

Robert von Ranke-Graves
Die Weiße Göttin
Sprache des Mythos (416)